성경을 문학적으로 어떻게 이해할 것인가

성경을 문학적으로 어떻게 이해할 것인가

2023년 1월 2일 1판 1쇄

지은이 김종두
펴낸곳 연세대학교 출판문화원
주소 서울특별시 서대문구 연세로 50
등록 1955년 10월 13일(제9-60호)
전화 02) 2123-3378~80
팩스 02) 2123-8673
전자우편 ysup@yonsei.ac.kr
홈페이지 http://press.yonsei.ac.kr
인쇄 화신문화(주)

ISBN 978-89-6850-696-3 (93230)

값 26,000원

HOW TO LITERALLY UNDERSTAND THE BIBLE

성경을 문학적으로 어떻게 이해할 것인가

김종두 지음

연세대학교 출판문화원

서문

성경은 하나님의 감동으로 기록된 진리의 말씀이다. 성경은 문학작품처럼 상상력의 산물도 아니고 허구도 아니며 단순한 인간의 경험을 보여주는 책도 아니다. 성경의 원저자는 하나님이지만 인간 저자들이 기록했다. 그러나 하나님의 계시와 인간의 생각이 섞여 있는 것이 아니다. 성경은 기독교의 경전으로서 오직 하나님의 말씀이다. 이런 의미에서 성경이 문학인가라는 질문은 어쩌면 전제가 잘못된 것인지도 모른다. 인간이 창작한 문학과 신의 말씀을 동등한 입장에서 규정하려는 시도 자체가 잘못된 것일 수 있기 때문이다.

하나님은 그의 뜻과 섭리를 인간이 이해할 수 있도록 인간의 언어로 기록하게 하셨다. 원저자인 하나님은 인간 저자들을 기계적으로 사용하지 않고 인격적으로 사용하셨다. 그들이 성경을 기록할 때 그 내용에만 하나님의 영감이 작용한 것이 아니라 언어와 표현, 서술의 방법에도 성령이 역사했다. 다시 말해, 인간 저자들이 성경을 기록할 때, 그 내용뿐 아니라 형식에도 하나님의 영감(inspiration)이 작용했다는 뜻이다.

성경에는 다양한 문학적인 형식들과 표현, 수사법들이 등장한다. 전체적으로 성경은 인간이 창작한 문학과 아주 비슷한 모습을 취하고 있다. 우리는 성경에서 내러티브, 시, 비극, 비유, 서간, 지혜문학, 계시문학 등 다양한 문학적인 글들을 발견한다. 그래서 성경을 문학이라고 주장하는 학자들도 많다. 그러나 성경은 인간의 뜻이나 계획에 따라 기록된 것이 아니고 하나님의 뜻에 따라 기록된 계시의 말씀이며, 꾸며낸 이야기가 아닌 역사적 사실을 말하고 있어서 일반 순수문학이라 할 수는 없다. 그런데도 성경은 어떤 책보다도 더 문학적이라고 할 수 있을 정도로 풍부한 문학성을 가지고 있다. 따라서 성경을 문학적으로 이해하는 것은 성경의 내용을 정확하게 알기 위한 필수적인 접근 방법이다.

성경을 문학적으로 분석하고 올바르게 이해하기 위해서는 문학 분석의 방법과 표현기법, 수사법의 성격과 의미를 정확하게 숙지하는 준비작업이 필요하다. 문맥을 정확하게 살펴서 그 의미를 파악하는 능력을 갖추는 것은 필수적이다. 그러나 일반 순수문학 작품을 분석하는데 필요한 자질을 모두 갖추었다고 해서 성경의 의미를 올바르게 파악할 수 있는 것은 아니다. 성경은 인간이 기록한 것이지만 원저자는 하나님이기 때문에 성경에 나오는 모든 사건은 문자적인 의미와 영적인 의미, 즉 텍스트가 지시하는 의미와 종교적인 의미를 함께 가지기 때문이다. 특히, 이러한 두 차원의 이중적인 의미 중에서 인간을 통해 역사하시는 하나님의 섭리를 나타내는 영적인 의미를 제대로 탐색하는 것이 성경의 바른 이해의 핵심이다. 성경의 표면적인 이야기의 내면에서 영적으로 진행되는 하나님의 역사와 인도하심을 발견하지 못하면 성경의 피상적인 이해에 머무를 수밖에 없다. 그런데 이와 같은 영적이고 종교적인 의미의 탐구는 단지 문학적인 재능만으로 해결할 수 있는 문제가 아니다. 성령의 감동으로 기록된 하나님의 말씀은 성령의 인도하심이 있어야 그것의 진정한 의미를 깨달아 알 수 있다. 따라서 문학적으로 성경을 바르게 이해하기 위해서는 인간의 준비와 노력뿐만 아니라 하나님의 도우심, 즉 은혜(grace)가 필요하다. 그러니까 성령의 도우심을 통해 성경은 인간의 말이 아닌 하나님의 말씀이라는 사실을 깨닫고 거기에 나오는 모든 사건과 이야기에서 하나님의 성품과 그의 뜻을 발견하고 체험하게 될 때 비로소 성경을 바르게 이해했다고 할 수 있다. 다시 말해, 성경을 읽고 단지 내용을 파악하는 것에서 끝나지 않고 하나님의 임재를 경험하게 될 때 성경을 제대로 이해했다고 할 수 있는 것이다.

이 책에서 필자는 성경을 문학적으로 이해하려 할 때 필요한 문학적인 분석 방법과 장르 파악하기, 그리고 문학적인 분석에 필요한 수사법들을 설명하고 성경에 나오는 대표적인 문학적인 이야기들을 선택하여 문학적인 방법을 적용하여 그것들을 분석했다. 모태신앙으로 신앙생활을 하고 「성경과 영문학」이란 전공과목을 오랫동안 강의해 온 경험이 이 저서의 집필에 큰 도움이 되었다. 특히, 미국 휘튼 대학의 영문과 교수로서 문학적 성경해석의 대가인 리런드 라이켄(Leland Ryken) 교수는 필자의 문학적인 성경 이해에 대한 흥미와 관심을 자극하고 지대한 영향을 주었다. 영문학자의 관점에서 성경을 문학적으로 해석한 그의 저서들을 접하지 않았더라면 문학적인 성경해석에 대한 개념 정립이 어려웠을 것이며 이 책의 집필도 쉽지 않았을 것이다.

이 저서에서 필자는 문학적인 성경 이해의 필요성을 강조하고 문학적으로 성경을 이해하고자 할 때 실제로 필요한 문학 분석의 방법과 기법들을 소개하고 이를 적용하여 성경의 여러 내용을 문학적으로 분석하여 실례를 제시했다. 앞서 지적한 인간적인 차원과 영적인 차원을 모두 고려한 이중적 차원의 의미를 설명하는 데 초점을 맞추었다. 그리고 문학적으로 성경을 읽고 이해할 때 누릴 수 있는 장점과 가치를 정리해 보았다.

또한, 모세의 이야기와 요한계시록은 문학적으로 다중의 특징을 가진 글임에 주목하여 모세의 이야기는 영웅 내러티브와 서사시로, 요한계시록은 서사시와 계시문학으로 두 가지 문학 형식을 적용하여 분석했다. 이를 통해 성경의 글이 여러 문학적인 특징을 동시에 가진 문학성이 풍부한 것임을 강조했다. 이 저서의 내용 중 일부는 전문학술지에 논문으로 게재한 것을 수정하고 보완한 것임을 밝힌다.

성경의 내용이 워낙 방대하여 이 저서에서는 중요한 내용만 다루었다.

또한, 필자의 분석은 성경의 각 내용에 관한 한 가지 문학적 해석에 불과하며 부족한 점도 많을 것이다. 부족하지만 이 저서가 성경의 내용을 올바르게 이해하고 하나님의 뜻을 더욱 잘 깨닫는 데 작은 도움이나마 되길 바란다. 성경을 문학적으로 읽고 이해하려 할 때, 인간의 노력과 하나님의 은혜가 함께 작용하여 하나님의 뜻과 진리를 머리와 가슴으로 이해하고 성경이 계시하는 내용을 올바르게 깨닫는 우리 모두가 되길 소망한다.

목차

제 1 장 왜 성경을 문학적으로 읽어야 하는가?

제 2 장 문학적 성경해석 방법들

제5장 성경의 문학적 분석

제 1 장

왜 성경을 문학적으로 읽어야 하는가?

1

성경이 끼친 영향들

구약 39권과 신약 27권으로 이루어져 있는 기독교 경전인 성경은 이 세상에 존재하는 모든 책 중에서 가장 많이 읽힌 베스트 셀러 중의 베스트 셀러다. 신실한 크리스천은 물론 특별한 종교가 없는 사람들, 교양을 쌓으려는 사람들, 심지어 종교를 불신하는 사람들조차 성경을 읽는다. 성경은 정치, 경제, 사회, 문화, 예술, 법률 등 우리 삶의 모든 영역에 실로 광범위하고 다양한 영향을 미쳐왔다. 여기서는 헤브라이즘과 문학에 끼친 영향을 중점적으로 살펴보겠다.

성경과 헤브라이즘

19세기 영국의 시인이면서 비평가인 아널드(Matthew Arnold)가 『교양과 무질서』(*Culture and Anarchy*)에서 "우리가 사는 세계는 헤브라이즘과 헬레니즘이라는 두 세력점 사이에서 움직이고 있다"[1]고 말한 것처럼 서양 문화를 형성하고 있는 두 개의 큰 전통은 헬레니즘과 헤브라이즘이다.

헬레니즘은 그리스인들로부터 시작된 것으로 이성의 가치를 존중하고 조형미를 추구하며, 현실적인 구체성에서 사물의 본질을 형식화하여 파악하려는 특징[2]을 가진 자율적인 문화를 말한다.

1 W. S. Johnson. Ed., *Selections from the Prose Works of Matthew Arnold.* (Massachusetts: The Riverside Press, 1973), 274.

2 김승옥, 『서양문학의 흐름: 서양문학사상사 시론』, (서울: 고려대학교 출판부, 2015), 101.

반면에 히브리인들로부터 시작된 헤브라이즘은 신앙의 가치를 중시하고 하나님의 뜻을 존중하며 성경에 뿌리를 둔 타율적인 문화다. 성경적 세계관과 가치관을 가진 히브리인들은 내세적이고 무한을 추구하며 눈에 보이는 사물은 본질이 아닐 수 있다[3]고 생각한다. 그리스인들은 관념에 따라 올바르게 사고할 때 인간은 행복할 것으로 생각하지만, 히브리인들은 하나님을 경외하고 그의 계명을 지키는 것이 복된 삶이라고 여긴다. 따라서 신에 대한 복종과 성경적 윤리관이 히브리인들의 삶을 지배한다. 요약하면, 헬레니즘은 합리적, 현세적, 사실적인 경향을 보이지만 헤브라이즘은 이상적, 정신적, 내세적 경향을 보인다.

아널드는 히브리인들을 성경에 제시된 율법과 그 속에 계시된 하나님의 뜻에 복종하는, 이른바 "양심의 엄격성"(strictness of conscience)의 지배를 받는 민족이라고 보았다. 그들은 인간 자신의 의지보다 하나님의 뜻에 절대적으로 순종하는 것을 지고의 선이자 행복이라고 여긴다. 따라서 하나님의 피조물인 인간은 창조주를 경외하고 그의 계명과 규례를 지켜야 하며, 동시에 이런 생활에 방해가 되는 육체적인 가치나 욕망을 배격해야 한다고 믿는다.

헬레니즘은 우주를 신들로부터의 타락 혹은 유출에서 생긴 것으로 보지만 헤브라이즘은 우주뿐만 아니라 인간을 포함한 모든 것들을 하나님이 창조했다고 생각한다. 다시 말하면. 전자는 인간이 중심이 되어 만사를 생각하고 인간성을 긍정하는 '인간 중심적 문화'(man–centered culture)인데 반해, 후자는 인간성을 부정하고 하나님에 대한 절대적인 신뢰를 중심으로 현세가 아닌 내세에 소망을 두는 '신 중심적 문화'(God–centered culture)를 가리킨다.

특히, 헤브라이즘은 히브리 민족의 종교사상, 즉 유일신 사상을 강조한다. 히브리 사람들은 "나 외에는 다른 신들을 네게 두지 말지니라"(신명기 5장 7절)는 십계명의 명령을 절대적인 가치 기준으로 삼는다. 그리스인들은 외형

3 위 책, 101.

적으로 완전함을 추구하나 히브리인들은 우상을 섬기지 말라는 하나님의 명령을 최고의 가치로 여긴다.

이처럼 헤브라이즘과 헬레니즘은 상반된 특징을 가지며, 헤브라이즘의 인생관과 윤리관은 신(하나님)중심적인 성경의 사상에 기초하고 있다. 헤브라이즘의 형성에 가장 크게 영향을 미친 것은 성경의 세계관과 가치관이다.

성경과 문학

서양인의 사상과 예술, 음악, 문화 등에 많은 영향을 준 성경은 문학에도 지대한 영향을 끼쳤다. 서양의 위대한 문학가들 대부분은 성경으로부터 직·간접적인 영향을 받아 시, 소설, 드라마와 같은 작품들을 집필해왔다.

첫째, 많은 문학가는 자신의 작품의 이름을 성경의 사건이나 인물에게서 가져와 사용한다. 예를 들어, 포크너(William Faulkner)의 Go Down Moses, Absalom, Absalom !, 스타인벡(John Steinbeck)의 East of Eden, 디킨슨(Emily Dickinson)의 Abraham to Kill Him, 까뮈(Albert Camus)의 The Fall, 예이츠(W.B. Yeats)이 The Second Coming, 헤밍웨이(Ernest Hemingway)의 The Sun Also Rises, 홉킨스(Gerard Manley Hopkins)의 God's Grandeur, 볼드윈(James Baldwin)의 Go Tell It on the Mountain, 그리고 그린(Graham Green)의 Power and the Glory는 모두 작품의 이름을 성경에서 가져왔다.[4] 그래서 작품 이름의 출처가 되는 성경의 내용이나 인물에 대한 지식이 없으면 작품의 주제와 흐름을 이해하기가 쉽지 않다.

둘째, 문학가들은 그들이 창작하는 시나 소설, 드라마 등 문학작품의 소재와 주제를 성경의 내용에서 가져온 경우가 많다. 호손(Nathaniel Hawthorne)의 유명한 소설 『주홍글씨』(*The Scarlet Letter*)는 성경에서 강조되는 간음죄에 대한 엄격한 종교적인 도덕률을 소재로 삼아 프린(Hester Prynne)

4 Leland Ryken & Tremper Longman III. Ed. *A Complete Literary Guide to the Bible*. (Grand Rapids: Zondervan, 1993), 474.

과 딤즈데일(Arthur Dimmesdale) 목사의 불륜 이야기를 다룬다. 작품에 등장하는 펄(Pearl)이라는 딸도 예수의 비유에 나오는 값비싼 진주(the pearl of great price)를 연상시키는 인물로 설정되어 있다. 이 작품의 주제인 간음 문제 또한 예수께서 간음의 현장에서 잡혀 온 여인을 벌하려는 사람들에게 "죄 없는 자가 돌로 치라"고 말한 사건과 연결되어 있다. 작가 호손은 헤스트 프린이 간음죄를 짓고 그 벌로 한평생 가슴에 달아야만 했던 간음(adultery)을 상징하는 A자를 작품의 초반에는 죄와 수치의 상징으로 제시하다가 후반부에서는 그녀의 선행과 노력으로 천사(angel), 혹은 능력(able)을 상징하는 것으로 바꾸어 버린다. "죄 없는 자가 돌로 치라"는 예수의 말씀이 무엇을 교훈하고 있는지를 상기시키는 내용이다.

대표적인 청교도 시인인 밀턴(John Milton)은 그의 대작들, 즉 『실낙원』(*Paradise Lost*), 『복낙원』(*Paradise Regained*), 『투사 삼손』(*Samson Agonistes*)의 소재와 주제를 모두 성경에서 가져왔다. 신실한 신앙인이었던 그는 거룩한 하나님의 약속의 말씀인 성경에서 영감을 받아 위대한 서사시의 세계를 작품 속에 구현했다. 그의 불후의 명작 『실낙원』에서는 창세기에 나오는 인간의 타락 사건을 소재로 삼아 성경의 핵심 가치인 신의 섭리의 정당성을 주장한다. 『실낙원』의 후속작인 『복낙원』에서도 신약성경에 나오는 예수를 넘어뜨리려는 사탄의 유혹을 소재로 삼아 사탄의 유혹에 굴복해 선악과를 따먹고 타락한 아담과는 대조적으로 사탄의 끈질긴 유혹에도 굴하지 않고 하나님의 말씀에 온전히 순종함으로써 승리를 거두는 예수의 모습을 영웅적으로 그린다. 이 작품은 선과 악의 대결에서 결국 선이 승리하게 된다는 성경의 핵심 주제를 예수와 사탄의 대결을 통해 감동적으로 보여준다.

밀턴의 마지막 중요한 작품인 『투사 삼손』에서는 제목에서 알 수 있듯이 구약성경 사사기에 나오는 삼손과 들릴라 이야기를 소재로 이야기가 전개된다. 시로 쓰였던 앞 두 작품과는 달리 드라마 형식을 가진 이 작품에서 밀턴은 독자들에게 잘 알려진 성경의 삼손 이야기를 소재로 사용하면서도 성경과 다른 시각으로 의미를 조명함으로써 차별화를 시도한다. 성경의 삼손은 하나님으로부터 육체적인 엄청난 힘을 부여받고도 여색에 빠져 금기된 힘의 비밀을 누설함으로써 낭패를 당한다. 성경의 강조점은 삼손의 힘이나 위대성이 아닌 하나님의 역사, 즉 하나님이 삼손을 어떻게 사용하는가에 있다. 그러나 밀턴의 삼손은 신과의 약속을 어기고 타락한 상태에서 재생되는 모습, 즉 그의 내면의 변화에 초점이 맞추어져 있다. 다시 말해, 교만했던 삼손이 겸손해지고 절망에 빠졌던 삼손이 믿음을 회복하며, 죄를 지은 삼손이 회개하고 하나님의 은혜를 입어 다시 거듭나는 내적인 변화를 보여준다. 그런데 삼손의 변화에서 중요한 역할을 하는 이러한 겸손, 믿음, 회개, 은혜 같은 것들은 성경이 강조하는 중요한 덕목들이다.

셋째, 문학가들은 작품 속에 성경적 인유(Biblical allusion)를 많이 사용한다. 성경적 인유란 성경의 사건이나 내용, 인물, 또는 어떤 구절에서 필요한 것을 가져와 인용하는 것을 말한다. 그런데 문학작품에 사용된 성경적 인유를 올바르게 이해하지 못하면 인유가 나오는 구절이 무엇을 뜻하는지를 알 수 없고 작품 전체의 의미를 오해할 수 있다. 따라서 작품에 사용된 인유에 관한 성경적 지식은 작품의 올바른 이해에 필수적이다. 성경적 인유가 사용된 밀턴의 "실명의 노래"(On His Blindness)를 보자.

> 이 어둡고 넓은 세상에서 반생도 되기 전에
> 내 빛이 소진된 것을 생각할 때,
> 그리고 숨겨두면 죽음인 한 달란트
> 비록 그것으로 내 영혼은 창조주를 섬기고 싶고, 그분이 돌아와
> 꾸짖지 않도록 나의 참 계산서를 제출하고 싶지만,
> 이제는 쓸데없이 내게 맡겨져 있음을 생각할 때,
> 나는 어리석게도 묻는다 '하나님은 빛은 허락지 않으시고

낮일을 강요하시는가?' 그러나 인내는 그 불평을
가로막고 곧 대답한다. '하나님은 인간의 업적이나
인간의 재능을 필요로 하지 않으신다. 그의 가벼운
멍에를 잘 짊어지는 자가 그를 잘 섬기는 것.
그의 나라는 왕국, 수천의 천사들이 그의 명에 따라
쉴새 없이 육지나 바다를 건너 급파된다.
다만 서서 기다리는 자가 또한 섬기는 것이니라.
When I consider how my light is spent,
Ere half my days, in this dark world and wide,
And that one talent which is death to hide
Lodged with me useless, though my Soul more bent
To serve therewith my Maker, and present
My true account, lest he returning chide,
"Doth God exact day-labour, light denied?"
I fondly ask. But patience, to prevent
That murmur, soon replies, "God doth not need
Either man's work or his own gifts; who best
Bear his mild yoke, they serve him best. His state
Is Kingly: thousands at his bidding speed,
And post o'er land and ocean without rest;
They also serve who only stand and wait."

밀턴이 실명을 한 후 신에게 항의하는 어조로 쓴 이 시에는 달란트(one talent, 3행), 가벼운 멍에(mild yoke, 11행), 신의 명령에 바쁘게 움직이는 수천의 천사(thousands at his bidding speed, 12행) 같은 성경적 인유가 나온다. 화자는 시의 전반부에서 앞을 볼 수 없게 됨으로써 하나님을 적극적으로 섬길 수 없게 되었다는 절망감을 토로한다. 그는 "숨겨두면 죽음인 한 달란트"(one talent which is death to hide, 3행)라는 말로 시작하여 자신의 절망감을 표현하고 있는데 여기서부터 6행까지의 언급은 성경에 대한 지식이 없으면 그 의미를 이해하기 힘들다. 이 내용은 마태복음 25장 14-30절의 달란트 비유를 인유한 것이다. 달란트 비유에서 다섯 달란트와 두 달란트를 받았던 종은 각각 장사하여 다섯 달란트, 두 달란트를 남겨 주인이 돌아왔을 때 칭찬을 받았지만 한 달란트를 받았던 종은 그것을 땅에 묻어두었다가 도로 가져와 주인에게 엄한 벌을 받았다.

이 비유에서 보듯이 주인이신 하나님께서 밀턴에게 한 달란트, 즉 문학적 재능을 주셨는데 그의 시력이 소진되어 그것마저 땅에 묻어둘 수밖에 없다는 것이다. 자신은 한 달란트 받았던 종과 달리 하나님께서 주신 재능을 사용하여 많은 업적을 남김으로써 주인이신 하나님께서 돌아와서 계산하실 때 열심히 노력하여 또 한 달란트를 남겼다는 "참 계산서를 하나님 앞에 제시하고"(present/My true account, 5-6행) 싶은데 실명을 하여 그렇게 할 수 없으며 달란트(재능)를 사용하지 못하고 숨겨둠으로써 죽음과 같은 엄청난 벌을 받게 되었다는 것이다. 그래서 화자는 "하나님은 빛은 허락지 않으시고 낮일을 강요하시는가?"(7행)라고 항변하며 하나님을 향해 강하게 불만을 표출한다.

그러나 의인화된 인내는 그의 불평을 가로막고 화자의 거친 질문에 하나님이 원하시는 것은 인간의 업적이나 재능이 아니라 오히려 자신에게 주어진 가벼운 멍에를 잘 짊어지는 것이라고 답한다. 그런데 인내로 의인화된 이러한 내면의 소리에 감겨 있던 화자의 마음의 눈이 열리고 그는 자신의 불행한 처지를 새롭게 인식한다. 그 결과 그는 자신에게 주어진 고통의 멍에를 잘 참아내는 것이 신의 뜻임을 깨닫게 된다. 그런데 여기에 나오는 "가벼운 멍에"란 표현도 마태복음 11장 30절의 "나의 멍에는 가볍다"(my yoke is easy)라는 구절에서 가져온 성경적 인유다. 성경에서 예수님은 수고하고 무거운 짐진 자들아 다 내게로 오라. 내가 너희를 쉬게 하리라고 말씀하신다. 연약한 인간이 수고와 고난과 환난을 겪을지라도 예수께 나아와 의지하면 그가 멍에를 같이 메고 힘을 주시기 때문에 인간의 짐이 가볍게 된다는 것이다.

수천의 천사들이 하나님의 명령에 순종하여 바쁘게 움직인다는 표현도 시편 68편 17절, 열왕기상 22장 19절, 다니엘서 7장 10절의 내용에서 인유한 것이다. 이 시의 마지막에서 강조하는 인내로써 기다리는 것이 하나님을 잘 섬기는 것이라는 주제도 갈라디아 5장 5절, 시편 27편 14절, 로마서 8장 25절에서 가져온 것이다.

이처럼 밀턴의 이 작품은 성경적 인유들이 중요한 의미를 형성하고 있어 성경에 대한 지식이 없으면 시를 이해할 수 없고 시가 전하는 감동을 맛볼 수도 없다.

이 외에도 성경은 중세의 사상가 어거스틴(St. Augustine)과 종교개혁가 루터(Martin Luther)의 작품에도 큰 영향을 주었다. 이에 대해 키퍼(Kyle Keefer)는 신약성경에서 여러 서신서를 수려한 문체로 쓴 바울이 건넨 영감이 없었다면 이들이 그렇게 위대한 작품들을 서술하지 못했을 것이라고 주장한다.[5] 계속해서 그는 바울이 사용한 언어는 시대를 뛰어넘어 영향력을 발휘했고, 그 결과 영어 단어 중에 은총, 신앙, 칭의, 속죄, 구속과 같은 것들은 모두 바울에게서 비롯됐으며, 서신서들을 통해 바울의 사상은 기독교 신앙 곳곳에 스며들었을 뿐 아니라 서양사상에도 지대한 영향을 끼쳤다[6]고 말한다.

세계적으로 유명한 헨델(George Frideric Handel)이 작곡한 「메시아」에서도 죽음을 이기고 부활함으로써 궁극적으로 승리하신 예수의 승리를 표현하기 위해 요한계시록 19장 6절, 11장 15절, 19장 16절 등 몇몇 구절을 후렴에 그대로 인용한다. 미국에서 7000만 부가 팔릴 만큼 인기를 끈 소설 『레프트 비하인드』(*Left Behind*)도 요한계시록에 근거해 세상의 종말을 묘사하고

5 카일 키퍼, 『신약: 문학으로 읽는 신약성경』 김학철 · 이승호 옮김. (서울: 비아, 2018), 113.
6 위 책, 113–114.

있다. 우리 시대의 기독교 변증가로 유명한 루이스(C. S. Lewis)가 쓴 『스크루테이프 편지』(*Screwtape Letters*), 『침묵의 행성 밖으로』(*Out of the Silent Planet*)같은 작품에도 기독교 신앙이 작가의 상상력을 통해 잘 투영되어 있다. 『오리엔트 특급』(*Orient Express*), 『살인청부업자』(*This Gun for Hire*) 등 종교적 색채가 짙은 소설을 쓴 그린(Graham Green)의 작품 속에도 성경의 영향이 직접적으로 반영되어 신학적 깊이마저 느끼게 한다. 이처럼 성경은 문학에 광범위하고 강력한 영향을 미쳤다.

| 성경과 영문학

성경은 영문학이 태동한 "고대 영문학"(Old English Literature)부터 영향을 끼쳐 종교적인 주제를 노래한 종교시를 등장시켰다. 이 시대를 대표하는 서사시 『베오울프』(*Beowulf*)를 보면 성경의 사건들이 다수 인용되어 있으며, "십자가의 꿈"(The Dream of the Rood)같은 종교시는 성경의 주제를 작품의 주제로 그대로 사용하고 있다.

특히, 고대 영어로 창작된 영문학 최초의 시로 알려진 "캐드먼의 찬미가"(Caedmon's Hymn)는 시인이 종교적인 영감을 받아 창세기의 창조주 하나님을 찬양하는 내용을 담고 있는 대표적인 종교시다. 이처럼 성경은 초기 영문학의 형성에서부터 지대한 영향력을 행사했고 영국인들의 의식을 사로잡았다.

기독교가 득세했던 중세시대의 영문학은 그야말로 헤브라이즘 정신을 구현하기 위해 문학이 존재하는 것처럼 보일 정도로 성경에 근거한 기독교의 가치를 강하게 표출한다. 이 시대에는 찬미가를 비롯한 종교극이 유행했을 뿐 아니라 많은 문학 작품들이 성경의 내용을 바탕으로 창작되었고 성경의 가르침을 전파할 목적으로 집필되었다.

초창기에는 히브리어와 아람어(구약), 그리고 그리스어(신약)로 기록된 성경이 영어로 번역되지 않아서 일반인들은 읽을 수 없었지만, 성경에 기반을 둔 헤브라이즘은 당대 영국 사람들의 의식, 가치관, 그리고 생활까지 광범위하게 지배했다. 그들은 성경에 기초하여 법, 문화, 사회, 정치 제도를 만들고 사고와 감정도 조율했다. 또한, 시간이 흘러 성경이 영어로 번역되는 획기적인 일이 일어나면서 성경은 지식인뿐 아니라 일반 영국 국민에게 엄청난 영향력을 행사했다.

특히, 1611년 제임스 1세(James I)세의 명령에 따라 학자들과 성직자들이 힘을 모아 성경을 영어로 번역했는데 이것이 바로 영역 성경 중 완성도가 가장 높다고 평가받는 흠정역본(King James Version or Authorized Version) 성경이다. 이 흠정역본은 문체가 간결하면서도 장엄하며 저급하고 속어적인 표현을 배제하고 고풍스러운 영어 본래의 표현을 사용한 번역이어서 수많은 영국 작가들이 좋아했고, 작품에서 많이 인용했다.

이 흠정역본 성경의 영향은 특히, 17세기를 대표하는 던(John Donne)을 비롯한 형이상학파 시인들과 영문학상 가장 위대한 서사시인으로 꼽히는 밀턴(John Milton)에게 절대적인 영향을 끼쳤다. 밀턴의 경우, 이 성경의 도움이 없었더라면 위대한 서사시를 결코 창작하지 못했을 것이다. 『실낙원』(*Paradise Lost*)에서 분명하게 밝히고 있듯이 그는 "영원한 신의 섭리를 천명하고 하나님의 뜻이 인간에게 정당함을 입증할"(I may assert eternal providence,/And justify the ways of God to men Book I. 25–26) 신앙적인 목적을 가지고 작품을 집필했다. 그의 『실낙원』은 성경의 가장 핵심적인 주제인 인간의 타락과 신의 섭리의 정당성을 노래하는 장엄한 종교적 서사시이며, 『복낙원』(*Paradise Regained*)과 『투사 삼손』(*Samson Agonistes*) 역시 성경에서 강조되는 신의 말씀에 대한 절대적인 복종과 회개를 통한 변화와 재생(거듭남)의 주제를 다루고 있다.

영문학에 있어 가장 위대한 작가로 평가받는 셰익스피어(William Shakespeare)도 그의 작품에 550여 개에 달하는 성경적 인유(Biblical allusion)를 사용할 정도로 성경의 영향을 강하게 받았다. 대표적인 기독교 문학가로 알려진 『천로역정』(*The Pilgrimage's Progress*)의 저자 버니언(John Bunyan)과 대표적인 종교 시인인 홉킨스(Gerard Manley Hopkins)는 말할 것도 없고 드라이든(John Dryden)과 존슨(Samuel Johnson)을 비롯한 18세기 시인들과 블레이크(William Blake), 워즈워스(William Wordsworth), 테니슨(Alfred Lord Tennyson), 아널드(Matthew Arnold) 등 19세기 시인들도 주제적인 면, 또는 문체적인 면에 있어서 성경의 영향을 직접적으로 받았다.

특히, 테니슨은 1850년에 그의 절친한 친구 할람(Hallam)이 유럽 여행 중 사망하자 이에 대한 충격과 슬픔을 애도한 『A.H.H를 추모하여』 (In Memoriam A.H.H)라는 시집을 출판하여 영국의 계관 시인으로 선정되기도 했다. 그런데 이 작품은 그 내용과 주제가 너무나도 종교적이고 성경과 깊이 연관되어 있어서 성경에 버금가는 훌륭한 종교적인 작품으로 극찬을 받는다.

20세기의 가장 위대한 시인이며 비평가로 불리는 엘리엇(Thomas Sterns Eliot)도 "알프레드 프루프록의 연가"(The Love Song of J. Alfred Prufrock), "황무지"(The Waste Land), "사중주"(Four Quartets) 등 여러 시에서 기독교적인 주제와 성경적 인유들을 많이 사용한다.

예일대학의 쿡(A. S. Cook) 교수가 성경의 영어를 공부하는 학생들에게 "모든 시대의 영문학을 이해하는 것에 있어 성경에 대한 충분한 지식 이상의 더 좋은 열쇠는 없다"라고 언급했듯이 성경은 모든 시대 모든 영문학 작가들에게 직 · 간접적으로 영향을 주었고, 우리는 그들의 작품을 읽으며 성경의 향기를 고스란히 느끼고 있다.

성경에는 문학에 등장하는 사건, 인물, 주제, 방법 등 모든 것들이 망라되어 나온다. 문학의 주제로 자주 쓰이는 인간의 이기심, 오만, 사랑, 권선징악 등도 나타나고 선과 악의 갈등, 사회의 의식과 가치관, 세계관 등 실로 다양한 가치들이 제시된다. 따라서 성경으로부터 지대한 영향을 받은 작가들의 작품에 성경의 이런 다양한 요소들이 반영되지 않을 수 없다. 성경을 제대로 이해하지 않고 영문학 작품을 올바르게 파악할 수 없는 이유가 이 때문이다. 서양 문화의 한 축을 형성하고 있는 헤브라이즘과 서양 문학에서 중요한 위치를 차지하는 영문학은 성경 이해가 전제되지 않고는 그 본질적인 성격과 의미를 제대로 파악할 수 없다. 이런 측면에서 성경에 대한 이해, 특히 성경의 문학적 이해는 서양 문화와 문학의 탐구에 필수적이라고 할 수 있다.

| 성경과 우리 문학

비단 서양 문학뿐 아니라 성경이 우리글과 문학에 끼친 영향도 지대하다. 1884년 우리나라에 기독교(개신교)가 들어오고 나서 성경이 우리말로 번역되면서 한글과 문화에 많은 변화를 가져왔다.

성경의 국역은 국가의 공문서는 반드시 한문으로 표기되어야 한다고 믿던 유교적 사대사상을 깨트리는 데 이바지했다. 복음을 전하기 위해 한국어로 번역된 성경을 널리 보급하고 한글을 가르쳐 문맹을 퇴치하는 작업이 병행되면서 한글의 가치를 재인식하게 되고 한글로도 모든 문서를 작성할 수 있다는 민족적 각성이 일어났다. 교회가 성경을 통한 한글 보급에 힘쓴 결과 문맹인들도 한글을 해독하게 되었고 한글을 통해 학문을 배우고 개화의 의지를 촉진시켰다.

실제로 한글 문법과 어문체계의 구성을 연구하여 한글의 발전에 이바지한 인물들은 기독교인들이었다. 기독교인인 주시경은 『국어문전음학』(1908년), 『국어문법』(1909년), 『말의 소리』(1914년) 등 한글 연구 분야에서 중요한 업적으로 평가받는 책들을 남겼고, 『서유견문』*(1895년)*을 간행한 유길준, 독립협회를 구성하고 1896년부터 한글로 「독립신문」을 만든 이상재, 이준, 윤치호, 이동령, 이승만 등도 독실한 크리스천들이었다. 국문법의 대가였던 외솔 최현배나 한결 김윤경 선생도 마찬가지다.

이처럼 기독교와 성경은 한글의 발전에 크게 공헌했으며 우리나라가 전근대적인 요소들을 타파하고 미래를 향해 나아가는 데 중요한 역할을 했다. 이뿐 아니라 성경의 보급은 한글의 대중화와 언문일치, 한문 위주의 생활에서 국문 위주의 생활로의 변화 등 우리의 언어생활과 문화를 크게 바꾸어 놓았다. 또한, 성경에서 강조되는 고귀한 사상, 즉 자유, 평등, 박애, 민주주의 같은 사상을 이 땅에 이입시켜 정신적 풍토를 개량하고 넓혀 주었다.

성경은 우리 문학가들의 작품 세계에도 영향을 미쳤다. 성령의 영감으로 기록된 계시의 말씀인 성경은 박목월, 박두진, 유안진 같은 작가들에게 깊은 감동을 주었고 그들은 깊은 신앙의 체험 속에서 작품의 주제를 도출했다. 박목월의 시 "우리의 출입"은 시편 121편 6절의 "여호와께서 너희 출입을 지금부터 영원까지 지키시리라"는 말씀에서 시의 제목을 가져왔고 시의 내용 전체가 시편 121편의 정신을 주제로 삼고 있다.

정연희의 소설 『내 잔이 넘치나이다』도 기독교에서 강조하는 사랑의 정신을 모티프로 창작된 대표적인 기독교 작품이다. 이 소설은 6.25의 피비린내 나는 전쟁 속에서 그 당시 남대문 교회 학생이었던 맹의순이 피난 도중 미군에게 잡혀 인민군 간첩으로 오인되어 거제도 포로수용소에 끌려가, 중공군 포로들을 돌보다가 죽는 이야기다. 자신이 처한 억울하고 비참한 상황에 대해 신을 원망하거나 불평하지 않고 오히려 적군을 섬기고 돌보며 아름다운 사랑을 실천한 기독교 정신이 이 소설의 주제다. 시편 23편에서 다윗이 여러 역경과 고난 속에서도 하나님이 함께 하시니 내 잔이 넘친다고 고백한 것처럼 이 소설의 주인공도 똑같은 신앙의 고백을 하고 있다.

박두진의 시 "해"는 에덴동산을 원형으로 삼아 생명과 직결되는 평화, 질서, 사랑, 아름다움이 지배하는 세계를 갈망하는 심정을 히브리 시의 특징적인 수사법인 평행법을 사용하여 형상화했다. 시의 일부를 소개하면 다음과 같다.

해야, 고은 해야. 늬가 오면 늬가 오면 늬기사 오면

나는 청산이 좋아라. 훨훨훨 깃을 치는 청산이 좋아라.
청산이 있으면 홀로래도 좋아라.

사슴을 따라, 사슴을 따라, 양지로 양지로
사슴을 따라 사슴과 만나면 사슴과 놀고.

칡범을 따라 칡범을 따라
칡범을 만나면 칡범과 놀고. . .

해야, 고은 해야. 해야 솟아라.
꿈이 아니래도 너를 만나면,

꽃도 새도 짐승도 한 자리에 앉아,
위어이 위어이 모두 불러 한자리에 앉아
애띠고 고운 날을 누려 보리라.

유안진의 시 "마리아의 항아리"도 누가복음 7장 36–50절에 나오는 한 여인이 예수께 향유를 담은 옥합을 가져와 예수의 발을 눈물과 머리털로 닦고 향유를 아낌없이 쏟아 부은 내용에서 영감을 받아 쓴 것이다. 이 시에서 화자는 그리스도 앞에 나아와 겸손히 무릎을 꿇고, 성경의 여인처럼 항아리에 담긴 기름과 눈물과 머리채를 드리는 영원한 하나님의 사람(여인)이 되고 싶다는 소망을 노래한다.

눈물로 발을 씻겨/ 머리채로 닦아드린 그 한분으로/ 내 혼은 오로지/ 항아리 하나분의/ 기름으로 향기로와/ 죽음도 물리치는/ 이적의 항아리를/ 차지 했습니다./ 천만년을/그의 이름따라/ 쫓아 사는/ 나 막달레나에는/ 모든 상처를 아물게 하고/ 모든 죽음을 살리기에/넉넉한 항아리 하나분의/ 기름이 있습니다./ 눈물과 머리채가 있습니다. - "마리아의 항아리" 일부

이처럼 성경은 우리 작가들에게 종교적 상상력과 주제 의식을 제공하여 작품의 창작에 크게 이바지했다. 또한, 성경은 우리 문학의 형식과 수사, 표현에도 영향을 미쳤다. 자기의 생각을 효과적으로 표현하는 언어구사력은 작가가 갖추어야 하는 중요한 자질인데 성경은 초월적인 세계를 효과적으로 표현할 수 있는 여러 문학적 표현법들을 제공하여 우리 작가들에게 도움을 주었다. 특별히, 성경에 나오는 상징과 비유, 이미지 등은 우리 작가들이 신비하고 형이상학적인 초월적 가치를 표현하는 데 매우 유용하게 사용되었다. 황금찬 시인의 "촛불"이라는 시에서 촛불은 그리스도의 십자가를 상징한다. 시인은 희생을 통해 빛을 발하는 촛불이라는 이미지를 사용하여 예수 그리스도가 희생을 통해 영원한 생명의 빛이 되셨다고 노래한다. 박두진 시인이 쓴 유명한 "해"라는 시에서도 해는 구원의 희망을 상징한다.

해야 솟아라. 해야 솟아라.
말갛게 씻은 얼굴 고운 해야 솟아라.
산 넘어 산 넘어 어둠을 살라 먹고,
산 넘어서 밤새도록 어둠을 살라 먹고,
이글이글 앳된 얼굴 고운 해야 솟아라.

화자는 어둠을 먹어 치우고 해가 솟아오르기를 애타게 열망한다. 이 세상의 불의와 부조리, 파괴와 죽음, 가난과 편견, 불공정과 비리, 이 모든 것을 깨트리고 새로운 희망과 변혁의 시대가 도래하기를 소망하는데 이는 말라기 2장 4절에 나오는 "공의로운 해"의 이미지를 사용한 것이다.

이렇듯, 성경은 우리 작가들이 문학작품을 창작할 때 종교적인 상상력과 비전, 세계관과 가치관, 소재, 주제, 표현법 등을 제공함으로써 많은 영향을 끼친 우리 문학의 보고(寶庫)다.

2

성경은 문학인가?

성경을 문학으로 볼 수 있는가의 문제는 고대 플라톤 시대부터 논쟁거리였다. 플라톤(Platon)은 문학(시)은 진리와 동떨어진 허구이고, 이성을 무시하고 감정을 북돋워 인간을 비도덕적으로 만들며, 놀이나 장난처럼 유익하지 않고 쓸모없는 것으로 생각하여 문학에 대한 적대적인 감정을 노골적으로 드러냈다.[7] 중세의 대표적인 사상가 어거스틴(St. Augustine)도 문학은 미덕보다 죄악을 가르친다고 지적하며 문학의 가치를 부정했고,[8] 종교개혁 시대의 틴덜(William Tyndale)이나 퍼킨스(William Perkins)도 문학은 허무한 유혹들이며 인간을 죄악으로 이끄는 역할을 한다[9]라고 문학을 반대하는 목소리를 드높였다. 이들은 거룩한 하나님의 말씀인 성경을 문학으로 간주하는 것은 불경스러울 뿐 아니라 죄를 범하는 것이라고 보았다.

현대의 실존주의 철학자 키에르케고르(Kierkegaard) 또한 "기독교적인 입장에서, 시인은 죄악의 존재다. 시인은 실존적으로 선과 진리의 실현을 위해 노력하기보다 상상을 통하여 거기에 접근하고자 하는 죄를 범하고 있다"[10]고

7 Plato, *The Republic, X, in Criticism: The Major Texts*, Ed. Walter Jackson Bate (New York: Harcourt, Brace and World, 1952), 45–48.

8 Augustine, *Confessions*, III, s.2.

9 William Tyndale, *Answer to Sir Thomas More*, as quoted in W. E. Campbell, *Erasmus, Tyndale, and More* (London: Eyre and Spottiswoode, 1949), 207.
William Perkins, "Of Writing," as quoted in Lawrence A. Sasek, *The Literary Temper of the English Puritans* (Baton Rouge: Louisiana State University Press, 1961), 59.

10 Kristian Smidt, *Poetry and Belief in the Work of T.S. Eliot* (London: Routledge and Kegan Paul, 1967), 54에서 재인용

주장했다. 20세기의 위대한 시인 엘리엇(T. S. Eliot)도 「종교와 문학」('Religion and Literature')에서 "성경이 단지 문학적 가치가 있다는 이유로 즐겁게 읽는 사람은 근본적으로 기생충과 같으며 기생충이 많으면 해악을 가져온다."[11]고 하여 성경을 문학과 동일시하는 것을 반대했다.

그러나 이에 못지않게 성경을 문학으로 보고 연구하려는 움직임도 강하게 일어났다. 이런 현상은 19세기에 접어들어 학교에서 학생들에게 성경을 읽히면서 표면화되기 시작했다. 1814년 아일랜드에서 최초로 『신구약 성경으로부터의 발췌집』(*Extract from the Old and New Testaments*)이 편집되어 학생들에게 사용됐는데 성경을 문학적인 관점에서 접근한 것이었다. 미국에서도 학교에서 학생들에게 성경을 읽혔지만, 이에 대한 찬반 논란이 20세기까지 계속되었다. 하지만 이런 상황에서도 문학으로서의 성경에 관한 책들이 연이어 출판되고 성경 자체를 문학으로 보려는 움직임은 점점 더 많아졌다.

문학으로서의 성경이라는 말은 19세기 후반 영국의 대표적인 시인 겸 비평가인 아널드(Matthew Arnold)가 처음 사용했다. 그는 성경을 위대한 문학작품이라고 생각했고 이사야서 40-66장을 개작하여 『학생들을 위한 성경 독본』(*A Bible-Reading for Schools*)을 발간했다. 그 후 프레이저 경(Sir James Gorge Frazer)과 시카고 대학 영문과 교수인 모울턴(Richard G. Moulton)이 성경의 문학적 가치를 강조하고 문학으로서 성경 연구의 길을 개척했다. 특히, 모울턴은 "현대 성경 문학 연구의 아버지"[12]로 불릴 정도로 문학으로서의 성경의 개념을 보편화시키는 데 크게 이바지했다. 그는 성경을 순수한 문학작품으로 간주하고 특히, 성경에 나오는 시의 형식에 깊은 관심을 표명하며 연구에 몰두했다.

20세기 초반에는 문학으로서의 성경에 대한 논문과 저서가 다량으로 쏟

---

11 T. S. 엘리엇 저, 『문예비평론』, 최종수 역 (서울: 박영사, 1974), 99.

12 David Norton, *A History of the Bible as Literature: From 1700 to the Present Day* (Melbourne: Cambridge University Press, 1993), 277.

아져 나왔고 중반 이후부터는 이야기로서의 성경에 관심이 높아지면서 성경의 전체적인 통일성에 초점을 맞춘 문학 비평적 성경분석이 등장하기 시작했다.[13] 특히, 아우어바흐(Erich Auerbach)는 이야기로서의 성경을 처음 주장한 인물로 신구약 성경이 일반 문학 이야기처럼 문학비평의 기준에 따라 연구될 수 있다고 생각했다.[14] 그는 이야기 형식으로 되어 있는 성경을 역사성에 구애받지 않고 문학 비평적 방법을 통해 해석할 수 있다고 주장함으로써 성경을 문학적으로 연구할 수 있는 길을 열었다. 그의 영향을 받은 수많은 신학자가 문학적인 접근으로 성경을 해석하기 시작했고 문학적인 성경 연구가 성경해석의 중요한 방식으로 자리를 잡게 되었다.

이처럼 오랜 역사를 가진 종교와 문학 사이의 갈등은 지금에서야 해결점을 찾는 것처럼 보인다. 그런데, 종교와 문학의 갈등을 논의할 때 반드시 고려해야 할 것이 있다.

첫째, 종교와 문학은 공통점과 차이점을 동시에 가지고 있다는 것이다. 종교와 문학은 모두 인간은 어떤 존재인가, 인간은 왜 사는가, 인간은 어떻게 살아야 하는가 등의 문제 즉, 인간 실존의 문제를 다룬다는 공통점이 있다. 하지만 차이점은 문학은 인간 삶에 대한 문제를 제기하며 질문은 예리하게 던지지만 이에 대한 해답을 명확하게 제시하지 못하는 것에 반해 종교는 문제 제기를 넘어서 해답까지 명확하게 제시하고 있다는 점이다.[15] 물론, 문학작품에서도 문제 해결 방안을 나름대로 제시할 때가 있지만 성경과 비교하면 확연하게 차이가 난다. 그러나 이 둘의 차이점에 대한 평가는 개인의 취향에 따라 달라진다. 명확한 해결책보다 문제 제기를 통해 생각에 빠지기를 좋아하는 사람들은 문학을 선호할 것이고 삶에 대한 분명한 해답을 갈구하는 사람들은 종교를 선호할 것이다. 종교가 제시하는 삶의 문제에 대한 해결책과

13 최재석, 『왜 그리스도인에게 문학적 소양이 필요한가?』 (서울: 대한기독교서회, 2006), 55–56.

14 Mark Allan Powell, *What Is Narrative Criticism?: A New Approach to the Bible* (Minneapolis: Augsburg Fortress, 1990), 4.

15 이달 · 천사무엘, 『성서 문학의 세계』 (대전: 한남대학교 출판부, 2005), 9–10.

해답의 수용 여부 또한 개인의 신앙과 가치관에 좌우된다.

둘째, 문학과 종교는 대립적인 것처럼 보이지만 실상은 상호 보완적인 역할을 한다는 것이다. 종교는 진리를 추구하고 문학은 미를 추구한다는 점에서 근본적으로 문학과 종교는 목적이 다르다. 그러나 진리와 미는 서로 영원히 화해할 수 없는 대립적인 가치가 아니다. 시간과 공간의 지배를 받는 가변적인 삶 속에서 육체와 영혼을 지닌 인간은 생각도 변하고 몸도 노쇠해진다. 하지만 인간이 변화와 쇠퇴를 경험하면 할수록 변하지 않는 진리의 가치를 더욱더 강렬하게 열망하게 되고 이것이 인생의 아이러니다. 신앙이 있거나 혹은 형이상학적인 가치를 지향하는 사람들은 진리를 예술적인 아름다움보다 분명 더 중시한다. 그러나 동시에 이런 사람들도 삶의 기쁨과 행복을 위해 아름다움을 추구한다. 그러니까, 인간은 종교적 가치와 문학적 가치를 모두 필요로 하는 존재다.

문학은 상상과 허구의 세계를 전제하고 있지만, 진리의 세계를 표현하는 데도 매우 유용하다. 신의 뜻과 초월적인 진리를 제시하는 종교에서 눈에 보이지도 않고 물질적으로 존재하지도 않는 하나님이나 영적인 체험을 어떻게 표현하고 인지할 수 있을까? 이에 대한 해결책 중의 하나는 문학에서 사용하는 상상력과 상상의 세계에 대한 표현방식을 가져와 초월적인 진리의 세계를 묘사하는 데 사용하는 것이다.[16] 물론 여기에는 중요한 전제조건이 있다. 초월적인 세계, 특히 종교적인 진리의 세계는 인간이 계시를 받아 기록하기는 하지만 하나님이 원저자이기 때문에 그분의 도움, 즉 성령의 영감(inspiration)이 없이는 신의 뜻을 제대로 표현할 수 없다. 성경도 인간 저자들이 기록했으나 하나님의 영감이 작용한 하나님의 말씀이지 인간의 말이 아니다. 따라서 종교적인 진리의 말씀을 기록하든지 또는 기록된 내용의 뜻을 정확하게 인지하기 위해서는 문학적인 양식과 표현법을 신의 뜻에 부합되게 제대로

16 위 책, 10.

이해하고 사용할 수 있도록 먼저 하나님께 도움을 구해야 한다.

반대로, 허구의 세계를 상상적으로 제시하는 문학은 제한적일 수밖에 없는 상상력과 감각을 벗어난 초월적인 세계를 어떻게 더 많이 확장하고 그 지평을 넓힐 수 있을까? 그런데 이 문제를 해결할 좋은 방안이 바로 종교다. 문학은 종교가 제시하는 체험을 통해 상상력을 더욱 키울 수 있고 새로운 상상의 세계를 위한 정보나 재료를 얻을 수 있다. 즉, 종교가 문학의 풍부한 자원이 될 수 있다는 것이다.

이처럼 종교와 문학은 본질은 다르지만 상호 보완적인 관계에 있다. 성경은 진리가 무엇인지를 우리에게 보여주면서 항상 기뻐하며 사는 것이 하나님의 뜻(데살로니가전서 5장 16절)이라고 말한다. 또한, 인간이 해 아래에서 누릴 수 있는 가장 큰 복은 "이 땅에 사는 동안에 기뻐하며 선을 행하는 것이며 먹고 마시면서 수고함으로 낙을 누리는 것"(전도서 3장 12-13절)이라고 한다. 이는 인간이 누리는 모든 기쁨이 그 자체로 선한 것이며 하나님이 주신 선물임을 의미한다. 그렇다면 문학이 제공하는 상상적인 아름다움과 감동의 기쁨을 즐기는 것은 인간이 마땅히 누려야 할 축복이다. 종교와 문학의 오랜 갈등은 이런 중요한 사실을 간과한 결과로 보인다.

"성경은 과연 문학인가?"라는 주제로 되돌아가 우리가 먼저 생각해야 할 근본적인 문제는 문학이 무엇인가에 대한 정의조차 깔끔하게 정리되어 있지 않은 상황에서 어떤 기준을 근거로 "성경은 문학이다, 혹은 아니다"라고 판단할 수 있을까 하는 것이다.

영문학자인 김욱동 교수는 문학이 무엇인가라는 것은 관점에 따라 다르게 정의될 수 있다고 주장한다. 그는 문학을 (1)문자로 쓰인 모든 것(양적인 면), (2)위대한 저술(질적인 면), (3)작가의 상상력에서 생겨난 창조적 작품, (4)벨 레트르(Belles letters), 즉 아름다운 글(미학적 관점), (5)시, 소설, 희곡, 수필(장르의 관점), (6)일상어를 일부러 왜곡하고 변형시킬 뿐만 아니라 일상어의 체계에서 벗어나게 만든 글(러시아 형식주의의 정의: 로만 야콥슨(Roman Jakobson)은 문학을 "일상적인 언어에 가해진 조직적인 폭력"이라 함), (7)특정한 사회 계급의 가치와 취향을 구현한 글(이데올로기의 관점) 등 다양한 관점에서 정의될 수 있다[17]고 설명한다.

그런데 이처럼 문학에 대한 다양한 정의들이 존재하는 것이 현실이라면 성경이 문학인가 그렇지 않은가라는 질문은 깔끔한 해답을 얻지 못할 것이다. 하지만 상황이 이렇더라도 문학에 대한 가장 일반적인 정의를 찾아내어 이를 근거로 성경의 문학적 정체성을 규명할 필요가 있다. 성경을 문학적으로 이해하는 것은 이것을 전제로 가능한 작업이고 의미가 있기 때문이다.

우리나라 문학진흥법 제2조 제1호에 "문학"이란 사상이란 감정을 언어로 표현한 예술작품으로서 시, 소설, 희곡, 수필, 평론 등을 말한다고 정의되어 있다. 그런데 이는 문자가 있는 시대만을 고려한 정의여서 문자가 없는 시대의 구전문학까지 문학의 범주에 포함할 필요가 있다.

영어권에서는 "문학을 언어를 사용하여 인간의 경험을 표현한 예술"로 보는 것이 일반적인 견해다. 대표적으로 라이켄(Leland Ryken)교수는 "언어를 사용하여 인간 경험을 예술형식으로 설명하고 묘사한 것"[18]을 문학이라고 정의한다. 버크(Kenneth Burke)는 이를 한 마디로 "경험의 언어화"(verbalization of experience)[19]라고 부른다. 이처럼 문학을 정의하면서 그 표현 수단은 언어이고 내용은 인간의 경험이며, 풍부한 문체 등을 사용해 예술적으로 표현하고 있다고 보는 견해는 가장 보편적이어서 반대하는 현대의 비평가나 문학가는 없는 것 같다.

그런데 19세기까지만 해도 문학의 정의는 지금과 차이점이 있었다. 그때는 문학의 표현 수단은 지금처럼 언어라고 생각했지만, 내용은 단순한 경험

---

17 김욱동, 『문학이란 무엇인가』 (서울: 문예출판사, 1996), 43–54.

18 Leland Ryken, *The Literature of the Bible* (Michigan: Zondervan, 1974), 13.

19 카일 키퍼, 『신약: 문학으로 읽는 신약성서』 김학철 · 이승호 옮김, (서울: 비아, 2018), 26에서 재인용

이 아닌 "의미심장한 경험"(significant experience)이라고 보았다. 문학의 두 가지 효용성, 즉 쾌락성과 교훈성 중에서 교훈성을 보다 중시하여 인간의 모든 경험이 아닌 중요하고 의미 있는 경험만이 문학의 내용이 될 수 있다고 생각한 것이었다.

문학 정의에서 또 하나 고려할 것은 문학은 역사와 달리 상상력의 산물이라는 것이다. 교재로 널리 사용되는 웰렉(Rene Wellek)과 워렌(Austin Warren)의 저서 『문학이론』(*Theory of Literature*)을 보면 "문학을 문학예술, 즉 상상의 글로 제한해서 사용할 때, '문학'이라는 용어를 가장 잘 표현한 것이라 할 것이다. … 우리는 '허구성', '창의성', 그리고 '상상력'을 문학의 두드러진 특징으로 인식하고 있다"[20]라는 설명이 있다. 이것은 앞서 소개한 문학의 정의 중, (3)문학은 작가의 상상력에서 생겨난 창조적 작품이라는 정의가 어떤 구체적인 특징들을 가지는지를 보여준다. 즉, 허구성, 창의성, 상상력이 문학의 중요한 특징이라는 것이다.

위의 여러 의견을 종합해 보면, "문학이란 언어를 사용하여 인간의 경험을 예술적으로 표현한 것으로서 허구성, 창의성, 상상력을 특징으로 창작된 예술"이라고 정의하는 것이 가장 일반적이며 무리가 없어 보인다.

그런데 이런 잣대로 평가하면 성경을 문학이라 할 수도 있고 그렇지 않을 수도 있다. 성경을 문학으로 볼 수 없다고 주장하는 사람들은 성경은 거룩한 하나님의 계시의 말씀이고, 정확무오한 역사적 사실을 기록한 것인데 이를 작가의 상상력이 만들어낸 허구(fiction)인 문학과 동일시하는 것은 가당치도 않으며 불경스럽다고 말한다. 다시 말하면, 전능한 하나님의 말씀과 인간의 말, 역사적인 사실과 꾸며낸 허구라는 성경과 문학의 차이점이 분명한데 성경을 문학으로 인정할 수는 없다는 것이다.

반면, 성경을 문학이라고 주장하는 학자들도 많다. 드링크워터(John

---

20 Rene Wellek & Austin Warren, *Theory of Literature*. (New York: Snova, 2019), 22–26.

Drinkwater)는 『문학으로서의 영어 성경』(*The English Bible as Literature*)에서 성경을 문학으로 보고 연구하는 것을 지극히 합당한 일이라고 주장한다.

> 성경을 문학으로 생각한다는 것은 그것의 신성한 성격을 무시하는 것이 아니며 더구나 그것을 부정하는 것이 아니다. 성경의 문자적 영감설을 항상 믿고 있는 사람들이야말로 먼저 신성한 표현법 그 자체가 신성한 것이고 또한 그 방법이 그것을 받는 사람들이 알고 있는 가장 아름답고 감동적인 언어를 사용하는 데 있다는 것을 알아야만 한다. 만약 그렇다면 문학으로서의 성경의 아름다움을 연구하는 것은 하나님의 말씀으로서의 성경의 일반적인 연구보다 훨씬 더 타당한 것이다.[21]

그의 논점은 성경을 문학으로 간주한다고 해서 그것의 신학적인 요구나 신성한 성격을 부정하거나 무시하는 처사가 아니라는 것이다. 밀워드(Peter Milward)도 『문학으로서의 성경』(*The Bible as Literature*)에서 "나는 성경을 하나님의 말씀으로 존중하며, 신성할 뿐 아니라 인간적인 문학으로 인식하고 있다."[22]라고 함으로써 문학으로서의 성경의 견해에 찬성한다.

키퍼(Kyle Keefer) 또한 "풍부한 문체를 사용하고 인간의 경험을 언어로 표현한 문학작품은 시대를 불문하고 많은 이들에게 감동을 불러일으킨다. 문학작품을 이렇게 이해한다면 신약(성경)은 문학작품임이 틀림없다."[23]라고 성경은 문학작품임을 주장한다.

우리 시대의 유명한 크리스천 변증가인 루이스(C. S. Lewis)도 처음에는 성경을 허구로 보거나 일반 문학작품과 동일시하는 것을 반대했지만 결국에는 다음과 같이 고백한다.

> 성경은 모든 문학적 특징을 지니고 있으므로, 문학으로 읽지 않는다면 적절하게 읽을 수 없을 것이다. 그리고 각기 다른 종류의 문학적 특징을 가지고 있으므로 그

21 조신권, 『성경의 문학적 탐구』 (서울: 아가페문화사, 2008), 61에서 재인용

22 Peter Milward, *The Bible as Literature* (Tokyo: Kenkyusha: 1983), iv.

23 카일 키퍼, 『신약: 문학으로 읽는 신약성서』 김학철 · 이승호 옮김. (서울: 비아, 2018), 26.

특징에 따라 읽지 않으면 적절하게 읽을 수 없다.[24]

루이스가 이런 고백을 한 것은 그는 문학 비평가이기도 해서 성경이 거룩한 신의 말씀이기는 하나 수많은 문학적 형식과 표현들이 나타나고, 인간의 다양한 경험이 언어를 통해 생생하게 표현되어 있음을 누구보다 잘 알았기 때문이다.

그렇다면 이런 상반된 입장들 속에서 어떤 만족할 만한 결론을 도출할 수 있을까? 확실한 것은 "성경은 하나님의 섭리를 인간의 언어로 기록해 놓은 책"이라는 점이다. 하나님은 신이시며 신비로운 존재지만 인간이 보고, 듣고, 느낄 수 있도록 자기 뜻을 계시해 주고 있으며, 인간은 자신이 경험한 하나님의 모습을 성경에 표현했다.

그런데 하나님은 자신을 계시하는 수단으로 인간이 이해할 수 있는 언어를 사용하셨다. 직접 인간에게 말씀하기도 하고 천사나 선지자들을 통해 그의 뜻을 전달하기도 했다. 특히, 신약에서는 하나님의 아들인 예수가 가르침과 삶을 통해 하나님의 뜻을 직접 보여주기도 했는데 놀랍게도 이 예수가 바로 말씀이 육신이 되어 우리 가운데 거하게 된 하나님이라고 성경은 천명한다.

> 태초에 말씀이 계시니라. 이 말씀이 하나님과 함께 계셨으니 이 말씀은 곧 하나님이시니라. 그가 태초에 하나님과 함께 계셨고 만물이 그로 말미암아 지은바 되었으니 지은 것이 하나도 그가 없이는 된 것이 없느니라. … 말씀이 육신이 되어 우리 가운데 거하시매 우리가 그의 영광을 보니 아버지의 독생자의 영광이요 은혜와 진리가 충만하더라. (요한복음 1장 1-3, 14절)

위 인용 구절이 우리의 관심을 끄는 것은 예수가 곧 하나님이며, 동시에 말씀(로고스)이라고 규정하고 있기 때문이다. 언어가 하나님의 뜻을 계시하

24 C. S. Lewis, *Reflections on the Psalms* (New York: Harcourt, Brace and World, 1958), 3.

는 수단일 뿐 아니라 하나님 그 자신 즉, 존재성과 연결되어 있다. 저자 요한(John)은 하나님은 말씀과 함께 태초에 계셨고 이 말씀이 곧 하나님이며 또한 예수 자신이라는 사실을 명백하게 밝힌다. 기독교를 왜 말씀의 종교라고 하는지 그 이유를 알 수 있는 부분이다.

하나님은 우주 만물을 말씀으로 창조하셨다. 선택한 백성과 언약을 맺을 때도 말씀을 통해서 하셨고 축복과 저주도 말씀을 통해 내리셨다. 물론 하나님의 언어와 인간의 언어에는 차이점이 있다. 하나님의 언어는 완전성, 자기충족성, 즉각성이 특징이다. 창세기의 창조 내러티브에서 보듯이 하나님이 말씀하시면 그 즉시 그 말씀대로 없던 것이 생겨나고 모든 것이 완전하게 이루어진다. 그러나 인간의 언어는 신의 언어를 닮기는 했으나 타락으로 인해 불완전한 모습을 지니게 되었다. 그러나 완전하지도 않고 제한된 인간의 언어를 통해 신의 뜻과 섭리가 계시 되고 성취된다. 인간은 말씀인 하나님을 언어를 통해 인지하게 되고 하나님과 인간 사이의 관계 또한 언어를 통해 정립된다.

“계시”(revelation)란 “드러내 보여 준다”라는 뜻을 가진 단어다. 하나님은 인간 세계에 자신을 계시하기 위해 인간의 언어와 소통 방법을 사용한다. 그러니까, 하나님은 실제적인 사람들을 통해 인간의 상황과 경험의 범위 안에서 인간의 언어와 표현 방법을 사용해서 그의 뜻과 섭리를 전달한다(피 24). 그래서 성경에는 문학에서 볼 수 있는 소통 방법과 표현법들이 수없이 많다.

성경의 영어 표현인 바이블(Bible)은 어원적으로 ‘작은 책들’(little books)이라는 뜻을 가진 비블리아(biblia)라는 그리스어로부터 유래된 것으로 거룩하고 존엄한 책을 의미한다. 구약 39권과 신약 27권, 모두 66권으로 구성된 성경은 일반 문학작품과 다르지 않게 여러 방면의 다양한 저자들이 자신의 모국어와 자신에게 익숙한 문학적 표현방식들을 사용하여 신의 뜻과 인간의 종교적 경험을 기록한 하나의 문집이다. 심지어 "인쇄된 모든 것을 다 문학으로 보아야 한다"라는 견해가 존재하는 현실에서 여러 작은 책들을 모아 놓은 성경을 문학이라고 주장하는 사람들을 반박하기는 쉽지 않다.

그러나 성경은 순수한 문학작품은 아니다. 성경에는 역사적인 글, 신학적인 글, 문학적인 글 등 크게 3가지 종류의 글들이 섞여 있다. 성경이 일반 순수문학과 다른 점을 조신권 교수는 다음과 같이 설명한다.

> 성경은 어떤 인간의 뜻이나 계획에 따라 된 것이 아니고 성령의 감동하심을 받은 기자들이 하나님의 뜻을 받들어 기록한 계시의 말씀이다. 그러니까 성경은 결코 허구에 기초해서 이루어진 일반 작가들의 창작품과는 다르다. 그럼에도 불구하고 성경은 그 어떤 문학 작품들보다 더 문학적이다. 성경을 "역사적이다, 아니 문학적이다"라는 식으로 양분하는 사고는 매우 위험하다. 왜냐하면 성경은 역사적이고 신학적이면서 동시에 문학적이기 때문이다. 아니 더 정확히 말하면 이 세 요소를 합친 것 그 이상이라 할 수 있다. 왜냐하면 그것은 신학적이고 역사적이고 문학적인 요소가 놀랍게 연결되어 만들어진 유기체적인 구조물이기 때문이다. (총신대 영성훈련원 특강 "성경과 문학 - 성경은 문학에 어떤 영향을 미치는가?"의 일부)

위 인용문의 지적처럼 성경은 허구에 기초한 것이 아니고 역사적인 기록이기 때문에 순수문학이라 할 수는 없다. 그러나 성경은 역사적이고 신학적이면서도 문학적이며, 이 세 요소를 합친 것 이상으로 잘 만들어진 유기체적인 구조물이기 때문에 분명 문학적으로 엄청난 가치를 가지는 책이다. 이런 점에서 "성경은 실제로 문학이 되지 않고도 최대한 문학적이다."[25]라고 한 프라이(Northrup Frye)의 지적은 성경은 과연 문학인가라는 질문에 대한 확실한 대답이 될 수 있다.

사람들은 흔히 성경을 하나님의 말씀으로 믿는 것과 성경이 인간의 언어

---

25 Northrop Frye, *The Great Code: The Bible and Literature* (New York: Harcourt Brace Jovanovich Publishers, 1981), 62.

로 기록된 책들로 이루어진 문집이기 때문에 문학이라고 생각하는 것 사이에서 혼란을 겪는다. 신학자 중에서도 진보적인 학자들은 성경을 순수문학으로 여기고 그 역사성을 부인하는 경향을 보인다. 이와 반대로 성경 교리에 대해 보수적인 학자들은 성경을 역사와 신학을 기록한 것으로만 간주하여 "신적 계시의 문학적 측면"[26]을 무시한다. 하지만 성경은 하나님의 말씀이자 동시에 인간에 의해 기록된 책 즉, 신성하면서도 동시에 인간적인 책이라는 사실을 기억할 필요가 있다.

요약하면, 성경은 초월적인 하나님의 세계를 비초월적인 인간의 언어로 기록하고 있는 기독교의 경전이자 문학적인 책이다. 성경은 거룩한 신의 말씀이기는 하지만 수많은 문학적 형식과 표현들이 사용되어 있고, 무엇보다 인간의 언어로 기록되어 있다는 점에서 순수한 문학은 아니지만 종교적인 문학이라 할 수 있다.

26 트렘퍼 롱맨 3세, 『문학적 성경해석』 유은식 역. (서울: 솔로몬, 2004), 217.

3

성경의 문학적 특징

성경은 종교적인 주제를 다루지만, 종교적 교리나 조직신학을 해설한 논문집이 아니다. 성경에는 종교적이고 신학적인 사상을 강조하는 추상적인 내용도 있으나 대부분은 일반 문학과 비교해도 전혀 손색이 없을 만큼 문학성이 풍성한 글들로 채워져 있다. 그렇다면 성경은 어떤 문학적 특징들을 가지고 있을까?[27]

첫째, 성경은 일반 문학처럼 현실 삶에서 소재들을 취하여 인물과 사건을 매우 실감 나게 묘사한다. 우선, 성경에 나오는 인물들은 인위적으로 만든 가공의 인물이 아닌 우리가 현실에서 직접 만날 수 있는 생동감 넘치는 인물이다. 거기에는 하나님이 선택한 종교적인 영웅들 뿐 아니라 사냥꾼, 왕, 간신배, 장군, 선원, 농부, 기생, 매춘부, 세관원, 악당, 여걸, 소인배 등 신분, 직업, 국적, 종교, 혈통과 상관없이 아주 다양한 현실적인 인물이 등장한다.

성경에서 그리는 사건 또한 전쟁, 죽음, 탐구, 효도, 꿈, 국가의 건설, 애국 등 매우 구체적이며, 묘사되는 감정도 여러 상황 속에서 인간이 느끼는 슬픔, 배신, 번민, 사랑, 미움 등 실제적인 것들이다. 이뿐만 아니라 성경은 거룩한 하나님의 말씀임에도 불구하고 살인, 간음, 음행, 절도, 위증, 비방 등 인간사의 추악한 것들을 있는 모습 그대로 사실적으로 제시한다.

둘째, 성경에는 다양한 문학적 형식들이 사용된다. 내러티브, 영웅 설화,

27 성경의 문학적 특징들은 라이켄(Leland Ryken) 교수의 *Literary Introductions to the Books of the Bible* (Wheaton: Crossway, 2015), 18–20에 잘 설명되어 있다.

서정시, 서사시, 전원시, 드라마, 비극, 풍자, 우화, 축혼가, 비가, 찬가, 웅변, 계시, 예언, 지혜문학, 서간문, 비유, 묵시문학 등 그야말로 문학백화점이라고 할 정도로 성경에는 여러 가지 문학적 양식들이 나온다. 이 중에서 성서의 많은 부분을 차지하는 대표적인 것은 내러티브(narrative)와 시(poetry)다. 창세기, 출애굽기, 민수기, 열왕기, 역대기, 여호수아, 사사기, 룻기, 느헤미야, 에스더, 다니엘, 요나서 등 구약성경의 40% 이상과 신약 4복음서의 많은 부분, 그리고 사도행전 대부분이 내러티브 즉, 이야기 형식의 글로 되어 있다.

시 또한 신약성경 전체 분량과 맞먹는 전체 성경의 약 1/3을 차지하는데 주로 구약에서 발견된다. 150편의 서정시로 구성된 시편과 이른바 지혜서(욥기, 잠언, 전도서, 아가)가 시에 해당하고, 선지서와 예언서 역시 운문으로 기록되어 있다. 사사기 5장, 사무엘하 22장 등 역사서와 창세기 49장, 신명기 32–33장 등 모세오경에도 시가 나타난다.

셋째, 성경의 언어표현은 대부분이 추상적이지 않고 구체적이며 감각적이다. 일반 문학처럼 성경은 인간의 경험을 추상적으로 설명(telling)하지 않고 생동감 있게 구체적으로 보여준다(showing). 예를 들어, 누가복음 10장 30–36절에 나오는 선한 사마리아인의 비유에서 예수님은 이웃의 개념을 추상적이고 형이상학적인 용어를 사용하여 설명하지 않는다. 그 대신, 진정한 이웃이 무엇을 의미하는지 독자가 직접 느낄 수 있도록 이방인이 강도 만난 사람을 도와주는 생생한 이야기를 구체적으로 들려준다. 그러니까, 예수님은 이웃에 관한 개념을 추상적으로 설명하지 않고 삶의 구체적인 경험의 이야기를 보여줌으로써 청자를 경험의 세계로 초대하고 이웃의 진정한 의미를 머리가 아닌 가슴으로 체득하게 만든다.

넷째, 성경은 현실성 있는 사실주의적 표현을 선호한다. 성경 저자들은 선한 사람은 선한 모습 그대로 악한 사람은 악하고 추한 모습 그대로 삶을 있는 그대로 사실적으로 묘사한다. 성경이 종교적인 경전이라고 해서 하나님의 섭리와 초월적인 진리를 추상적이고 형이상학적으로 표현하지 않는다.

다섯째, 성경의 저자들은 대체로 간결한 표현과 단순한 문체를 좋아한다. 그러나 장황하지 않은 간결한 표현과 복잡하지 않은 명확한 문체를 사용하면서도 장엄한 효과를 만들어내고 있어서 역설적이며, 이런 점이 성경 문체의 매력이자 장점이다.

여섯째, 성경에는 정적인 표현보다 역동적이고 열정적인 문장들이 훨씬 많다. 예컨대, “산들은 그 앞에서 진동하며, 언덕들은 녹아 없어지리니”(나훔 1장 5절)라는 표현이나, “산이 무너지고, 바위가 그 자리에서 옮겨가며, 물이 돌을 갈아 부수듯이, 당신은 인간의 소망을 꺾었나이다”(욥기 14장 18–19절) 같은 문장은 강한 에너지와 힘을 발산하는 역동적이고 열정적인 문장이다.

일곱째, 성경은 어떤 감동적인 문학작품에 뒤지지 않는 독자를 감동하게 만드는 힘을 가진 책이다. 다시 말해, 성경이 독자에게 행사하는 감정적인 영향력은 대단하다. 성경을 읽어 나갈 때 독자는 수시로 강력한 감정적인 반응을 보인다. 자신의 죄를 뉘우치며 회개의 눈물을 흘리기도 하고 천국의 소망을 가슴에 품고 말로 표현할 수 없는 행복감을 느끼기도 한다. 그러니까, 성경은 우리의 감정을 강렬하게 움직이는 독특한 능력을 발휘하는 책이다.

여덟째, 성경은 특수하고 예외적인 이야기를 하기보다는 인간의 보편적인 경험을 다룬다. 앞서 언급했듯이 성경이 다루는 인물들은 우리가 언제 어디서나 만날 수 있는 사람들이며, 이들이 삶에서 겪는 일반적이고 보편적인 경험의 이야기를 우리에게 들려준다.

아홉째, 성경은 다양한 작품(책)들의 모음집이기는 하지만 고도의 문학적 통일성을 가진다. 성경은 다양한 저자들이 기록했음에도 전체를 관통하는 세계관이 존재하며, 하나님이 이 세상을 창조했을 뿐 아니라 타락한 인간을 구원한다는 주제가 일관되게 제시된다. 또한, 하나의 믿음을 강조하고 예수 그리스도를 통한 한 가지 구원 방법만을 제시하며, 인간이 범한 죄의 본성과 변하지 않는 하나님의 구원계획을 신구약 성경 전체에서 강조한다. 그리고, 수많은 사건과 인물들이 성경에 등장하지만 모든 것들을 다스리시고 그의 섭리에 따라 모든 만물을 지배하시는 진정한 주인공은 오직 한 분 하나님이다. 이뿐만 아니라, 성경은 약 40명의 저자들이 1,600년의 기간동안 쓴 것이지만 구약과 신약의 내용에서 모순되는 것은 하나도 없다. 신약은 구약의 많은 부분을 인용하고 있고, 구약에서 예언한 것은 빠짐없이 신약에서 정확하게 성취되는 모습을 보인다. 성경 66권에는 정말 잡다한 이야기들이 뒤섞여 있지만, 창조, 타락, 구원이라는 공통된 주제를 보여주는 데 모두 집중되고 있다. 한 마디로, 성경은 전체적으로 조화를 이루는 자기충족적인(self contained) 통일된 구조로 되어 있다.

열째, 성경에는 많은 문학적 "원형"(archetype)들이 나타난다. 원형이란 문학에서 계속해서 등장하는 동일한 상징이나 동일한 성격의 인물, 또는 동일한 플롯의 모티프를 말한다. 성경에서 흔하게 발견되는 문학적 원형들은 추구(quest) 모티프, 여행(journey) 모티프, 죽음과-재생(death and rebirth) 모티프, 성장(growth) 모티프, 죄와 벌(crime and punishment) 모티프, 속죄양(scapegoat) 모티프, 유혹과 구출(temptation and rescue) 모티프, 낙원(paradise) 모티프 등이다. 이러한 원형들은 서구 문학에 광범위하게 반영되었고, 그 결과 성경을 서구 문학의 "거대한 원형의 창고"[28]라고 부르기도 한다.

28 리런드 라이켄, 『문학에서 본 성경』 유성덕 역 (서울: 크리스챤 다이제스트, 1998), 20.

4

어떻게 성경을 읽고 이해할 것인가?

우선, 성경을 읽을 때 가장 먼저 해야 할 일은 문맥을 정확하게 파악하는 것이다. 그런데 문맥을 파악한다는 것은 근본적으로 단어는 문장 속에서만 그 의미가 있고, 문장들도 대부분 전후 문장과의 관계 속에서 의미를 만든다고 생각하여 앞뒤 관계를 따져 글의 흐름을 이해하는 것을 말한다. 따라서 문맥을 살필 때 우리는 "전후 관계 속에서 말하고자 하는 핵심이 무엇인가?"에 관심을 집중해야 한다. 이것은 저자가 가진 생각의 흐름을 파악하는 것과 직결되어 있어서 저자의 의도를 정확하게 간파하고 내용의 전개를 감지하는 데 필수적이다.

문맥을 파악했다면 이제 본격적으로 글의 실제 내용을 이해해야 한다. 먼저, 단어의 의미와 문장의 문법 관계를 파악해야 하고, 글의 내용뿐 아니라 그 내용을 통해 저자가 전달하고자 하는 메시지를 더 잘 이해하기 위해 글이 기록될 당시의 시대와 문화, 그리고 역사적인 배경과 집필의 목적도 조사할 필요가 있다. 이때 주석이나 참고문헌들이 도움이 된다.

그런데, 성경을 올바르게 이해하기 위해 반드시 갖추어야 할 더 중요한 자질은 문학적인 장르와 표현법 그리고 문학적 구조에 관한 지식을 갖추는 것이다.

앞에서 언급했듯이 성경은 계시에 의해 기록된 하나님의 말씀이다. 하나님은 신이며 신비로운 존재지만 인간이 보고 듣고 느낄 수 있도록 그의 존재를 드러냈고, 성경의 저자인 인간은 자신이 경험한 원저자인 하나님의 모습과 섭리를 인간의 언어로 표현했다. 그러니까, 한 마디로 성경은 역사 속에서 인간의 말로 주어진 하나님의 말씀이다.[29] 이스라엘 사람들은 그들을 애굽의 노예 상태로부터 해방하고 시내산에서 계명을 주시며, 40년 광야 생활 동안 보호하기도 하시고 징벌하기도 하신 살아계신 하나님을 경험했고 이런 경험을 성경에 기록했다. 바울을 비롯한 신약의 저자들도 자신들이 경험한 하나님과 그분의 계시를 성경의 인물들을 통해 언어로 표현했다.

물론, 성경은 인간의 언어로 기록되어 있다고 해도 하나님의 말씀이므로 "영원한 의미"[30]를 지니는 책이다. 일반 문학작품과 달리 성경의 주인공은 인간이 아닌 하나님이다. 성경에 나오는 인간 영웅들은 단지 하나님의 명령과 뜻을 수행하는 대리인으로서 부여받은 역할을 감당할 뿐이다. 따라서 인간은 하나님과의 관계 속에서만 진정한 의미를 찾을 수 있고, 언제나 하나님께 의존해 있다. 그러니까, 성경은 인간 삶의 모습을 통해 하나님이 어떤 존재인지를 기록하고 있는 책이다.

그러나 하나님은 인간 역사의 특정한 상황과 사건들 속에서 자신의 영원한 진리를 계시하는 방법으로 인간의 언어와 인간의 표현 방법을 채택했다는 사실은 아주 중요하다. 하나님은 그의 뜻을 인간에게 전달하고 인간과 소통하기 위해 인간이 사용하는 모든 소통 방식을 동원했다.[31] 성경에 다양한 문학 장르와 수많은 문학적인 표현법과 수사법, 그리고 문학적 표현기법들이 사용된 것은 이 때문이다.

일부 성경학자들은 성경의 내용은 신학적인 개념들로서 심오하고 거룩한 것인데 반해 이를 담는 그릇인 문학적인 형식은 세속적일 뿐 아니라 진리를 담기에 부적합한 무력한 도구라고 생각하여 형식을 아예 무시한다. 그러

29 고든 D. 피와 · 더글라스 스튜어트, 『성경을 어떻게 읽을 것인가』 개정3판, 오강만 · 박대영 역. (서울: 성서유니온, 2014), 22.

30 위 책, 22-23.

31 위 책, 24.

나 형식과 내용은 분리할 수 없는 불가분의 관계를 맺고 있다. 성경 저자들은 하나님께 받은 그들의 메시지를 잘 전달하기 위해 가장 효과적인 수사형식을 찾는 데 고심했다. 이는 당연한 일이며 의사소통의 기본에 충실한 것이다. 성경의 본문을 아이디어들을 묶어놓은 보따리가 아니라 커뮤니케이션의 전달 수단(means of communication)이라고 주장하며 성경을 읽을 때 우리는 아이디어를 찾는 것이 아니라 본문이 독자에게 주는 전체적인 효과를 찾아야 한다고 지적한 롱(Thomas Long) 교수의 말은 되새겨볼 만하다.[32] 더구나 "모든 성경은 하나님의 감동으로 된 것"(디모데후서 3장 16절)이라는 말씀은 성경의 내용만 하나님의 영감으로 된 것이라는 뜻이 아니라 내용과 형식 모두가 하나님의 감동으로 된 것을 의미하며, 이는 곧 신적 계시의 문학적 측면을 인정해야 한다는 것을 나타낸다.

따라서 성경을 제대로 이해하려면 문학적인 접근이 필요하며 이를 성공적으로 수행하기 위한 문학적인 사전 지식 또한 중요하다. 그렇지 않으면, 다양한 문학적 형식과 표현법을 통해 서술된 성경의 내용을 정확하게 파악하는 것이 어렵고 성경이란 문학적인 글이 제공하는 감동과 아름다움을 느낄 수 없기 때문이다.

같은 맥락에서, 학자나 성직자가 성경을 연구할 때도 문학적인 성경해석 방법을 적용하는 것은 중요하다. 성경의 주인공인 하나님은 눈으로 보거나 손으로 만질 수 없는 영적인 존재이기 때문에 저자들은 상상력을 동원하여 상징적인 언어로 하나님을 묘사할 수밖에 없었다. 성경이 다루는 주제 또한 신비스럽고 영적인 추상적인 진리이기 때문에, 상징과 문학적인 표현법들을 사용하지 않고서는 설명하기가 어려웠다. 성경이 문학적으로 기록될 수밖에 없었던 근본적인 이유가 여기에 있다. 그렇다면 성경을 제대로 연구하는 데 필요한 연구 방법은 무엇이겠는가? 당연히 문학적인 성경해석 방법이다.

---

32 토마스 롱, 『성서의 문학유형과 설교』 박영미 역. (서울: 대한기독교서회, 2016), 26.

그러나 성경을 문학적으로 읽고 연구할 때 유념할 사항이 있다. 그것은 신앙적 내용과 그 내용을 표현하는 문학적 형식 사이에서 균형적인 자세를 잃지 말아야 한다는 것이다. 만약, 균형감각이 깨어져 신앙적 메시지보다 문학적 표현을 중시하는 쪽으로 무게 중심이 옮겨질 경우, 성경에서 중요하게 강조하는 종교적 차원의 신앙적 메시지, 즉 내용을 소홀하게 여기고 표현의 수단에만 관심을 집중함으로써 목적을 수단의 뒷전으로 밀려나게 하는 잘못을 범할 수 있다. 이와 반대로, 신앙적 메시지를 중시하는 쪽으로 무게 중심이 옮겨지면, 성경에 제시된 진리와 하나님의 뜻 같은 내용만을 중시하고 그것을 효과적으로 표현하기 위해 사용된 문학적 양식과 기법, 문학적 구조 등을 살피는 것을 등한시하게 되어 성경이 전달하려는 내용을 잘못 이해하거나 성경이 제공하는 문학적 아름다움을 놓칠 수 있다. 따라서 이런 잘못을 범하지 않도록 독자와 비평가는 성경을 읽고 연구하는 동안 내용과 형식 사이의 균형감각을 유지하기 위해 최선을 다해야 한다.

문학 비평가 프라이(Northrop Frye)는 "성경과 문학"이라는 부제를 붙인 그의 저서 『위대한 법전』(*The Great Code*)에서 성경을 일반 작품처럼 보고 신구약 성경 전체를 통해 세상의 창조로부터 시작해서 멸망 후의 비전까지 일관성 있게 전개된 U자 형태의 통일된 구조를 밝혀냈다.[33] 그러나 그의 성경 문학비평은 형식만을 부각해 성경의 구조가 시사하는 의미에 대해서는 언급하지 않았다. 그는 저명한 문학 비평가답게 작품의 형식이나 표현에 대한 뛰어난 통찰력을 발휘하여 구조를 배제하는 문자주의적 해석이 범하는 오류들을 교정하려고 했다. 그러나 성경에서 드러나는 진리에 관해서는 별 관심이 없었다. 그는 언어의 표현과 작품 자체만을 강조할 뿐 그 언어가 지시하는 것, 성경과 당대의 기독교 공동체와의 관계, 그리고 성경이 독자에게 미치는 영향 등 성경이 전하는 메시지를 무시했다.

33 Northrop Frye, *The Great Code: The Bible and Literature* (New York: Harcourt Brace Jovanovich Publishers, 1981), 169.

그런데 프라이처럼 형식만을 중시하고 내용을 경시하는 잘못된 비평적 태도는 비평가 자신의 성향뿐 아니라 현대문학비평 그 자체에서도 원인을 찾을 수 있다. 예를 들어, 대표적인 현대문학 비평인 형식주의 비평(신비평)에서는 작품의 외적인 문제에 관심을 가지기보다는 작품 자체에 더 많이 관심을 보인다. 작품의 외적인 요소들 즉, 시대적 배경이나 작가의 전기 등은 작품의 내용과 전혀 상관이 없는 것으로 보고 작품 자체가 가진 내용 즉, 작품이 지닌 형식, 작품 안에 나타나는 표현, 작품에 나타나는 구조에만 관심을 기울인다. 구조주의 비평에서도 비평가들은 모든 기호나 어휘는 서로의 관계, 즉 구조 안에서만 그 의미가 있다고 생각하고 작품 내의 형식만을 중시한다. 탈구조주의 비평, 혹은 해체주의 비평에서도 적극적으로 절대 진리를 부정하기 때문에 초월적인 인격신으로서의 하나님은 설 자리가 없다. 그래도 신비평가들이나 구조주의 비평가들은 최소한 작품에서 통일성과 구조를 찾으면서 작품 속의 의미를 무시하지는 않았지만, 해체주의자들은 내용의 의미는 물론 형식의 통일성도 부정한다. 그들은 모든 기호나 작품은 결함을 가지고 있기에 해체적 작업을 통해서 의미의 차이가 계속 생기고 지연되게 되어 최종적인 의미를 확정하는 것은 불가능하다고 생각한다.

따라서 성경을 연구할 때 이러한 현대문학비평의 연구 방법들을 비판 없이 수용하는 것은 지극히 위험하다. 언어의 지시성을 외면하는 현대문학비평의 문제점을 인식하고, 형식과 내용을 모두 꼼꼼히 살피는 균형 잡힌 태도를 유지하며 성경을 연구해야 한다. 우리가 성경을 읽고 연구하는 목적은 리꾀르(Paul Ricoeur)가 주장하듯이 성경의 내용을 축소하거나 바꾸어 놓는 것도, 존재하지 않는 엉뚱한 세계로 들어가는 것도 아닌, 성경 안에 있는 세계를 정확하게 이해하고 새롭게 보는 것[34]에 있기 때문이다.

---

34 T. R. Wright, *Theology and Literature* (Oxford: Basil Blackwell, 1988), 40.

5

문학적 성경해석의 중요성

성경을 문학작품으로 간주하고 문학적으로 해석하려는 움직임은 "문학으로서의 성경"이라는 말을 처음 사용한 아널드(Matthew Arnold)가 살았던 19세기 후반에 시작된 것으로 보인다. 뒤를 이어, 프레이저 경(Sir James Gorge Frazer)이 『문학적 아름다움과 주제를 보여주는 성경의 구절들』(*Passages of the Bible Chosen for their Literary Beauty and Interest*)을 집필하고, 시카고 대학 영문과 교수인 모울턴(Richard G. Moulton)이 『성경의 문학적 연구』(*The Literary Study of the Bible*)라는 책을 출간하면서 성경의 문학적 연구는 본격적으로 진행되었다.

특히, 아우어바흐(Erich Auerbach)는 우리에게 잘 알려진 『모방론: 서구문학에 나타난 현실의 묘사』(*The Representation of Reality in Western Literature, Mimesis*)를 통해 비평가들에게 성경을 문학 비평적 방법으로 해석할 수 있는 길을 제시하여 문학 비평적 성경해석의 아버지로 불린다. 그의 영향을 받은 비평가들과 학자들은 성경을 문학적으로 연구하는 일에 열정을 쏟았고, 그리하여 성경에 대한 문학비평적 접근은 성경해석의 중요한 방법으로 자리를 잡게 되었다. 그 결과 다양한 문학비평 이론의 도움을 받아 성경을 해석하는 것이 성경 비평의 주류가 되었다. 1960년대에 유행했던 신비평을 시작으로 70년대의 구조주의 비평, 그리고 80년대 비평계를 강타했던 후기구조주의 비평, 서사 비평, 독자반응 비평, 여성주의 비평 등이 성경 연구에 적용되었다. 상황이 이렇다 보니 21세기에 들어와서는 문학 이론의 도움 없이 성경을 해석하는 것이 불가능하다고 여길 정도로 성경 연구에서 문학비평 방법의 역할은 중요하게 인식되고 있다.

하지만 이러한 현상은 종래에 유행했던 역사 비평적 접근의 성경 연구가 성경을 올바르게 해석하는 데 한계가 있음을 학자들이 발견했기 때문에 초래된 자연스러운 결과로 보인다.

역사 비평가들은 성경을 구성하고 있는 각각의 문서가 어떤 자료에서 왔는지, 어떤 양식을 가졌는지, 그리고 각각의 문서가 어떤 편집과정을 거쳤는지를 연구의 대상으로 삼았기 때문에 성경을 파편화시켰다. 그러나 문학 비평가들은 성경을 처음부터 마지막까지 전체를 연속적으로 읽도록 구성된 것으로 보고 그것을 전체적으로 이해해야 한다고 생각했다. 그러니까 성경 배후에 있는 역사적인 정황보다는 성경이라는 텍스트가 무엇을 말하고 있는지 그 자체의 의미를 밝히는 것이 중요하다고 생각했다. 이를 위해 성경 이야기의 플롯과 등장인물을 고찰하고 그 이야기가 독자들에게 미치는 영향이 무엇인지에 관심을 가졌다. 이러한 성경에 관한 문학적인 연구는 그 무엇보다 성경의 이야기적 요소를 강조함으로써 이전에 미미하게 존재했던 이야기 신학을 발전시키는 데 영향을 주었고, 지금은 성경을 문학작품처럼 그 속에 여러 가지 작은 이야기들을 품고 있는 하나의 큰 이야기로 보고 문학적으로 해석하는 것을 상식으로 여기는 상황에 이르렀다.[35] 따라서, 현재의 시점에서 성경을 문학적으로 이해하고 해석하는 것은 비평사적 측면이나 일반 독자들의 관점에서 지극히 당연한 일이 되었다.

이뿐 아니라 성경을 문학적으로 해석해야 하는 또 다른 이유는 성경에 관한 올바른 연구, 즉 "바른 해석"을 하는데 문학적인 비평 방법이 어떤 다른 방법보다 효과적이기 때문이다. 일반적으로 문학비평에서 말하는 바른 해석

---

35 최재석. 『왜 그리스도인에게 문학적 소양이 필요한가?』 (서울: 대한기독교서회, 2006), 17.

은 글의 내용을 정확하게 이해하는 것이 핵심이다. 다시 말해, 바른 해석의 목표는 본문의 내용을 정확하게 살펴서 명확한 의미를 찾는 데 있다. 따라서 바른 해석인지 아닌지를 판단하는 기준은 그 해석이 본문의 내용을 정확하게 이해한 것에 근거한 것이지, 그렇지 않은지에 존재한다.[36] 그런데 본문을 명확하게 이해하고 이를 근거로 본문을 해석하는 방법이 문학적 해석 방법이다.

앞서 지적했듯이, 성경은 오랜 시간 동안 하나님이 창조한 세상에서 다양한 삶을 살았던 실제 사람들의 모습을 기록하고 있다. 거기에는 인간의 삶과 관련된 여러 다양한 요소들, 즉 환경, 역사, 법률, 예술, 문화, 신, 자연 등 인간 세상의 총체적인 모습들이 담겨 있다. 그런데, 성경을 전반적으로 훑어보면 크게 율법에 관한 글, 역사에 관한 글, 전기적인 글, 신학적인 글, 문학적인 글이 발견된다. 흥미로운 것은 성경의 저자들은 신학적인 글을 제외하고 다른 글들, 심지어 역사서까지도 문학적 표현 방법을 사용해서 기록하고 있다는 사실이다. 이런 이유로 앞서 강조했듯이 성경은 풍부한 문학성을 가진 책으로 평가받고 있다. 따라서, 성경의 내용을 정확하게 파악하고 성경이라는 종교 문학이 제공하는 즐거움과 아름다움을 맛보며, 동시에 바른 해석을 하기 위해서는 문학적으로 성경을 읽고 이해하는 문학적인 접근법을 사용해야 한다.

그러나 문학적으로 성경을 읽고 이해하려 할 때 유의해야 할 것이 있다. 우선 우리가 문학적 언어로 기록된 성경을 제대로 읽고 이해하기를 원한다면 문학적인 표현법의 특징과 문학작품의 분석 방법을 숙지하고 있어야 한다. 그렇지 않으면 문자주의적 해석의 오류나 알레고리적 해석의 오류에 빠질 위험이 있다. 다시 말해, 문학작품에서 사용되는 수사법이나 상징 같은 비유적인 언어와 문학적인 구조에 대한 지식이 없으면 성경의 내용을 엉뚱하게 해석할 수 있다는 것이다. 예를 들어, 예수가 제자들에게 "삼가 바리새인과

36 고든 D. 피와 · 더글라스 스튜어트, 『성경을 어떻게 읽을 것인가』 개정3판, 오강만 · 박대영 역. (서울: 성서유니온, 2014), 18.

사두개인들의 누룩을 주의하라"(마태복음 16장 6절)고 한 구절을 문자적으로만 해석하면 누룩이 빵을 의미한다고 판단하여 예수께서 제자들에게 그들이 먹을 빵을 가져오지 않은 것을 책망하고 있다고 해석하게 되는데 이것은 잘못된 것이다. 이 구절은 비유적인 표현으로 누룩은 빵이 아닌 바리새인과 사두개인의 교훈을 의미하며, 그것을 주의하라는 예수의 가르침을 담고 있기 때문이다. 예수께서 하나님의 오른편에 계신다는 성경의 표현에서도 오른편이라는 것을 문자적으로만 해석하면 위치만을 나타내는 것으로 생각하기 쉽지만, 오른편이나 오른팔은 힘이나 세력 즉, 권능을 의미하는 상징적인 표현이다.[37] 이처럼 우리가 비유법이나 상징이 문맥 속에서 어떻게 작용하는지를 알지 못하면 성경에 나오는 비유적인 표현을 문자적으로만 이해할 수밖에 없고 그 결과 잘못된 해석을 하게 된다.

이것과 달리, 알레고리적인 해석의 경우는 성경을 해석할 때 하나의 비유적인 이야기가 지시하는 전체적인 의미를 찾지 않고 이야기에 나오는 인물 하나하나, 사건 하나하나, 사물 하나하나에서 상징적인 의미를 부여하여 해석함으로써 잘못을 범한다. 문학적으로 비유의 이야기는 하나의 이야기가 한 가지 의미를 보여주는 은유적 표현으로 생각하고 하나의 비유에서 전체적인 의미를 찾는 것이 정석이다, 그렇게 하지 않고 비유에 등장하는 각각의 인물이나 사물에 상징적 의미가 담겨 있다고 생각하고 알레고리적인 해석을 하면 비유가 전달하려는 메시지와 완전히 다른 엉뚱한 해석을 하게 된다. 예를 들어, 알렉산드리아 학파의 거장 오리겐(Origen)은 선한 사마리아인의 비유를 해석하면서 전체적인 문맥을 고려하지 않고 알레고리적으로 해석했다. 그는 이 비유를 아담의 타락으로부터 시작해서 그리스도의 고난, 그리고 재림에 이르는 거대한 신학적 체계를 담고 있는 알레고리로 이해했다. 그는 여리고로 내려가는 사람은 아담, 그의 목적지 예루살렘은 낙원, 여리고는 세상,

37 최재석.『왜 그리스도인에게 문학적 소양이 필요한가?』(서울: 대한기독교서회, 2006), 43-44.

강도들은 인간의 원수와 적대세력, 선한 사마리아인은 그리스도, 짐승은 그리스도의 몸, 여관은 교회, 사마리아인이 돌아온 것은 그리스도의 재림을 상징한다[38]라고 이 비유를 알레고리로 해석했다. 일반 크리스천들도 의아하게 생각할 수밖에 없는 잘못된 해석이다.

따라서 이러한 오류를 범하지 않기 위해서는 문학적인 표현법과 서술기법에 정통해야 하고 문학적인 해석 방법을 성경해석에 정확하게 적용할 수 있는 능력이 있어야 한다. 본문을 주의 깊게 읽고 문맥을 정확하게 파악하며, 그것에 근거하여 본문의 내용이 무엇을 의미하는지를 제대로 찾아낼 수 있어야 함은 물론이다.

그런데 문학적인 해석 방법을 사용하여 성경을 해석하는 것은 전통적인 신학 교리나 해석 방법을 무시하고 반기를 드는 것이 아니다. 그보다는 성경을 구체적으로 이해하고 성경이라는 책이 제공하는 감동과 아름다움을 체험하기 위해서다.

> 문학으로서의 성경의 관점은 결코 전통적인 신학 교리나 해석에 이의를 제기하거나 혹은 새로운 해석을 지향하는 것이 아니고, 오히려 수많은 문학적 형식과 표현 뒤에 숨겨져 있는 말씀의 거룩함과 아름다움을 인식해서 성경을 개념적, 추상적으로 해석하고 이해하기보다는 구체적, 경험적으로 이해하고 온전히 받아들일 수 있도록 하는 데 그 목적이 있다.[39]

성경을 문학으로 보는 것을 자유주의적인 신학적 경향을 드러내는 것이거나 아니면 성경 자체에 대한 이질적인 현대적 관점이 반영된 것이라고 비판하는 사람들도 있지만, 문학으로서의 성경의 관점은 성경 자체와 함께 시작되었으며 성경의 신적인 영감을 부인하는 일이 아니다. 성경해석은 다양한 접근을 요구하며 문학적인 접근은 그것 중 하나다. 단지 성경을 신학적으로

---

38 위 책, 29-30.

39 한성우, 『성경 속의 문학』 (대전: 오늘의문학사, 2014), 19.

만 접근하는 것은 불완전하기에 문학적인 접근이 필요하다. 특히, 성경의 저자들은 문학적 형식들과 표현법, 그리고 수사법들을 사용해 내용을 표현하고 있어서 문학적인 해석 방법은 그 어떤 것보다 필요하며 중요하다고 할 수 있다.

제 2 장

문학적 성경해석 방법들

1

성경해석에 있어 저자, 텍스트, 독자의 역할

문학적으로 성경을 읽고 해석할 때 가장 먼저 해야 할 일은 저자, 텍스트, 독자의 역할을 살피는 것이다. 일반 순수 문학작품과 마찬가지로 성경을 문학적인 관점에서 올바르게 이해하기 위해서는 성경의 특정한 내용이 의미를 만들어 낼 때 저자와 텍스트와 독자가 어떤 역할을 하는지를 검토하는 것이 무엇보다 중요하다. 주지하듯이 어떤 글을 읽고 해석하는 것은 단지 텍스트의 내용이 무엇인지를 파악하는 것이 아니라 그 텍스트의 의미를 발견하는 것을 말한다. 다시 말해, 해석의 중요한 목적은 텍스트의 내용을 단지 이해하는 수준이 아니라 텍스트에서 의미를 찾아내는 것이다. 그렇다면 텍스트의 의미는 어떻게 만들어지는 것인가? 텍스트가 제공하는 것인가, 저자가 부여하는 것인가, 아니면 독자가 결정하는 것인가?

먼저, 텍스트가 의미를 생산한다고 생각하는 경우다. 텍스트가 그 자체의 의미를 만든다고 주장하는 사람들은 작가가 작품을 완성하게 되면 작품은 작가에 종속된 부속물이 아닌 독립적인 하나의 예술품이 된다고 생각한다. 즉, 작가가 작품을 창작하여 한 편의 문학작품이 태어나면 그것은 더 이상 저자의 통제를 받지 않는 독립성을 갖게 된다는 것이다. 따라서 이런 관점에서는 저자의 의도보다 텍스트 자체가 무엇을 말하고 있는지가 중요하며 저자의 계획이나 의도는 고려의 대상을 벗어난다. 따라서 작품을 읽을 때 오로지 텍스트 자체에만 집중하면 되는 것이다. 예를 들어, 사도 바울이 쓴 로마서를 이런 측면에서 보면, 저자인 바울이 말하고 있는 것과 로마서 본문이 말하고 있는 것은 결코 같은 것이 될 수 없다. 이런 경우 저자가 어떤 의도와 목적을 가지고 로마서를 썼든 그것이 중요한 것이 아니라 로마서 본문의 의미가 중요하다.

그러나 텍스트가 오로지 의미를 결정한다고 생각하는 견해가 가지는 가장 큰 문제는 과연 저자나 독자와 상관없이 텍스트 자체만으로 의미가 생성될 수 있는가이다. 성경은 약 1600년 동안 다양한 직업과 신분을 가진 40여 명의 사람이 지리적으로는 1,550여 곳에서 파피루스, 돌, 가죽, 옹기 조각 등에 문자로 기록한 문서들의 모음집이다. 그런데 이런 문자와 파피루스 같은 무생물이 의미를 만들 수는 없다. 의미의 창출은 사고와 논증에 의해 진행되는 것으로서 살아 있는 인간만이 할 수 있기 때문이다.[40] 따라서 텍스트는 의미를 전달해 주는 것이지 의미를 생산할 수는 없다. 이런 점에서 저자와 독자를 완전히 배제한 채 텍스트만이 의사전달 과정에서 의미를 결정한다고 생각하는 것은 무리다.

두 번째는 저자가 의미를 결정한다고 보는 견해다. 이것은 성경 연구의 전통적인 해석 방법이 취했던 입장으로 텍스트의 의미는 저자가 텍스트를 통해 의도적으로 계획함으로써 결정된다는 것이다. 이 견해에 따르면 성경 본문의 의미는 저자가 그것을 기록할 때 어떤 목적과 의도가 있었는가에 따라 달라진다. 또한, 저자가 글로 전달하려는 메시지는 저자의 경험과 인생관, 세계관과 문화의 영향을 직접적으로 받지 않을 수 없기에 의미의 생산 주체를 저자로 보아야 한다는 것이다. 그러나 문제는 저자가 전달하려는 의미와 텍스트 자체가 지시하는 의미가 다를 수 있다는 점이다. 특히, 저자가 살던 시대와 문화가 현재와 다르기에 저자의 의도를 정확히 파악하기가 힘든 상황에서 글을 통해 제시되는 저자의 의도를 오해할 소지도 많다.

---

40 Robert H. Stein, *A Basic Guide to Interpreting the Bible* (Grand Rapids: Baker Books, 1994), 19.

또한, 성경은 하나님의 뜻을 담고 있는 하나님의 말씀이면서도 성령의 영감을 받은 인간에 의해 쓰인 글이라는 특수성 때문에 특정한 시대의 인물인 인간의 의도가 중요한 것이 아니라 원저자인 하나님의 생각과 뜻이 중요하다. 달리 말해, 성경이 제시하는 신적인 의미와 인간적인 의미 간에는 차이가 존재하기 때문에 성경의 의미를 인간 저자가 만든다고 생각하는 것은 위험한 발상이다. 이뿐 아니라 저자의 의도를 중시하는 문학비평에서 발견되는 "의도의 오류"(intentional fallacy) 문제도 피할 수 없다. 이 문제는 텍스트의 의미가 그 텍스트를 쓴 저자의 경험과 혼란을 일으킬 때 생겨난다. 저자가 쓴 글의 텍스트는 저자의 의도에 의해 의미가 만들어지지만, 독자는 언어로 표현된 텍스트의 내용에만 접근할 수 있을 뿐 저자의 정신적인 활동에는 접근할 수 없다. 이런 상황에서 저자가 글의 의미를 만들어낸다고 생각하면 텍스트의 내용이 바로 저자의 경험과 환치되는 모순에 빠지게 되는 위험성이 있다. 이뿐 아니라 저자의 의도를 십분 존중하더라도 저자가 때로는 자기 생각을 적절하게 표현하지 못하는 때도 있어서 의미가 잘못 전달될 수도 있다.

나아가, 성경에는 신화적이거나 상징적인 표현들이 종종 등장하는데 이것들은 문자적으로 명확한 의미를 도출하기 어렵다. 다시 말해, 이런 것들의 의미는 독자의 상상력에 따라 다양하게 추론되고 이성적이고 의식적인 면에서보다 무의식적인 측면에서 해석될 여지가 많다. 따라서 저자의 입장이 무엇인지 판단하기가 쉽지 않다. 이렇게 볼 때 성경을 저자 중심으로 해석하는 것 또한 약점이 있다.

세 번째는 글을 읽는 독자가 의미를 결정한다고 생각하는 견해다. 이 견해를 주장하는 사람들은 개개의 독자가 텍스트를 읽어 나가면서 스스로 그 의미를 만들어낸다고 주장한다. 이 경우 텍스트는 단지 잉크로 쓴 글씨 자국에 불과하고 그 잉크 자국에 의미를 부여하는 것은 바로 글을 읽는 독자라고 생각하는 것이다. 따라서 이 경우는 서로 다른 독자들에 의해 서로 다른 의미가 만들어지고 텍스트는 다양한 의미들을 독자에게 제공해 주는 자료의 역할만을 한다.

그러나 이런 입장에서 성경을 해석하면 성경의 의미가 읽는 독자의 평가에 따라 달라진다. 즉, 성경의 어떤 내용을 나는 이렇게 이해하고 따라서 나에게는 이런 의미가 있다는 식으로 의미를 부여한다. 그런데 문제는 과연 독자가 얼마만큼 성경의 텍스트를 정확하게 읽고 이해할 수 있는 능력을 갖추고 있느냐 하는 것이다. 독자가 성경을 올바르게 이해하려면 성경의 언어에 정통해야 하고 거기에 사용된 표현 기법, 수사법, 철자법, 구두법, 말의 소리 등을 이해할 수 있는 실력을 갖추어야 한다. 또한, 각각의 문단이나 구절들의 의미를 파악하면서 동시에 전체의 의미를 살필 수 있는 문학적인 분석 능력도 필요하다. 그리고 자칫 잘못하면 자신의 가치관과 편견, 종교관, 그리고 경험에 얽매여 성경의 내용을 자의적으로 해석할 위험성도 있다. 저자의 의도와 텍스트 자체의 주제를 벗어난 잘못된 해석을 할 소지가 다분하다는 것이다.

이상을 통해 볼 때 성경 이해에 있어 저자, 텍스트, 독자의 역할은 모두 장단점을 가지고 있다. 따라서 문학적인 입장에서 성경을 이해하고 해석할 때는 이 세 가지 입장들의 장점은 살리고 단점은 보완하는 종합적인 관점의 태도가 필요하다.

그런데, 더 본질적인 것은 성경을 문학적으로 해석할 때 전제되는 허구성과 성경은 정확무오한 진리의 말씀이라는 역사성과의 충돌을 어떻게 해결할 것인가의 문제다. 학자들은 성경을 문학적인 방법으로 이해하고 해석하는 것은 성경을 인간의 언어로 기록된 문학 텍스트로 보고 접근하는 것으로 성경의 허구성을 전제한 것이라고 말한다. 그런데 이는 많은 성경학자들이 진행해 온 성경의 역사성과 사실성에 근거한 전통적인 비평적 입장과 충돌된다. 그러면 이 문제를 어떻게 해결할 수 있겠는가?

롱맨 3세(Tremper Longman III)의 다음과 같은 견해는 이 문제를 해결할 수 있는 실마리를 제공한다.

> 문학적 성경해석은 해석자가 성경 본문을 바라보는 여러 가지 관점 중의 하나이다. 그러므로 문학적 성경해석은 성경을 문학적 가공물로 보는데 장애가 되는 성경의 역사적 지시물을 부인하거나 무시한다는 현대 문학이론들의 가정은 마땅히 배격되어야 한다. 그러므로 문학으로서의 성경과 역사로서의 성경은 잘못된 이분법이다. 성경은 문학이면서 동시에 역사이며 또한 그 이상이 되어야 한다.[41]

그의 주장처럼 문학으로서의 성경과 역사로서의 성경을 구분하는 것은 잘못된 이분법이다. 성경은 문학이자 동시에 역사이며 그 이상이기 때문이다. 오히려 성경은 문학적 형식을 취함으로써, 다시 말해 진리를 이야기 형식 또는 시 형식 같은 문학적인 형식 속에 투사함으로써 독자가 그 이야기에 주의를 기울이게 만들고 추상적인 종교적 진리를 이해하기 쉽게 만든다. 따라서 성경을 해석할 때 역사로서의 성경과 문학으로서의 성경으로 구분하는 것보다 이 둘을 통합한 관점으로 접근하는 것이 바람직하다.

41 트렘퍼 롱맨 3세, 『문학적 성경해석』 유은식 역. (서울: 솔로몬, 2004), 215.

2

저자 중심 해석 방법

문학해석에 있어 전통적 비평은 저자의 죽음을 선언한 1940년 신비평(New Crirticism)이 등장하기 전에는 저자 중심의 비평이었다. 이 비평은 저자에게 해석의 열쇠가 있다고 생각하고 시나 내러티브, 서사를 집필할 당시 저자의 활동이나 정신적 삶을 아는 것이 중요하다고 보았다. 이에 대해 버먼(Sandera Bermann)은, 시를 예로 들어 시의 면모를 파악하고 올바르게 이해하며 그 진리를 해석하기 위해 가장 필요한 것은 저자인 시인의 역사나 전기, 편지 등 개인적인 정보를 숙지하는 것이라고 말한다.[42] 그러니까 저자와 저자의 배경을 알고 이에 비추어 문학작품의 의미를 해석해야 한다는 것이다.

| 역사비평

성경해석에 있어 전통적인 방법은 역사비평(historical criticism)이라고 불리는 해석 방법인데 이것은 어떤 측면에서는 문학적인 해석 방법과는 거리가 멀다고도 할 수 있다. 이 방법은 성경을 역사적인 문헌으로 보고, 성경에 언급된 특정 시대나 왕조의 역사적인 상황이나 자료에 등장하는 인물과 사건들을 조사하여 역사적인 시대정신이 성경에 어떻게 반영되어 있는지를 알아보는 것을 목적으로 하고 있기 때문이다.

또한, 역사비평은 성경의 텍스트가 어떻게 현재의 모습을 갖추게 되었

42 위 책, 39

는가에 대한 역사적 과정을 규명하여 역사의 시공간 안에서 기록된 텍스트가 창출하는 의도, 의미, 영향들을 객관적으로 파악하고자 한다. 이런 점에서도 역사비평은 문학비평과는 분명 다른 점이 있다.

그러나 동시에 이 역사비평은 성경의 각 권의 저자는 누구이며 저자가 그 내용을 기록한 이유는 무엇인지 그리고 그 저자가 그 내용을 기록할 때의 시대적, 역사적 상황은 어떠한지에 질문을 던지며, 저자와 저자의 배경에 비추어 본문의 의미를 연구하는 해석 방법이어서 저자를 중심으로 하는 전통적 문학해석 방법과 맥을 같이한다. 그래서 저자 중심 성경해석 방법으로 보아도 무난할 것 같다. 이 방법은 계몽주의 이후 20세기 초반까지 성경의 비평계를 지배했지만, 성경을 전체적으로 파악하지 못하고 수많은 파편의 조각들로 분리해 해석하는 결과를 초래하여 한계를 노출했다.

그런데 20세기 중반부터 성경해석에 조용한 혁명이 일어났다. 그러한 혁명의 중심부에 성경도 하나의 문학작품이기 때문에 성경을 제대로 알고 연구하기 위해서는 문학적 연구 방법이 필수 불가결하다는 생각이 자리하고 있었다.[43] 그 결과 문학을 연구하는 학자들은 그들의 방법을 성경에 적용하는 데 더 큰 관심을 보이고 되었고, 성경학자들 또한 문학적인 해석 방법을 점점 더 주목하게 되었다.

---

43 Leland Ryken, *How to Read the Bible as literature* (Grand Rapids: Academia, 19840, 11.

3

텍스트 중심 해석 방법

| 러시아 형식주의

문학 연구에 있어 형식주의 비평은 1916년부터 1930년에 이르기까지 러시아에서 먼저 시작되었고 영미의 형식주의 비평은 1930년 전후부터 1950년대에 이르기까지 활발하게 진행되었다. 러시아 형식주의(Russian Formalism)는 쉬클로프스키(Victor Shklovsky)가 미래파 시에 대한 논문 『말의 부활』을 1914년에 발표하고 야콥슨(Roman Jakobson) 등이 1915년에 모스크바 언어학 연구회를 창설한 후 1916년에 페테르스부르그에서 시어 연구회(Opoiaz)가 설립되면서 시작되었다.

초기 러시아 형식주의자들은 감정과 사상 같은 인간적인 내용은 그 자체가 어떤 문학적 의미를 지니지 않고 단지 문학적 장치들로 기능하기 위한 맥락을 제공한다고 생각했다. 이러한 내용과 형식에 대한 극단적인 이분법은 후기 형식주의자들에 의해 수정되기도 했지만, 문학을 인간 이해의 한 형식으로 간주한 영미의 신비평가들과 달리 러시아 형식주의자들은 문학을 언어의 특별한 사용으로 정의했다. 이들은 그 당시까지 러시아 문학 연구에서 유행했던 마르크스주의의 이데올로기적 문학관을 차단하고 문학의 내적 논리를 내세웠으며 문헌적 실증주의를 반대하고 문학 외부의 자료들이 문학작품 분석의 내부로 침투하는 것을 막았다. 또한, 신비적 상징주의를 반대하고 문학연구의 과학성을 강조했다.

쉬클로프스키, 야콥슨과 더불어 대표적인 러시아 형식주의자인 아이헨바움(Boris Eichenbaum)은 "우리를 특징화하는 것은 미학적 이론으로서의 형식주의도 아니고 완성된 과학적 체계로서의 방법론도 아니다. 우리의 특징은 다만 문학적 자료를 특수하게 연구하는 독립된 문학의 과학을 만들려는 시도일 뿐이다"[44]라고 함으로써 러시아 형식주의가 어떤 성격을 표명하는 것인지를 설명했다. 대부분 언어학자인 러시아 형식주의자들은 과학적인 개념을 통해 문학의 보편적인 특성을 연구했는데 형식에 따라 의미가 달라진다고 생각했다. 그래서 작가의 의도나 사상, 작품에 제시되는 역사성과 사회상, 작품에 미치는 외적인 요소들을 배제하고 작품 자체의 형식적인 요소들을 분석하는 일에 몰두했다.

이들은 실제적인 작품 비평에 있어서 내용과 형식이 어떤 관계를 맺으며 그 효과는 어떤 것인지를 알아보기 위해 이미지와 이미저리, 모티프와 플롯, 어조(tone)와 스탠자의 유형, 낯설게 하기와 내세우기(foregrounding), 운율 등을 살피는 일에 비평의 초점을 맞추었다. 또한, 작품 속에 드러나는 아이러니, 역설, 과장법 등 수사법의 분석에도 주력했다. 이처럼 러시아 형식주의자들은 영미의 신비평가들에 비해 방법에 훨씬 더 많은 관심을 보이고 문학 이론을 위한 과학적 토대를 마련하는 데 지대한 공헌을 했다.

이러한 러시아 형식주의 비평은 성경해석에도 사용되었는데, 특히 성경에 나오는 시의 복잡한 구조를 분석하는 데 크게 공헌했다. 그러나 작품 속에 포함된 역사적, 전기적 상황을 무시함으로써 작가의 존재와 작품의 문화적이고 역사적인 가치를 평가하지 못하는 결과를 가져왔다.

44 Boris Eichenbaum, "The Theory of the Formal Method (trans. by) Lee T. Lemon and Marion J. Reis, *Russian Formalist Criticism* (Lincoln: University of Nebraska Press, 1965), 103.

신비평

러시아에서 유행한 텍스트 중심의 연구 방법으로 형식주의 비평이 있다면 영국과 미국을 중심으로 텍스트 연구에 초점을 맞춘 대표적인 형식주의 비평이 신비평(New Criticism)이다. 물론 엄밀하게 말하면 영미의 형식주의 비평은 분석비평, 신비평, 기술 비평 등 다양한 이름으로 불린다. 분석비평은 작품의 형식과 의미의 분석에 초점을 맞추고 있으므로 붙여진 이름이고, 신비평은 새로운 창조적 비평가인 스핀건(J. E. Spingarn)이 용어를 처음 사용했지만 랜섬(John Crowe Ransom)의 저서 『신비평』(*The New Criticism*)이 나오면서 널리 유행하게 되었다. 기술 비평은 형식주의 비평의 기술적 성격과 작품의 표현기술을 주로 다루는 비평의 특성 때문에 붙여진 이름이다.[45]

성경의 본문 자체보다 저자와 역사적 배경 등에 초점을 두었던 역사비평이 전통적인 성경해석 방법이었지만 이런 접근법에 대한 반동이 1940년부터 일어났다. 이를 주도한 것이 바로 지금까지 계속되고 있는 신비평적 접근법이다. 그런데 이 접근법은 텍스트의 기원과 저자에 관한 기존의 연구 방법, 즉 저자 중심의 연구 방법으로부터 '텍스트 그 자체', '페이지 위에 쓰인 글자들'에 관한 새로운 연구, 즉 텍스트 중심의 연구 방법으로 극적인 전환을 가져왔다.

신비평은 1940년대와 50년대의 문학 비평계를 지배했던 문학 이론의 일반적인 경향으로 미국의 브룩스(Cleanth Brooks), 와렌(Robert Penn Warren), 윔셋(W. K. Wimsatt), 영국의 리비스(F. R. Leavis), 그리고 엘리엇(T. S. Eliot)등이 이를 대표하는 학자들이다. 이들은 문학작품을 "인공물" 또는 "언어구조물"(verbal icon)로 본다. 이 두 표현은 은유적인 것으로 문학작품이 자기충족적임을 나타낸다.[46] 이것은 곧 저자의 부인을 의미하며 저자의 의도와 작품의 배경은 비평에서 중요하지 않다는 것이다. 그래서 작가의 의도

45 문덕수 외, 『현대의 문학이론과 비평』 (서울: 시문학사, 1991), 130.
46 트렘퍼 롱맨 3세, 『문학적 성경해석』 유은식 역. (서울: 도서출판 솔로몬, 2004), 48.

나 영향의 오류에는 관심이 없으며 역사적이고 전기적인 사항을 다루지 않는다. 오로지 언어와 조직을 가진 그 자체로서의 텍스트만을 다룬다. 이들은 문학을 공부하는 학생이나 비평가, 독자들의 관심을 텍스트가 '무엇'을 말하고 있는가? 그리고 텍스트가 그것을 불가분의 문제로서 '어떻게' 말하고 있는가와 같은 본질적인 것으로 관심을 돌릴 것을 촉구한다.[47]

특히, 엘리엇은 그의 에세이 「전통과 개인의 재능」(Tradition and the Individual Talent)에서 "시는 감정의 분출이 아니라 감정으로부터의 도피이다. 그것은 개성의 표현이 아니라 개성으로부터의 도피"[48]라고 말하면서 시에서 시인의 개성이 절대로 드러나지 말아야 한다고 주장했다. 다시 말해, 시는 시인의 개성이나 의식을 보여주는 매체가 아니라 시 그 자체의 매체이며 시인은 경험의 몰개성적인 촉매로서 역할을 할 뿐이라는 것이다. 그는 문학작품(시)을 시인으로부터 독립된 자율적인 객체로서 시인의 몰개성적인 재창조물, 즉 그가 만든 용어로 '객관적 상관물'(objective correlative)이라고 설명했다.

이처럼 신비평가들은 문학작품을 인공물 또는 언어의 구조물로서 그 자체가 의미를 생산하기 때문에 즉, 텍스트 자체에 의미가 담겨 있기에 작품 자체를 잘 이해하는 일이 무엇보다 중요하다고 생각하고 세밀한 독서(close reading)를 강조했다. 주도면밀한 독서를 통해서만 작품 내의 복잡한 상호 관련성을 분석할 수 있고 작품의 주제와 의미를 심도 있게 이해할 수 있기 때문이다.

신비평은 1950년대 말 문학 연구의 주요 방법으로서 그 세력이 서서히 약해지긴 했지만, 성경 연구에 적지 않은 영향을 미쳤다. 와이스(Meir. Weiss)같은 성경학자는 그의 저서 『내부로부터의 성경』(*The Bible from*

47 윌프레드 L. 게린 외 지음, 최재석 옮김, 『문학비평의 이론과 실제』 제4판 (서울: 한신문화사, 2000), 91.
48 T. S. Eliot, "Tradition and the Individual Talent," *Literary Criticism: An Introductory Reader*, Ed. Lionel Trilling (New York: Holt, Rinehart and Winston, 1970), 366.

Within)에서 성경 본문 해석에 신비평의 이론적 원리들을 적용해야 한다고 노골적으로 공언했을 뿐 아니라 자신의 연구에 신비평을 적용했다.[49] 그는 성경 본문을 해석하는데 외적인 정보를 사용하는 것을 거부하고 세밀히 읽기를 시도했다. 그는 성경의 시를 있는 그대로 전체를 해석하는 데 주력했고 이 때문에 그의 방법을 "총체적 해석"(total interpretation)이라 부른다.[50] 그는 먼저 텍스트에 나오는 단어와 표현법을 살펴보고 그런 다음 문장과 문장의 전후 관계를 분석하고 맨 마지막에 구조와 텍스트 전체의 의미를 파악하는 방식으로 연구를 진행했다.

쉐필드(Sheffield) 학파와 이와 관련을 맺고 있는 성경학자들 또한 신비평을 성경해석에 적용했다. 예를 들어, 군(David. Gunn)은 다윗과 사울 왕의 연구에 이 방법을 사용했고, 바튼(John. Barton)은 차일즈(Brevard. Childs)의 "정경적 해석법"(canonical method)도 형식에 있어 신비평과 연관되어 있다고 주장했다.[51] 벌린(Adele. Berlin)도 저서 『성경 내러티브의 시학과 해석』(*Poetics and Interpretation of Biblical Narrative*)에서 이 비평을 옹호했다. 그러나 작품 해석에서 저자의 역할을 부인하고 외부의 정보나 비본질적인 사항은 어떤 것이든 배제하는 텍스트 중심의 신비평은 1940년부터 약 20년 동안 문학 비평계를 강타했지만, 그 이후 서서히 쇠퇴하기 시작했고 성경 연구에서도 그 영향력은 점점 줄어들었다.

구조주의

신비평으로 대표되는 형식주의적인 비평보다 성경 연구에 더 많은 영향을 미친 텍스트 중심의 비평은 구조주의(Structuralism)였다. 좁은 의미에서 구조주의는 프랑스의 인류학자인 레비-스트로스(Claude Levi-Strauss)의

49 Meir. Weiss, *The Bible from Within: The Method of Total Interpretation* (Jerusalem: Magnes Press, 1984) 참조.

50 트렘퍼 롱맨 3세, 『문학적 성경해석』 유은식 역. (서울: 도서출판 솔로몬, 2004), 49.

51 위 책, 49.

『구조 인류학』과 『야만적 사고』를 비롯한 일련의 저서들과 그 방법들에서 시작되었다. 그러나 넓게 보면 구조주의는 문화의 모든 영역에 걸쳐 일어난 일종의 혁명으로 구조라는 과학적 방법과 유럽의 근대 형이상학에 대한 비판적 태도를 모두 포함하는 개념이다.

이 비평은 그 이전까지 존재했던 인간 중심, 이성 중심의 사상을 비판하고 인간의 모든 사유, 언어 및 행위의 근거는 인간이나 인간의 이성이 아니라 인간 자신도 의식적으로 깨닫지 못하는 구조에 있다고 본다. 다시 말해, 세계나 사물의 의미를 궁극적으로 결정하는 것은 인간의 의지나 이성이 아니라 무의식적이며 불가시한 객관적 구조라는 것이다.[52] 그래서 구조주의자들은 신, 이데아, 이성 등과 같은 어떤 특정의 관점이나 원리에 의해서가 아니라 구조적 방법에 따라 사물을 분석해야 한다고 주장한다.[53] 러시아 형식주의나 미국의 신비평에서는 형식이라는 개념에 새로운 의미를 부여하여 형식을 외피가 아닌 다른 종류와 관계없이 완전한 것, 구체적이고 역동적이며 자기 규제적인 것으로 정의한 것에 반해 구조주의에서는 구조를 강조하여 문학을 포함한 모든 문화적인 활동, 현상, 소산을 자족적이고 자결적인 상호관계의 구조로 이루어지는 하나의 사회적 관습, 또는 의미체계로 정의한다.

구조주의 비평은 인류학과 언어학에서 시작된 것으로 문학작품 비평의 핵심을 의미를 밝히는 것이 아니라 작품 속에 존재하는 일정한 대칭적인 구조와 그 구성 요소들의 상호관계를 밝히는 데 있다고 본다. 특히, 역사적, 통시적 관점에서 작품을 해석하는 것을 거부하고 공시적 관점에서 구성 요소들의 차이나 대립 관계의 체계를 분석하고 추상화함으로써 보이지 않는 구조를 밝혀내는 것을 목표로 하고 있다.[54]

그러나 구조주의 비평에서 궁극적으로 찾아내고자 하는 항구적 구조는

52 문덕수 외, 『현대의 문학이론과 비평』 (서울: 시문학사, 1991), 153.
53 위 책, 153.
54 위 책, 153.

구성 요소들로 이루어지는 계층구조로 되어있다는 점을 간과하지 말아야 한다. 예컨대, 문학 텍스트의 경우 그 기본구조 즉, 항구적 구조는 언어학적 분류 레벨에 따라 음운론적 층위, 문법적 층위, 구문론적 층위, 의미론적 층위로 나누어지며 모든 구조는 그 체계 내에 여러 수준의 위계질서(hierarchy)가 있다. 그뿐만 아니라 문학 텍스트는 그것의 외부에 이른바 외적 구조가 존재하며 이것 또한 문학작품과 마찬가지로 위계질서를 가진다.[55] 그래서 구조주의 비평가들은 심층구조를 연구하면서 문학 텍스트와 그 텍스트의 외적 구조와의 관계 또한 연구의 대상으로 삼는다.

성경 연구에 있어 구조주의는 1960년대부터 역사비평이 텍스트의 다양한 의미들을 밝히는 데 한계성을 지닌다는 인식이 시작되면서 활발하게 전개되었다. 이 방법으로 성경을 해석하는 학자들은 성경을 하나의 완성된 문학작품으로 보고 일반 학문 분야에서 사용되는 구조주의적 이론들과 방법들을 성경 연구에 적용하여 성경을 해석했다. 그런데 이들이 성경의 본문을 연구하면서 주목한 것은 겉으로 드러나는 본문의 구조가 아니라 다양한 구성 요소들을 하나로 묶어주는 내적인 구조 또는 무의식의 구조였다.[56] 다시 말해, 이들은 저자와 연관된 본문의 의미를 탐색하는 것이 아니라 본문을 구성하는 언어 자체의 내적인 구조, 또는 저자의 의도와 무관한 구조에 초점을 맞추어 내적인 구조와 본문을 구성하는 다양한 특징들 사이의 상호관계 혹은 상호관련성을 조사하여 본문의 메시지를 찾는 것에 주력했다. 그들은 단순히 일직선적인 구조배열을 연구하는 것에 그치지 않고 구조의 순차적이고 연속적인 조합과 병렬적인 차원 즉 텍스트의 여러 부분에서 나타나는 관계성을 탐색하는 것에 심혈을 기울였다. 특히, 내적인 구조를 형성하는 선과 악, 삶과 죽음, 부자와 가난한 자 같은 대조의 조합들과 그 관계성을 연구하고 이를 통해 한 층의 구조 위에 덧씌워진 또 다른 층의 구조를 탐색했다. 그리하여 텍

55 위 책, 159.

56 조신권, 『성경의 이해와 해석』 (서울: 아가페문화사, 2011), 550.

스트의 심층구조(deep structure)를 밝히는 일을 연구의 최대 과제로 삼았다.

성경의 구조주의적 비평에 영향을 준 것은 구체적으로 소쉬르(Ferdinand desaussure)를 중심으로 한 구조언어학, 레비스트로스를 중심으로 한 구조 인류학, 그리고 프롭(Vladimir. Propp)이 중심이 된 구조적 이야기 연구들이다. 소쉬르는 그의 제자들이 펴낸 『일반언어학 강의』에서 텍스트에 대한 역사 비평적 연구를 시도하는 통시적 언어연구를 배격하고 텍스트의 체계적인 면을 연구하는 공시적 언어연구를 주장함으로써 성경학자들이 전통적인 해석 방법을 지양하게 만드는 데 크게 이바지했다.[57] 레비스트로스 또한 소쉬르의 구조 언어학적 개념과 야콥슨(Roman Jakobson)이 주장한 음운론의 이원적 대립 체계를 동시에 수용함으로써 구조주의 연구에서 중요한 이원적 대립구조를 찾아내고 그것들의 관계성을 탐색하는 길을 열었다. 프롭은 『민화 형태론』(*Morphology of the Folk Tale*)이란 책에서 100여 개에 달하는 러시아 민화들을 면밀하게 고찰한 후 각 텍스트의 표면 아래에는 식별이 가능한 일정한 구조가 있다고 주장함으로써 심층구조를 분석할 수 있는 기틀을 마련했다.[58] 이 외에도 그레마스(A. J. Greimas)의 기호학, 롤랑바르트(Loland Barthes)의 구조적 문학비평 등이 구조주의 비평의 형성에 크게 이바지했고 이런 구조주의 비평은 1970년대 이후 성경해석에 구체적으로 적용되었다. 그 결과 문학비평에서와 마찬가지로 성경 연구에서도 공시적 관점에서 부분과 전체, 텍스트와 텍스트 간의 상호 관련성에 주목하면서 성경 본문의 구성요소들이 갖는 상호관계의 체계를 분석하고, 또한 그것들을 형식화함으로써 보이지 않는 내적인 구조를 밝히는 작업이 활발하게 진행되었다.

예를 들어, 패트(Daniel Patte)는 마태복음을 구조주의 해석 방법으로 분석하여 관심을 끌었는데, 그는 마태복음 2장을 다음과 같이 분석했다.[59]

57 위 책, 552.

58 Vladimir. Propp, *Morphology of the Folk Tale* (Austin: University of Texas Press, 1968), 121.

59 최재석, 『왜 그리스도인에게 문학적 소양이 필요한가?』 (서울: 대한기독교서회, 2006), 129-130 참조

그는 우선 마태복음 2장을 동방박사들이 아기 예수를 경배하는 부분(1-12절)과 예수가 가족과 함께 애굽으로 피신했다가 나사렛으로 다시 돌아오는 부분(13-23절)의 두 단위로 구성된 구조를 가진다고 보았다. 그는 구조주의 성경해석에서 가장 유명한 모델인 그레마스(A. J. Greimas)의 모델[60]을 적용하여 그 두 부분을 해석했다. 그레마스는 텍스트에는 표면구조와 별개의 심층구조가 깔려있으며 그 속에 있는 모든 것들은 이분법적 대립 관계에 있다고 주장했다. 이 이론에 근거하여 패트는 마태복음 2장을 이원적인 대립의 원리에 의해 여러 사건과 태도들이 대조적으로 묘사되는 것으로 해석했다.

그는 2장 첫 부분에서 이방인인 동방박사들이 유대인인 예루살렘의 대제사장들과 서기관들과 대조되며, 박사들이 별을 보고 얻은 성경 밖에서 발견된 계시와 성경을 통해 얻은 유대 종교지도자들의 계시가 대조된다고 보았다. 다시 말해, 박사들은 직접 별을 보고 아기 예수를 찾아오는 체험에 의지하는 것에 반해 대조적으로 종교지도자들은 성경에서 읽은 지식에 의존하는 모습을 보인다는 것이다. 그뿐만 아니라 동방박사들에게 예수에 대하여 알아보고 자기에게 보고하라는 헤롯왕의 명령과 하나님의 명령에 따라 보고하지 않고 고향으로 돌아간 실제적인 박사들의 행동이 대조된다고 보았다.

두 번째 부분에서도 메시아로서의 예수가 세상의 왕 헤롯과 대조되고, 헤롯의 명령에 따른 두 살 이하 사내아이들의 죽음과 하나님의 꿈의 계시에 의한 예수의 도피가 대조된다고 보았다. 즉, 죽음과 생명이 대조되고 있다는 것이다.[61] 또한, 유대 지도자들이 사는 예루살렘과 예수가 사는 갈릴리 지방의 작은 마을 나사렛 동네가 대조된다고 생각했다.

이처럼 패트는 본문의 문학적 구조와 이원적인 대립의 원리에 근거하여 내부적 요소들을 분석하는 구조주의 해석 방법을 사용하여 마태복음 2장의 성격과 의미를 설명했다.

---

60 조신권, 『성경의 이해와 해석』 (서울: 아가페문화사, 2011), 570.

61 최재석, 『왜 그리스도인에게 문학적 소양이 필요한가?』 (서울: 대한기독교서회, 2006), 130.

이런 구조주의 비평은 성경의 이야기가 성경 밖의 이야기 즉, 신화나 민담 등과 구조가 유사하다는 점을 밝힘으로써 성경해석의 안목과 지평을 확장하는 역할을 하였다. 그러나 구조주의적인 접근법은 고도의 난해성과 까다롭고 이해하기 어려운 전문용어들의 사용, 그리고 내적인 구조의 탐색에만 몰두함으로써 텍스트 이해에 지극히 제한된 도움만을 줄 수 있다는 단점을 가지고 있다. 그래서 구조주의 방법으로 성경을 해석하는 것을 반대하는 성경학자들이 많다.

탈구조주의

영어로 Poststructuralism으로 표기되는 이 문학비평은 탈구조주의, 또는 후기구조주의로 불린다. 이것은 프랑스의 데리다(Jacques Derrida)가 구조주의를 비판하면서 시작되었으며 그는 잘 알려진 대로 해체(deconstruction)를 주장했다.[62] 해체란 기본적으로는 기존의 인식이나 인식의 체계를 뒤집어엎고 새로운 인식 방법을 수립하는 전략을 의미하지만 데리다가 말하는 해체는 기존체계의 전복과 새로운 체계의 구축이라기보다는 체계 자체가 스스로 해체되는 것을 말하며 더구나 이런 현상이 체계 밖에서가 아닌 내부에서 행해진다는 점에서 파괴와는 본질적으로 성격을 달리한다.[63] 이런 점에서 탈구조주의는 반구조주의(anti-structuralism)와 구분되며 구조주의가 구축해 놓은 구조를 내부에서 해체 또는 탈구축하는 특징을 가지고 있다.

탈구조주의에 대한 논의는 1956년 데리다가 존스 홉킨스 대학 국제 심포지엄에서 「인문과학의 언술 행위에 있어서의 구조, 기호, 그리고 유희」라는 논문을 발표하면서 본격화되었다. 그는 서구의 형이상학을 일관되게 지배해왔던 모든 사유체계를 해체해야 한다고 주장하면서 서구 형이상학의 근간인 '말 중심주의' 또는 '음성 중심주의'를 부정했다. 그는 서구 사상계를 지배해

62 문덕수 외, 『현대의 문학이론과 비평』 (서울: 시문학사, 1991), 180.
63 위 책, 180.

온 플라톤, 루소, 소쉬르, 레비스트로스 같은 철학자들은 모두 글과 말의 이원론의 세계관 속에서 '말 중심주의'에 빠져 있어서 그들의 글은 근본적인 모순을 의미하는 아포리아(aporia)를 지닌다고 보았다.

이런 그의 주장은 그가 강조한 기표와 기의 사이의 불일치에서 기인한 것으로 그는 문학적 의사소통의 가능성에 의문을 제기했다. 그는 의미를 존재(presence)의 기능이 아닌 부재(absence)의 기능으로 보고 '차연'(differance)의 개념을 도입하고 있는데 이 용어는 '다르다'(differ)는 의미와 '지연시키다'(deter)는 의미로 구성된 신조어다. 이를 설명하면, 언어학적 또는 문학적 기호의 의미는 다른 기호들과 비교되는 차이에 근거하며 이 차이는 항상 지연되거나 연기된다는 것이다. 따라서 해체주의와 더불어 우리는 '끝없는 미로' 속으로 들어갈 수밖에 없고 그 결과 의미는 절대로 확정되지 않는다.[64]

데리다가 주장한 해체의 개념이 이처럼 기존의 체계들을 무너뜨리면서 새로운 세계로의 진입을 시도한 것이라면 구조주의에서 출발하여 후기구조주의자로 진입한 바르트(Roland Barthes)는 작품 속에 존재한다고 그동안 믿었던 저자를 해체의 대상으로 보았다. 그는 저서 『저자의 죽음』(*The Death of the Author*)에서 저자가 텍스트의 근원이고 그 의미의 원천이며 유일한 해석의 권위자란 종래의 전통적 견해를 부정한다.[65] 그에게 있어 저자는 모든 형이상학적 신분이 제거된 채, 인용과 반복과 메아리와 지시소들의 무한한 저장소인 언어가 교차하고 재교차하는 위치로 축소되어 존재할 따름이다. 따라서 독자들은 어느 방향에서도 텍스트 속에 진입할 수 있으며 지시 대상에 개의치 않고 자유롭게 텍스트의 의미형성 과정을 여닫을 수 있게 되고 저자의 의도와 상관없이 텍스트 내에서 자유분방한 방종과 유희를 즐길 수 있게 된다.[66]

---

64 트렘퍼 롱맨 3세, 『문학적 성경해석』 유은식 역. (서울: 도서출판 솔로몬, 2004), 70–71.

65 문덕수 외, 『현대의 문학 이론과 비평』 (서울: 시문학사, 1991), 193–194.

66 위 책, 194.

이들과 달리 또 한 명의 대표적 해체주의자인 푸코(Michel Foucault)는 언술행위 자체를 해체의 대상으로 삼았다. 그는 인류 역사를 지배해 온 모든 이성적인 법칙들이 그것들과 상치되는 모든 것들을 제외하고 소외시켰다는 사실에 주목하고 사람들이 법이 정해 놓은 체계 내에 들어올 것을 강요당해 왔으며 그것을 반대하는 사람들은 사회로부터 고립되고 비정상적으로 취급되어왔다고 생각했다.[67] 그는 당대의 지배이데올로기와 영합한 공식적인 언술행위가 인간을 부당하게 강요한다고 주장했다. 그는 사람들이 이런 지배체제의 언술행위 속에서, 그리고 보이지 않는 법칙들과 규제들의 보관소(archives)가 내리는 지시 속에서 글을 쓰고 그것을 거부하는 경우에는 제도적 권력에 의해 제외되고 침묵 당해 왔다고 인식했다.[68] 따라서 그는 권력이 구사하는 하나의 폭력으로 전락해버린 이런 언술행위는 해체되어야 한다고 보았다.

미국의 사이드(Edward W. Side)도 오리엔탈리즘에 관한 그의 저서를 통해 서구사회를 지배해 왔던 왜곡된 동양관을 해체해야 한다고 생각했다.[69] 즉, 그는 수 세기에 걸쳐 형성된 동양에 대한 서구의 이미지가 동양인들이 게으르고 기만적이며 비합리적인 인물로 잘못 인식하게 만드는 신화를 창출했다고 보았다. 그래서 이런 지배적인 언술행위를 타파하고 그동안 소외되고 제외되어온 저항언술을 통해 새로운 언술행위를 시작해야 한다고 주장한다. 푸코와 마찬가지로 그는 인류 역사를 주도해 온 지배적 언술행위의 횡포와 군림에 저항하여 그것과 다른 언술행위를 찾아내고 인정하며 또 창조해 내야 한다고 생각한다. 이런 점에서 그에게 있어 비평은 현실의 문제점을 탐색하고 파악하며 극복하려는 의지의 표현이며 기존의 권위주의적이고 절대적인 지배적 가치 체계에 도전해서 새로운 가치 체계를 창출하려는 강렬한 시도라

67 위 책, 198-199.

68 김성곤, 『탈구조주의의 문학적 의의와 전망, 탈구조주의의 이해-데리다, 푸코, 사이드의 문학이론』 (서울: 민음사, 1988), 25.

69 문덕수 외, 『현대의 문학이론과 비평』 (서울: 시문학사, 1991), 229.

할 수 있다.[70]

이러한 해체주의 개념을 가진 탈구조주의자들은 작품의 텍스트가 의미를 담고 있거나 창출하는 것이 아니라 명백하고 표면적인 의미를 파괴적으로 훼손하는 것으로 인식한다. 그리고 구조주의자들이 텍스트에 내재한 구조를 발견하는 일에 몰두한 것과는 달리 탈구조주의자들은 텍스트 안에 어떤 객관적인 구조나 내용이 있는 것을 의심하며 그 결과 의미에 관한 최종적인 해석이나 진술을 거부한다. 그들은 텍스트가 자체의 파괴 활동을 계속하며 자체의 내적 모순 때문에 끝없이 자유로운 변화의 활동을 지속한다고 생각한다. 그래서 형식주의자들이 생각했던 것과 같이 텍스트가 하나의 궁극적인 의미를 제공하는 것이 아니라 항상 역동적인 변화의 상태에 있는 단지 임시적인 의미만을 제공한다고 주장한다. 따라서 모든 텍스트는 열린 결말을 가진 구조물이고 기호와 의미화는 필연적 관계가 아닌 임의적인 관계를 맺을 뿐이며 의미는 확정된 것이 아닌 무한한 다른 의미를 지시하게 된다는 것이다.[71]

이상에서처럼 탈구조주의는 기존의 모든 권위의 형태들을 부정하고 특히, 언어 중심주의 즉, 기록된 언어가 서구의 전통이 인정하는 불변의 의미를 지향한다는 논리를 거부한다. 그들은 지식을 어떤 지적인 학문 분야에서 인증된 것이 아닌 단지 텍스트에 끼워 넣어져 있는 것으로 간주한다. 또한, 언어의 의미는 계속해서 바뀌며 불확정적이기 때문에 절대적인 진리는 있을 수 없다고 생각한다.[72] 그들은 언어가 전통적으로 누려온 권위와 그것과 연관된 권력 체계를 인정하지 않으며 문학이 누려온 특권도 거부한다.

지금까지의 성경 연구는 이러한 탈구조주의의 영향을 크게 받지는 않았지만 그렇다고 이런 접근법의 연구가 전혀 없었던 것은 아니다. 신약학자인 크로산(John Dominic Crossan)은 데리다의 사상을 성경해석에 적용한 대표

70 위 책, 211.
71 윌프레드 L. 게린 외, 최재석 옮김, 『문학비평 입문』 제3판 (서울: 한신문화사, 1995), 260.
72 위 책, 261.

적인 성경학자다. 그는 저서 『부재의 벼랑: 예수의 비유에 나타난 역설과 다원성』(*Cliffs of Fall: Paradox and Polyvalence in the Parables of Jesus*)에서 데리다의 관점으로 예수의 비유들을 자세히 분석하고 있다. 그는 예수의 비유들이 가지고 있는 은유성은 그 핵심적인 의미가 부재하여 출발점으로 삼아야 할 고정되거나 명료한 의미가 없으므로 여러 가지를 의미할 수 있고 서로 다른 다양한 해석을 양산하고 있다고 설명한다.[73] 탈구조주의에서 강조되는, 텍스트의 의미를 찾기보다는 언어의 유희를 즐기는 모습을 그의 분석에서 엿볼 수 있다.

구약성경의 연구에서도 탈구조주의 입장에서의 연구를 찾아볼 수 있는데 미스칼(Peter D. Miscal)이 대표적이다. 그는 『구약 내러티브의 구성』(*The Workings of Old Testament Narrative*)이란 저서에서 창세기 12장과 사무엘상 16–22장을 분석하면서 해체주의 비평 방법을 사용하고 있다. 그는 이 짧은 내용을 자세히 분석하는데 그의 저서를 모두 할애하면서 탈구조주의적 입장에서 "너무 부족하거나 너무 많은 서사, 또는 너무 적거나 너무 많은 세부 사항이 동시에 존재한다. 이것은 구약성경 서사에 관한 수많은 해석, 더 나아가 서로 모순되는 해석을 낳고 있다"[74]고 논평한다. 또한, 그는 "성경 본문을 단일한 의미로 고정하려는 것은 잘못된 시도라고 못 박으면서 성경을 읽을 때면 모호성과 다의성, 심지어는 모순되는 의미와 만나게 되므로 이것 또는 저것으로 의미를 결정하거나 확정할 수 없게 된다."[75]라고 주장한다. 그는 성경 본문 속에 있는 모순들 이른바, 해체주의 비평에서 말하는 아포리아를 들추어내서 기표와 기의 사이가 불일치됨을 보이면서 성경의 텍스트도 문학 텍스트처럼 언제나 자신을 해체하고 있다고 설명한다.

그런데 이러한 탈구조주의 비평은 텍스트만을 강조하고 있어서 저자의

73 John Dominic Crossan, *Cliffs of Fall: Paradox and Polyvalence in the Parables of Jesus* (New York: Seabury, 1980), 9–10.

74 Peter D. Miscal, *The Workings of Old Testament Narrative* (Philadelphia: Fortress, 1983), 1.

75 *Ibid.*, 2.

의도나 독자의 반응을 철저하게 무시하거나 간과하는 단점을 가진다. 따라서 하나님의 뜻과 섭리를 기록하고 있는 성경해석에서는 한계성을 가질 수밖에 없다. 또한, 이 비평은 텍스트가 말하는 것과 의미하는 것이 다르다는 것을 보이는 것에 초점을 두고 있어서, 다시 말해, 텍스트의 의미를 고정된 것으로 보지 않고 다양한 해석이 가능한 것으로 보기 때문에 확정된 의미를 규명할 수 없다. 이런 점에서 성경의 전체적인 해석에 이 방법을 적용할 경우, 진리의 상대화를 초래할 위험성이 크다.

4
독자 중심 해석 방법

| 독자 반응 비평

독자 반응 비평은 문학해석에 있어 세 개의 축인 저자, 텍스트, 독자 중에서 독자를 중심으로 작품을 비평하는 방법이다. 이 방법은 신비평과 형식주의 비평에 대한 반동으로 출발하여 거의 반세기 동안 서양의 문학 비평계를 휩쓸었다. 앞서 살펴보았듯이 형식주의 비평에서는 문학작품을 저자와 독자, 그리고 그것이 쓰인 역사적 시대와 관계를 갖지 않고 독립된, 자체적으로 존재하는 예술적 객관물로 간주했다. 그래서 형식주의는 텍스트에 초점을 맞추고 그 안에서 모든 의미와 가치를 발견하며 독자를 포함한 모든 다른 것들을 외적인 것으로 간주하면서 절대로 독자를 해석의 원천으로 보지 않는다.[76] 그리고 의도의 오류와 감정의 오류를 내세워 저자와 독자를 비평에서 제외시킨다. 이런 형식주의 비평에 맞서 독자 반응 비평은 작품에서 독자가 없으면 작품은 존재하지 않거나 최소한 의미가 없다고 주장한다.[77] 한마디로, 독자가 본문의 의미를 결정한다는 것이다. 다시 말해, 독자 반응 비평가들은 본문의 의미는 저자가 본문에 표현했거나 본문의 표현 속에 있는 것이 아니라 독자가 본문을 읽는 동안에 본문과 독자 사이에서 이루어지는 의사소통 때문에

76 윌프레드 L. 게린 외 지음, 최재석 옮김, 『문학비평의 이론과 실제』 제4판 (서울: 한신문화사, 2000), 404-405.

77 위 책, 405.

생겨난다는 것이다.[78]

물론 문학 연구에 있어 독자에 관한 관심은 공자나 아리스토텔레스 시대부터 시작된 것이다. 하지만 문학 이론에서 이처럼 독자가 의미를 창조한다고 생각하기 시작한 것은 1960년대 독일의 수용 이론에서부터였다. 이 이론은 텍스트와 독자의 관계에 관심을 집중하고 독자를 리퍼테르(Michael Riffaterre)가 말한 초독자(super reader), 이저(Wolfgang Iser)가 말한 내재 독자(implied reader), 그리고 피쉬(Stanley Fish)가 말한 정통 독자(informed reader) 등 세 유형으로 구분한다. 그리고 작품 해석에서 독자의 위치, 기능, 역할의 중요성을 강조한다.

리퍼테르는 객관주의적인 입장에서 문학의 의미는 텍스트 안에 존재한다고 보고 독자의 독서행위와 관계가 없는 의미는 존재할 수 없다고 주장했다.[79] 그러나 독자의 독서행위가 의미 창출에 무엇보다 중요한 것임을 인정하면서도 독자의 주관성과 자의성을 배제해야 한다고 생각했으며 이런 의미에서 초독자의 개념을 제시하고 있다. 한편, 이저는 텍스트와 독자가 의미를 공동으로 생산한다고 생각했다.[80] 그는 독자의 창조적인 의미 창출의 독서행위를 주장하면서도 동시에 특정의 반응을 요구하고 강제하는 텍스트의 기능도 인정하는 이원론적인 태도를 보였다. 하지만 피쉬는 텍스트와 독자 중에 의미의 원천은 독자에게 있다고 생각하고 독자의 손을 들어주었다.[81] 그는 저자와 텍스트의 구속으로부터 독자의 해방을 선언하고 있다는 점에서 독자 우위론자라고 볼 수도 있다. 그가 주장하는 핵심을 잘 살펴보면, 결국 작품의 의미는 텍스트도 한 사람의 개별독자도 아닌 해석 공동체의 해석전략에 따라 이루어진다는 것을 알 수 있다. 그는 자아와 공동체와의 관계성을 누구보다 중요하게 고려하면서 독자 반응 비평을 주장하고 있다.

---

78 조신권, 『성경의 이해와 해석』 (서울: 아가페문화사, 2011), 626.
79 문덕수 외, 『현대의 문학이론과 비평』 (서울: 시문학사, 1991), 298.
80 위 책, 301-302.
81 위 책, 306.

마가복음 4장 3-20절의 씨 뿌리는 비유는 독자 반응 비평의 관점에서 독자의 독서행위가 어떻게 의미를 창출하는지를 잘 보여주는 대표적인 성경의 내러티브다. 파울러(Robert M Fowler)는 이 비유에 나타나는 극적 아이러니에 주목하면서 독자의 독서행위가 의미를 결정하고 있다고 설명한다.[82]

그는 예수가 이 비유를 제자들에게 이야기한 다음 "하나님 나라의 비밀을 너희에게는 주었으나 외인에게는 모든 것을 비유로 하나니"(11절)라고 말하는 부분을 독자가 읽었을 때 외부인인 독자는 이 비유의 비밀에서 자신은 당연히 제외되었다고 느낄 수밖에 없다고 설명한다. 계속해서, "이는 그들로 보기는 보아도 알지 못하며 듣기는 들어도 깨닫지 못하게 하여 돌이켜 죄 사함을 얻지 못하게 하려 함이라 하시고"(12절) 라는 구절을 읽고서는 외부인인 독자 자신이 단지 비유의 의미를 모를 뿐 아니라 권리에서도 제외되었다고 강한 절망감마저 가질 수 있다고 보았다. 그는 여기에서 해석의 핵심은 독자가 이 구절을 어떻게 해석하고 받아들이느냐에 있다고 생각한다.

파울러는 이 구절의 내용인 "돌이켜 죄 사함을 얻지 못하게 하려 함이라"라는 표현을 언어적인 아이러니로 보아야 한다고 말한다. 그러니까 이 구절은 실제로 그렇게 한다는 뜻이 아니라 그 말을 듣는 사람에게 충격을 주기 위한 우회적인 전략으로 사용되고 있다는 것이다. 그는 이 말을 아이러니로 판단할 수 있는 근거로 "세례요한이 광야에 이르러 죄 사함을 받게 하는 회개의 세례를 전파하니"(마가복음 1장 4절)라는 구절과 "예수께서 이르시되 때가 찼고 하나님의 나라가 가까이 왔으니 회개하고 복음을 믿으라 하시더라"(마가복음 1장 15절) 같은 구절을 제시한다. 다시 말해, 회개하면 구원받는다는 사실이 이미 여러 차례 언급된 것을 보면 "돌이켜 죄 사함을 얻지 못하게 하려 함이라"는 표현을 언어적 아이러니로 해석할 수밖에 없으며 이런 문학적인 기법을 이해할 수 있는 독자의 독서행위가 의미의 생산에 결정적으로 중

82 최재석. 『왜 그리스도인에게 문학적 소양이 필요한가?』 (서울: 대한기독교서회, 2006), 136-138 참조

요하다는 것이다.

이와 같은 예에서 볼 수 있듯이 독자 반응 비평에서는 독자와 독서 경험의 역동성이 무엇보다 중요하다. 특히, 성경은 독자를 설득하거나 독자가 이미 가지고 있는 신앙을 확인시키고 강화하는 특성이 있는 책이기 때문에, 성경해석에서 독자의 독서 경험은 일반문학에서보다 더욱 중요하다[83]고 할 수 있다.

그러나 텍스트의 자율성에 의문을 제기하면서 의미의 창조에 독자의 역할이 중요함을 강조하는 이러한 독자 반응 비평은 주관주의나 심리주의에 빠질 위험성이 있다. 그리고 독자의 비평적인 안목과 글을 읽고 이해하는 능력의 정도, 그가 처한 문화적인 배경의 차이에도 불구하고 독자의 관점을 일방적으로 투사하는 잘못된 해석을 할 수 있어서 성경 비평에 이 방법을 적용할 때는 상당한 주의가 필요하다.

또한, 성경은 기독교의 경전으로 독자의 다양한 반응보다는 객관적인 의미를 강조하는 경향을 가지고 있어서 개인의 평가보다 해석 공동체의 역할이 더 중요하다는 사실도 간과하지 말아야 한다.84 이런 이유 때문인지 지금까지 성경해석에 독자 반응 비평 방법만을 배타적으로 적용해 연구한 학자들은 거의 없었다. 그러나 성경해석에 있어 독자의 역할이 중요하다는 인식이 점점 더 늘고 있다. 성경학자 티슬턴(Anthony Thiselton)은 해석행위를 텍스트와 독자라는 두 지평 간의 가교 행위로 정의했다. 그러나 그는 텍스트를 읽을 때 독자의 선이해(preunderstanding) 또한 중요하다고 보았다.85 성경 연구에서 현재 가장 많이 적용되는 독자 반응 이론의 독자 개념은 이념적 독자(ideological reader)다. 여기에서 말하는 이념적 독자는 분명한 이념적인 목적의식을 가지고 성경을 읽는 독자를 가리키는 것으로 해방신학자들과 페미

83 위 책, 136.
84 이달 · 천사무엘, 『성서 문학의 세계』 (대전: 한남대학교출판부, 2005), 149–150.
85 트렘퍼 롱맨 3세, 『문학적 성경해석』 유은식 역. (서울: 도서출판 솔로몬, 2004), 65.

니즘 학자들이 이 범주에 포함된다. 해방신학자들은 현대 정치철학의 하나인 마르크시즘의 관점에서 현 사회가 요구하는 것에 관심을 집중시켜 성경을 읽는다. 특히, 그들은 억압받는 민중들의 해방에 관한 성경의 본문들을 강조한다. 그래서 성경의 출애굽 사건은 그들에게 가장 강한 매력을 선사하는 대표적인 사건이다.

페미니즘

페미니즘(feminism)의 관점에서 성경을 연구하는 학자들도 목적의식을 가지고 성경을 읽는다. 성경 중에서 현대 여성의 상황과 관계가 있는 인물이나 주제를 다룬다든지, 내재 독자가 여성일 때 어떤 변화가 생기는지를 알아보기 위해서 성경 전체를 여성의 관점으로 읽는다. 아니면, 여성으로서 가부장적인 신화를 타파할 목적의식을 가지고 성경을 읽는다. 페미니즘 학자들은 이처럼 자신의 이론적 정당성을 입증하기 위해 독자 반응 이론을 성경해석에 이용한다.

그러나 이런 극단적인 형태의 독자 반응 성경해석 방법은 성경의 내용을 왜곡시킬 가능성이 매우 농후하므로 성경 해석 방법으로 적당하지 않다. 그런데도 독자 반응 이론을 성경해석에서 완전히 배제할 수는 없다. 성경을 읽는 독자들은 각기 문화적, 개인적 현안 문제에 나름의 생각을 가지고 있어서 결코 중립적이고 객관적인 태도로 성경을 읽기가 어려운 것이 현실이기 때문이다. 예를 들어, 미혼자와 기혼자가 읽는 아가서의 의미는 다르다. 또한, 한국인, 미국인, 아랍인이 읽는 음주에 관한 성경의 내용은 다른 의미로 다가올 수밖에 없다. 따라서 독자 반응 성경해석 방법의 필요성을 인정하지 않을 수 없다. 그러나 독자 반응 접근법으로 성경을 해석할 때는 특정한 부분에만 관심을 가지고 다른 부분에는 무관심하다든지, 또는 주관적이고 자의적인 판단에 사로잡힐 소지가 많으므로 비평적 오류를 범하지 않도록 최대한 조심해야 한다.

5 서사 비평

서사 비평(Narrative Criticism)은 일반문학 연구에서보다 성경 연구 분야에서 발전되어 온 비평이다. 일반문학계에서는 서사 비평을 수사 비평의 새로운 형태이거나 독자 반응 비평의 일종으로 생각하지만, 성경학자들은 이것을 하나의 독립된 비평으로 생각하고 성경해석에 사용했다.

> 일반문학 연구에서는 서사 비평 운동에 대해서 전혀 알지 못한다. … 이 운동은 일반문학계에서는 그 정확한 대응물을 찾을 수 없으며, 성경 연구 분야에서만 발전되어 왔다. 만약 일반비평가들이 서사 비평을 분류한다면, 그것은 수사 비평의 새로운 유형이거나 독자-반응 운동의 일종인 것이다. 하지만 성경학자들은 서사 비평을 그 자체적으로 독립적이고 동등한(다른 문학비평 운동과) 운동으로 생각하려고 한다.[86]

서사 비평은 서사(Narrative)를 연구하는 방법을 말하는 것으로 여기에서의 서사는 단순한 이야기가 아닌 사건을 중심으로 기술된 담론형식의 이야기를 가리킨다. 다시 말해, 서사란 그것을 구성하는 내용인 이야기와 그것이 전달되는 담론이 합쳐진 것을 의미한다.[87] 그래서 서사 비평은 서사의 구성(plot), 사건(event), 배경(setting), 인물묘사(characterization), 관점(point of view), 문체(style) 등을 연구의 대상으로 삼는다.

86 마크 알렌 포웰, 『서사 비평이란 무엇인가?』 이종록 옮김 (서울: 한국장로교출판사, 2012), 47.
87 조신권, 『성경의 이해와 해석』 (서울: 아가페문화사, 2011), 585–586.

이 비평은 형식주의 비평에서처럼 텍스트 자체에 비평의 초점을 맞추고 있으면서도 다른 한편으로는 독자 반응 비평에서처럼 텍스트의 의미는 텍스트 내에 자율적으로 존재하는 것이 아니라 독자와 텍스트의 상호 작용 때문에 생겨나는 것으로 본다. 이런 점에서 형식주의 비평과 독자 반응 비평의 중간에 자리하고 있다고 할 수 있다. 그런데 서사(Narrative)를 꼼꼼히 살펴보면 지금까지 작품을 해석할 때 중요하게 고려했던 저자, 텍스트, 독자보다 훨씬 복잡한 양상을 띠고 있음을 발견하게 된다. 서사적 접근 방식으로 작품을 해석하는 학자들은 역사적인 시간과 공간 속에 존재하는 실제 저자(real author)와 실제 독자(real reader)와는 별도로 내재 저자(implied author)와 내재 독자(implied reader)를 고려하고 작품을 해석해야 한다고 주장한다. 컬페퍼(R. A. Culpepper) 같은 학자는 문학적 의사소통과정에 있어 저자와 독자 사이를 다음과 같이 여섯 개의 단계로 구분하여 설명한다.[88]

저자 → 내재저자 → 화자 → 피화자 → 내재독자 → 독자

여기에서 말하는 내재 저자나 내재 독자는 텍스트 안에서 재구성되는 것으로 실제 저자에 관한 정보를 알 수 없는 경우에도 내재 저자가 어떤 가치관과 관점을 가진 인물인가는 독서 과정을 통해 쉽게 추론할 수 있다. 내재 독자 또한 내재 저자가 말을 거는 상대다. 내재 독자는 내재 저자의 말을 문학적인 기법을 통해 판단하고 추론한다. 그리고 모든 서사의 이야기는 화자 즉, 서술자에 의해 전달된다. 여기에서 서술자는 주로 일인칭 또는 삼인칭이며 이야기 속의 한 인물이거나 아니면 이야기 밖에 존재한다. 그러나 서술자는 내재 저자의 창조물로서 서술자의 관점이나 가치관이 항상 내재 저자의 그것과 일치하는 것은 아니다.

88 트렘퍼 롱맨 3세, 『문학적 성경해석』 유은식 역. (서울: 도서출판 솔로몬, 2004), 120에서 재인용

서사 비평가들은 텍스트의 의미가 실제 세계 속에 존재하는 것이 아니라 서사의 세계 속에 존재한다고 생각한다. 다시 말해, 그들은 서사의 세계가 실제 세계를 모방하고 있기는 하지만 실제 세계가 아닌 서사의 세계가 의미를 창출하는 틀을 제공한다고 주장한다. 그래서 이 비평에서는 본문인 텍스트도 중요하지만, 문장이나 문단의 전후 관계를 의미하는 컨텍스트도 매우 중요하다. 어떤 사물이 처한 상황이나 환경 또는 배경이 되는 요소 간의 관계를 잘 파악해야 서사의 세계가 말하는 의미를 잘 알 수 있기 때문이다.

또한, 서사 이야기에서는 스토리 뿐 아니라 담론도 매우 중요하다. 스토리가 행위와 내용이 포함된 사건에 대한 진술 즉, 행위와 사건에 의해 진술되는 내용이라면 담론은 이야기하는 행위 즉, 스토리의 내용을 전달해 주는 서술적인 표현과 수사를 가리킨다.[89] 따라서 서사를 분석할 때 한 사건에서 다른 사건으로 진행되는 연결고리에도 관심을 가져야 하고 스토리를 재미있고 효과적으로 전개하기 위해 사용하는 역설, 반어, 과장, 풍자, 해학, 대구, 은유, 말장난 같은 수사법과 각종 표현 기법 및 화자의 어조(tone)도 잘 살펴야 한다. 이와 함께, 매우 중요한 서사 전략의 하나인 시점에 대한 고찰도 필수적이다. 어떤 시점으로 이야기를 전개하느냐에 따라 강조점과 의미가 달라지기 때문이다.

이 외에도 서사적인 접근법으로 성경을 해석할 때 고려해야 할 중요한 것은 다양한 요소들이 하나의 원리 아래에 통합되고 일치하게 된다는 사실을 염두에 두고 성경의 본문을 분석해야 한다는 것이다. 이는 성경의 텍스트가 총체적인 구조와 뼈대를 가지고 있기에 서사적 접근법에 따라 성경을 해석할 때는 성경 텍스트의 분석을 통해 이를 밝혀야 한다는 것을 의미한다.

성경해석의 가장 중요한 목적을 성경에 기록된 본문의 내용을 있는 그대로 올바르게 이해하는 것이라고 한다면 성경의 텍스트가 제공하는 총체적인

89 조신권, 『성경의 이해와 해석』 (서울: 아가페문화사, 2011), 598.

내용을 있는 그대로 깊이 있게 이해하고 해석하고자 하는 서사적 비평은 그 어떤 것보다도 의미 있고 중요하다고 할 수 있다.

이러한 서사비평을 사용하여 성경을 해석한 대표적 사례로 킹스베리(Jack Dean Kingsbury)가 분석한 마태복음이 있다.[90] 그는 마태복음의 통일성에 주목하여 마태복음에 제시된 이야기의 줄거리를 크게 세 부분으로 구성된 것으로 생각했다. 메시아로 오신 예수의 소개(1장 1–4절)가 첫 부분이고, 이스라엘을 위한 예수의 사역과 그것을 거부하는 이스라엘(4장 17절–16장 20절)이 두 번째 부분, 그리고 예수의 예루살렘 입성과 그의 고난, 죽음, 부활(16장 21절–28장 20절)이 세 번째 부분이다. 그는 다소 산만하게 나열된 마태복음의 사건들에서도 예수가 정치인들이나 유대의 종교지도자들과 갈등을 겪으면서 새로운 복음을 전하는 메시아임을 강조하는 통일성이 존재한다고 보았다.

서사 비평이 앞에서 설명한 구조주의 비평과 다른 점은 마태복음 2장에 대한 킹스베리의 분석을 보면 보다 잘 알 수 있다. 그는 마태복음 2장을 구조주의적 방법으로 해석한 패트와 달리 전체적인 앞뒤의 연관 관계, 즉 통일성에 따라 설명한다.

마태복음 2장 첫 부분을 보면 동방박사들이 별을 보고 찾아와 "유대인의 왕으로 나신 이가 어디에 계시냐"(2절)고 묻는 장면이 나오는데, 킹스베리는 여기에 언급된 "유대인의 왕"이라는 예수의 호칭에 주목하면서 앞뒤 문맥으로 보았을 때 이 호칭이 예수의 정체성을 잘 보여준다고 해석한다. 여기에서는 동방박사들의 관점에서 이 호칭이 사용되고 있지만, 마태복음 전체의 내용에서 보면 결국 예수가 종교적인 유대인의 왕임을 보여주는 이야기가 마태복음이라는 것이다. 다시 말해, 이 왕은 로마에 대항하여 이스라엘을 해방시켜 자유와 영광을 회복시키는 정치적인 왕이 아니라 십자가를 지고 인류를

90 최재석, 『왜 그리스도인에게 문학적 소양이 필요한가?』 (서울: 대한기독교서회, 2006), 133–134 참조

위해 자신을 기꺼이 희생함으로써 인간을 구원하는 종교적이고 영적인 왕이라는 것이다.

그러나 유대인의 왕을 만나 뵙고 싶어 하는 동방박사들과는 달리 헤롯과 온 예루살렘 사람들은 왕이 출생했다는 말을 듣고 두려움에 사로잡히며 특히, 헤롯왕은 아기 예수를 죽이고자 계획한다(2-8절). 킹스베리는 여기에서 아기 예수를 죽이려는 계획을 세우는 헤롯을 앞으로 있을 예수를 적대하는 사람들의 원형에 해당한다고 본다. 마태복음 전체이야기의 통일성 측면에서 보면, 2장의 헤롯은 예수를 잡아 죽이려는 대제사장들과 서기관들을 비롯한 종교적인 지도자들(12장)과 예수를 재판하고 처형하게 만든 빌라도를 위시한 정치적인 지도자들과(27장) 깊은 연관성을 가진다고 설명한다.

이처럼 킹스베리는 예수를 처음 소개하는 마태복음 2장에서 마태복음 전체를 통해 전개될 예수의 갈등과 고난의 실마리를 찾아낸다.[91] 이 마태복음 2장의 후반부에 나오는 하나님이 개입하여 아기 예수의 살해 계획을 좌절시키는 사건 또한 향후 전개될 내용을 암시하는 것으로 해석한다.

> 그들은 꿈에 헤롯에게로 돌아가지 말라 지시하심을 받아 다른 길로 고국에 돌아가니라. 그들이 떠난 후에 주의 사자가 요셉에게 현몽하여 이르되 헤롯이 아기를 찾아 죽이려 하니 일어나 아기와 그의 어머니를 데리고 애굽으로 피하여 내가 네게 이르기까지 거기 있으라 하시니 요셉이 일어나서 밤에 아기와 그의 어머니를 데리고 애굽으로 떠나가 헤롯이 죽기까지 거기 있었으니 이는 주께서 선지자를 통하여 말씀하신 바 애굽으로부터 내 아들을 불렀다 함을 이루려 하심이라. (마태복음 2장 12-15절)

이 사건은 하나님의 개입으로 헤롯의 계획은 물거품이 되고 예수는 안전하게 나사렛에 정착하게 되는 것을 보여준다. 킹스베리는 이 사건의 의미를 예

91 위 책, 134.

수가 하나님의 보호를 받는 메시아임을 보여주는 것으로 마태복음 전체의 주제를 예시하는 역할을 하는 것으로 해석한다.

이처럼 서사 비평가들은 각각의 이야기들의 앞뒤의 연관 관계를 살피면서 한 사건이 다른 사건과 연결되어 어떻게 전체적인 서사에 통일성을 부여하는지에 관심을 가지고 텍스트를 분석한다.

성경에는 수많은 서사 이야기들이 있고 구약의 40%와 신약의 많은 부분이 서사 이야기로 구성되어 있어서 서사 비평은 성경을 해석하는 하나의 중요한 비평으로 자리매김해 왔다. 많은 성경학자가 성경을 해석할 때 이 방법을 사용하는데 그 이유는 이것이 본문 중심적이며 다른 것에 근거하기보다는 성경 그 자체를 이해하려 한다는 사실 때문이다. 다시 말해, 서사적 접근 방법만큼 텍스트의 세계에 깊이 몰입하는 성경해석 방법도 없다[92]는 것이다.

특히, 이 방법은 역사적인 배경이 확실하지 않은 성경의 본문을 깊이 있게 이해하게 해주는 장점이 있다. 또한, 비전문적인 독자들의 시각에서 성경을 해석하는 길을 제공하고 있다는 점도 중요하다. 역사비평의 방법으로 성경을 해석하려고 하면 성경의 기원과 전수 과정, 그리고 편집 작업에 대한 전문적인 지식이 필요하지만 서사 비평은 비전문적인 독자의 관점에서도 얼마든지 성경의 해석이 가능하기 때문이다. 이 해석 방법은 성경의 각각의 책들이 어떤 의미와 목적을 가지는지를 독자의 관점에서 잘 이해하도록 만들고 나아가 서사 이야기가 지닌 문학적인 의미를 알게 해줌으로써 텍스트의 내용을 정확하게 이해하게 하는 데 도움을 준다.

그러나 서사 비평은 텍스트의 분석에 대한 객관적인 기준을 결여하고 있다[93]는 비판을 받기도 한다. 서사 비평가들은 같은 텍스트의 해석에서 의견을 달리하기도 하고, 어떤 경우에는 한 가지 이상의 해석이 가능하다고 주장하기도 한다. 현대 문학비평 방법이 텍스트에 대한 주관적인 반응을 옹호하

92 조신권, 『성경의 이해와 해석』 (서울: 아가페문화사, 2011), 587.
93 마크 알렌 포웰, 『서사 비평이란 무엇인가?』 이종록 옮김 (서울: 한국장로교출판사, 2012), 160.

고 있다는 점에서 피할 수 없는 현상으로 보인다. 이보다 더 큰 비판은 서사비평이 성경의 역사적인 사실이나 증거를 거부하거나 무시하기 때문에[94] 성경을 믿을 수 있는 하나님의 섭리와 구원의 역사를 기록한 경전으로 이해하지 않는다는 것이다. 다시 말해, 이 비평 방법은 성경이 반역사적(antihistorical)이며 비역사적(nonhistorical)인 것을 전제하고 있어서 위험하다는 것이다.

지금까지 성경해석에 사용되어 온 여러 가지 문학적인 비평 방법들을 살펴보았다. 역사적으로는 저자 중심의 비평에서 텍스트 중심의 비평으로, 그리고 독자 중심의 비평으로 계보를 이어왔음을 알 수 있다.

그런데, 현대의 문학비평 방법을 적용하여 성경을 해석하는 것은 장단점이 있기에 이를 반드시 고려해야 해석의 오류에 빠지는 위험을 피할 수 있다.

단점으로 첫째, 앞서 살펴보았듯이 현대의 문학비평 방법들은 서로 상충 되는 부분이 많다는 것이다. 일반 문학이론 분야와 이와 연관된 언어학 분야가 서로 분열되어 있을 뿐 아니라, 각각의 문학비평 방법들 사이에는 문학과 해석의 기본 문제들에 관한 경쟁의식이 존재한다. 그러니까 현대 문학비평 방법들은 문학이론 분야에서 날카롭게 대립했던 유파들의 연구 방법이기 때문에, 각 방법론이 가진 장단점과 특징을 충분하게 검토하여 성경 연구에 적용해야 문제점을 최소화할 수 있음에도, 그런 과정 없이 성경 연구에 새로운 문학비평 방법들이 사용되어 왔다. 과거 40년 동안 문학 이론의 모든 비평 방법들이 타당성에 관한 진지한 검토 없이 성경 연구에 도입되었다. 예를 들어, 신비평은 외이스(Meir Weiss)와 차일즈(Brevard Childs)에게, 원형비평은 이 이론을 주장한 프라이(Northrup Frye) 자신은 물론 라이켄(Leland Ryken)에게, 그리고 현상학은 데트바일러(Robert Detweiler)와 리꾀르(Paul Ricoeur)에게 영향을 미쳤다.[95] 또한, 구조주의는 조블링, 폴진, 패트에게, 맑시즘은 갓월드와 해방신학자들에게, 페미니즘은 트리블, 로이더, 피오렌자

94 위 책, 162.

95 트렘퍼 롱맨 3세, 『문학적 성경해석』 유은식 역. (서울: 도서출판 솔로몬, 2004), 76.

등에게, 해체주의는 크로산과 미스칼에게 영향을 끼쳤다.[96] 그러나 이 모든 비평 방법들은 각각 장점이 있으나, 그 어떤 것도 그 자체로 완벽하고 올바른 방법은 아니다. 롱맨(Longman)의 지적처럼 각각의 방법들은 새로운 편향성을 초래하여 단점을 노출했다.[97] 다시 말해, 신비평은 저자와 독자를 모두 텍스트 밖으로 추방함으로써, 맑시스트와 페미니스트들은 그들 자신만 유일한 해석체계라고 주장함으로써, 그리고 해체주의자는 기표(기호)와 기의(대상) 간의 차연을 강조하여 모든 문학적 의사소통을 공격함으로써 편향성을 드러냈다.

둘째, 현대 문학비평 방법은 난해하고, 현대의 비평 방법을 고대 문학인 성경에 적용함으로써 적합성이 떨어진다는 단점이 있다. 현대의 문학비평 이론은 그 용어만 보아도 이해가 어렵다. 예컨대, 현대 문학비평에 사용되는 용어들은 행위자, 기의, 기표, 차연, 서사학, 아포리아 등 매우 전문적이고 난해하다. 따라서 성경을 해석할 때 어떻게 난해한 현대 비평 이론을 잘 이해하고 적절하게 적용할 것인가는 전문적으로 문학 이론을 연구한 비평가들조차 쉽지 않다.

셋째, 가장 큰 문제점은 현대의 문학비평은 저자를 배제함으로써 문학의 지시적 기능을 심각하게 제한하거나 부인한다는 것이다.[98] 20세기 중반 신비평의 등장으로 텍스트만 강조되고 저자의 중요성은 거부되었으며, 독자 반응비평 또한 의미의 형성은 저자가 아닌 독자의 전유물로 여겼다. 그 결과 저자의 의도와 관련된 모든 개념과 저자에 의해 결정되는 텍스트의 의미가 완전히 배제되는 위험을 초래했다.

이러한 현상은 문학의 본질적인 기능 중 하나인 지시적 기능을 심각하게 훼손함으로써 문학과 문학의 지시물 사이의 균열을 만들었다. 다시 말해, 현

96 위 책, 76–77.
97 위 책, 77–78.
98 위 책, 83–90.

대의 문학비평 이론을 적용하여 성경을 연구하는 학자들은 성경과 문학을 동일시하여 문학 텍스트로서 성경은 그 자체만을 의미할 뿐 그 너머에 존재하는 외부 세계를 지시하지 못한다고 생각하며, 특히 역사에 대해 성경은 아무것도 말하지 않는다고 단정함으로써 심각한 위험성을 드러냈다.

그러나 문학비평 방법을 사용하여 성경을 연구하고 해석하는 것은 장점도 가진다. 성경은 앞서 언급했듯이 순수문학이라 할 수는 없지만, 명백한 문학적인 기록물이며 풍성한 문학성을 가지고 있기에 문학적 분석으로 음미 되고 연구될 필요가 있기 때문이다.

첫째, 성경은 하나님이 인간에게 그의 뜻을 전달하기 위해 인간이 사용하는 언어와 문학적인 표현 방법, 관습적인 형식을 사용하고 있다. 문학비평 방법은 문학적인 표현 방법과 형식의 관습을 탐구하고 그것이 성경에서 어떤 역할을 하는지를 밝히는 것이어서 성경 본문이 전달하려고 의도한 내용을 정확하게 파악하는 데 도움을 준다.

둘째, 문학비평 방법은 성경 본문을 유기적인 통일체로 보고 그 의미를 파악하는 것에 집중하는 경향이 있어서, 성경 본문을 세분화하여 한 단어 또는 특정한 몇 구절에 관심을 두고 해석함으로써 오류를 범하는 기존 해석 방법의 단점을 보완하는 긍정적인 역할을 한다.

셋째, 문학비평 방법은 성경 본문을 해석하는데 고려해야 할 문학적 의사소통의 세 요소, 즉 저자, 텍스트, 독자의 역할을 깊이 있게 보여줌으로써 독서 과정을 이해하는 데 도움을 준다, 물론, 현대의 문학비평 이론은 텍스트와 독자의 역할에 비중을 두고 있어 편향성을 가지지만 올바른 해석을 위해 필요한 저자, 텍스트, 독자가 갖는 특별한 역할과 의미를 일깨워줌으로써 합리적인 시각에서 해석하도록 도움을 준다.

이처럼 장단점과 서로 다른 특징을 가진 문학적인 해석 방법 중에서 어느 한 가지를 선택하여 전체적인 성경해석에 적용하는 것은 매우 위험하다.

일반 문학에서 시, 소설, 드라마 등 장르에 따른 더 효과적인 해석 방법이 있듯이 문학적인 성경해석에서도 성경에 나오는 여러 종류의 글, 즉, 내러티브, 서정시, 서사시, 풍자, 비유, 예언 등에 따라 각각에 적합한 보다 효과적인 해석 방법이 있다. 따라서 다양한 문학적인 해석 방법들을 배타적으로 보지 말고 절충적인 입장에서 본문의 내용에 적합한 방법을 적용하여 성경을 이해하고 해석하는 것이 필요하다.

제 3 장

문학적 성경 이해를 위한 기본 원리들

1
장르 파악하기

문학적인 독서 과정에서 장르의 파악은 매우 중요하다. 장르는 원래 프랑스 용어로서 문학의 유형이나 종류를 나타내며[99] 지금은 일반적으로 "문학 형식"이라 부른다. 단순하게는 장르를 "서로 공통적인 한 가지 이상의 특징을 공유하는 텍스트군(群)"[100]이라고 정의하기도 한다. 성경학자 바튼(John Barton)은 "장르는 어떤 형식적인 지배를 받는 특정 사회의 사회적인 상황에서 사용되는 관례적인 패턴(유형)"[101]이라고 규정한다. 국어사전에는 우리가 잘 알고 있는 대로 "문예 양식의 갈래, 특히 문학에서는 서정, 서사, 극 또는 시, 소설, 희곡, 수필, 평론 따위로 나눈 기본형을 이른다"라고 정의되어 있다.

독자들은 일반적으로 문학 장르를 사전에 나와 있는 대로 "시, 소설, 희곡, 수필, 평론 등"을 가리키는 것으로 알고 있고 장르의 개념을 잘 이해하고 있다고 생각한다. 그러나 장르는 "유사성의 공유에 의해 하나로 묶어진 텍스트들의 분류집단"[102]을 말하는 것으로 공통된 특징을 별로 갖지 않는 광의의 개념과 많은 면에서 유사한 특징들을 갖는 협의의 장르 개념으로 이분화되어 있어서 생각보다 훨씬 복잡하다. 즉, 개별 텍스트들을 장르로 구분하는 것은 보는 관점에 따라 다를 수 있어서 눈앞에 있는 글이 어떤 장르에 속하는지 판단하기란 쉽지 않다. 게다가, 어떤 글은 한 가지 장르가 아닌 복수의 장르로

99 M. H. Abrams, *A Glossary of Literary Terms*, 7th Ed. (Orlando: Harcourt Brace, 1985), 108.
100 트렘퍼 롱맨 3세, 『문학적 성경해석』 유은식 역. (서울: 도서출판 솔로몬, 2004), 111.
101 토마스 롱, 『성서의 문학 유형과 설교』 박영미 역. (서울: 대한기독교서회, 2016), 47.
102 트렘퍼 롱맨 3세, 『문학적 성경해석』 유은식 역. (서울: 도서출판 솔로몬, 2004), 114.

볼 수 있는 여러 가지 특징들을 가지고 있어서 더욱 혼란스럽다. 과거, 궁켈(Hermann Gunkel) 같은 학자는 "한 특정 텍스트는 그 내용에 상응하는 실제 상황을 가지며 한 장르에만 속한다"라고 주장했지만, 현재는 그의 주장은 거부되고 장르 혼합과 복수의 장르를 인정하고 있으며, 장르는 고정된 개념이 아니라 유동적이라고 학자들은 생각한다. 장르 구분의 기준은 관점에 따라 다를 수 있고 텍스트 자체가 스스로 어떤 장르임을 밝히지 않기 때문에 장르 파악은 쉽지 않은 문제라는 것이다. 특히, 성경에는 고대의 자료들에서 발견되는 공인된 장르의 개별적 범주들을 발견할 수 없으므로 장르 파악이 훨씬 더 힘들다. 예를 들어, 히브리말 자체에 "시"라는 단어가 없다. 하지만 성경의 시편을 우리가 보았을 때 시라고 판단할 수밖에 없다.

이처럼 어떤 글에 대한 장르의 판단은 보는 관점에 따라 다를 수 있으나 외적 형태와 내적 형태에 따라 판단하는 것이 일반적이다. 텍스트의 구조와 형태, 운율의 유무 등이 외적 형태에 해당하고, 텍스트의 분위기, 배경, 기능, 서사의 목소리, 내용 등 비형식적인 것들이 내적 형태에 해당한다. 이런 기준에 따라 성경에 나오는 글들의 장르를 구별하면 외적 형태의 기준에 의해서는 내러티브, 시, 희곡(드라마) 등으로 분류할 수 있고, 내적 형태를 기준으로 하면 서정시, 영웅 이야기, 서사시, 비극, 풍자, 우화, 축혼가, 비가, 찬가, 웅변, 계시문학, 지혜문학, 서간문 등으로 분류된다. 더 세부적인 분류도 가능한데, 예를 들어 시편 47편의 경우, 평행법, 이미지 같은 외적 형태를 가지고 있어서 시의 장르로 분류되면서, 동시에 왕권이 주제인 내용을 가지고 있어 내적 형태에 의한 분류로는 제왕시라고 할 수 있다.

장르의 구분은 이처럼 복잡하고 까다로운 문제지만 장르는 독자가 텍스트를 대할 때 기대감을 불러일으키며, 저자가 글을 쓸 때도 장르 기대에 부응하기 위해 장르 규칙에 따라 집필을 한다는 점에서 문학작품의 올바른 이해를 위해 반드시 파악할 필요가 있다. 다시 말해, 글의 장르를 파악하게 되면 독자와 저자 모두 어떻게 소통할 수 있는지 방법과 지침을 알게 된다. 모든 장르는 그 장르가 효과적으로 작용하는 나름의 방식을 가지고 있고 해석의 법칙도 있어서, 장르를 알고 적용하면 글을 쓰는 저자에게도, 또한 글을 읽는 독자에게도 큰 도움이 된다. 그러니까, 장르 파악은 독서전략을 암시해 주고 잘못된 기대감이나 판단 기준을 배제해줌으로써 텍스트의 의미로 들어가는 출입문 역할을 하기 때문에 중요하다.[103] 또한, 개별 텍스트는 그 자체로는 이해하기 어려운 경우에도 같은 장르에 속하는 다른 글들과의 비교를 통해 더욱 분명한 설명이 가능해진다. 따라서 장르 파악은 글을 읽거나 비평할 때 가장 먼저 해야 할 일이다.

103 위 책, 120.

2

수사학적 장치들

성경을 잘 이해하려면 성경에 나오는 개별 텍스트들의 장르를 파악하는 것이 우선이지만, 이것만으로 성경의 의미를 제대로 파악할 수는 없다. 개별 텍스트에는 특징적인 문학적 표현법과 수사법들이 사용되고 있어서 이에 대한 사전 지식이 없으면 텍스트의 내용을 오해할 위험성이 있다.

예를 들어, 예수께서 제자들에게 "삼가 바리새인과 사두개인들의 누룩을 주의하라"(마가복음 16장 6절)라고 말하자 그들은 누룩을 문자 그대로 해석하여 빵을 의미한다고 생각하고 빵을 가져오지 않았음을 걱정했다. 예수님은 빵이 아닌 바리새인과 사두개인들의 교훈을 주의할 것을 비유로 말씀하셨지만, 그들이 비유로 생각하지 않아 생긴 오해였다. "낙타가 바늘귀로 들어가는 것이 부자가 하나님의 나라에 들어가는 것보다 쉬우니라"(마태복음 19장 24절)라는 말씀도 과장법이 사용된 표현인 것을 모르면 부자가 천국에 들어가는 것은 불가능하다는 뜻으로 오해하게 된다. 이 말은 부자가 천국에 들어가는 것이 어렵다는 것을 과장법을 사용하여 의미를 강조한 표현이다.

이처럼 성경에 사용된 수사법의 특징이나 비유 등 수사적인 장치를 모르면 문학적인 기법들을 사용하여 기록한 성경의 내용을 올바르게 이해할 수 없다. 성경에는 히브리 특유의 수사법인 평행법[104]을 비롯해, 아이러니, 이미지, 직유, 은유, 과장, 역설, 풍자, 상징, 환유, 제유 등 실로 다양한 문학적인

104 평행법에 대해서는 뒤에 나오는 시편의 특징에서 자세하게 설명할 것이다.

표현법들이 사용된다.

| 아이러니

아이러니(irony)는 문학에서 자주 사용되는 수사적인 장치일 뿐 아니라 성경에도 자주, 그리고 중요하게 사용되는 표현 기법이기 때문에 성경 독자는 아이러니를 잘 이해하고 해석할 수 있어야 한다. 아이러니는 크게 세 종류로 나뉘는데 언어적 아이러니(verbal irony), 극적 아이러니(dramatic irony), 상황적 아이러니(irony of situation)가 그것들이다.

언어적 아이러니는 "화자가 말한 것"(what the speaker says)과 "그것이 의미하는 것"(what the speaker means) 사이에 괴리가 있는 표현을 말한다. 예를 들어, 할아버지가 사랑하는 손주에게 "이놈 너 미워죽겠어!"라고 말하며 볼에 입을 맞출 경우, 그 말의 표면적 내용은 밉다는 것이지만 그것의 실제 의미는 정반대로 사랑스럽다는 것이다.

극적 아이러니는 "화자가 말한 것"(what the speaker says)과 그것을 통해 "저자가 전하려는 의미"(what the author means)가 다른 상황에서 만들어진다. 예를 들어, 셰익스피어의 비극『오셀로』에서 악당 이아고가 오셀로를 함정에 빠뜨리기 위해 아첨을 할 때, 오히려 오셀로는 그에게 "정직한 이아고(honest Iago)"라는 말을 여러 번 사용하는데 연극을 관람하는 관객들에게 이 말은 굉장히 어리석고 안타깝게 들린다. 발화의 내용은 오셀로를 칭찬하는 것이지만 작가가 이 말을 통해 관객들에게 전달하는 의미는 이아고는 아첨을 통해 자신의 욕망을 채우려는 부정직하고 간교한 인물이라는 것이다.

상황의 아이러니는 "예상했던 상황"(the circumstance one anticipates)과 "실제 상황"(the circumstance that actually comes to pass) 사이에 괴리가 생겨 황당한 일이 연출되는 것을 말하는데, 예컨대 이혼한 남자가 재혼한 부인과 함께 영화관람을 위해 좌석에 앉았는데 황당하게도 그 자리가 전부인의 옆자리인 것 같은 상황을 말한다.

성경에는 대표적으로 외식하는 바리새인들과 교만한 종교적인 지도자들의 위선과 자기도취를 폭로하기 위해 아이러니가 효과적으로 사용되고 있으며, 요셉과 그를 팔았던 형제들이 재회하는 장면에서도 요셉은 형들을 알아보지만, 형들은 요셉을 전혀 알아보지 못하는 아이러니가 효과적으로 연출되어 극적인 분위기를 고조시킨다. 그러나 가장 중요하고 인상적인 성경의 아이러니는 롱맨이 지적한 대로 왕을 포함한 이스라엘의 정치적인 지도자들과 종교적인 지도자들이 이 세상에서 그리스도의 영향력을 제거하기 위해 그를 십자가에 못 박아 처형했지만, 그리스도가 부활함으로써 영원한 생명을 가져왔다는 것이다.[105] 그러니까 죽음을 통해 죽음을 극복하고 생명의 승리를 거둔 아이러니가 가장 주목할 만한 것이다.

이미지

이미지(image)는 일반적으로 감각적인 경험의 언어를 통해 표현되는 것을 말하는데, 가장 흔한 것은 시각적 이미지(visual image)다. 인간에게는 다섯 가지 감각, 즉 보는 것, 듣는 것, 냄새 맡는 것, 맛보는 것, 느끼는 것이 있어서 이미지는 크게 다섯 종류로 나눌 수 있고 두 가지 이상의 감각이 섞여 있는 공감각 이미지도 존재한다.

그런데 문학에 나타나는 이미지는 폭넓게 정의되고 있어 명확하게 정리하기 어려운 면이 있다. 문학 비평가들은 일반적으로 "텍스트의 언어가 독자의 마음에 불러일으키는 지각" 또는, "단어들로부터 만들어지는 심상"이라고 이미지를 정의하는 경우가 많다. 아주 단순하게는, 이미지를 집이나 나무 같은 구체적인 사물이나 달리기나 노래 부르기 같은 행동이라고 정의하기도 한다. 그러니까 우리가 그릴 수 있는 사물이나 행동 그 모든 것을 이미지라고 부른

105 트렘퍼 롱맨 3세, 『문학적 성경해석』 유은식 역. (서울: 도서출판 솔로몬, 2004), 142.

다. 그리고, 비슷한 이미지들을 모아 놓은 집합체, 또는 이미지의 패턴을 이미저리(imagery)라고 하는데 이미지와 이미저리는 구분 없이 사용될 때가 많다.

문학작품에서 이미지가 중요한 이유는 그것이 독자에게 삶의 생생하고 구체적인 경험을 제공해 주고 나아가 함축적 의미와 부가적인 의미를 부여하기 때문이다. 단어에는 denotations, 즉 사전적인 의미와 connotations, 즉 함축적인 의미가 있는데, 문학에 있어서는 이 둘을 파악하는 것이 필요하며, 특히 문자 그대로의 의미가 아닌 부가적이고 함축적인 의미인 후자에 민감해지는 것이 중요하다. "home"을 예로 들면, 이 단어의 사전적인 의미(denotations)는 "집"이지만 함축적인 의미(connotations)는 "사랑", "안정", "편안함"이다.

이미지는 산문에도 나타나지만, 일상어가 아닌 비유적인 언어를 사용하는 시에 그 강도와 빈도가 높고, 시어(poetic diction)의 중요한 특징이기 때문에 이미지가 지시하는 상징적이고 함축적인 의미를 파악하지 않으면 시를 제대로 이해할 수 없다. 일례로, 성경 시편의 경우 하나님을 세 개의 압도적인 이미지로 묘사하는데 왕, 용사, 요새가 그것이다. 왕으로서의 하나님은 보좌에 앉으셔서(시편 93:2) 자기 백성들을 다스리며(시편 47-6-7), 법률을 제정하고(시편 93:5) 심판하시면서(시편 99:4) 적들과 전쟁을 일으키기도 한다(시편 10:16). 용사로서의 하나님은 적들에게 우박과 불을 내리시고(시편 18:12), 화살과 많은 번개로 공격하신다(시편 18:14). 특히, 하나님을 요새의 이미지로 묘사한 다음 시구는 압권이다.

나의 힘이 되신 여호와여 내가 주를 사랑하나이다.
여호와는 나의 반석이시요, 나의 요새시요
나를 건지시는 자시요 나의 하나님이시요
나의 피할 바위시요 나의 방패시요
나의 구원의 뿔이시요 나의 산성이시로다. (시편 18:1-2)

이 시구에 나오는 반석, 바위, 방패, 산성은 요새와 마찬가지로 하나님이 위대한 용사로서 자기 백성을 보호하시고 피난처를 확실하게 제공한다는 사실을 나타낸다. 이런 이미지들은 생동감을 증대시키고, 독자의 뇌리에 선명하고 생생한 모습으로 기억됨으로써 시의 효과를 극대화한다.

직유와 은유

문학에서는 비유적인 표현이 많이 사용된다. 비유적인 표현은 말하는 것과 의미하는 것이 달라서 부조리한 것처럼 보일 수 있지만, 직선적으로 말하는 것보다 비유적으로 말하는 것이 훨씬 감동적이고 문학적인 효과를 배가시키기 때문이다. 비유적인 표현을 수사법이라고도 하는데 수사학자들은 250여 가지의 수많은 비유적인 표현법들이 있다고 한다. 일반적으로 알려진 대표적인 것으로 직유, 은유, 환유, 제유, 과장, 상징, 역설, 풍유 등이 있다.

우선, 직유(simile)와 은유(metaphor)는 둘 다 근본적으로 서로 같지 않은 것을 비교의 수단으로 사용하는 비유법이다. 이 둘 사이의 유일한 차이점은 직유에서의 비교는 '~같은(같다)', '~처럼', '~보다', '~인 듯이', '~인양', '~와 마찬가지다', '~와 다르지 않다' 같은 단어나 구가 명시되는 표현이라는 것이고, 은유는 'A는 B이다.'라는 방식으로 표현되는, 비유어가 축어적 용어를 대체하고 동일시되어 있다는 표현상의 차이점이 있다. 예를 들어, "내 마음은 호수같다"는 직유, "내 마음은 호수다"는 은유의 표현이다.

어원적으로 직유는 "같은 또는 유사한" 이란 뜻을 가진 라틴어 "시밀리스"(similis)에서 유래된 용어로 상상적 비교라고 불리기도 한다.[106] 성경에는 수많은 직유의 비유법이 사용되고 있는데 시편 1편 3절을 보면 의인이 받는 형통의 축복을 "그는 시냇가에 심은 나무가 철을 따라 열매를 맺으며 그 잎사귀가 마르지 아니함 같다"라고 직유법을 사용하여 표현한다. 4절에서는 "악인들은 그렇지 아니함이여 오직 바람에 나는 겨와 같도다"라고 역시 직유

106 황철암, 『성경 해석의 문학 비평적 접근』 (용인: 엠북스, 2016), 330.

법을 사용하여 악인은 알맹이 없는 허무한 존재임을 강조한다. 아모스에서도 직유법이 많이 사용된다.

> 내가 아모리 사람을 그들 앞에서 멸하였나니
> 그 키는 백향목 높이와 같고 강하기는 상수리나무 같으나 (아모스 2장 9절)
>
> 보라 곡식 단을 가득히 실은 수레가 흙을 누름 같이
> 내가 너희를 누르리니 (아모스 2장 13절)
>
> 여호와께서 이와 같이 말씀하시되
> 목자가 사자 입에서 양의 두 다리나 귀 조각을 건져냄과 같이
> 사마리아에서 침상 모서리에나 걸상의 방석에 앉은
> 이스라엘 자손도 건져냄을 입으리라. (아모스3장 12절)
>
> 내가 너희 중의 성읍 무너뜨리기를
> 하나님인 내가 소돔과 고모라를 무너뜨림 같이 하였으므로
> 너희가 불붙는 가운데서 빼낸 나무 조각 같이 되었으나
> 너희가 내게로 돌아오지 아니하였느니라. (아모스 4장 11절)

이 외에도 시편 42편 1절, 59편 6절, 92편 12절, 133편 2–3절, 민수기 13장 32–33절, 이사야 40장 22절, 59장 11절, 잠언 10장 26절, 마태복음 17장 20절, 25장 32–33절, 누가복음 17장 24절, 베드로전서 2장 2절 등, 여러 부분에서 멋있는 직유법들을 만나게 된다.

은유도 직유와 마찬가지로 성경의 저자들이 즐겨 사용하는 수사법이다. 그리스어의 "메타"(meta, 넘어서)와 "페레인"(pherein, 지나다)에 그 어원을 두고 있는 은유는 언어의 함축된 유사성을 의미한다.[107] 앞에서 설명한 대로 은유에서는 직유에서 사용되는 형식적인 비교 조사는 빠지고 그 과정에

107 위 책, 331–332.

서 한 단어가 그것이 실제로 속하지 않는 다른 대상으로 바뀌게 된다.[108] "내 마음은 호수요"에서처럼 은유는 원관념과 보조 관념을 직접적으로 연결하지 않고 간접적으로 연결하는 방법으로서 "A(원관념)는 B(보조 관념)다."라는 식으로 표현하거나 A가 그 자체가 아닌 B를 의미하는 것으로 제시된다. 프랜시스(Robert Francis)가 쓴 "사냥개"(The Hound) 라는 시에서 사냥개는 인생의 은유로 사용된다.

사냥개
인생이라는 사냥개는
애매모호한 태도로
나를 물어뜯든지
아니면 친구가 되기 위해
단번에 뛰어서 다가온다.

The Hound
Life the hound
Equivocal
Comes at a bound
Either to rend me
Or to befriend me.

성경에서도 예수님의 말씀 중 널리 알려진 "너희는 세상의 소금이다." "너희는 세상의 빛이다."에서 소금과 빛은 은유로 사용된 표현이다. 특히, 은유는 함축성을 중시하는 시에서 아주 중요하게 사용되는 수사법으로 시의 언어로 불리기도 한다. 성경의 시편에 은유가 유독 많은 것은 이 때문이다. 시

108 위 책, 332.

편에서 하나님은 빛(시편 27편 1절), 목자(시편 23편 1절), 바위(시편 28편 1절), 방패(시편 3편 3절), 요새(시편 18편 2절), 압박받는 자의 산성(시편 9편 9절) 등 다양한 은유로 묘사된다.

성경의 지혜문학에서도 은유는 매우 유용한 수사법으로 사용된다. 특히, 욥기에서는 다양한 은유들이 어우러져 문학성을 돋보이게 한다. 예를 들어, 욥의 친구 엘리바스는 욥의 재난이 죄의 대가라는 것을 씨를 뿌리고 그 결실을 거두어들이는 일에다 비유하여 "내가 보건대 악을 밭 갈고 독을 뿌리는 자는 그대로 거두나니"(욥기 4장 8절)라고 은유적으로 표현한다. 사람이 죽음을 맞이하는 것도 곡식이 영글어 타작마당에 이른 것에 비유하여 은유적으로 묘사하며,[109] 인생의 무상함도 시드는 꽃과 그림자에 비유하여 은유적으로 설명한다. 아모스에도 은유적인 표현이 많이 나오는데, 대표적으로 "주 여호와의 말씀이니라 보라 날이 이를지라 내가 기근을 땅에 보내리니 양식이 없어 주림이 아니며 물이 없어 갈함이 아니요. 여호와의 말씀을 듣지 못한 기갈이라."(아모스 8장 11절)라는 구절에서는 예언자들과 제사장들이 역할을 제대로 하지 못해 하나님의 말씀이 백성들에게 선포되지 않는 안타까운 상황을 기근과 가뭄에 비유하여 은유적으로 표현하고 있다. 이 외에도 아모스 2장 7절, 3장 8-10절, 4장 1절, 5장 2절, 18절, 20절 등 여러 곳에서 은유법이 사용되고 있다. 이처럼 성경에는 수많은 주옥같은 은유적인 표현들이 사용되어 글의 표현에 구체성과 생동감을 부여한다.

환유와 제유

환유(metonymy)는 "이름을 바꿈"이란 뜻을 지닌 그리스어 메토니미아(metonymia)에서 유래된 단어로 한 사물의 용어를 그 사물과 경험상 밀접한 관계를 가진 다른 사물에 적용하여 표현하는 수사법을 말한다.[110] 다시 말해,

109 조신권, 『히브리 지혜문학의 이해』 (서울: 아가페문화사, 2010), 62.
110 황철암, 『성경 해석의 문학 비평적 접근』 (용인: 엠북스, 2016), 354.

환유는 어떤 사물을 그것의 속성과 밀접한 관계가 있는 다른 낱말을 빌려서 표현하는 수사법으로 숙녀를 "하이 힐"로, 우리 민족을 "흰옷"으로 표현하는 것이 그 예이다. 왕관이나 홀(the scepter)이 왕을 나타내고 시인 밀턴이 그가 쓴 글들을 의미하는 것도 이에 해당된다. 여성과 남성이 입는 대표적인 의상이 여성과 남성을 의미하는 것도 환유적인 표현이다. 바지 씨가 남성을, 치마 씨가 여성을 의미하는 것이 바로 그것이다.

야콥슨(Roman Jakobson)은 은유는 유사성에 의존하고 환유는 인접성에 의존한다고 둘의 차이를 설명했다.[111] 그러나 환유와 제유를 엄밀하게 구별할 수 없을 경우가 많아서 이 둘을 다 환유로 보는 경우도 있다. 로마의 웅변가이며 수사학자인 퀸틸리아누스는 환유를 다섯 종류로 나누었다. 즉 행위자로서 행위나 물건을, 원인으로써 결과를, 용기로써 내용물을, 시간이나 장소로써 그 특성이나 생산품을, 그리고 연상된 대상으로써 그 소유자나 사용자를 나타내는 환유들이 그것이다.[112] 이 중에서 가장 흔히 사용되는 것은 공간적 인접성에 따른 환유다. 성경에서도 장소로써 어떤 사건이나 기관을 나타내는 공간적 인접성에 의한 환유법이 가장 많다. 예를 들어, 성경에 "시온"이란 지명이 자주 언급되는데 시온은 원래 예루살렘 성지의 언덕을 가리키는 것이었으나 예루살렘뿐 아니라 전 이스라엘을 지칭하는 것이 되었다. 그리고 신약에서는 하늘에 있는 하나님의 도성을 가리키기도 한다. 따라서 시온은 이스라엘 나라의 중심지일 뿐 아니라 종교적 신앙의 중심지로서 여호와 하나님이 임재하는 장소를 뜻하는 환유로 사용된다.[113]

성경에 나오는 "단에서 브엘세바까지"라는 표현도 이스라엘의 최북단에서 최남단에 이르는 이스라엘 전역을 의미하는 환유적 표현이다. 예수께서 고난을 받기 전 하나님께 간절히 기도하면서 토로하는 그 유명한 "내 아버지

111 한국문학평론가협회, 『문학비평용어사전』 (서울: 국학자료원, 2006), 124.
112 조신권, 『성경의 이해와 해석』 (서울: 아가페문화사, 2011), 428.
113 위 책, 430.

여 만일 할 만하시거든 이 잔을 내게서 지나가게 하옵소서 그러나 나의 원대로 마시옵고 아버지의 원대로 하옵소서"(마태복음 26장 39절)라는 말에서의 "잔"이란 단어도 단순히 술이나 액체를 담는 용기가 아닌 예수님이 앞으로 당할 고난과 죽음을 의미하는 환유로 사용되고 있다. 여호수아 10장 21절에서도 "모든 백성이 평안히 막게다 진영으로 돌아와 여호수아에게 이르렀더니 혀를 놀려 이스라엘 자손을 대적하는 자가 없었더라."라는 구절에서 혀를 놀린다는 것은 전쟁에서 승리한 여호수아와 이스라엘 백성에게 도전하거나 심기를 건드리는 언행을 뜻하는 환유로 볼 수 있다. 이 외에도 이사야 22장 22절, 요한 계시록 3장 7절, 호세아 12장 2절, 예레미야 21장 7절, 고린도전서 10장 21절 등, 성경의 여러 곳에서 환유를 찾아볼 수 있다.

환유와 제유는 구별이 힘들 때도 많지만 전통적으로 환유가 인접성에 의존하는 수사법이라면 제유(synecdoche)는 사물의 한 부분으로 전체를, 또는 한 말로 그와 관련되는 모든 것을 나타내는 수사적 표현이다. 빵이 식량을, 감투가 벼슬을 나타내는 것이 대표적인 예라 할 수 있다. 위대한 영국의 서사시인인 밀턴이 "리시다스"(Lycidas)에서 부패한 목사들을 "눈먼 입들"(blind mouths)이라고 묘사하는데 이것도 제유법에 해당하는 멋진 표현이다. 또한 우리말에 "바쁠 때는 열 손도 부족하다"라는 표현이 있는데 여기서 손은 신체 일부분이지만, 사람이나 일꾼을 의미하는 제유법으로 사용된 것이다. 성경에서도 누가복음 2장 1절에서 "그 때에 가이사 아구스도가 영을 내려 천하로 다 호적하라 하였으니"라는 구절이 있는데 여기서 "천하"라는 것은 그 당시 로마 제국이 광대한 영토를 차지하고 있었던 것을 강조하기 위해 사용된 것으로 로마 제국을 의미하는 제유법의 표현이다.[114] 창세기 3장 19절에 나오는 하나님이 타락한 인간에게 벌을 내리시면서 하시는 말씀인 "네가 흙으로 돌아갈 때까지 얼굴에 땀을 흘려야 먹을 것을 먹으리니 네가 그것에서 취함을 입

114 황철암, 『성경 해석의 문학 비평적 접근』 (용인: 엠북스, 2016), 353.

었음이라 너는 흙이니 흙으로 돌아갈 것이니라 하시니라"라는 구절에서 얼굴이란 표현도 얼굴에 땀이 나면 자연적으로 얼굴뿐 아니라 온몸에 땀을 흘리기 마련이라는 점에서 한 사람 전체를 가리키는 제유로 사용되고 있다. 히브리서 13장 8절의 "예수 그리스도는 어제나 오늘이나 영원토록 동일하시니라"라는 구절에서 어제와 오늘이란 말도 단지 하루 동안을 가리키는 것이 아닌 과거와 미래 전체를 의미하는 제유로 볼 수 있다. 예레미야 33장 6절의 "그러나 보라 내가 이 성읍을 치료하며 고쳐 낫게 하고"에서도 성읍은 그 성읍에 사는 사람들을 의미하는 제유적인 표현이다. 이 밖에도 창세기 42장 38절, 시편 5편 5-6절, 시편 8편 5-6절, 예레미야 5장 3절, 잠언 7장 13절, 신명기 28장 50절 등 많은 부분에서 제유법이 사용되고 있다.

과장

과장(hyperbole)은 그리스어 히페르볼레(hyperbole)에서 유래한 것으로 어떠한 사물이나 사실을 실제보다 더 늘리거나 줄여서 표현하는 것이다. 첫 번째로, 실제보다 더 부풀려 말하는 과장은 영어로 "hyperbole" 또는 "overstatement"라고 하며 진지한 목적을 달성하거나 희극적 효과를 얻기 위해서 사실을 지나치게 과장하거나 강조하여 표현하는 것을 말한다. 이 경우 사물의 모습, 크기, 특징, 정도 등을 실제보다 더 좋고 크고 강하고 강렬한 방향으로 확대하여 표현한다. 이렇게 함으로써 독자들에게 더욱 선명한 인상과 강렬한 감동을 주려는 목적을 가지고 있다. 두 번째로, 실제 사실보다 많이 줄여서 말하는 경우는 우리말로는 "과소과장", 영어로는 "understatement"라고 하는데, 어떤 사물이나 사실의 크기나 규모, 특징, 정도 등을 축소하여 표현하는 것을 말한다. 하지만 이 경우도 내용상으로는 축소해 표현하지만, 효과적인 면에서는 오히려 강조하고 확대하는 것이어서 본질적인 성격에서는 "overstatement"와 차이가 없다. 따라서 어떤 진술이 과장인가 아닌가 하는 것은 실제 사실을 확대하여 말하는가 축소하여 말하는가가 아니라 그것을 과장하여 말하는가 그렇지 않은가에 달려있다.

과장은 문학작품은 물론, 일상 대화에서도 자주 사용된다. 예를 들어, 실제로 간절하게 기다리지 않았으면서도 "눈이 빠지게 기다렸어"라고 표현하던지, "까불면 죽어", "배고파 죽겠다"와 같이 실상을 확대하여 과대표현하거나, "쥐꼬리만 한 봉급", "간에 기별도 안 간다"와 같이 실상을 축소시켜 과소표현하는 것이 그 예이다. 또한 정치적인 수사나 상업적인 광고 문안에서도 과장해서 표현하는 경우가 많다. "번갯불에 콩 구워 먹는다", "빈대 잡으려다 초가삼간 태운다", "인정머리라고는 털끝만큼도 없다"와 같이 속담이나 격언에도 많이 사용된다. 성경에서도 "낙타가 바늘귀로 들어가는 것이 부자가 하나님의 나라에 들어가는 것보다 쉬우니라"(마태복음 19장 24절), "내가 네게 큰 복을 주고 네 씨가 크게 번성하여 하늘의 별과 같고 바닷가의 모래와 같게 하리니"(창세기 22장 17절), "만일 네 손이나 네 발이 너를 범죄하게 하거든 찍어 내버리라"(마태복음 18장 8절)처럼 과장법을 사용한 표현들이 많다.

상징

넓은 의미에서 상징(symbol)은 그 자체 이외의 것을 의미하는 모든 것을 가리킨다. 그래서 어떤 의미에서 모든 단어는 상징으로 볼 수도 있다. 그러나 문학에서 상징은 어떤 사건이나 대상 그 자체를 의미하면서도 동시에 그것을 넘어서 어떤 다른 것을 의미하거나 일정한 범위의 지시내용을 갖는 단어나 어구를 지칭한다. 구체적으로 말하면 한 대상, 인물, 상황, 행위 등이 유사성이나 암시나 연상을 통해 그 이상의 어떤 의미를 보여주는 수사법이다.[115]

그런데 이미지, 은유, 상징은 서로 중복되는 성격을 가지고 있어 때때로 구별하기 어렵다. 그러나 일반적으로 이미지는 단지 그 사물 자체를 의미

115 조신권, 『성경의 이해와 해석』 (서울: 아가페문화사, 2011), 459.

하고, 은유는 그 자체와는 다른 것을 의미하며, 상징은 그 자체를 의미하는 동시에 다른 것을 의미한다. 일반 독자들에게 널리 알려진 프로스트(Robert Frost)의 시 "가지 않은 길"(The Road Not Taken)에서 길(road)은 상징으로 사용되고 있는데, 길 그 자체를 의미하면서 동시에 인생에서의 선택을 의미한다. 성경에는 여러 상징이 나타나고 있는데 어떤 경우는 상징의 의미를 성경이 직접 가르쳐주기도 한다. 요한계시록 1장 12-16절의 경우가 대표적이다.

> 몸을 돌이켜 나에게 말한 음성을 알아 보려고 돌이킬 때에 일곱 금 촛대를 보았는데 촛대 사이에 인자 같은 이가 발에 끌리는 옷을 입고 가슴에 금띠를 띠고 그의 머리와 털의 희기가 흰 양털 같고 눈 같으며 그의 눈은 불꽃 같고 그의 발은 풀무불에 단련한 빛난 주석 같고 그의 음성은 많은 물 소리와 같으며 그의 오른손에 일곱 별이 있고 그의 입에서 좌우에 날선 검이 나오고 그 얼굴은 해가 힘있게 비치는 것 같더라.

여기에 나오는 별과 촛대가 무엇을 상징하는지는 1장 20절에서 "일곱 별은 일곱 교회의 사자요 일곱 촛대는 일곱 교회니라"라고 친절하게 알려준다. 열왕기상 11장 30-31절도 상징이 어떻게 사용되는지를 보여주는 또 다른 예이다.

> 아히야가 자기가 입은 새 옷을 잡아 열두 조각으로 찢고 여로보암에게 이르되 너는 열 조각을 가지라 이스라엘의 하나님 여호와의 말씀이 내가 이 나라를 솔로몬의 손에서 찢어 빼앗아 열 지파를 네게 주고

이 구절에서 선지자 아히야는 자기 옷을 열두 개로 찢어 그 중 열 조각을 여로보암에게 주는데 이것은 곧 이스라엘이 분열될 것을 상징한다. 또한 선지자 호세아는 여호와 하나님의 지시를 받고 고멜이라는 창녀와 결혼한다.

이는 여호와와 배교하는 이스라엘의 관계를 상징하는 것이다.[116] 성경에서 상징은 예언자들이 쓴 예언서에 많이 나타나며 특히 예레미야와 에스겔에서 압도적으로 많다. 대표적으로 예레미야 24장 1-3절을 보자.

> 바벨론의 느부갓네살 왕이 유다 왕 여호야김의 아들 여고냐와 유다 고관들과 목공들과 철공들을 예루살렘에서 바벨론으로 옮긴 후에 여호와께서 여호와의 성전 앞에 놓인 무화과 두 광주리를 내게 보이셨는데 한 광주리에는 처음 익은 듯한 극히 좋은 무화과가 있고 한 광주리에는 나빠서 먹을 수 없는 극히 나쁜 무화과가 있더라. 여호와께서 내게 이르시되 예레미야야 네가 무엇을 보느냐 하시매 내가 대답하되 무화과이온데 그 좋은 무화과는 극히 좋고 그 나쁜 것은 아주 나빠서 먹을 수 없게 나쁘니이다 하니

이 이야기에 나오는 두 광주리의 좋고 나쁜 무화과는 유다에 있는 두 종류의 사람들을 상징한다. 좋은 무화과 광주리는 바벨론에 포로로 잡혀온 사람들을 가리키고 악한 무화과 광주리는 예루살렘에 남아있는 시드기야 왕을 비롯한 다른 사람들을 상징한다.[117] 이뿐 아니라 성도들이 성찬식 때 사용하는 떡과 포도주는 그리스도의 몸과 피를 상징한다(마가복음 14장 22-24절).

그런데 상징은 동일한 사물이 항상 동일한 의미를 나타내는 것이 아니라는 점에 유의해야 한다. 예를 들어 "그리스도의 붉은 피"에서 붉은 피는 그리스도의 희생과 구속을 나타내지만, "인간의 붉은 죄"라는 표현은 용서받기 힘든 극악무도한 잘못을 나타낸다. 붉은 색깔이 상징하는 의미가 다른 것이다. 그래서 상징의 의미를 올바르게 파악하기 위해서는 상징이 사용되고 있는 전후 문맥의 흐름을 정확하게 이해할 필요가 있다.

---

116 존 B. 게이블, 찰스 B. 윌러, 앤서니 D. 요크, 데이비드 시티노, 『문학으로의 성경』 신우철 옮김 (서울: 도서출판 이레서원, 2011), 54.

117 조신권, 『성경의 이해와 해석』 (서울: 아가페문화사, 2011), 458.

역설

문장 자체만을 표면적으로 보면 명백히 모순되고 부조리한 것처럼 보이는 진술이지만 그런데도 문맥상으로는 일리가 있는 진술 또는 정황을 역설(paradox)이라 한다. 이것은 그리스어 "파라"(para, 반대)와 "도케인"(dokein, 의견)에서 온 "독손"(doxon, 견해)이라는 합성어에서 유래된 말로 표면적으로는 이치에 맞지 않지만 실제로는 그 속에 진정한 뜻이 담기도록 표현하는 수사법을 말한다.[118] 예컨대 18세기 시인이며 비평가인 포프(Alexander Pope)가 그 시대의 문학비평에 대해 "입에 발린 칭찬으로 헐뜯는 것"(damn with faint praise)이라고 말하고 있는데 이런 표현이 역설이다. 문학에서는 독자의 주의력을 환기함으로써 효과적으로 설득하려는 방법으로 역설을 이용하고 있으며 특히 시에 많이 나타난다. "내 가슴은 뛰는구나"로 시작되는 워즈워스(William Wordsworth)의 유명한 시에서 "어린이는 어른의 아버지"라는 구절은 대표적인 역설의 표현이다.

하늘의 무지개를 바라보면
내 가슴은 뛰는구나.
내 인생 시작될 때 그러했고
어른이 된 지금도 그러하니
내 나이 들어서도 그렇게 되리.
그렇지 않으면 나 죽게 하라!
어린이는 어른의 아버지
바라건대 하루하루의 날들이
자연에 의한 경외심으로 이어지길.

My heart leaps up when I behold

118 황철암, 『성경 해석의 문학 비평적 접근』 (용인: 엠북스, 2016), 333.

A rainbow in the sky:
So was it when my life began;
So is it now I am a man;
So be it when I shall grow old,
Or let me die!
The Child is father of the Man;
And I could wish my days to be
Bound each to each by natural piety.

이 시에서 시인은 자연과 교감하는 감수성이 항상 살아 있기를 희망한다. 어린 시절 자연을 보면 누가 가르쳐 주지 않았는데도 가슴이 설렜다. 어른인 지금도 그리고 나이가 들어 늙어서도 자연과 교감하며 가슴의 설렘을 느끼며 살고 싶어 한다. 그렇게 살지 못할 바에야 차라리 죽는 것이 낫다고 폭탄적인 선언을 한다. 느낌과 의미를 상실한 삶은 육체만 존재할 뿐 이미 마음은 죽은 것이나 다름없기 때문이다. 그러면서 만약 감수성을 상실하면 어린이에게서 그것을 어떻게 회복하는지를 배워야 한다고 주장한다. 어린 시절에는 본능적으로 자연과 교감했고 그래서 기쁨이 넘치는 삶을 살았기에 어린이가 오히려 어른의 스승이 된다는 것이다. 어린이는 어른의 아버지라는 역설을 사용하여 전달하고자 한 의미가 바로 이것이다.

성경에서 대표적인 역설은 황금률로 알려진 "누구든지 제 목숨을 구원하고자 하면 잃을 것이요 누구든지 나를 위하여 제 목숨을 잃으면 찾으리라"(마태복음 16장 25절)라는 표현이다. 잠언 12장 10절의 "악인의 긍휼은 잔인이니라"라는 말도 악인은 가장 선한 행동을 할지라도 다른 사람에게 해를 준다는 것을 의미하는 역설의 표현이다. 이 외에도 "너희 중에는 그렇지 않아야 하나니, 너희 중에 누구든지 크고자 하는 자는 너희를 섬기는 자가 되고 너희

중에 누구든지 으뜸이 되고자 하는 자는 너희의 종이 되어야 하리라"(마태복음 20장 26-27절), "무명한 자 같으나 유명한 자요, 죽은 자 같으나 보라 우리가 살아 있고 징계를 받는 자 같으나 죽임을 당하지 아니하고 근심하는 자 같으나 항상 기뻐하고 가난한 자 같으나 많은 사람을 부요하게 하고 아무것도 없는 자 같으나 모든 것을 가진 자로다"(고린도후서 6장 9-10절)와 같은 훌륭한 역설적 표현들이 성경에 많이 나온다.

풍유

네이버 국어사전에서 풍유(allegory)는 "본뜻을 숨기고 비유하는 말만으로 숨겨진 뜻을 암시하는 수사법, 비유법의 하나로 속담이나 격언 따위가 여기에 속한다"라고 정의되어 있다. 우리가 자주 사용하는 "지렁이도 밟으면 꿈틀한다", "소 잃고 외양간 고친다", "빈 수레가 요란하다", "원숭이도 나무에서 떨어진다", "하늘이 무너져도 솟아날 구멍이 있다", "음지가 양지 된다", "하룻강아지 범 무서운 줄 모른다"와 같은 속담이 풍유적 표현이다.

그런데 언뜻 보면 풍유가 은유와 유사한 것처럼 생각될 수 있으나 은유는 하나의 단어, 또는 한 문장에서 숨겨진 뜻을 나타내는 표현법인 반면 풍유는 이야기 전체의 숨겨진 뜻을 구조적으로 보여주는 표현법이라는 점이 다르다. 다시 말해, 풍유는 인물, 행위, 그리고 때로는 배경이 축자적, 즉 일차적 의미에 있어 논리 정연한 말이 될 뿐만 아니라 상관관계를 맺고 있는 제 이차적 인물, 개념, 사건의 의미를 나타내도록 고안된 이야기나 묘사를 말한다.[119] 간단히 정리하면, 풍유는 표면적 의미의 밑바탕에 이차적 의미를 갖는 전체이야기나 묘사를 가리킨다. 유의할 것은 풍유는 표면적인 이야기나 묘사가 비록 흥미진진할지라도 작가의 주된 관심은 표면에 나타나지 않는 숨은 의미(이차적 의미)에 있다는 점이다.

119 이명섭, 『세계문학비평용어사전』 (서울: 을유문화사, 1991), 326.

성경의 여러 곳에서도 풍유를 찾아볼 수 있는데 바로 왕이 꾸었던 꿈 이야기가 대표적이다.

> 만 이 년 후에 바로가 꿈을 꾼즉 자기가 나일 강 가에 서 있는데 보니 아름답고 살진 일곱 암소가 강 가에서 올라와 갈밭에서 뜯어먹고 그 뒤에 또 흉하고 파리한 다른 일곱 암소가 나일 강 가에서 올라와 그 소와 함께 나일 강 가에 서 있더니 그 흉하고 파리한 소가 그 아름답고 살진 일곱 소를 먹은지라 바로가 곧 깨었다가 다시 잠이 들어 꿈을 꾸니 한 줄기에 무성하고 충실한 일곱 이삭이 나오고 그 후에 또 가늘고 동풍에 마른 일곱 이삭이 나오더니 그 가는 일곱 이삭이 무성하고 충실한 일곱 이삭을 삼킨지라 바로가 깬즉 꿈이라. (창세기 41장 1-7절)

애굽의 바로 왕은 일곱 마리의 야윈 암소가 일곱 마리의 살진 암소를 잡아먹고, 일곱 마른 이삭이 일곱 충실한 이삭을 삼키는 꿈을 꾸었는데 이 꿈 이야기는 이야기 자체가 가진 일차적인 의미가 아닌 요셉이 해석한 이차적 의미가 중요하다. 즉, 여기서 일곱은 7년을 의미하고 야윈 암소와 마른 이삭은 흉년을 의미하며, 살진 암소와 충실한 이삭은 풍년을 의미한다. 전체적으로 바로 왕이 다스리는 애굽이 7년간 풍년을 누린 후에 7년간 심각한 흉년을 맞게 된다는 것이 이 꿈의 풍유적 의미다.

마태복음 12장 40-41절에서 언급되는 요나 이야기도 풍유로 볼 수 있다.

> 요나가 밤낮 사흘 동안 큰 물고기 뱃속에 있었던 것 같이 인자도 밤낮 사흘 동안 땅 속에 있으리라. 심판 때에 니느웨 사람들이 일어나 이 세대 사람을 정죄하리니 이는 그들이 요나의 전도를 듣고 회개하였음이거니와 요나보다 더 큰 이가 여기 있으며

여기에서 요나가 사흘 동안 큰 물고기 뱃속에 있었다는 것은 예수 그리

스도가 인류를 대신하여 십자가에서 죽은 후 3일 동안 무덤 속에 있을 것을 의미한다. 이 풍유는 예수 그리스도의 죽음과 부활을 미리 보여준다는 점에서 예표적인 풍유로 불리기도 한다.[120]

특히, 풍유는 예수께서 하신 비유에 많이 나타난다. 예를 들어, 마태복음 13장 1-9절의 씨뿌리는 자의 비유는 그 내용이 나타내는 일차적인 의미보다 예수께서 이 비유의 뜻을 제자들에게 가르쳐준 18-23절까지의 이차적인 의미가 중요하며 여기에 왜 비유로 말씀했는지 그 목적이 나타난다. 전도서 12장 3절부터 시작되는 "그런 날에는 집을 지키는 자들이 떨 것이며 힘 있는 자들이 구부러질 것이며 맷돌질하는 자들이 적으므로 그칠 것이며 …"의 표현도 노년기에 찾아오는 신체적인 변화들을 풍유로 묘사한 것이다. 여기서 "집을 지키는 자들이 떤다"라는 것은 노년기에 손과 팔이 떨리게 된다는 것을 의미하고, "힘 있는 자들이 구부러질 것이다"라는 것은 노년에 기력이 쇠하여 어깨가 구부정해질 것을 의미한다. 또한, "맷돌질하는 자들이 적으므로 그칠 것"이라는 말은 이가 빠져 음식을 제대로 씹지 못하게 된다는 것을 나타내는 것으로 이 모두가 풍유적인 표현이다. 전도서에 묘사된 이런 풍유적 표현은 일반 문학에서도 쉽게 접할 수 없는 고도의 문학성을 보여주고 있어서 독자의 감탄을 자아낸다.

---

120 조신권, 『성경의 이해와 해석』 (서울: 아가페문화사, 2011), 469-470.

3

성경 내러티브 분석의 원리

내러티브(이야기)는 성경에서 가장 많이 나오는 문학적인 표현방식이다. 구약의 40%가 내러티브로 되어 있고 그 종류도 다양하다. 창조 이야기, 타락 이야기, 기원 이야기, 출생 이야기, 기적 이야기, 신의 현현 이야기, 영웅 이야기 등이 창세기, 출애굽기, 여호수아, 사사기 룻기, 사무엘상하, 열왕기상하, 역대상하, 에스라, 느헤미야, 다니엘, 요나, 학개 등에 기록되어 있고, 민수기, 예레미야, 에스겔, 이사야, 욥기에도 상당히 많은 내러티브가 포함되어 있다.[121] 신약에도 출생 이야기, 병 고치는 이야기, 비유 이야기, 최후 만찬 이야기 등 여러 가지 내러티브가 나온다.

그런데 중요한 사실은 성경의 전체적인 구조가 내러티브라는 것이다, 성경은 전체적으로 아리스토텔레스가 『시학』에서 말한 시작(the beginning), 중간(the middle), 끝(the end)을 가진다. 만물과 인간의 창조라는 시작에서 출발하여, 인간의 타락과 선과 악의 갈등, 그리고 신의 통치를 다룬 중간을 거쳐, 세상의 심판과 다가올 내세를 다룬 역사의 종말, 즉 끝으로 구성된 내러티브로 되어 있다. 성경은 이러한 전체적인 구조 속에 수많은 다양한 작은 내러티브들을 담고 있어서 내러티브라는 문학 형식의 특징과 분석 방법을 아는 것은 매우 중요하다.

내러티브는 크게 플롯(행동), 배경, 등장인물이라는 세 가지 요소로 구성

121 고든 D. 피와 · 더글라스 스튜어트, 『성경을 어떻게 읽을 것인가』 개정3판. 오강만 · 박대영 역. (서울: 성서유니온, 2014), 103.

된다. 그것은 사상(idea)이 아닌 사건(event)으로 이루어져 있다. 그래서 내러티브를 분석할 때는 하나의 이야기를 관통하는 행동 혹은 행동들을 찾아내는 것이 중요하며 하나의 사상으로 이야기를 축소하지 말아야 한다. 이를 위해 실제적인 분석에서는 이야기를 연속되는 장면이나 에피소드로 나누고 거기에 적절한 이름을 붙이는 것이 좋은 팁이 될 수 있다. 예를 들어, 믿음의 조상 아브라함이 100세에 얻은 독자 이삭을 제물로 바치는 이야기를 분석할 때, 하나님께서 시험을 명하심, 시험에 대한 준비, 시험의 실행, 시험을 중단시킴, 시험 결과에 대한 해석과 평가로 구분하여 단계별로 과정을 꼼꼼히 살피는 것이 내러티브 분석의 첫걸음이다.

배경에 대한 이해 또한 중요하다. 배경은 행동이 이루어지고 등장인물이 활동하게 되는 그릇과 같은 것이기 때문에 배경에 대한 이해가 전제되지 않으면 인물이나 플롯의 성격을 제대로 이해할 수 없다. 배경에는 공간적 배경, 시간적 배경 등이 있는데 이것이 이야기의 전체적인 분위기를 조성하고 중요한 상징적인 의미를 나타내는 역할을 하므로 소홀히 취급해서는 안 된다. 특히, 겉으로 드러나는 지배적인 전체의 배경뿐 아니라 자칫 지나치기 쉬운 구체적이고 세세한 배경들을 놓치지 말아야 한다. 예를 들어, 사도행전 12:6-11절에 나오는 옥에 갇힌 베드로가 기적적으로 구출되는 장면에서 단지 옥이라는 배경에만 관심을 두지 말고 주의 사자(천사)가 나타나 베드로의 옆구리를 쳐서 깨우는 장면, 그리고 사자의 명령에 따라 신을 신고 띠를 띠며 겉옷을 입는 장면 등 구체적인 배경에 관심을 기울여야 한다. 감옥이라는 전체적인 공간적 배경보다 이런 구체적인 장면들이 이 내러티브에 중요한 의미를 부여하기 때문이다.

내러티브에서 플롯은 새삼 강조할 필요가 없을 만큼 핵심적인 요소다. 플롯이 중요한 이유는 일반문학의 내러티브에서 그렇듯이 성경의 내러티브에 있어서도 플롯과 플롯의 해결 없이 제 역할을 감당할 수 있는 내러티브는 없기 때문이다.[122] 포스트(E. M Foster)의 설명에 따르면 플롯은 사건들을 단순하게 시간적인 순서에 따라 배열한 것이 아닌 인과관계에 의해 전체적인 통일성을 이루도록 재배치한 것을 말한다.[123] 그것은 처음과 중간과 끝을 가지고 있고 그것의 핵심은 이야기 속에서 전개되다가 마지막에 결국 해결되지만, 극적인 긴장을 형성하는 갈등을 가진다.

플롯의 갈등에는 여러 종류가 있다. 육체적 갈등(physical conflict), 성격적 갈등(character conflict), 내적 갈등(inner conflict), 심리적 갈등(psychological conflict), 도덕적 갈등(moral conflict), 영적 갈등(spiritual conflict), 종교적 갈등(religious conflict)들이 그것이다. 그러나 근본적으로 플롯은 마지막 해결점을 향해 여러 다양한 갈등들이 점진적으로 진행되는 구조로 되어 있어서 이를 통해 긴장감과 호기심을 불러일으키고 독자들에게 강한 매력을 선사한다.

플롯은 간단할 수도 있고 요셉 이야기에서 볼 수 있듯이 여러 하부 플롯(sub plot)들이 주된 플롯(main plot)을 드러내는 역할을 하는 복잡한 것일 수도 있다. 그런데 일반적으로 플롯은 하나 또는 여러 갈등이 모여 형성된다. 갈등이 없는 플롯은 지루하고 긴장감을 주지 못하기 때문에 글을 읽는 재미를 반감시킨다. 성경 내러티브 플롯의 전형적인 구조는 "배경-행동시작-예비사건들-원인사건-갈등시작-갈등심화-갈등최고조-갈등해소시작-근원갈등해소-문제해결-결과-행동종결-최종결말"로 구성된다.

따라서 플롯을 잘 이해하기 위해서는 이야기 속에서 전개되는 갈등의 양상과 의미를 따져 보는 것이 필수적이다. 예를 들어, 가인이 아벨을 죽이는 이야기의 경우 가인이 하나님, 자신의 동생, 그리고 자신의 영혼 속에 있는 악과의 갈등 관계에 있음을 파악하는 것이 플롯 분석의 핵심이 되어야 한다.

내러티브 속에 등장하는 인물들도 중요하다. 그들의 행동, 개인적인 취

122 위 책, 112.
123 위 책, 112.

향, 능력, 감정, 생각, 관계와 역할, 사람이나 사건에 대한 반응을 살펴야 하고 이것이 내러티브 분석의 기본이다. 또한, 인물이 악당인지, 선인인지, 모사꾼인지 등과 같은 인물의 유형도 파악해야 한다. 등장인물에 관해 많은 것을 알면 알수록 이야기 전개를 더 잘 이해할 수 있다. 작품에 등장하여 플롯을 진행하는 가장 중요한 인물인 주인공(protagonist)과 주인공에 대항해 갈등과 긴장을 일으키는 적대자(antagonist), 그리고 갈등에 연루되는 다른 인물(agonist)들이 어떠한가에 관심을 집중해야 한다.

그러나 일반문학과 달리 성경에서는 인물들의 의미가 제한적이며 축소적이다. 성경은 원저자인 하나님의 역할과 능력을 보여주는 것에 방점을 두고 있어서 실제적인 사건의 진행이 등장인물의 능력이나 계획에 따라 움직이기보다는 하나님의 섭리와 계획에 의해 진행된다. 예컨대, 아브라함이나 모세의 행동은 그 자체로 위대하게 보일 수 있으나 그것은 일차적인 의미에 지나지 않으며, 이런 인물들을 통해 인간을 통치하시고 역사를 만들어 가는 하나님이란 인물을 통해 부여되는 이차적인 의미가 더 중요하다. 성경에서 가장 중요한 인물은 인간을 움직이고 그의 뜻을 피조물을 통해 펼치시는 진짜 주인공인 하나님이다. 따라서 성경의 인물을 고찰할 때 성경의 등장인물들이 비록 위대하기는 하나 그들의 능력과 위대성은 그들 자신의 것이 아닌 하나님으로부터 비롯된 것임을 명심하고 인물의 특성을 분석해야 한다.

내러티브의 화자(서술자)에게도 관심을 두어야 하는데 화자는 이야기를 이끌어 갈 뿐 아니라 내러티브의 관점을 제시하기도 하며, 이야기가 전개되는 중간에 사건을 언급하거나 설명하고 평가하는 역할을 한다. 그런데 일반문학 작품의 화자와 성경의 화자의 차이점은 성경 내러티브에서는 화자를 통해 항상 하나님의 관점이 제시된다는 것이다. 예컨대, "여호와께서 …와 함께하셨더라"라든지, "…의 행동이 여호와 보시기에 …했다"라는 표현에서 알 수 있듯이 화자가 하나님의 관점을 직접적으로 표현하기도 하고 등장인물을 통해 간접적으로 제시하기도 한다.[124] 따라서 성경의 내러티브를 분석할 때 화자가 어떻게 관점을 드러내는지에 주목하고 그 관점에서 이야기의 흐름과 의미를 파악하는 노력이 필요하다.

성경의 내러티브 분석에서는 대화 또한 플롯과 화자의 특성을 밝히는 실마리 역할을 하고 있어서 중요하게 다루어야 한다. 대화를 통해 인물들의 성격이 어떠한지가 드러나고 플롯이 제기한 갈등의 성격도 파악할 수 있다. 특히, 대조를 이루는 대화들을 통해 인물들의 차이점이 분명하게 드러나고, 중요한 인물의 반복적인 대사는 내러티브의 강조점이 어디에 있는지를 보여준다. 인간들 사이의 대화가 시사하는 바도 크지만, 특히 하나님과 인간 사이의 대사는 결정적으로 중요하다. 하나님이 인간에게 하신 약속의 말씀이 어떻게 성취되는가가 성경의 가장 중요한 관심사이기 때문이다. 내러티브의 구조와 사용된 문학 기법들을 살펴보는 것도 내러티브 분석에서 빼놓지 말아야 한다.

우리에게 잘 알려진 『성경을 어떻게 읽을 것인가』라는 책에는 성경의 내러티브를 "현 시대를 살아가는 모든 사람들에게 의미와 방향을 제시하기 위해 지나간 과거의 역사적 사건들을 다시 진술한 목적을 가진 이야기다"라고 정의한다.[125] 다시 말해, 성경의 내러티브는 일반 문학의 이야기와 달리 단지 어떤 것을 이야기하고 있는 것이 아닌 실제로 일어난 일을 우리에게 말해주고 있고, 그것의 목적은 하나님이 그의 창조와 피조물들 가운데서 역사하는 것을 보여주려는데 있다[126]는 것이다. 이처럼 성경의 내러티브는 성령의 감동으로 기록된 하나님의 말씀일 뿐 아니라 허구가 아닌 역사의 기록이기 때문에, 일반 문학의 내러티브와는 다르다. 그것은 인간이 아닌 하나님에 관한 이야기다. 그러나 하나님이 인간에게 들려주기 위해 쓴 인간을 위한 이야기이기도 하다. 또한 그것은 하나님이 택한 백성인 히브리인들의 삶을 중심

124 위 책, 109.

125 위 책, 104.

126 Gordon D. Fee & Douglas Stuart, *How to Read the Bible for All Its Worth* 2nd Ed. (Grand Rapids: Zondervan, 1993), 79.

으로 전개되는 히브리 사람들의 이야기이지만 동시에 모든 인간에게 적용되는 우리들의 이야기다.

성경의 저자들은 내러티브를 통해 히브리인들의 성품과 그들이 처해 있는 상황과 사건들을 감동적으로 묘사했다. 거기에는 그 당시 사람들의 삶과 문화가 잘 나타난다. 이런 점에서는 성경의 이야기가 일반문학과 별 차이가 없는 것처럼 보이나 그것은 특이한 점을 분명히 가지고 있다. 성경의 내러티브는 단지 인간의 삶과 가치관을 보여주는 것에 그치지 않고 하나님의 성품과 섭리를 보여주고 있기 때문이다.

따라서 성경의 내러티브는 인간의 상황과 성품을 그대로 묘사하고 있다는 점에서는 인간의 이야기라 할 수 있지만, 개별적인 이야기를 통해 하나님의 세미한 음성을 들려주는 하나님의 이야기다. 성경의 내러티브를 분석할 때는 이 사실을 기억하고 개별적인 이야기의 표면적인 의미와 함께 그 속에 감추어진 영적인 의미를 포착해야 한다.

4

성경 시 분석의 원리

시는 성경에서 내러티브 다음으로 많이 볼 수 있는 문학 양식이다. 성경의 3분의 1 정도가 시로 구성되어 있는데, 시가서로 불리는 시편, 잠언, 아가, 욥기는 물론 예레미야 애가, 이사야, 호세아, 요엘 같은 선지서나 예언서에도 시적인 표현들이 많이 나온다.

시는 크게 서사시(epic)와 서정시(lyric)로 구분된다. 서사시는 영웅인 주인공의 행동 여하에 한 종족이나 국가나 인류의 운명이 좌우되는 웅장한 주제를 운문을 사용하여 고양된 문체로 묘사하는 길이가 긴 설화적인 시를 말하고, 서정시는 주로 개인의 심리 상태나 사고, 감정의 과정을 한 사람의 화자가 표현하는 길이가 짧은 비설화적인 시를 말한다.

앞서 문학을 정의할 때, 문학은 작가가 인간의 경험을 언어를 사용하여 예술적인 형태로 표현한 것이라고 지적한 바 있다. 시가 소설이나 드라마 같은 다른 문학 장르와 다른 차이점을 연의 구분이 있고, 길이가 짧으며, 운율을 지니고 있어서 음악성을 느낄 수 있는 것이라고 흔히 말한다. 물론 틀린 지적은 아니지만, 서사시처럼 길이가 긴 시도 있고, 소설 속에 시가 포함된 예도 있으며, 운율을 가진 시적인 언어로 창작된 드라마도 있어서 이런 잣대만으로 시와 다른 문학 장르를 구별할 수는 없다. 이런 이유로 현대 비평가들은 시를 "문학 장르 중에서 가장 압축적이고 집약된 형식의 글"(Poetry is the most condensed and concentrated form of literature)[127]이라고 정의하면서 압축성과 함축성의 강도를 시와 다른 문학 장르의 차이점이라고 말한다. 다시 말해, 시는 가장 적은 단어들을 가지고 가장 말을 많이 하는 문학 장르다.

따라서 시를 분석할 때는 시에 나오는 언어에 집중해야 한다. 시인의 목적은 독자와의 단순한 의사소통이 아니기 때문에 언어의 지적인 기능에만 매달려 1차원적으로 언어를 사용하지 않기 때문이다. 언어에는 지적인 기능뿐 아니라 감각적, 정서적, 사상적 차원의 여러 기능이 있는데 시인은 언어가 가진 이런 다양한 기능들을 십분 활용하여 시를 창작한다. 그러니까 시인은 다차원적인 언어(multidimensional language)를 사용하여 독자가 공감할 수 있도록 인간의 경험을 풍성하게 표현한다.

시의 언어가 산문의 언어와 다른 점은 산문이 하지 못하는 방식으로 전인(全人)에게 호소한다는 점이다. 다시 말해, 시는 우리의 상상력을 불러일으키고, 우리의 감정을 자극하며, 우리의 지성을 만족시키고, 우리의 의지에 말을 한다.[128] 시를 읽는 경험은 단순히 정보를 전달받거나 정서적으로만 감동하는 것이 아닌, 지 · 정 · 의를 가진 인간의 총체적인 감동과 반응의 경험이다. 이런 점에서 시가 성경의 많은 분량을 차지하며, 특히 선지자들이 시를 사용하여 메시지를 전달하는 경우가 많은 이유를 짐작할 만하다. 선지자들은 시가 지닌 특성, 즉 청중들의 주의를 사로잡고 감동적이고 설득력 있게 사람을 움직이게 한다는 사실을 잘 알고 있었기 때문에 자신들이 선포하는 메시지를 효과적으로 전달해 주는 수단으로 시를 즐겨 사용한 것이다.

그러므로 성경의 시를 제대로 음미하고 이해하기 위해서는 시어가 전달하는 다차원적인 의미와 느낌을 탐색할 수 있는 감수성을 가져야 할 뿐 아니라 성경에 나오는 시의 화자들이 시를 사용하는 목적에도 관심을 가져야 한다.

---

127 Laurence Perrine, *Sound and Sense: An Introduction to Poetry*, 7th ed. (New York: HBJ, 1987), 9.
128 트렘퍼 롱맨 3세, 『어떻게 시편을 읽을 것인가?』 한화룡 역 (서울: 한국기독학생회출판부, 1989), 115.

또한, 시에는 심상(image), 은유(metaphor), 상징(symbol), 역설(paradox), 반어(irony), 인유(allusion) 등 다양한 수사법들이 사용되며, 음성 반복(sound repetition), 리듬(rhythm), 일정한 패턴(pattern) 등을 통해 시를 읽는 독자들이 말의 소리가 만들어내는 아름다움을 느끼게 한다. 그런데 시를 읽을 때 느낄 수 있는 이러한 소리(sound)는 의미(sense)보다 중요하다. 시는 원래 문자로 기록되기 이전에 노래의 형태로 읊조려졌고 구전되었다. 시의 묘미는 일차적으로 시가 만드는 음악성에 있다.

히브리 서정시는 원래 노래로 불렸거나 수금이나 칠현금 등 악기의 반주에 맞추어 낭송되었다. 그래서 피(Gordon D. Fee)와 스튜어트(Douglas Stuart)가 설명하듯이 히브리 시는 가슴을 통해 마음에 호소하는 특징을 가지며 인간의 감정을 자극하여 단순한 인식적인 이해 이상의 정서적인 반응을 불러일으키는 음악시(musical poems),[129] 또는 성전 찬양가라 할 수 있다. 따라서 성경의 시를 읽을 때는 다차원적인 언어의 사용법도 알아야 하지만, 수사법도 잘 알아야 하며, 특히 시의 운율과 음악성도 느낄 수 있어야 한다. 이것이 전제되지 않은 시의 분석은 피상적인 차원에 머무를 수밖에 없다.

일반문학에서 시를 실제로 분석할 때 다음과 같은 것들을 고려해야 하는데, 성경의 시를 분석할 때도 마찬가지다.

(1) 시의 화자가 누구인가?(어떤 사람인가?)
(2) 시의 청자는 누구인가?(시의 대상은 누구인가?)
(3) 시에서 제시된 상황은 어떤 것인가?
(4) 시간적, 공간적 배경은 무엇인가?
(5) 시의 주된 목적(주제)은 무엇인가?
(6) 시의 주제를 한 문장으로 정리해 보기

129 고든 D. 피와 · 더글라스 스튜어트, 『성경을 어떻게 읽을 것인가』 개정3판, 오강만 · 박대영 역. (서울: 성서유니온, 2014), 247-248.

(7) 시의 어조는 무엇인지, 또한 어떻게 나타나고 있는가?

(8) 시어는 어떤 특징이 있으며, 특히 잘 사용된 시어는 무엇이며, 그 효과는 어떤 것인가?

(9) 시에 사용된 상징과 이미저리, 수사법들은 무엇인가?

(10) 시의 형태와 구조는 무엇인가?

(11) 시의 운율과 음악성은 어떤 것인가?

(12) 시의 가치는 무엇이며 어떤 평가를 할 것인가? [130]

시는 보통 관조적이거나 감정적이다. 시인은 문자적인 표현보다 비유적인 표현을 선호하며, 시의 기본 단위는 이미지다. 시는 주로 이미지와 이미지의 연결로 구성되고 구문론적 일탈, 즉 비문법적인 표현이 많다. 이것이 산문과 비교되는 중요한 차이점이다.

이처럼 시는 비유적 언어로 표현되고 있어 해석이 필요하며, 각 부분의 이미지와 시어들이 유기적으로 연결되어 어떤 핵심 사상을 보여주는지를 신중하게 판단해야 한다.

이스라엘 민족은 유목민이어서 한곳에 정착하지 않고 여러 장소를 떠돌아다녔고 출애굽 하는 과정에서 많은 시련에 직면했으며 가나안 땅에 들어갈 때도 주변의 강대국들에 의한 압박으로 인해 굴곡의 역사를 살았다. 그들이 당한 고통과 비애는 그들의 종교심을 강화했을 뿐 아니라 감정을 자극하여 강렬한 주관적인 감수성을 갖게 했다. 하지만 그들은 열정적인 주관적 감수성만 가진 것이 아니라 그것을 객관화시키고 구체화하는 능력 또한 가지고 있었다. 그래서 이스라엘 백성들이 쓴 시들은 주관적이면서도 매우 실제적이라는 특징을 가진다. 시편에 실린 서정시를 보면, '나'라는 화자가 등장하여 강렬한 주관적인 정서와 감정을 토로하면서도 그것을 객관화시킴으로써

130 Laurence Perrine, *Sound and Sense: An Introduction to Poetry*. 7th ed. (New York: HBJ, 1987), 24.

독자들의 호응을 강하게 유도한다. 따라서 성경의 시를 분석할 때 유의할 것은 시의 화자가 개인적인 목소리를 통해 강렬한 주관적인 감정을 표출하기는 하나 그것은 한 개인에게 국한되는 세속적인 감정이나 체험이 아닌 이스라엘 민족 전체의 종교적인 감정과 체험에 맞닿아 있다는 사실이다. 다시 말해, 성경의 시인들은 종교적인 공동체로서 이스라엘 민족이 원했거나 미래에 소망하는 것들을 표현하는 대변자로서 역할을 하고 있다. 그러니까 그들이 쏟아내는 감정은 사적인 동시에 공적인 것 즉, 개인적이면서 동시에 민족적이고 국가적이며 종교적인 색채를 띤다. 그들은 상상력이 풍부하고 창조적인 시인이지만 동시에 자신들의 감정에만 함몰되지 않고 그것을 객관화하여 민족의 감정과 가치로 승화시켰다.

따라서 성경의 시를 분석할 때는 시인의 개인적인 감정과 주관성에만 관심을 두지 말고 사적인 감정과 민족 전체의 감정과의 연관성을 고려한 균형잡힌 비평의 태도를 견지할 필요가 있다.

특히, 히브리 시의 가장 중요한 특징은 평행법을 사용하고 있는 것이어서 이에 대한 이해와 해석이 무엇보다 중요하다. 이것은 성경의 시에서 볼 수 있는 매우 분명한 패턴의 요소로서 히브리 시를 다른 언어로 번역해도 그 효과가 살아남기 때문에 어떤 번역본 성경을 읽으면서도 그것의 효과를 느낄 수 있는 장점이 있다. 히브리 시에서 사용되는 평행법은 크게 여섯 가지로 분류할 수 있으며 이에 대한 설명은 뒤에 나오는 시편의 특징 부분을 참조하면 된다.

제 4 장

성경의 문학적 구조

1

구약의 문학적 구조

지금 우리가 읽는 성경은 구약 39권, 신약 27권, 모두 66권이다. 그러나 초기 유대 사회에서는 구약이 39권이 아닌 22권으로 구성되어 있었다. 사사기와 룻기를 사사기-룻기로, 사무엘상과 사무엘하는 사무엘서로, 열왕기상과 열왕기하는 열왕기서로, 역대상과 역대하는 역대기서로, 에스라와 느헤미야는 에스라-느헤미야서로, 예레미야와 예레미야애가는 예레미야-예레미야애가로, 그리고 12 소선지서를 한 권으로 보고 분류했기 때문이다.[131]

또한, 구약성경의 맨 처음에 나오는 창세기는 따로 독립된 책이 아니라 율법서(모세오경)라는 보다 큰 단위로 된 책의 서두에 해당하는 부분이었다. 원래 율법서는 창세기에서 신명기까지 5권을 포함한 것이어서 모세오경이라 부르지만, 일부 학자들은 여호수아까지를 포함하여 6경을 주장하거나 사무엘서나 열왕기서까지를 포함한 8경이나 9경을 주장하기도 한다.

히브리어로 쓰인 구약성경은 우리가 지금 가지고 있는 구약성경과 달리 율법서, 선지서, 성문서로 구분된다.

율법서 - 창세기, 출애굽기, 레위기, 민수기, 신명기

선지서

전기 선지서 - 여호수아, 사사기, 사무엘, 열왕기

후기 선지서 - 이사야, 예레미야, 에스겔, 호세아, 요엘, 아모스, 오바댜, 요나, 미

131 데이빗 돌시, 『구약의 문학적 구조』 류근상 역 (서울: 크리스챤출판사, 2011), 59.

가, 나훔, 하박국, 스바냐, 학개, 스가랴, 말라기

성문서 - 시편, 욥기, 잠언, 룻기, 아가, 전도서, 예레미야 애가, 에스더, 다니엘, 에스라, 느헤미야, 역대기

이렇게 분류하면, 히브리 성경은 창세기로 시작하여 역대기로 끝난다. 즉, 인류의 첫 조상 아담부터 이스라엘의 포로귀환까지의 이야기가 구약이다. 이것은 이스라엘 역사를 중심으로 나열한 배열이다.

우리가 현재 사용하는 구약성경은 크게 역사서, 시가서(지혜서), 선지서(예언서)로 분류되며 히브리 성경의 목차와 분류법과는 차이가 있다. 그리고 여기에서는 모세오경(Pentateuch)이라 부르는 창세기–신명기는 율법서로 따로 구분하기도 한다.

역사서 - 창세기에서 에스더까지

시가서(지혜서) - 욥기에서 아가까지

선지서(예언서) - 이사야에서 말라기까지

문학적인 측면에서는, 구약성경을 룻기, 에스더와 같은 내러티브(narrative), 여호수아같은 역사 이야기, 시편, 아가와 같은 시(poetry), 이사야, 다니엘과 같은 예언 문학(prophecy), 그리고 요한계시록과 같은 묵시문학(apocalyptic literature) 등으로 분류할 수 있다.

모든 문학에 구조가 있듯이 구약성경에도 구조가 있다. 히브리 저자들과 편집자들은 구약의 메시지를 잘 전달하기 위해 문학적인 구조에 많은 관심을 가지고 구약의 본문들을 쓰고 편집했다. 그러나 안타깝게도 구약성경의 원문에는 고대의 서적들처럼 장, 절의 구분이 없다. 구약성경의 장, 절의 구분은 성경이 기록된 지 몇 세기 후에 첨가되었다. 또한, 성경을 기록한 히브리 저자

들은 자신들이 사용하는 문학적 구조들을 독자들이 알아볼 수 있도록 시각적인 표시를 하지 않고 있어서 고대의 성경은 현대 성경과 달리 어떠한 휴지 표식이나 제목, 그리고 각주도 없이 처음부터 끝까지 문장의 연결로 이어져 있다.[132] 그래서 외견상 문학적인 구조를 찾기가 어렵다. 게다가, 성경은 읽기 위한 목적이 아닌 듣기 위한 목적으로 기록되어 있어서 구조 파악을 어렵게 만든다.

학자들의 연구에 따르면 히브리인들이 사용한 언어의 구어체 체계는 오늘날 서구의 언어들보다 훨씬 복잡하다고 한다. 이 복잡한 구어체 구조의 특징을 알아야 구약성경의 구조를 파악할 수 있어서 어려움이 있다. 다시 말해, 구약성경은 눈으로 읽는 언어, 즉 문어체로 기록된 것이 아니라 귀로 듣는 언어, 즉 구어체로 기록되어 있으므로 그 구조를 심도 있게 분석하기 위해서는 우리가 강연이나 설교를 들으면서 그 윤곽이나 핵심을 파악하는 것처럼 히브리어의 구어체 구조에 세심한 주의와 노력을 기울여야 한다는 것이다. 그뿐만 아니라 히브리어의 구조적 패턴이나 기교는 우리말과 다르므로 그 구조를 이해하기 위해서는 기록으로 남아있지 않는 구어체의 고유한 구조적 원리 또한 이해해야 하는 과제도 있다.

그러나 이런 여러 난점에도 불구하고 성경의 구조를 이해하는 것은 중요하다. 이유는 구조와 의미는 긴밀하게 연결되어 있기 때문이다. 뮬렌버그(James Muilenburg)는 이에 대해 "문단의 구조를 정확하게 분석하는 것이 저자의 의도와 글의 의미를 파악하는 데 매우 중요하다"[133]고 지적한다.

성경에 나타나는 대표적인 문학 구조 형태는 선형구조(linear structure), 평행구조(parallel structure), 그리고 대칭구조(symmetric structure)다. 선형구조는 주로 a–b–c–d–e의 배열을 이루며 평행구조는 a–b–c ‖ a′–b′–c′의 배열을 이루는 것으로 이 둘은 주제나 강조점이 맨 마지막에 있다. 그러나

132 David A. Dorsey, *The Literary Structure of the Old Testament* (Grand Rapids: Baker Books, 1999), 15.
133 James Muilenburg, "From Criticism and Beyond," *Journal of Biblical Literature* 88 (1969) 9.

a–b–c‖c′–b′–a′의 배열을 갖는 대칭 구조에서는 중간 부분에 주제가 천명되고 강조점이 주어진다.

따라서 구조분석은 글의 배열에 대한 예술성을 평가함은 물론 글의 강조점과 의미를 파악하는 데 필요한 일이다. 이를 통해 우리는 글의 부분과 전체와의 관계, 그리고 부분이 전체적인 문맥에서 갖는 의미를 알 수 있을 뿐 아니라 숲은 보지 못하고 나무만 보는 오류를 피할 수 있다.

성경의 전체적인 구조는 프라이(Northrop Frye)가 말했던 번영에서 시작하여 비극으로 진행되다가 마지막에 다시 행복하게 되는 희극의 U자 형태를 가지고 있다고 할 수 있다. 성경의 전체적인 플롯(plot)이 하나님이 천지를 선하게 창조한 창세기에서 시작(the beginning)되어 타락한 인간의 여정을 그리는 중간(the middle) 과정을 거친 다음 마침내 악이 멸망하고 다시 새로운 하늘과 땅이 열리는 행복한 결말(the end)을 보여주는 요한계시록으로 끝나고 있기 때문이다.

그런데 성경 전체를 아우르는 이런 U자 형태의 구조는 성경 속의 여러 작은 이야기들에서도 반복적으로 나타난다. 성경에서 가장 많이 볼 수 있는 문학적인 형식이 내러티브인데 이 내러티브 형식의 이야기들 대부분이 U자 형태의 구조로 되어 있다. 아브라함, 이삭, 야곱, 요셉, 룻, 에스더 이야기 등 많은 내러티브들이 행복한 상태로 시작하여 어려움을 경험하지만 결국 다시 행복하게 되는 희극이야기 구조로 되어 있다. 심지어 비극으로 분류되는 욥 이야기조차도 결국은 다시 행복한 상태를 회복하는 U자형 구조로 되어 있다. 몇몇 예외가 있는데 사울 이야기에서처럼 하나님의 명령을 불순종하여 벌을 받고 비극으로 끝나는 경우가 그렇다.

그렇다면 성경의 수많은 이야기가 왜 이런 희극의 구조로 이루어져 있을까? 왜냐하면 성경은 모든 것이 합력하여 선을 이루는 하나님의 섭리를 기록하고 있기 때문이다. 마치 밀턴(John Milton)이 『실낙원』(*Paradise Lost*)에서 밝히고 있듯이 사탄은 선에서 악을 만들어내지만, 하나님은 악에서 선을 만들어내는 존재임을 성경은 희극적인 구조를 사용해 강조하고 있다.

그러나 학자들은 이런 단순한 구조 파악을 벗어나서 구약성경의 문학적 구조를 보다 심도 있게 연구했다. 그중에서도 이 분야의 유명한 저서 『구약의 문학적 구조』(*The Literary Structure of the Old Testament*)를 쓴 돌시(David A. Dorsey) 교수의 연구는 주목할 만하다. 여기에서는 그의 이론을 요약하여 구약성경의 구조를 설명하고자 한다.

돌시는 창세기에서 말라기에 이르기까지 구약성경 39권 모두에 나타난 구조를 체계적으로 분석하여 시선을 끈 학자다. 그는 구약성경의 문학적 구조를 분석하는 것을 첫째, 글의 구성요소를 규명하는 단계, 둘째, 각 요소의 배열을 분석하는 단계, 셋째, 구조와 의미의 관계를 파악하는 단계 등 3단계로 나누어 논의를 진행했다.

우선, 그는 첫 번째 단계로 글의 구성단위로서 구약성경의 구조를 설명한다. 그에 따르면 구약성경에서는 대체로 7개의 단위로 구성된 7중 구조의 글이 가장 많이 발견된다고 한다. 이런 7중 구조는 고대 이스라엘을 비롯한 주변의 여러 나라에서 흔하게 사용되던 문학적 구조의 형태로 구약성경의 룻기, 사무엘서, 열왕기서, 역대서, 에스라, 느헤미야, 욥기, 전도서, 아가서, 이사야, 예레미야, 에스겔과 대부분의 소선지서들에서 볼 수 있는 구조다. 이 중에서 대표적으로 룻기를 예로 들면 여기에는 일곱 개의 단위로 이루어진 7중 대칭 구조가 사용되고 있다.

a 서론: 나오미 가정의 몰락(1장 1-5절)

b 나오미의 부양에 관한 두 며느리의 선택(1장 6-19a절)

c 아무런 희망 없이 베들레헴으로 돌아옴(1장 19b 절-22절)

d 전환점: 룻과 보아스의 만남(2장 1-23절)

c′ 타작마당에서의 룻의 호소 및 희망 가운데 베들레헴으로 돌아옴(3장 1-18절)

b′ 나오미의 부양에 관한 두 친족의 선택(4장1-12절)

a′ 결론: 나오미 가정의 회복(4장 13-21절)

구약성경에는 이것의 변이형태인 13개 또는 14개의 단위로 이루어진 구조도 나타나는데 예레미야애가, 에스더, 아브라함, 이삭, 야곱의 이야기가 전자에 속하며 요셉의 이야기와 출애굽 사건 등이 후자에 속한다.

다음으로, 돌시 교수는 문학적 구조분석의 두 번째 단계로 문학적 단위를 파악한 후 각 단위의 배열을 살핀다. 그는 성경에는 a–b–c–d–e 형태의 선형구조(linear structure)와 a–b–c–d–a′와 같은 양괄식구조(inclusio)라고도 불리는 처음과 끝부분이 같은 형태를 가진 샌드위치구조(sandwich structure)가 많다고 지적한다.[134] 구약성경에는 이런 선형구조를 비롯하여 평행구조(parallel structure), 대칭구조(symmetric structure)의 세 가지가 기본적으로 사용되고 이들을 혼합한 구조들도 나타난다.

첫째로, 선형구조는 구약성경에서의 가장 일반적인 구조이며 a–b–c–d–e의 형태로 각 단위가 반복 없이 순서대로 나열되는 구조를 말한다. 이것은 고대인들은 물론 현대인들도 가장 자연스럽게 느끼는 형태의 구조로서 일반적으로 각 단위가 시간적 순서에 따라 배열되는 특징을 가지고 있다. 이야기나 설화 및 비유 등에 적합한 구조이며 이스라엘 여러 왕의 행적을 기록한 열왕기서에서 요시아, 여호아하스, 여호야김, 여호야긴, 시드기야 왕의 행적들(열왕기하 22–25장)이 이와 같은 선형구조로 기록되어 있다.

그런데 연대기적으로 배열된 선형구조 속에 사건의 진행과 관계없는 시간개념을 초월한 내용이 전혀 포함될 수 없는 것은 아니다. 앞으로 전개될 이야기의 방향을 제시한다든지(창세기 2장 5–6절), 이야기 중간에 주변 상황에 관해 설명이 필요할 때(창세기 22장 20–24절), 또는 회상(사사기 11장 1–3

134 David A. Dorsey, *The Literary Structure of the Old Testament* (Grand Rapids: Baker Books, 1999), 21.

절)이나 앞으로 전개될 사건을 미리 알릴 때(창세기 10장, 36장) 시간적인 순서에 상관없는 내용이 삽입되는 경우들이 있다. 이뿐만 아니라 연대기적 순서에 따라 진행되지 않는 선형구조도 있다. 시간보다는 공간을 기준으로 한다든지, 논리적 주장이나 흐름에 의해서, 또는 큰 것에서 작은 것으로, 아니면 거룩한 것에서 덜 거룩한 것으로 사건을 단계적으로 배열하는 등의 비연대기적 선형구조도 구약성경에서 찾아볼 수 있다.

둘째로, 시편과 같은 히브리 시에 자주 등장하는 평행구조(parallel structure)가 있다. 이 구조는 두 개의 단위 군이 한 쌍을 이루고 있으며 그 속에서 첫 번째 단위 군이 두 번째 단위 군과 평행을 이루는 구조다.[135] 전형적인 형태는 a–b–c ‖ a′–b′–c′ 이며 시편 19편 1–2절이 대표적으로 이에 해당한다.

a 하늘이(the heavens)
　b 선포하고(tell of)
　　c 하나님의 영광을(God's glory)
a′ 궁창이(the sky)
　b′ 나타내는도다(proclaims)
　　c′ 그 손으로 하신 일을(his handiwork)[136]

구약성경에서는 이런 평행구조가 변형된 다양한 형태들이 나타나는데 창세기의 요셉 이야기(37–50장)에서처럼 a–a′–b–b′–c–c′의 형태를 가진 평행구조도 있고, 에스라 1장으로부터 느헤미야 6장에서 볼 수 있는 것과 같은 a–b–a′–b′–a″–b″의 형태도 있다. 그러나 구약성경에서 가장 많이 볼 수 있는 평행구조의 형태는 a–b–c ‖ a′–b′–c′ ‖ d의 배열을 가지는 7중 구조다.

135 *Ibid.*, 28–29.
136 *Ibid.*, 29.

여기에서 d는 일반적으로 절정이나 핵심, 또는 결론의 기능을 한다.[137] 이 구조는 동일한 내용의 반복을 통해 비교, 대조, 강조, 해석의 기회를 제공하고 있어서 내용의 정확한 이해와 올바른 해석에 아주 유용한 구조라 할 수 있다.

셋째로, 성경에는 두 개의 단위 군이 서로 역순으로 연결된 a–b–c‖c′–b′–a′의 배열 형태를 가진 대칭구조(symmetric structure)가 있다. 이것을 조금 변형한 홀수의 대칭구조라 불리는 a–b–c–b′–a′ 형태의 변형된 대칭구조도 있다. 이런 대칭구조는 고대의 문학에서는 많이 나타나지만, 현대의 서구 문학에서는 찾아보기가 쉽지 않다. 그러나 구약성경에는 이런 형태가 많다. 사사기처럼 성경의 하나의 책 전체가 대칭 구조로 되어있는 것도 있고 이사야 22장 22절이나 창세기 9장 6절에서처럼 절 단위에서 대칭구조가 사용되기도 한다.

a 그가 열면
  b 닫을 자가 없겠고
  b′ 닫으면
a′ 열자가 없으리라 (이사야 22장 22절)

a 누구든지 흘리면
  b 피를
    c 사람의
    c′ 사람이
  b′ 그 피를
a′ 흘릴 것이니 (창세기 9장 6절)[138]

그런데 평행구조와 마찬가지로 구약성경에서 흔히 볼 수 있는 대칭구조

137 *Ibid.*, 30.
138 *Ibid.*, 31.

의 형태는 a–b–c–d–c′–b′–a′로 이루어진 7중 구조다. 아가, 예레미야, 아모스 등 구약성경의 많은 부분이 이런 7중 구조로 되어있다. 이와 더불어 13개의 단락으로 이루어진 a–b–c–d–e–f–g–f′–e′–d′–c′–b′–a′ 형태의 대칭 구조나 14개의 단락으로 이루어진 a–b–c–d–e–f–g–g′–f′–e′–d′–c′–b′–a′ 형태의 대칭구조처럼 변형된 형태들도 구약성경에서 발견된다.

이런 대칭구조는 균형에서 오는 아름다움을 자아낼 뿐만 아니라 통일성을 보여주고 진행 방향을 예측할 수 있게 해주는 장점이 있다. 그러나 이 구조를 제대로 파악하기 위해서는 바로 앞 내용뿐만 아니라 처음의 내용부터 모두 알고 있어야 한다. 즉, 전체적으로 세심한 주의를 기울여야만 이 구조의 의미를 제대로 파악할 수 있다는 단점도 있다.

넷째로, 이것들을 혼합한 형태가 있다. 예를 들어, 사사기는 일차적으로는 선형구조로 이루어져 있지만, 이차적으로는 대칭구조를 보인다. 다시 말해, 사사기는 첫 옷니엘 사사로부터 시작하여 마지막 삼손에 이르기까지 연대기적으로 이야기가 진행되면서도 기드온을 전환점으로 일곱 명의 사사들의 행적이 뚜렷한 대칭 형태를 이루고 있다.

돌시 교수가 말하는 문학적 구조분석의 마지막 세 번째 단계는 구조와 의미의 관계를 파악하는 것이다. 그는 문학작품이 가지는 의미는 내용과 더불어 구조를 분석함으로써 제대로 알 수 있으므로 구조가 어떤 방식으로 작동하는지를 파악해야 한다고 주장한다. 그는 성경 저자들이 문학적인 구조를 통해 다음과 같이 의미를 전달하는 중요한 역할을 한다고 말한다.

첫째, 성경의 저자들은 글의 전체적인 구조를 통해 의미를 전달한다. 예를 들어, 열왕기서의 저자는 연대기적 선형구조를 통해 이스라엘 여러 왕이 하나님의 뜻을 배반하는 반역의 역사를 기술하고 있다. 또한, 예루살렘이 함락한 것에 대한 슬픔을 노래하기 위해 예레미야애가의 저자는 히브리 애가의 형식인 a–b–c‖a′–b′의 구조를 사용하고 있다.

둘째, 성경의 저자들은 구조적인 반복을 통해 의미를 전달한다. 앞서 살펴보았듯이 평행구조와 대칭구조는 구조적인 반복의 패턴을 사용해 각 단위를 연결한다. 이것을 통해 글의 주제를 전개하고 전달하고자 하는 메시지를 효과적으로 부각하며 핵심을 강조한다. 다시 말해, 두 번째 단위의 내용이 첫 번째 단위의 내용을 심화하여 설명하거나 같은 주제를 다른 관점에서 재조명하는 등 저자는 구조적인 반복을 사용하여 글의 의미를 효과적으로 전달한다.

셋째, 성경의 저자들은 핵심 단위의 위치를 통해 의미를 전달한다. 현대 문학에서는 가장 중요한 부분, 즉 클라이맥스가 끝에서 두 번째에 주로 위치하지만, 구약성경에 나타나는 선형구조나 평행구조에서는 주로 맨 마지막에 온다. 그래서 열왕기서나 역대기처럼 선형구조를 취하고 있는 성경의 역사서에서는 항상 마지막 부분에서 이야기의 절정이나 결말 또는 반전이 이루어진다.

그러나 대칭구조에서는 중간 부분에 핵심 단위가 위치한다. 대칭구조의 중간 부분은 전환점이나 절정 또는 가장 중요한 내용을 담은 핵심 부분이 다. 따라서 대칭 구조를 가진 성경의 이야기에서는 무엇보다 중간 부분을 주목해야 강조점과 의미의 핵심을 올바로 파악할 수 있다.

그러나 지금까지 말한 구약의 문학적인 구조는 내적인 구조를 탐색하여 글의 의미를 규명하는 구조주의 문학비평의 입장과는 다르다. 여기에서 말하는 구조는 저자의 의도와 글의 의미를 규명하기 위한 목적으로 문단의 구성과 배열을 분석하고 이를 근거로 의미를 설명하는 것에 주안점이 있다. 다시 말해, 구조주의처럼 표면적인 글의 구조 속에 존재하는 내적인 구조를 탐색하여 의미를 밝히려는 것이 아니라 성경이 기록될 당시 이스라엘 근동 지방에서 의사소통의 방법으로 널리 사용되던 언어의 의사전달 구조를 파악하여 성경이 전달하는 메시지의 강조점과 의미를 이해하고자 하는 것이다.

2

신약의 문학적 구조

신약성경은 마태복음에서 시작하여 요한계시록에 이르기까지 모두 27권으로 구성되어 있다. 내용에 따라 분류하면 복음서 4권(마태복음, 마가복음, 누가복음, 요한복음), 역사서 1권(사도행전), 서신서 21권(바울서신 14권: 로마서, 갈라디아서, 히브리서, 고린도전서, 고린도후서, 에베소서, 빌립보서, 골로새서, 빌레몬서, 데살로니가전서, 데살로니가후서, 디모데전서, 디모데후서, 디도서, 일반서신 7권: 야고보서, 베드로전서, 베드로후서, 요한1서, 요한2서, 요한3서 유다서), 묵시서 1권(요한계시록)으로 이루어져 있다. 그런데 이것을 앞에서 설명한 구약성경의 분류와 비교해보면 신구약 성경이 내용에 있어 대응 관계를 이루고 있다는 흥미로운 사실을 발견하게 된다. 즉, 구약의 율법서와 신약의 복음서, 구약의 역사서와 신약의 역사서, 구약의 시가서와 신약의 서신서, 구약의 예언서와 신약의 묵시서가 서로 대응되며, 이것은 신구약 성경이 서로 깊은 구조적 관련성을 가지고 있음을 보여준다.[139]

구약성경은 다양한 문학적인 형식들을 포함하고 있고 이스라엘 민족 문화의 전개 과정을 반영하고 있는 민족적인 문학전집이라면 신약성경은 예수의 제자들로 이루어진 작은 그룹의 저술로 구성된 한 종파의 책이다. 따라서 신약은 구약보다 상대적으로 문학적인 강도가 약한 것이 사실이다. 물론, 예수의 비유나 요한계시록 같은 책은 문학적으로 보아도 매우 우수하다고 할

139 조신권, 『성경의 이해와 해석』 (서울: 아가페문화사, 2011), 46.

수 있다. 그러나 전체적으로 보면 신약성경은 예수의 행적과 그가 전한 복음의 메시지를 전달하려는 성격이 더 강하다. 다시 말해, 신약성경은 한 인물이나 한 시대에 관한 흥미진진한 사실을 기록하기 위한 것이 아니라 인간과 하나님의 관계에 관한 기쁜 소식, 즉 복음을 전파하기 위해 기록된 것이기 때문에 구약보다는 문학성이 떨어진다. 하지만, 그렇다고 신약에 문학적인 구조가 나타나지 않는 것은 아니다. 신약의 저자들도 구약성경과 마찬가지로 예술적인 문학적 구조를 사용하여 글의 의미를 매우 효과적으로 전달하고 있다.

앞에서 언급한 대로 돌시 교수가 창세기에서 말라기에 이르기까지 구약성경 전체의 문학적인 구조를 분석한 책을 집필하여 이 분야에서 한 이정표를 세웠다면 신약성경의 문학적 구조에 대한 체계적인 저서를 집필한 학자는 한국의 서영환 교수다. 그는『신약의 문학적 구조』라는 저술을 통해 마태복음에서 요한계시록에 이르는 신약성경 27권의 문학적인 구조를 하나도 빠짐없이 분석하고 있다. 그는 기본적으로 돌시의 입장에 서서 신약의 문학적 구조 분석에 접근한다. 그는 돌시가 강조한 성경이 문어체가 아닌 구어체로 되어 있다는 점을 인정하며, 돌시가 제시한 세 가지 큰 구조들, 즉 선형구조, 병렬구조, 대칭구조가 신약에서도 나타나고 있다고 보았다.

그러나 그는 이런 구조들이 글을 표현한 상황과 양식에 따라서는 각기 독립적인 형식으로 존재하는 것이 아니라 큰 흐름의 범주 안에 부분적인 양식으로 존재한다고 생각하고 신약성경에서 가장 흔한 구조는 대칭병행순환구조(The Chiastic Parallelism)라고 주장한다.[140] 또한, 돌시 교수는 성경의 구조를 일반적으로 일곱 개의 단위들이 한 문단 안에서 상관관계를 맺고 있는 7중 구조로 보았지만, 서교수는 다섯 개의 단위들이 상관관계를 맺고 있다고 생각하여 신약성경의 중심 구조를 5중 구조로 생각했다. 서교수는 돌시 교수가 주장한 7중 구조로 성경의 글을 분석할 경우, 한 구조 안에 너무 많은

140 서영환,『신약의 문학적 구조』(서울: 크리스챤 출판사, 2008), 4.

단위의 의미들이 대칭되거나 병행되고 있어서 그 상관관계를 이해하기 어렵다고 주장한다. 그래서 그는 신약의 단위구조를 기본적으로 다섯 개로 나누고 서로의 상관관계를 분석하여 본문의 의미를 파악한다. 예를 들어, 그는 마태복음 1장 1절–10장 10절의 내용은 첫 번째 큰 구조(산상수훈: 너희 의를 행치 않도록 주의하라) 속에 다섯 개의 작은 단위구조들(1:1–2:23, 3:1–4:25, 5:1–7:29, 8:1–9:8, 9:9–10:10)을 가진 구조로 이루어져 있다고 말한다. 그러나 신약성경이 항상 다섯 개의 단위구조로 분석되는 것은 아니다. 신약성경 27권을 살펴보면 5개에서 9개에 이르는 다양한 단위구조들이 발견된다.

❶ 5중 구조

신약성경에는 a–b–c–b′–a′의 배열 형태를 가진 5중 구조의 글들이 많다. 고린도후서, 데살로니가후서, 디도서, 히브리서, 베드로전서, 베드로후서, 요한이서, 요한삼서(8개)가 이에 해당한다. 예컨대, 베드로후서는 전체적으로 다음과 같은 구조로 되어있다.

a 시작인사(1장 1-2절)
　b 부르심을 굳게 하면 실족하지 않음(1장 3-21절)
　　c 육체를 따라 행하는 자들에게는 형벌이 있음(2장 1-19절)
　b′ 오래 인내함으로 다 회개하기를 원하심(2장 20절-3장 18a절)
a′ 영광을 기원(3장 18b절)

❷ 6중 구조

이 구조는 앞의 5중 구조에서 하나의 단위가 더 첨가된 것으로 마태복음, 마가복음, 야고보서(3개)가 이런 구조로 되어있다. 마태복음은 a–b–c–c′–b′–a′의 배열 형태로 되어있고 마가복음과 야고보서는 x–a–b–c–b′

−a′의 배열 형태를 가진다. 예를 들어, 마가복음의 구조를 살펴보면 다음과 같다.

x 서언(1장 1절)

a 안식일의 주인이신 예수(1장 2절-4장 34절)

b 예수에 대한 배척(4장 35절-7장 37절)

c 예수의 기적 행하심(8장 1절-10장 45절)

b′ 건축자의 버린 돌과 모퉁이 돌(10장 46절-13장 37절)

a′ 예수에 대한 정죄(14장 1절-16장 20절)

❸ 7중 구조

이것은 5중 구조를 기본골격으로 하고 앞과 뒤에 인사말이나 기원 등이 붙어 x−a−b−c−b′−a′−y나 또는 x−y−a−b−c−b′−a′의 배열형태를 가지는 구조를 말한다. 로마서, 에베소서, 빌립보서, 골로새서, 데살로니가전서, 디모데후서, 빌레몬서, 요한일서, 요한계시록(9개) 등 많은 서신서가 이 구조로 되어있고 신약에서 가장 흔히 볼 수 있는 구조다. 대표적으로 에베소서를 보자.

x 첫 인사(1장 1-2절)

a 하나님 찬송 찬미(1장 3절-23절)

b 하나님의 권속(2장 1-22절)

c 하나님께 영광을 드림(3장 1절-4장 12절)

b 그리스도인의 삶(4장 13절-5장 21절)

a 사도된 목적(54장 22절-6장 9절)

y 마지막 인사(6장 10-24절)

이 외에도 7중 구조에 독립된 또 하나의 구조가 첨가되어 만들어진 8중 구조가 있으며 요한복음, 사도행전, 고린도전서가 이런 구조로 되어있다. 그리고 가장 복잡한 구조는 x–y–a–b–c–b′–a′–y′–x′의 배열 형태를 가진 9중 구조로서 누가복음, 갈라디아서, 디모데전서, 유다서가 여기에 해당한다.

그런데 성경을 읽을 때 이런 큰 단위의 구조를 파악하는 일이 우선되어야 하지만 신약성경에 나오는 많은 개별적인 이야기들, 특히 비유에서는 의미를 강조하기 위해 삼중구조(three–fold structure)와 같은 문학적이 구조가 자주 사용되어 글의 의미를 생생하게 전달하고 있다는 사실도 유의해야 한다. 선한 사마리아인의 비유에서 강도 만난 사람을 제사장, 레위인, 사마리아인 세 사람이 발견하는 삼중구조가 사용되어 이야기에 긴장감을 부여하고 주제를 강조하는 것처럼 성경의 많은 이야기에 삼중구조가 사용되어 의미를 강화하고 예술성을 돋보이게 한다.

또한, 성경의 구조를 분석할 때 하나의 이야기나 문단, 또는 구절의 구조를 파악하는 것도 중요하지만 신구약 성경 전체가 유기적인 구조로 이루어져 있다는 사실도 잊지 말아야 한다.

성경은 1600년에 걸쳐 40여 명의 저자가 다양한 표현방식을 사용하여 기록한 책임에도 불구하고 내용에 있어 통일성을 가진다. 이런 사실은 성경이 하나님의 감동으로 기록된 신성한 책임을 나타냄과 동시에 유기적인 구조로 구성되어 있음을 보여준다. 성경의 모든 사건은 예외 없이 하나님의 뜻과 섭리를 드러내는 것에 초점이 맞추어져 있다. 플롯에서도 성경의 모든 이야기는 선과 악의 영적인 갈등을 중심으로 흐름이 진행된다. 다시 말해, 선과 악 사이에서 인간이 체험하는 여러 경험과 도덕적인 선택의 문제들이 성경의 모든 이야기의 플롯을 구성하고 있다. 이런 점에 주목하여 프라이(Northrop Frye)는 "성경이 창조로부터 계시록에 이르는 단일 원형구조로 되어있다"라고 주장한다.[141] 따라서 신구약 성경은 결코 분리해서 생각할 수 없다. "구약은 신약 없이는 이해할 수 없으며 신약은 구약 없이는 불완전하다"[142]고 할 정도로 신구약 성경은 전체적으로 완전한 하나의 유기적인 구조를 형성하고 있기 때문이다.

앞서 강조한 것처럼 성경의 저자들은 본문의 어휘는 물론 구조를 통해 의미를 전달하고 있다. 하지만 현대의 성경 연구가들은 성경의 각 구절에 나오는 어휘의 의미를 밝히려는 것에 관심을 집중시켜 온 것이 사실이다. 그래서 귀납법적 성경해석이나 문법적인 성경해석이 성경해석의 주류를 형성해 왔다. 그러나 성경의 내용을 더욱 정확하게 이해하기 위해서는 본문의 밑바탕에 의사소통을 위한 구조가 존재한다는 사실을 직시하고 성경의 구조를 파악해야 한다. 성경 구조에 관한 연구가 더욱 활성화되어야 할 이유가 여기에 있다.

141 Northrop Frye, *Anatomy of Criticism* (Princeton: Princeton University Press, 1957), 315.
142 백승철, 『실제적인 문학의 정서와 성경』 (서울: 도서출판 영문, 2010), 43.

제 5 장

성경의 문학적 분석

1

성경의 내러티브

창조와 타락 이야기

성경은 수많은 이야기를 모아 놓은 모음집이지만 여러 이야기가 성경 전체를 하나로 묶는 공통된 주제들을 다루고 있어서 통일성 있는 구성을 보인다.

성경이 제시하는 첫 번째 주제는 하나님의 구원이다. 하나님께서 세상을 완벽하게 창조하시고 인간을 에덴동산에 살게 하셨다. 그러나 인간은 불순종으로 이 세상에 죄를 가져온다. 그 결과 인간은 죽음을 맞이할 수밖에 없는 운명에 처하게 된다. 그러나 하나님은 독생자 예수 그리스도를 통해 인류를 구원할 계획을 세우시고 그것을 실현하신다. 성경의 전체 플롯은 예수 그리스도의 죽음과 부활을 통한 인류구원의 역사에 초점을 맞추고 있다.

두 번째 주제는 하나님이 역사를 지배하고 인간을 통치하신다는 것이다. 성경의 하나님은 구원을 이루실 뿐 아니라 창조의 역사를 행하시고 개인과 민족, 그리고 국가를 통치하시며 그의 섭리를 펼치신다. 개인과 민족에게 필요한 것을 공급하시고, 자비와 심판을 베푸시며 역사를 주관하신다.

세 번째 주제는 성경은 인간에게 생명을 주시는 하나님을 시종일관 보여준다는 것이다. 성경은 수많은 긍정적인 예와 부정적인 예를 통해 하나님께서 어떻게 인간에게 생명을 베푸시는지를 다루고 있다.[143]

네 번째 주제는 성경에서는 선과 악의 충돌을 위시한 여러 상반된 가치와 세력들이 충돌하고 이런 상황에서 인간이 어떤 선택을 하는지를 중요 관심사로 다룬다는 것이다. 성경은 인류 역사를 통해 하나님이 행하시는 주권적인 사역을 보여주면서도 동시에 인간이 선과 악 중에서 어떤 선택을 하는가에 모든 이야기의 관심이 집중된다. 다시 말해, 선인과 악인이 충돌하고, 하나님의 뜻과 인간의 편의주의적인 생각이 갈등하며, 우호적인 인물과 적대적인 인물이 대립하는 상황에서 인간이 어떤 선택과 반응을 보이는가를 중요한 주제로 다룬다. 순종함으로써 하나님을 향하든지 불순종 함으로써 하나님을 거부하든지 인간은 한가지 선택만 할 수 있다. 성경을 "영적인 선택의 드라마"[144]라고 부르는 것은 이 때문이다. 인간의 영혼은 갈등을 경험하지만 선택할 수밖에 없으며, 성경의 인물들에게 중립적인 지대는 존재하지 않기 때문이다.

창세기에 나오는 성경의 첫 번째 이야기인 창조와 타락 이야기는 이러한 성경의 전체적인 주제들의 출발점이 되고 있어 자세히 살펴볼 필요가 있다.

창세기에는 많은 사건들이 기록되어 있다. 그러나 여러 이야기의 공통된 관심사는 "하나님은 과연 어떤 존재인가?"라는 것이다. 그리고 창세기의 모든 내용은 이런 근본적인 질문에 해답을 제공한다. 이와 연관된 또 다른 질문은 "하나님과 인간은 어떻게 서로 관계를 맺는가?"라는 것으로, 하나님과 관련하여 인간을 어떤 존재로 볼 수 있는가의 문제를 제기하고 있다. 여기에는 어떤 기준으로 인간의 존재와 가치를 규정할 것인지 그 기준을 탐색하는 중요한 목적이 포함된다. 창세기에서 하나님은 인간을 창조한 창조주이며 인류의 죄를 다루시는 분이다. 창세기에 서술된 역사는 하나님이 인간의 죄를 심판하시는 공의의 역사와, 동시에 선택한 그의 백성들을 구원하시는 사랑

143 리런드 라이켄, 필립 라이켄, 제임스 윌호이트, 『라이켄 성경 핸드북』 이국진, 김장복 역 (서울: 아가페북스, 2016), 25.

144 위 책, 25.

의 역사가 함께 진행된다. 그러니까 하나님의 심판과 구속이라는 이중 플롯(double plot)이 창세기를 구성하고 있다. 여기에 등장하는 사람들도 하나님을 신뢰하고 순종하는 사람들과 자신을 신뢰하고 불순종하는 사람들로 양분되고, 하나님의 뜻과 인간의 편의주의적인 생각이 계속해서 충돌하는 모습을 보인다.

특히, 창세기 1–11장의 내용은 원시역사(primeval history)로 불리는데 세상이 창조되면서 시작된 가장 초기인 원시시대의 세계역사다. 이 부분의 배경은 우주적이고 기본적이며 한 곳에 한정되지 않고 광활하며 하나님이 직접 역사에 개입하여 행동한다. 창세기(Genesis)라는 단어는 "기원"(origin), "시작"(beginning)을 의미하는데 이 제목과 부합되게 창세기에는 우주의 시작, 인간의 시작, 죄의 시작, 하나님의 심판과 사랑의 시작, 족장의 시작이 기록되어 있다.

창조와 타락의 이야기는 창세기의 시작을 장식하는 내러티브로 우주와 인간의 창조, 에덴에서의 인간의 삶의 시작, 인간의 타락과 죄의 기원을 다루고 있어 의미심장하다.

문학적으로 창조 이야기는 우선, 구조적으로 매우 완전한 형식을 취하고 있어서 신선한 충격을 선사한다. 창세기 저자는 마지막 7일을 제외한 6일 동안의 창조의 역사를 똑같은 표현의 형식을 사용하여 기술한다. 라이켄 교수가 설명한 것처럼 창세기 저자는 첫째 날부터 마지막 날까지 하나님의 창조 행위를 발표("하나님이 이르시되 …"), 명령("…이 있으라"), 보고("그대로 되니라"), 평가("하나님이 보시기에 좋았더라"), 그리고 시간 구조의 배치("저녁이 되며 아침이 되니 이는 …째 날이니라")라는 일관된 반복적 형식을 사용해 표현한다.[145] 창세기 1장의 창조 이야기는 하나님이 무에서 유를 창조하여 우주에 질서를 부여하고 있는 내용과 어울리게 표현도 통일성 있는 예술적인

145 Leland Ryken, *Words of Delight: A Literary Introduction to the Bible* (Grand Rapids: Baker, 1992), 93.

형식을 통해 기술되고 있다.

창조의 순서는 평형 구조로 이루어져 있다. 처음 3일 동안은 빛, 하늘과 바다, 땅이라는 3개의 영역을 창조하시고 나머지 3일은 해와 달(광명), 조류와 어류, 육축과 사람을 창조하여 처음 창조한 각각의 영역에 생명체를 채우신다. 그리고 일곱째 날은 안식하신다. 매우 질서정연한 구조 속에 하나님의 창조행위가 기록되어 있다.

또한, 창조 이야기는 신구약 성경 전체를 하나의 책으로 보았을 때 아리스토텔레스가 그의 『시학』(*Poetics*)에서 말한 플롯의 구성요소인 시작, 중간, 끝 중에서 시작에 해당하는 것으로 성경 전체의 출발점으로서 후속 이야기를 이끌어가는 추진체 역할을 한다. 성경은 창조와 타락 이야기를 다루는 시작(the beginning)과 세상의 종말을 예언하는 요한계시록의 끝(the end) 사이에 인간과 세상에서 일어나는 여러 복잡한 사건들이 중간을 채우고 있는 매우 잘 짜인 통일된 구조로 플롯이 형성되어 있다.

창조 이야기에서 가장 중요한 인물은 창조주인 하나님이다. 하나님은 이 이야기에 등장하는 유일한 인물이며 주인공(protagonist)으로 전체이야기를 주도한다. 창세기 1장 1절의 "태초에 하나님이 천지를 창조하시니라"라는 엄숙한 선언이 보여주듯 창세기 1장에 묘사되는 하나님은 전지전능하고 장엄한 존재다. 그의 명령은 아주 단순하지만, 경이로운 즉각적인 결과를 가져온다. 하나님이 "빛이 있으라"라고 명령하면 그 즉시 빛이 만들어지고, "궁창이 있어라", "물과 물이 나뉘어라"라고 명령하면 즉시 그대로 실행된다. 이처럼 우주 밖에서 초월적인 존재인 창조주는 말씀으로 세상을 창조한다. 특별히 시선을 끄는 것은 하나님께서 각각의 만물을 창조하실 때마다 "보시기에 좋았더라"라고 말씀하시며, 마지막 인간을 만드시고 창조를 완성한 순간에는 "하나님이 지으신 그 모든 것을 보시니 보시기에 심히 좋았더라"(창세기 1장 31절)라는 구절에서 알 수 있듯이 기쁨을 감추지 못한다. 이는 창조주 하나님이 피조물을 선하고 아름답게 창조했음을 의미한다.

그런데 하나님의 이러한 창조행위는 앞서 언급했듯이 "발표–명령–보고–평가–날짜의 변화"라는 반복적인 예술적 구조를 통해 묘사됨으로써 장엄한 분위기를 연출한다. 그렇다고, 창세기 저자가 하나님의 창조행위를 형이상학적인 용어들을 사용하여 추상적으로 묘사한 것은 아니다. 일상적인 언어를 사용하여 구체적으로 표현하면서도 장엄한 분위기를 연출하고 있어서 특징적이다.

> 하나님이 이르시되 물들은 생물을 번성하게 하라. 땅 위 하늘의 궁창에는 새가 날으라 하시고 하나님이 큰 바다 짐승들과 물에서 번성하여 움직이는 모든 생물을 그 종류대로, 날개 있는 모든 새를 그 종류대로 창조하시니 하나님이 보시기에 좋았더라. (창세기 1장 20-21절)

또한, 창세기 저자는 히브리 문학의 가장 특징적인 표현 방법인 평행법을 통해 창조 이야기를 서술하여 문학적인 효과를 극대화한다. 다음은 동의적 평행법으로 표현된 대표적인 창조의 내용이다.

> 하나님이 이르시되 땅은 풀과 씨 맺는 채소와 각기 종류대로 씨 가진 열매 맺는 나무를 내라 하시니 그대로 되어 땅이 풀과 각기 종류대로 씨 맺는 채소와 각기 종류대로 씨 가진 열매 맺는 나무를 내니 하나님이 보시기에 좋았더라. (창세기 1장 11-12절)

창세기 1장의 창조 이야기는 얼핏 보면 첫째 날에서 시작되어 여섯째 날에 끝나는 개별적인 창조행위가 평면적으로 나열되어있는 것처럼 보인다. 그러나 실상은 마지막 여섯째 날의 인간 창조를 강조점으로 삼아 의도적으로 배열한 것이다. 하나님은 인간이 거주할 공간과 인간이 먹을 먹거리 등 필요한 것을 차례대로 창조하시고 마지막으로 인간을 창조하신다. 하나님은 만물들을 다 선하고 아름답게 창조하셨지만, 인간은 하나님의 보시기에 아주 좋은 걸작으로 만드셨다. 그러니까 하나님의 창조행위의 클라이맥스는 바로 인간의 창조다. 삼위일체 하나님은 다른 피조물들을 만드실 때와는 구별되게 아담을 만드실 때는 "우리가 사람을 만들자"(Let us make man)라고 선포하며, 나아가 창조의 의도와 목적도 분명하게 밝힌다.

> 하나님이 이르시되 우리의 형상을 따라 우리의 모양대로 우리가 사람을 만들고 그들로 바다의 물고기와 하늘의 새와 가축과 온 땅에 기는 모든 것을 다스리게 하자 하시고 하나님이 자기 형상 곧 하나님의 형상대로 사람을 창조하시되 남자와 여자를 창조하시고 하나님이 그들에게 복을 주시며 하나님이 그들에게 이르시되 생육하고 번성하여 땅에 충만하라, 땅을 정복하라, 바다의 물고기와 하늘의 새와 땅에 움직이는 모든 생물을 다스리라 하시니라. (창세기 1장 26-28절)

"우리가 사람을 만들자"라는 말에 사용된 복수형 "우리"는 삼위일체 하나님을 가리킨다. 이 말은 인간의 창조가 성부, 성자, 성령, 즉 삼위 하나님의 협력으로 이루어졌음을 보여주며, 인간의 창조가 하나님의 계획과 섭리에 따른 것임을 강조한다. 이뿐만 아니라, 인간이 하나님의 형상(image of God)과 모양(likeness)에 따라 만들어졌다는 구절은 인간이 다른 피조물과 다른 특별한 존재로서 창조주를 가장 닮은 존재임을 나타낸다. 하나님은 인간을 남자와 여자로 만드시고 그들에게 복을 주셨을 뿐 아니라 생육하고 번성하여 땅에 충만하라고 말씀하신다. 그리고 땅을 정복하고 모든 생물을 다스리라는 문화적 사명을 부여한다. 이것은 모든 창조가 인간을 위한 것임을 나타냄과 동시에 창조의 전체적인 이야기의 핵심이 인간에게 있음을 보여준다. 그래서 창세기 1장의 창조 이야기는 "인간 중심적인 지향성을 가지고 진행되는 이야기"[146]라고 할 수 있다. 자연 만물을 만들고 생물과 채소 등 다른 모든 피조물

146 Nahum M. Sarna, *Understanding Genesis: The World of the Bible in the Light of History* (New York: Schocken Books, 1966), 14.

을 만든 것은 인간의 필요를 채워주기 위함이다.

이상에서처럼 창세기 1장에 나타난 창조의 이야기에서는 초월적인 위엄성을 가진 창조주 하나님이 그의 엄위하신 말씀으로 만물을 창조하시고 그것에 질서를 부여하고 있다. 다시 말해, 1장에서는 하나님이 말씀을 선포하고 그와 동시적으로 창조가 실행되는 "명령과 이행의 역사"로 천지 만물의 창조가 묘사되고 있다. 그런데 창세기 저자는 창조행위를 묘사하면서 단지 질서의 이미지만 사용한 것이 아니라 풍성한 생산 에너지의 이미지를 함께 사용한다. 이를 통해 하나님이 만든 이 세상은 질서와 통일성, 나아가 변화, 다양성, 발전의 특성을 가진 역동적인 세상임을 보여준다. 또한, 위 인용문에서 볼 수 있는 "풀을 내는 땅뿐 아니라 씨 맺는 채소, 씨가진 열매 맺는 과실나무들"과 "생육하고 번성하며 땅에 충만하라" 같은 표현에는 생물학적 번식의 이미지가 사용되고 있는데 이것은 하나님의 창조가 단지 일회적 사건으로 끝나는 것이 아니라 계속해서 진행되는 연속적인 사건임을 암시한다.

이처럼 창세기 1장에는 우주 밖에서 초월적인 존재로서 천지 만물을 창조하는 하나님의 모습이 묘사되어 있다면, 2장에는 인간과 대화를 나누며 친밀한 관계를 맺고 있는 내재적인 창조주의 모습이 그려진다. 창세기 1장이 "세상의 창조"(The Creation of the World)를 기록하고 있다면, 2장은 "에덴동산의 삶"(Life in Paradise)을 묘사한다. 다시 말하면, 1장의 창조 이야기는 전능한 하나님이 시간으로부터 시작하여 무에서 유를 말씀으로 창조하는 초월적인 모습을 제시하지만, 2장은 시간 속에서 인간의 세계로 직접 내려와 사람을 창조하고 에덴동산을 만들어 인간을 살게 하는 내재적인 하나님의 모습이 제시된다. 2장에서 특별히 우리의 시선을 자극하는 것은 하나님이 직접 손으로 사람을 흙으로 빚어 창조하는 모습이다.

> 여호와 하나님이 땅의 흙으로 사람을 지으시고 생기를 그 코에 불어넣으시니 사람이 생령이 된지라. (창세기 2장 7절)

여기에 묘사된 창조주 하나님은 초월적인 존재가 아닌 우리가 이웃에서 만날 수 있는 토기장이(potter)와 같은 모습이다. 1장에서 말씀으로 만물을 창조하신 것과 달리, 마치 토기장이가 흙으로 정교하게 토기를 빚듯이 하나님이 흙으로 사람의 형태를 만들고 직접 그 코에 자신의 생기(생명의 호흡)를 불어넣어 사람을 창조한다.

그런데 위 인용 구절에 나타나 있듯이 하나님은 인간을 생령(a living soul), 즉 살아있는 영혼으로 창조하셨다. 서양의 세계관을 보여주는 존재의 대 연쇄(the Great Chain of Being)에 있어서 인간은 하나님 아래, 그러나 동물이나 식물보다 더 높은 위치에 있는 존재로서 만물의 영장으로 자리매김하고 있는데 그 이유는 인간이 육체와 동시에 영혼을 가진 존재로 창조되었기 때문이다.

아담이 혼자 있는 것을 좋지 않게 생각한 하나님은 아담의 짝인 하와(이브) 또한 아담의 갈비뼈를 취하여 직접 창조하신다. 인간의 역사 속에 직접 개입하여 인간을 삶을 돌보시는 하나님의 정겨운 모습을 엿볼 수 있는 장면이다.

> 아담이 돕는 배필이 없으므로 여호와 하나님이 아담을 깊이 잠들게 하시니 잠들매 그가 그 갈빗대 하나를 취하고 살로 대신 채우시고 여호와 하나님이 아담에게서 취하신 그 갈빗대로 여자를 만드시고 그를 아담에게로 이끌어 오시니 아담이 이르되 이는 내 뼈 중의 뼈요 살 중의 살이라 이것을 남자에게서 취하였을 즉 여자라 부르리라 하니라. (창세기 2장 20-23절)

하나님이 하와를 창조한 것은 아담이 혼자 사는 것이 좋지 않다고 생각했기 때문이다. 그런데 하나님은 아담을 만드실 때와는 달리 하와는 아담을 깊이 잠들게 하여 그의 갈비뼈를 취하여 만든다. 성경은 하나님이 아담을 위해 "돕는 배필"(help meet)로 하와를 만드셨다고 말한다(창세기 2장 18절). 서로 돕고 행복한 삶을 살도록 배려하는 하나님의 사랑을 느낄 수 있는 구절이다.

이처럼 창세기 1장과 달리 2장의 하나님은 인간 세계의 바깥에서 명령하는 존재가 아닌 직접 인간이 생활하는 세계 속에 오셔서 인간 삶에 개입하여 행동하는 존재다. 아담뿐만 아니라 하와를 만드실 때도 말로 하는 명령이 아닌 구체적인 행동을 통해 직접 창조하셨다. 인간과 동물들과의 관계 형성도 하나님이 들짐승과 공중의 새들을 아담에게 데리고 가 이름을 짓게 함으로써 직접 주도한다. 아담과 하와가 부부가 되는 일도 하나님이 하와를 아담에게 데려와 몸소 행하신다.

> 이러므로 남자가 부모를 떠나 그의 아내와 합하여 한 몸을 이룰지니라. (창세기 2장 24절)

위 구절은 부부제도를 인간이 아닌 하나님이 직접 만든 것임을 보여준다. 하나님은 남자와 여자가 부부가 되어 한 몸을 이루어 외롭지 않고 서로 도우며 기쁨과 행복을 누리며 살도록 하셨다. 또한, 인간을 단지 창조한 것에 그치지 않고 편하게 살 수 있도록 에덴동산을 만들어 인간을 거기에 살게 하셨다. 땅에는 보기에 아름답고 먹기에 좋은 열매 맺는 나무들을 자라게 하시고 인간에게 필수적인 물을 공급하기 위해 강이 에덴에서 흘러나와 동산을 적시고 갈라져 네 근원을 이루게 하셨다. 이처럼 창세기 2장에서는 인간의 삶에 관심을 가지고 직접 시간 속에 개입하여 인간에게 필요한 모든 것들을 공급하고 사랑을 베풀며, 인간과 친밀한 관계를 맺는 내재적인 하나님의 모습이 그려지고 있다.

그러나 하나님이 인간에게 주신 아름다운 에덴동산은 인간이 염원하는 이상향을 표상하는 공간이기는 하나 완벽한 곳은 아니다. 에덴동산은 하나님이 직접 만든 낙원으로 예술적인 걸작이며 신의 사랑과 배려가 서려 있는 이상적인 삶의 거처지만 그 속에는 처음부터 변화의 가능성이 존재했다.[147] 하나님은 인간에게 필요한 모든 것들을 주셨지만 한 가지 제약을 두셨다.

> 여호와 하나님이 그 사람에게 명하여 이르시되 동산 각종 나무의 열매는 네가 임의로 먹되 선악을 알게 하는 나무의 열매는 먹지 말라. 네가 먹는 날에는 반드시 죽으리라 하시니라. (창세기 2장 16-17절)

이 말씀은 하나님의 지엄한 명령으로 인간에게 주신 가장 중요한 첫 언약(covenant)이다. 성경에서 언약은 하나님이 인간에게 하신 신실한 약속을 의미하는데 두 사람 사이에 맺는 계약과는 다른 것으로 하나님이 인간에게 선포하는 명령의 형태를 취한다. 이것을 어겼을 때 인간은 벌을 받고 이것을 지키면 복을 받는다. 그런데 인간에게 생명을 부여하시고 모든 좋은 것들을 채워주신 하나님이 선악과를 먹으면 반드시 죽는다는 무서운 언약을 주신 것은 어떤 의미를 갖는 것일까? 여기에는 피조물인 인간은 창조주인 하나님의 말씀을 순종해야 한다는 의미가 들어 있다. 다시 말해, 피조물은 조물주의 존재를 인정하고 항상 의식하며 살아야 한다는 것이다. 또 다른 중요한 의미는 하나님은 인간을 기계적으로 행동하는 무의지의 존재가 아닌 자율적으로 행동할 수 있는 인격적인 존재, 즉 스스로 판단하여 선택할 수 있는 자유 의지를 가진 존재로 만들었다는 것이다.

그런데 선악과를 먹는 날에는 인간이 죽게 된다는 이 말씀은 하나님이 창조한 생명의 세계에 이미 죽음이 내포되어 있으며, 인간의 존재 방식이 인간의 도덕적 선택으로 결정된다는 사실을 보여주고 있어서 의미심장하다. 다시 말해, 신이 창조한 세계는 물리적인 자연의 법칙에 따라 움직일 뿐 아니라 도덕적, 영적 법칙에 따라 움직이는 세계라는 것이다.

---

147 Leland Ryken, *The Literature of the Bible* (Michigan: Zondervan, 1974), 38.

하나님의 형상대로 창조된 인간은 하나님의 언약을 어기기 전에는 매우 순수한 존재였다. 성경은 "아담과 그의 아내 두 사람이 벌거벗었으나 부끄러워하지 아니하더라"(창세기 2장 25절)라고 타락 이전의 모습을 묘사하고 있는데 이것은 낙원(에덴동산)에는 현재와 같은 문명이 없었음을 나타낸다.[148] 또한, 이것은 타락 이전과 타락 이후가 어떻게 다른지를 보여주는 하나의 척도이며 인간이 순수한 상태에서 누린 자유를 표상하는 구절이기도 하다.[149] 하나님이 하와를 만들어 아담에게 데리고 왔을 때 아담이 보인 반응 역시 타락 이전 인간의 순수성을 잘 보여준다.

> 아담이 이르되
> 이는 내 뼈 중의 뼈요
> 살 중의 살이라.
> 이것을 남자에게서 취하였은즉
> 여자라 부르리라 하니라. (창세기 2장 23절)

아담은 매우 감격에 겨운 어조로 하와가 타인이 아닌 바로 자신과 하나인 존재라고 말하고 있다. 다시 말해, 나와 너(I & thou)가 아닌 분리할 수 없는 동일체라는 것이다. 그는 하와가 자신과 동등한 가치와 지위를 가진 존재일 뿐 아니라 한 몸임을 표명하고 있다. 특히, "뼈 중의 뼈요 살 중의 살"이라는 말은 히브리어의 최상급을 사용한 표현으로 하와가 아담의 일부분이라는 뜻이 아닌 가장 귀하고 가치 있는 존재임을 의미하고 있어서 하와에 대한 최고의 찬사로 볼 수 있다. 이처럼 타락 이전에는 남자와 여자 사이의 관계가 이상적이고 완전한 것이었다. 그러나 인간의 타락은 이런 이상적인 부부관계를 깨트릴 뿐 아니라 하나님과 인간의 관계도 파괴한다.

---

148 리런드 라이켄, 『문학에서 본 성경』 유성덕 역 (서울: 크리스챤 다이제스트, 1998), 38.
149 위 책, 38.

창세기 3장에 기록되어 있는 인류의 첫 조상 아담과 하와의 타락 이야기는 구조적으로 창세기 1장과 2장의 창조 이야기와 연결되어 있어서 삼부구조의 마지막을 장식하는 이야기다. 앞에서 살펴본 대로 1장에서는 하나님이 만든 완벽한 세계가 서술되어 있고, 2장에서는 하나님이 인간을 위해 마련한 에덴동산에서의 인간의 원초적인 순수한 삶이 묘사되고 있다. 그러나 3장에서는 인간의 불순종으로 인해 완전하게 창조된 세상의 질서가 무너지고 인간의 원초적인 순수성이 파괴되는 모습이 제시된다.

성경의 타락 이야기는 비록 짧게 기록되어 있지만, 문학적으로 보면 예술적으로 잘 디자인된 매력적인 글이다. 우선, 타락 이야기는 서양 문학에서 중요하게 다루어지는 비극의 원형적인 이야기다. 하나님의 명령을 따를 것인지 사탄의 제안을 받아들일 것인지에 대한 주인공의 도덕적인 딜레마로부터 이야기가 시작되어 하나님의 말씀에 순종하지 않는 비극적인 선택이 뒤따른다. 그리고 잘못된 선택은 모든 것들을 엉망으로 만드는 파국을 초래하고, 타락한 결과 인간은 고통을 경험하고 육체적, 정신적 죽음의 벌을 받게 된다. 다시 말하면, 성경의 타락 이야기는 문학에서 말하는 비극의 전형적인 패턴인 딜레마-비극적인 선택-파국-고통-죽음에 따라 진행되는 원형적인 이야기다. 특히, 우리의 관심을 끄는 것은 창세기 3장 1-6절에 나오는 뱀의 유혹 장면이다.

> 그런데 뱀은 여호와 하나님이 지으신 들짐승 중에 가장 간교하니라 뱀이 여자에게 물어 이르되 하나님이 참으로 너희에게 동산 모든 나무의 열매를 먹지 말라 하시더냐 여자가 뱀에게 말하되 동산 나무의 열매를 우리가 먹을 수 있으나 동산 중앙에 있는 나무의 열매는 하나님의 말씀에 너희는 먹지도 말고 만지지도 말라 너희가 죽을까 하노라 하셨느니라 뱀이 여자에게 이르되 너희가 결코 죽지 아니하리라 너희가 그것을 먹는 날에는 너희 눈이 밝아져 하나님과 같이 되어 선악을 알 줄 하나님이 아심이니라 여자가 그 나무를 본즉 먹음직도 하고 보암직도 하고 지

> 혜롭게 할 만큼 탐스럽기도 한 나무인지라 여자가 그 열매를 따 먹고 자기와 함께 있는 남편에게도 주매 그도 먹은지라. (창세기 3장 1-6절)

일반 문학의 유혹 이야기와 마찬가지로 성경의 유혹 이야기에도 유혹 모티프(temptation motif)가 사용되어 독자의 궁금증을 유발한다. 유혹 이야기의 전형적인 패턴은 첫째, "유혹자가 어떤 인물로 설정되어 있는가?" 둘째, "유혹자는 어떤 미끼를 던져 희생자를 조종하는가?" 셋째, "희생자가 유혹자의 전략에 처음에는 저항하다가 결국 어떤 과정을 통해 굴복하는가?"라는 질문을 포함한다. 일반 문학작품과 다르지 않게 최초의 유혹자인 뱀은 아주 간교한 존재로 전형적인 유혹자의 특징을 보여준다. 유혹자 뱀은 상황을 아주 잘 이용하고 매우 설득력 있는 수사를 구사하여 희생자인 하와를 유혹한다. 뱀은 교묘하고 치밀한 전략으로 그녀를 공격한다. 그가 하와에게 던지는 첫 질문은 "하나님이 정말 에덴동산의 모든 나무의 열매를 먹지 말라고 하셨느냐?"(창세기 3장 1절)라는 것인데 하나님의 선하심을 의심하도록 하와를 유도하는 질문이다. 하나님은 에덴동산에 있는 모든 것들을 인간에게 주시면서 단 한 가지 선악과를 금지하셨지만 마치 에덴동산의 모든 나무의 열매를 다 금지하신 것처럼, 그녀의 판단을 잘못된 방향으로 유도한다. 하와는 이런 유혹의 덫에 걸려 이성이 흐려진 것 같은 대답을 한다.

> 여자가 뱀에게 말하되 동산 나무의 열매를 우리가 먹을 수 있으나
> 동산 중앙에 있는 나무의 열매는 하나님의 말씀에 너희는 먹지도 말고 만지지도
> 말라 너희가 죽을까 하노라 하셨느니라. (창세기 3장 2-3절)

하나님은 "선악을 알게 하는 나무의 실과는 먹지 말라 네가 먹는 날에는 반드시 죽으리라(창세기 2장 17절)"라고 명확하게 말씀하셨지만, 하와의 대

답은 자기 생각과 느낌이 가미된 모호한 것이다. 동산 중앙에는 선악과만 있는 것이 아니라 생명 나무도 함께 있으며, 하나님이 금하신 것은 선악과 뿐이기에 하나님이 동산 중앙에 있는 나무의 열매를 금지하셨다는 대답은 하나님의 명령에 대한 인식의 부족을 보여주며, 그녀가 자의적이고 인간 중심적인 생각에 빠져 있음을 드러낸다. 이처럼 유혹자에게 약점을 노출하자 간교한 뱀이 이를 십분 활용하여 그녀를 강하게 유혹한다.

뱀은 하와에게 선악과를 먹어도 절대로 죽지 않는다고 단언하면서 오히려 눈이 밝아져 하나님과 같이 될 수 있기에 금한 것이라고 공언한다. 사탄의 이 말은 명백한 거짓말이다. 그러나 악을 경험한 적이 없는 하와에게 이 달콤한 유혹의 말은 거짓으로 인식되지 않는다. 피조물로서 유한한 인간이 조물주인 전지전능한 하나님처럼 될 수 있다는 유혹은 하와의 내부에 있는 교만을 끌어내기에 충분했다. 사탄의 유혹은 단순히 인간을 즐겁게 하거나 행복하게 만드는 차원을 넘어 인간 존재의 본질적인 변화와 상승을 의미했기 때문이다. 창세기 저자는 하와의 내적인 동요를 "여자가 그 나무를 본즉 먹음직도 하고 보암직도 하고 지혜롭게 할 만큼 탐스럽기도 한 나무인지라"(창세기 3장 6절)라고 표현한다. 이러한 하와의 심리 상태를 라이켄 교수는 단지 맛있는 것을 먹고 싶어 하는 식욕만이 아닌, 아름다움에 대한 시각적인 욕구, 지혜에 대한 지적인 욕구 등이 복합적으로 작용함으로써 생기게 된 내면의 총체적 갈등으로 보았다.[150] 이것은 그녀가 사탄의 교활한 유혹의 전략에 완전히 휘말려 심리적으로는 이미 사탄의 조종과 지배 속으로 들어갔음을 상징적으로 보여준다.

이렇게 본다면 하와가 하나님의 명령에 불순종하여 타락하게 된 것은 단순히 하나님의 명령을 정확하게 인식하지 못한 것만이 원인은 아니다. 여기에는 신과 같이 되고자 하는 교만과 육체적인 갈망, 시각적인 욕망, 지혜에

150 Leland Ryken, *The Literature of the Bible*. (Michigan: Zondervan, 1974), 40–41.

대한 갈증 등 다양한 심리적인 욕구들이 원인으로 작용하고 있다. 물론 인간이 다양한 욕구들을 느끼는 것 자체를 잘못이라 할 수는 없지만, 문제는 이런 욕구들이 신의 명령을 어기는 잘못된 도덕적인 선택으로 이어질 때 엄청난 잘못이 될 수 있다는 데 있다.

창세기에 나타난 하와의 타락은 이처럼 유혹자의 간교한 계략에 그녀가 지혜롭게 대처하지 못했기 때문에 야기되었다고 볼 수 있다. 즉, 하와는 유혹자의 유혹이 없었더라면 타락하지 않았을 것이다. 그러나 아담은 유혹자의 술책이 없었음에도 타락했다는 점에서 하와의 타락과 성격이 다르다. 성경에는 "여자가 그 열매를 따 먹고 자기와 함께 있는 남편에게도 주매 그도 먹은지라"(창세기 3장 6절)라고 아담이 타락했다는 사실만 간략하게 기술되고 있어서 그가 왜 타락했는지 원인을 규명하기가 쉽지 않다. 하와가 그에게 선악과를 주었을 때 신의 명령을 기억하고 고민하거나 망설였는지, 그렇지 않고 아무 갈등 없이 받아먹었는지 상황을 알 수는 없다. 그러나 분명한 것은 아내가 준 선악과를 먹었다는 사실, 즉 하나님의 말씀에 불순종했다는 것이다. 그러니까 하나님의 말씀보다 아내의 제안이 그에게 더 중요하게 작용한 것이 문제였다.

성경에는 타락의 원인보다 타락으로 인해 맞이하게 된 불행한 결과가 훨씬 더 자세하게 기술된다. 타락에 관여한 모든 행위자에게 하나님은 벌을 내리시는데, 특히 인간에게는 내적인 면과 외적인 면 모두 벌을 내린다.[151]

첫째, 인간은 타락 이전에 느끼지 않았던 수치심을 느끼게 된다. 창세기 3장 7절의 "이에 그들의 눈이 밝아져 자기들이 벗은 줄을 알고 무화과나무 잎을 엮어 치마로 삼았더라"라는 구절은 아담과 하와가 타락으로 인해 수치심을 가지게 되었음을 보여준다.

둘째, 타락으로 인간은 죄의식과 두려움의 감정을 가지게 되어 당당하게

151 Kenneth R. R. Gros Louis, "The Garden of Eden" *Literary Interpretations of Biblical Narratives* Ed. Kenneth R. R. Gros Louis & James S. Ackerman, Thayer S. Warshaw (Nashville: Parthenon Press, 1978), 57.

하나님과 대면하지 못한다.

> 그들이 그 날 바람이 불 때 동산에 거니시는 여호와 하나님의 소리를 듣고 아담과 그의 아내가 여호와 하나님의 낯을 피하여 동산 나무 사이에 숨은지라. (창세기 3장 8절)

이것은 타락으로 하나님과 인간 사이의 친밀한 관계가 깨어진 것을 나타낸다.

셋째, 유혹자 뱀에게는 평생 배로 기어 다니고 흙을 먹으며 살아야 하는 벌이 내려지고, 하와에게는 해산의 고통과 남편을 섬기며 살아야 하는 벌이 내려진다. 그런데 하나님께서 인간을 창조하시고 생육하고 번성하라고 축복하셨다는 사실을 고려하면 여성에게 내려진 해산의 고통은 하나님이 인간에게 베푼 번성의 복을 제한하는 것이어서 엄청난 징벌이다.

넷째, 아담은 에덴동산에서 쫓겨나 에덴의 동편에 정착해야 했다. 그리고 식물을 얻기 위해 이마에 땀을 흘려 노동을 해야 하는 벌도 받았다. 하나님이 선물한 낙원에서 추방될 뿐 아니라 일평생 수고해야 살 수 있는 운명에 처하게 된 아주 무거운 형벌이다.

다섯째, 아담과 하와 모두 흙에서 왔으니 다시 흙으로 돌아가라는 벌을 받는다. 이 벌은 살아있는 영혼으로 창조된 인간이 피조물 중 가장 저급한 무생물로 강등되는 것을 말한다. 이것은 일반문학의 비극에서 주인공이 비극적 결함 때문에 인생의 최고의 정점에서 밑바닥으로 떨어지는 운명의 역전과 같은 의미를 지닌 벌이어서 의미심장하다.

여섯째, 타락의 결과는 인간에게뿐 아니라 자연에도 영향을 미쳐 가시덤불과 엉겅퀴가 생겨난다. 인간의 타락이 전 우주적인 무서운 결과를 가져온 것을 보여준다.

일곱째, 타락이 인간에게 가져온 가장 심각한 결과는 죽음이다. 타락으로 인간은 영원한 생명을 상실하고 육체적, 영적 죽음을 맞이하게 된다. 생명 나무에 접근하는 것이 금지되어 영원한 생명에서 분리된다. 생명 나무의 실과를 먹고 인간이 영생하지 못하도록 화염검과 천사들이 생명 나무를 지키기 때문이다.

여덟째, 타락의 결과 창조주 하나님을 중심으로 한 일사불란한 질서가 깨어지고 선의 원천인 하나님뿐 아니라 악의 원천인 사탄도 인간을 조종하게 됨으로써 선과 악이 대립하게 된다. 또한, 인간의 이성이 흐려져 선을 그 자체로 파악하지 못하고 악을 통해 선을 파악하는 역설적인 상황이 펼쳐지게 된다. 다시 말해, 죄로 인해 인간의 절대적인 인식체계가 훼손되어, 타락 후 인간은 모든 것들을 그 자체로 인식하지 못하고 비교와 대조를 통해 인식하게 된다.

그러나 창세기의 타락 이야기는 비관적인 우울한 분위기로 끝나지 않는다. 성경의 타락 이야기에는 타락으로 인한 불행과 슬픔이 묘사되면서도 동시에 희망의 메시지가 병치 되고 있어 독자에게 매력을 선사한다. 창세기 저자는 균형 잡힌 시각으로 타락의 암울한 결과와 함께 인간 구원의 가능성을 동시에 제시하여 인간을 향한 하나님의 사랑을 보여준다. 이 이야기의 구조는 타락 전(before the fall)과 타락 후(after the fall), 하나님과 사탄(God and Satan), 에덴동산(the Garden of Eden)과 바깥세상(wilderness), 죄와 회복(sin and restoration), 하나님의 심판과 자비(God's judgment and mercy) 등 대조적인 것들이 균형을 이루며 배치된 형태로 되어있다.[152] 하나님은 벌거벗은 상태에 수치를 느끼는 인간을 위해 가죽옷을 만들어 입힘으로써 인간을 보호하고 수치를 덮어주는 자비로운 모습을 보인다. 이뿐 아니라 하나님은 "여자의 후손이 뱀의 머리를 상하게 할 것"(창세기 3장 15절)이라고 약속함으로써 결국 악을 패배시키고 택한 백성들을 구원할 것이라는 희

152 Leland Ryken, *Words of Delight: A Literary Introduction to the Bible* (Grand Rapids: Baker, 1992), 99.

망의 약속을 하신다. 다시 말해, 여자의 몸에서 태어난 예수 그리스도가 죄와 어둠의 권세를 물리치고 인간을 구원할 것이라는 기쁜 소식을 선포하고 있다. 그래서 성경학자들은 이것을 "원시복음"이라 부른다.

이처럼 타락 이야기에 묘사된 하나님은 인간의 죄를 벌하는 공의로운 존재지만 동시에 인간을 지키고 보호하며 타락한 인간에게 자비를 베푸시는 사랑의 존재다. 타락 이야기에서 알 수 있는 공의와 사랑이라는 하나님의 두 가지 속성은 성경 전체를 통해 나타나며, 성경 전체를 관통하는 구속의 역사(history of redemption)와 연결된다.

성경의 타락 이야기는 인간이 당하는 불행과 고통이 원래부터 인간에게 주어진 것이 아니라 인간의 잘못된 선택으로 초래되었다고 말한다. 이 이야기의 주된 메시지는 하나님에 대한 인간의 불순종과 죄에 대한 하나님의 심판이다. 저자는 유혹, 죄와 형벌, 순수한 상태에서의 타락, 범죄와 그 결과라는 서술패턴을 사용하여 주제를 효과적으로 전달한다. 하나님은 인간과 세상을 선하고 아름답게 창조했지만, 인간이 조물주 하나님의 말씀을 불순종하고 타락함으로써 죄가 세상에 들어오고 삶의 질서가 파괴된다. 그러나 하나님이 타락한 인간을 심판하는 이 비극적인 이야기에도 인간에게 은혜와 구원을 베푸는 하나님의 자비가 더해져 균형을 맞춘다.

타락 이후 인간의 역사는 하나님을 따르는 선의 역사와 사탄을 따르는 악의 역사가 충돌하는 양상으로 진행된다. 그러나 창조주 하나님은 이 모든 것들을 지배하고 그의 섭리를 실현하는 역사의 주인공이라는 것이 성경 전체를 관통하는 핵심적인 주제다.

| 아브라함 이야기

성경의 내러티브 중에서 등장인물, 대화, 플롯, 구조, 기법, 플롯의 갈등과 긴장 등 일반문학의 내러티브가 가진 요소들을 모두 잘 갖춘 첫 번째 이야기는 믿음의 조상 아브라함 이야기다. 이 이야기는 내러티브 중에서도 영웅 이야기로 분류할 수 있는 것으로 구약 성경에서 아주 중요한 위치를 차지하고 있다. 인류의 첫 조상 아담과 하와의 타락 이후 인간은 계속 타락의 길을 걷게 되고 그 첫 사건이 아담의 맏아들인 가인이 동생 아벨을 죽인 사건이다. 범죄자 가인의 이야기 뒤에는 여러 다양한 이야기들이 파노라마처럼 펼쳐지는데 족보의 형태를 취하고 서술되는 이 이야기에는 하나님의 말씀을 순종하는 사람들보다 죄를 범하는 사람들이 훨씬 많이 등장한다. 그래서 하나님은 사람 만드심을 후회하고 홍수로 세상을 심판하지만, 이번에도 노아의 가족을 통해 인류를 보존하시며 다시는 물로 세상을 심판하지 않겠다는 약속의 징표로 무지개의 언약을 보여주신다. 그러나 인간은 하나님의 약속을 망각하고 자기를 높이려고 바벨탑을 쌓는 교만의 죄를 범하고 하나님은 인간의 언어를 혼잡하게 하여 민족들을 분리하는 벌을 내리신다. 하나님과 인간의 관계가 깨어진 이러한 상황에서 아브라함 이야기는 하나님이 아브라함을 축복의 통로로 만들어주실 것이라는 새로운 언약을 보여주고 있어서 중요하다. 하나님은 아브라함에게 고향을 떠날 것을 명령하고 아브라함은 하나님의 명령에 순종함으로써 노아 홍수 때 멸망한 인간이 아브라함을 통해 다시 번성할 것을 약속하신다. 아브라함 이야기는 하나님이 아브라함과 맺은 언약을 어떻게 성취하는지를 보여주는 이야기이며, 그 과정에서 아브라함은 갈등, 패배, 승리 그리고 하나님의 인도하심을 경험하며 믿음의 영웅으로 성장한다.

그런데 영웅은 우리가 일반적으로 생각하는 문학작품의 주인공과는 다른 개념이다. 다음 인용문은 영웅이 주인공과 어떻게 다른지를 명쾌하게 설명하고 있어 주목할 만하다.

> 문학에서의 전통적인 영웅은 단순한 지도적 인물이나 주인공 이상을 말한다. 그는 그가 속한 사회의 중요한 갈등과 가치를 대변하는 인물로 대중들의 주목과 인기의 대상이며, 그가 하는 행동은 개인적인 차원을 넘어 공동체 전체의 운명과 직결

된다. 그는 갈등과 유혹 속에서도 선을 행할 능력을 가진 인물이며 그의 삶은 중대한 목적을 지향하는 특징을 가진다. 따라서 이러한 영웅의 삶을 통해 인간은 어떤 존재이며 어떤 의미가 있는지가 조명되고 그가 속한 사회가 표방하는 가치가 어떠한 것인지도 알 수 있다.[153]

구약성경 창세기 12장에서부터 등장하는 아브라함은 이런 영웅의 정의에 잘 부합하는 인물이다. 그는 한 가족의 대표자일 뿐 아니라 이스라엘 민족의 지도자이며, 나아가 믿음의 조상으로서 하나님의 부름을 받은 백성의 대표자다. 따라서 그의 행동은 당연히 개인적인 차원을 넘어 민족 전체의 운명과 직결된다. 하나님은 타락한 인간을 구원하고 축복하기 위해 아브라함을 선택하셨고 그를 통해 후손들에게 복을 주신다. 성경은 아브라함 이야기를 이렇게 시작한다.

여호와께서 아브람에게 이르시되 너는 너의 고향과 친척과 아버지의 집을 떠나 내가 네게 보여 줄 땅으로 가라. 내가 너로 큰 민족을 이루고 네게 복을 주어 네 이름을 창대하게 하리니 너는 복이 될지라. 너를 축복하는 자에게는 내가 복을 내리고 너를 저주하는 자에게는 내가 저주하리니 땅의 모든 족속이 너로 말미암아 복을 얻을 것이라 하신지라. 이에 아브람이 여호와의 말씀을 따라갔고 롯도 그와 함께 갔으며 아브람이 하란을 떠날 때에 칠십오 세였더라. (창세기 12장 1-4절)

아브라함 이야기는 한 장소에서 또 다른 장소로 이동하는 패턴을 따라 전개되는 여행 이야기이며 이를 통해 앞으로 어떤 일들이 일어날지에 대한 긴장감이 고조된다. 75세 때 고향을 떠나는 것으로 시작하여 흉년을 피하여 애굽으로 내려가 겪게 되는 일, 100살 때 낳은 아들 이삭을 하나님께 제물로 바치는 일 등 일련의 사건들은 독자의 호기심을 불러일으킨다. 고향을 떠나

153 Leland Ryken, *The Literature of the Bible* (Michigan: Zondervan, 1974), 45.

라는 하나님의 명령은 아브라함에 대한 하나님의 시험의 성격을 띠며, 아브라함이 절대적인 순종으로 이 시험을 통과하자 하나님은 그에게 자손과 땅의 복을 약속하신다. 또한, 아브라함은 가는 곳마다 제단을 쌓음으로써 하나님을 경배하는 신앙적인 모습을 끊임없이 보인다. 그는 순종(obedience)과 믿음(faith)의 표본이다. 그러나 아브라함의 인생길이 순탄한 것만은 아니다.

> 그 땅에 기근이 들었으므로 아브람이 애굽에 거류하려고 그리로 내려갔으니 이는 그 땅에 기근이 심하였음이라. (창세기 12장 10절)

아브라함이 경험하는 첫 어려움은 가뭄이라는 자연환경과의 갈등이다. 그는 기근 때문에 먹을 것이 없어 애굽으로 갈 수밖에 없는 상황에 내몰린다. 그런데 어려움은 여기에서 끝나지 않는다. 그는 아내의 미모 때문에 자신의 목숨이 위태로울까 두려워하여 애굽 왕에게 아내를 누이라고 속이고 왕과의 갈등을 자초한다. 따라서 독자의 관심은 과연 하나님의 선택과 복을 약속받은 아브라함에게 닥친 이런 위기가 어떻게 해결될 것인가에 집중된다. 그러나 아브라함에게 닥친 위기를 해결하는 존재는 그 어떤 것도 아닌 하나님이다. 하나님은 아브라함의 아내를 취한 애굽 왕 바로와 그의 집에 큰 재앙을 내려 아브라함을 위기에서 구해 내고 갈등을 단번에 해결한다.

아브라함이 애굽 왕에게 보인 행동(거짓말)은 믿음의 영웅에게서 볼 수 없는, 나약하고 인간 중심적인 것이어서 독자를 실망시킨다. 그러나 문학의 영웅과 성경의 영웅을 구별하는 근본적인 차이점이 여기에서 제시된다. 다시 말해, 성경의 영웅들은 문학 영웅들이 가지고 있는 인간적인 장점과 매력을 가지면서도 동시에 반영웅적인(anti-heroic) 모습을 가지고 있다. 즉, 장점과 함께 단점도 동시에 가진 인물들이다. 성경 내러티브에서 궁극적으로 강조하는 진정한 영웅은 인간이 아닌 인간의 배후에서 모든 것들을 주관하시는 하나님이다. 인간은 위대하다고 해도 한계와 단점을 가진 불완전한 존재인 것에 비해 하나님은 전지전능하고 완전한 존재다. 아브라함 이야기에서도 하나님은 인간과 세상사를 주관하고 역사를 움직이며 실제로 플롯을 이끌어가는 역할을 한다. 아브라함이 믿음의 조상으로 자리매김하고 위대한 영웅이 될 수 있었던 것은 아브라함이 가진 능력이나 자질이 남달라서가 아니라 하나님이 그를 선택하고 영웅이 되도록 은혜를 베풀었기 때문이다. 이런 점에서 아브라함 이야기는 표면적으로는 인간 영웅의 이야기처럼 보이지만 실제적으로는 위대한 하나님의 이야기다.

물론, 인간적인 차원에서 아브라함은 성경의 어떤 인물보다도 영웅적이다. 그는 앞서 설명했듯이 하나님을 신뢰하고 그의 말씀을 조건 없이 순종하는 "종교적, 영적 영웅"(religious and spiritual hero)이며, "가정의 영웅"(domestic hero)으로서도 훌륭한 모습을 갖추고 있다. 그는 가축들로 인해 조카 롯과 함께 거할 수 없는 상황 때문에 롯과 헤어지게 되었을 때 "우리는 한 친족이라 나나 너나 내 목자나 네 목자나 서로 다투게 하지 말자. 네 앞에 온 땅이 있지 아니하냐 나를 떠나가라. 네가 좌하면 나는 우하고 네가 우하면 나는 좌하리라."(창세기 13장 8-9절)라고 하며 조카에게 기름진 땅을 양보하는 사랑의 미덕을 가진 인물이다. 또한, 조카 롯이 적에게 잡혀갔을 때 위험을 무릅쓰고 몸소 집에서 훈련한 군사들을 이끌고 가서 구출하는(14장 1-16절) 군사적인 영웅이며, 세 명의 천사들이 그의 집을 방문하자 기름진 송아지를 잡아 정성을 다해 손님을 대접하는(18장) 따뜻한 마음의 소유자다. 그러니까, 그는 삼촌, 남편, 가장의 역할을 모자람 없이 훌륭하게 수행하는 가정적인 영웅이다. 또한, 왕들과 제사장 멜기세덱 등 고귀한 인물들과도 좋은 관계를 유지하고 족장의 역할을 훌륭하게 수행하며, 국제적인 문제를 능숙하게 처리하는 외교관의 자질도 가지고 있다.

그러나 그의 영적 역할과 사회적, 가정적 역할은 분리된 것이 아니라 밀접하게 연결되어 있다. 예컨대, 밤중에 기습적인 공격을 감행하여 용감하게 조카 롯을 구해올 수 있었던 것은 하나님에 대한 절대적인 신뢰가 있었기에 가능했다. 조카에게 좋은 땅을 양보한 것 또한 하나님의 축복에 대한 믿음이 전제된 행동이다. 그러니까, 모든 사람의 귀감이 되는 아브라함의 인간적인 영웅적 행동은 하나님을 신뢰하고 순종하는 영적 영웅의 자질이 없었다면 불가능했을 것이다. 그의 인간적인 영웅의 모습과 영적인 영웅의 모습은 이처럼 필수 불가결한 관계를 맺고 있다.

아브라함 이야기에서 가장 중요한 모티프는 하나님이 아브라함에게 많은 후손을 주시고, 그를 복의 근원이 되게 할 것이라는 약속(promise), 즉 언약(covenant)이다. 이 언약은 아브라함이 고향을 떠날 때 하나님께서 "내가 너로 큰 민족을 이루고 네게 복을 주어 네 이름을 창대하게 하리니 너는 복이 될지라."(12장 2절)라고 말씀함으로써 시작된다. 창세기 15장에서 하나님은 다시 한번 아브라함에게 약속하신다. 아브라함의 자손이 하늘의 뭇별처럼 셀 수 없이 많을 것이라고 더 자세하게 알려주신다. 이 약속을 들은 아브라함은 여호와를 믿었고 이것을 의로 여기셨다고(창세기 15장 6절) 성경은 말한다. 하나님의 약속에 대한 아브라함의 반응은 믿음이었다.

약속을 믿은 아브라함은 하나님께 약속에 대한 징표를 구한다. 하지만 이것은 그의 불신앙이 아니라 오히려 믿음의 표현이다. 하나님은 그의 요구에 응답해 아브라함과 언약을 맺으면서 아주 신기한 의식을 치른다.

> 그가 이르되 주 여호와여 내가 이 땅을 소유로 받을 것을 무엇으로 알리이까 여호와께서 그에게 이르시되 나를 위하여 삼 년 된 암소와 삼 년 된 암염소와 삼 년 된 숫양과 산비둘기와 집비둘기 새끼를 가져올지니라 아브람이 그 모든 것을 가져다가 그 중간을 쪼개고 그 쪼갠 것을 마주 대하여 놓고 그 새는 쪼개지 아니하였으며 솔개가 그 사체 위에 내릴 때에는 아브람이 쫓았더라 해질 때에 아브람에게 깊은 잠이 임하고 큰 흑암과 두려움이 그에게 임하였더니 …해가 져서 어두울 때에 연

기 나는 화로가 보이며 타는 횃불이 쪼갠 고기 사이로 지나더라 그 날에 여호와께 서 아브람과 더불어 언약을 세워 이르시되 내가 이 땅을 애굽 강에서부터 그 큰 강 유브라데까지 네 자손에게 주노니 (창세기 15장 8-18절)

이것은 성경에서 하나님이 언약을 맺는 가장 인상적인 장면 가운데 하나다. 언약이라는 의미를 가진 히브리어 단어의 원래 의미가 "쪼개다, 자르다"라는 점을 고려하면 아브라함이 동물을 반으로 쪼갰다는 것은 의미하는 바가 크다. 이것은 언약이 피로 체결됨을 나타내며 한쪽이 언약을 위반할 경우, 이처럼 쪼개질 것임을 암시한다. 그래서 언약 체결 의식은 언약의 양쪽 당사자들이 언약에 충실하겠다는 맹세의 표시로 반으로 쪼갠 제물 사이를 함께 걸어가는 것으로 마무리된다. 그러나 이 장면에서는 하나님의 임재를 상징하는 타는 횃불만 쪼갠 고기 사이를 지나간다. 이것은 하나님이 이 언약의 책임을 홀로 지시겠다는 것을 의미한다. 하나님이 아브라함과 맺은 언약을 아브라함의 후손을 통해 확실하게 이루시겠다는 하나님의 강력한 의지가 표명된 것으로 볼 수 있다.

그러나 오랜 시간이 흐른 뒤에도 아브라함이 자식을 얻지 못하면서 과연 이 언약이 어떻게 실현될 것인가에 관심이 집중된다. 그런데 이 '언약 모티프'(covenant motif)는 '여행 모티프'(journey motif)와 연결되어 아브라함의 삶의 여정을 흥미진진하게 만들고 독자의 호기심과 긴장감을 불러일으킨다.

아브라함의 여행은 고향을 떠나 내가 지시할 땅으로 가라는 하나님의 명령으로 시작된다. 하나님은 정확한 목적지도 알려주지 않은 채 길을 떠날 것을 지시하며 아브라함은 순종한다. 그러나 아브라함은 새로운 땅으로 이동하면서 자연, 인간, 환경과 갈등을 겪는다. 사막, 우물, 낙타와 당나귀, 새로 도착한 장소, 그리고 새로 만나는 왕들과 사람들은 그의 여행에 특별한 의미를 부여하고 국제적인 의미를 가지게 한다. 새로운 장소로 이동할 때마다 다양한 일들이 생기고 거기에는 하나님의 인도와 보호가 항상 함께한다.

그러나 그의 여행은 목적이 있는 여행이다. 그것은 하나님께서 약속하신 것을 찾는 추구의 과정을 말한다. 장소의 이동은 단지 물리적인 환경의 변화가 아닌 하나님이 아브라함과 맺은 언약의 성취과정과 맞물려 있어서 중요하다. 아브라함 이야기는 처음부터 끝까지 하나님이 약속한 아들, 자손, 그리고 약속된 땅을 찾아가는 '추구 모티프'(quest motif)가 플롯을 지배한다. 그의 여정은 많은 부분이 언제, 어떻게 약속하신 자손과 땅을 기업으로 받을 것인가라는 기대감 속에 진행되며, 이런 기대와 희망은 육신적인 복의 의미를 초월한 정신적이고 영적인 복의 의미와 맞물려 있어서 하나님의 약속이 성취되는 것의 진정한 의미를 되새기게 한다. 특히, 새로운 장소로 이동이 진행되면서 언약의 계시도 점진적으로 확장되고 있다는 점이 눈길을 끈다. 다시 말해, 이야기의 플롯이 진행됨에 따라 하나님은 아브라함에게 더 큰 축복을 약속하며 미래의 일을 더 자세하게 계시한다. 예를 들어, 아브라함이 조카 롯에게 기름진 땅을 양보하고 헤브론으로 장소를 옮겼을 때 하나님이 그에게 하신 약속은 처음 고향을 떠날 때의 약속과 비교하면 한층 확장된 것이다. 하나님은 그에게 단지 후손을 많이 주겠다는 것에서 온 땅을 차지하고 열방을 얻게 될 것이라는 놀랍게 확장된 언약을 약속하신다.

> 롯이 아브람을 떠난 후에 여호와께서 아브람에게 이르시되 너는 눈을 들어 너 있는 곳에서 북쪽과 남쪽 그리고 동쪽과 서쪽을 바라보라. 보이는 땅을 내가 너와 네 자손에게 주리니 영원히 이르리라. 내가 네 자손이 땅의 티끌 같게 하리니 사람이 땅의 티끌을 능히 셀 수 있을진대 네 자손도 세리라. 너는 일어나 그 땅을 종과 횡으로 두루 다녀보라. 내가 그것을 네게 주리라. (창세기 12장 14-17절)

하나님의 약속과 계시는 더욱 구체화 되는데, 하나님은 아내(사라)의 몸종 하갈에게서 난 아들이 아닌 아내의 몸에서 난 아들을 통해 자손이 번성할 것을 약속하며(15장 4절), 그의 후손이 400년 동안 이방에서 노예 생활을 하겠지만, 결국 가나안 땅에 들어갈 것도 미리 알려주신다. 다시 말해, 하나님은 아브라함에게 미래에 일어날 일까지 구체적으로 계시하며, 이런 점진적인 확장된 계시를 통해 언약을 이루시고 아브라함을 인도하신다.

하나님이 이처럼 아브라함과 맺은 언약을 신실하게 성취하는 이유는, 아브라함은 근본적으로 하나님의 명령에 즉각 응답하는 순종과 믿음의 영웅이기 때문이다. 그러나 그는 때때로 잘못을 범하는 단점도 가지고 있다. 아들을 후사로 주시겠다는 약속의 성취가 늦어지자 그는 아내의 의견을 받아들여 그녀의 여종 하갈을 통해 아들을 얻는다. 그는 하나님에 대한 신뢰(faith in God)와 자신의 편의주의적인 생각(ethic of expediency) 사이에서 후자를 선택한 것이다.[154] 또한, 그는 자신이 위험에 처할 것을 두려워하여 아내를 누이라고 속이는 잘못을 두 번이나 저지른다. 그러나 하나님은 어떤 순간에도 그를 지키시고 위기로부터 구원한다. 즉, 하나님은 아브라함을 비롯하여 선택한 자기 백성을 돌보시고 구원하는 사랑의 존재로 나타나며 이런 사실은 성경 전체를 통해 강조된다.

이처럼 아브라함에게는 우리와 같은 인간의 연약함이 존재하지만, 그는 위기의 순간에 위대한 신앙적 결단을 하는 인물이다. 그는 가장 어렵게 보이는 하나님의 명령에 주저함 없이 절대적으로 순종함으로써 신앙적인 영웅의 정체성을 획득한다. 영웅 이야기로서 아브라함 이야기의 절정은 그가 백 세 때 얻은 독자 이삭을 하나님께 제물로 바치는 사건이다.

> 그 일 후에 하나님이 아브라함을 시험하시려고 그를 부르시되 아브라함아 하시니 그가 이르되 내가 여기 있나이다. 여호와께서 이르시되 네 아들, 네 사랑하는 독자 이삭을 데리고 모리아 땅으로 가서 내가 네게 일러 준 한 산 거기서 그를 번제로 드리라. 아브라함이 아침에 일찍이 일어나 나귀에 안장을 지우고 두 종과 그의 아

154 *Ibid*, 49..

들 이삭을 데리고 번제에 쓸 나무를 쪼개어 가지고 떠나 하나님이 자기에게 일러 주신 곳으로 가더니 제 삼일에 아브라함이 눈을 들어 그곳을 멀리 바라본지라. 이에 아브라함이 종들에게 이르되 너희는 나귀와 함께 여기서 기다리라. 내가 아이와 함께 저기 가서 예배하고 우리가 너희에게로 돌아오리라 하고 아브라함이 이에 번제 나무를 가져다가 그의 아들 이삭에게 지우고 자기는 불과 칼을 손에 들고 두 사람이 동행하더니 이삭이 그 아버지 아브라함에게 말하여 이르되 내 아버지여 하니 그가 이르되 내 아들아 내가 여기 있노라. 이삭이 이르되 불과 나무는 있거니와 번제할 어린 양은 어디 있나이까 아브라함이 이르되 내 아들아 번제 할 어린 양은 하나님이 자기를 위하여 친히 준비하시리라 하고 두 사람이 함께 나아가서 하나님이 그에게 일러주신 곳에 이른지라. 이에 아브라함이 그 곳에 제단을 쌓고 나무를 벌여 놓고 그의 아들 이삭을 결박하여 제단 나무 위에 놓고 손을 내밀어 칼을 잡고 그 아들을 잡으려 하니 여호와의 사자가 하늘로부터 그를 불러 이르시되 아브라함아 아브라함아 하시는지라. 아브라함이 이르되 내가 여기 있나이다 하매 사자가 이르시되 그 아이에게 네 손을 대지 말라. 그에게 아무 일도 하지 말라. 네가 네 아들 네 독자까지도 내게 아끼지 아니하였으니 내가 이제야 네가 하나님을 경외하는 줄을 아노라. 아브라함이 눈을 들어 살펴본즉 한 숫양이 뒤에 있는데 뿔이 수풀에 걸려 있는지라. 아브라함이 가서 그 숫양을 가져다가 아들을 대신하여 번제로 드렸더라. 아브라함이 그 땅 이름을 여호와이레라 하였으므로 오늘날까지 사람들이 이르기를 여호와의 산에서 준비되리라 하더라. (창세기 22장 1-14절)

저자는 "그 일 후에 하나님이 아브라함을 시험하시려고"라는 구절을 통해 이 사건이 아브라함에 대한 하나님의 시험임을 분명하게 밝힌다. 아들을 제물로 바치라는 것은 아버지로서는 이해할 수도, 또한 결코 쉽게 순종할 수도 없는 지극히 불합리하고 폭력적인 명령이다. 그러나 위의 인용문 어디에도 아브라함이 갈등하거나 망설이는 모습은 나오지 않는다. 하나님의 말씀을 불순종하여 타락했던 아담과 달리 그는 하나님의 명령에 절대적으로 순종하는 신앙적 영웅이다.

문학적으로 이 사건에는 희생양 모티프(scapegoat motif), 죽음—재생 모티프(death—rebirth motif), 영적 여행 모티프(spiritual journey motif) 등이 복합적으로 사용되어 이야기가 극적으로 전개되고 여러 측면의 깊이 있는 의미들을 보여준다.[155] 이것은 아브라함에게 실제로 일어난 역사적인 사건이지만 이 사건이 시사하는 비유적이며 상징적인 의미도 중요하다. 이 극적인 사건은 참된 믿음은 하나님의 말씀에 완전하게 순종하는 행동으로 입증되며, 하나님은 근본적으로 사랑의 존재임을 강조한다. 이교의 제사에서 신들의 노여움을 달래기 위해 아이를 희생 제물로 바치는 것과 달리 하나님은 이삭 대신 제물로 사용할 숫양을 미리 준비하셨다. 이 이야기는 타락한 인간은 속죄를 위해 자신을 제물로 바쳐야 하나 어린 양이신 예수 그리스도가 인간 대신 속죄 제물이 되어 온 인류를 구원한 신약의 십자가 사건을 예표한다. 그러니까, 여기에서 숫양은 십자가에 못 박혀 피 흘려 죽음으로 인간을 구원한 하나님의 어린 양 예수 그리스도를 상징하며, 이삭을 제물로 바친 이 이야기는 성경의 핵심 사건인 그리스도 구속 사건을 미리 보여 준 원형적인 이야기라 할 수 있다.

이상에서 살펴본 것처럼 아브라함 이야기는 전형적인 영웅 이야기다. 그의 삶은 갈 곳을 알지 못하면서도 하나님의 부름에 응답하여 명령에 순종함으로써 새로운 장소로 여행하는 모험을 주저하지 않는 것이었으며, 자연환경, 다른 사람들, 그리고 어려운 상황과 갈등을 겪으면서도 새로운 축복과 발전으로 진행되는 것이었다. 그의 삶은 유목민으로서 이스라엘 백성들의 삶의 패턴을 잘 보여주고 있으며, 그가 속한 사회의 중요한 갈등을 재현하고 있어서 의미심장하다. 그는 여러 가지 어려움에 직면하면서 미래에 복을 줄 것이라는 하나님의 약속에 대한 신뢰와 자신의 힘으로 문제를 해결하려는 인간적인 충동 사이에서 심리적이고 영적인 갈등을 경험하기도 하지만 결국은 하나님의 말씀에 기꺼이 순종함으로써 믿음의 영웅으로 인정을 받게 된다. 따라서

155 *Ibid.*, 50.

아브라함 이야기는 하나님이 계획하고 주관하시는 신 중심의 세계 속에서 인간의 위대성을 어디에서 어떻게 찾을 수 있는지를 알게 해주는, 기독교적인 영웅의 개념이 잘 드러나는 내러티브라고 할 수 있다.

요셉 이야기

창세기 37–50장에 기록되어 있는 요셉 이야기는 중간에 삽입된 유다와 다말 사건과 족보, 그리고 아버지 야곱이 자기 아들들에게 한 축복 장면을 제외하면 성경에서 가장 긴 단일 내러티브다. 이 이야기의 주제는 창세기 전체를 관통하는 주제인 하나님의 구원, 즉 하나님께서 그가 선택한 야곱의 가족과 이스라엘 민족을 고난에서 구해 내신다는 것이다.

여기에서 주인공 요셉은 성경에 나오는 대표적인 믿음의 영웅으로 전형적인 '고난받는 종'(suffering servant)의 이미지를 대변한다.[156] 인간의 죄를 대신 지시고 십자가에 못 박혀 돌아가신 예수 그리스도로 대표되는 성경의 고난받는 종들은 잘못을 저지르지 않았음에도 엄청난 고통을 경험한다. 이들의 공통점은 자기희생을 통해 다른 사람들을 구원하는 위대한 역사를 이루는 '죄 없는 피해자'라는 것이다. 요셉도 바로 이러한 '무죄한 수난자들'(innocent sufferers)의 대표주자로서 예수 그리스도를 '예표하는 인물'(prototype)이다. 그는 형들의 미움을 받아 미디안 상인들에게 종으로 팔려 가서 인생의 밑바닥으로 곤두박질치며 더구나 보디발의 아내의 성적인 유혹을 거부하고 악을 저지르지 않았으면서도 오히려 이 일로 모함을 받아 감옥에 갇히는 죄수의 신세가 된다. 욥의 경우처럼 죄를 범하지 않았는데 벌을 받는 억울한 피해자가 된 것이다. 그러나 인간적인 입장에서 불합리하게 전개되는 것처럼 보이는 요셉의 이야기를 이끌어가는 동인은 위대한 '하나님의 섭리'(God's providence)다. 하나님은 그 누구도 예상치 못한 가운데서 요셉이 애굽 왕 바

156 Leland Ryken, *Words of Delight: A Literary Introduction to the Bible*. (Grand Rapids: Baker, 1992), 100.

로의 꿈을 해석하게 만들고 애굽의 총리가 되게 함으로써 그의 가족과 이스라엘 민족을 구원하는 위대한 구속의 역사를 성취한다. 이런 측면에서 이 이야기를 분석할 때 고려해야 할 첫 번째 사항은 이 내러티브에는 '이중의 플롯'(double plot)이 존재한다는 사실이다. 성경 문학해석의 대가인 라이켄(Leland Ryken) 교수는 이에 대해 요셉의 이야기에는 표면적인 플롯(apparent plot)과 숨겨진 플롯(hidden plot)이 있다고 말한다. 그에 따르면, 잘못을 저지르지도 않았는데 계속 더 큰 고난과 불행 속으로 빠지게 되는 일련의 비극적인 사건들의 전개가 이 이야기의 표면적인 플롯이며, 인간에게 보이지는 않지만, 고통과 불행으로 점철된 불행한 삶 속에서도 하나님이 요셉을 통해 그의 뜻을 이루어가시는 섭리의 플롯이 숨겨진 플롯이다.[157] 이렇게 본다면, 이 이야기는 비극적인 이야기이면서 동시에 희극적인 이야기로 볼 수 있는 매우 역설적인 특징을 가진 내러티브라 할 수 있다.

표면적인 플롯의 요셉은 형들에게 버림받고 노예로 팔리며 급기야 억울하게 죄수의 신분으로 전락하는 불행이 연속되는 삶을 경험한다. 그래서 인간적인 측면에서는 그가 애굽의 총리가 되어 형들을 다시 만났을 때 그가 보이는 용서와 자비의 행동은 쉽게 이해되지 않을 수도 있다. 형들 때문에 그가 당한 아픔과 고난의 강도가 너무나 컸기 때문이다. 그러나 그는 형들을 진심으로 용서하는 성숙한 인격을 나타내 보이는데 원수 같은 형들을 사랑하게 만든 원동력은 다름 아닌 신의 섭리에 대한 그의 깨달음이다.

> 요셉이 형들에게 이르되 내게로 가까이 오소서 그들이 가까이 가니 이르되 나는 당신들의 아우 요셉이니 당신들이 애굽에 판 자라. 당신들이 나를 이곳에 팔았다고 해서 근심하지 마소서 한탄하지 마소서. 하나님이 생명을 구원하시려고 나를 당신들보다 먼저 보내셨나이다. 이 땅에 이 년 동안 흉년이 들었으나 아직 오 년은 밭갈이도 못하고 추수도 못할지라. 하나님이 큰 구원으로 당신들의 생명을 보존하고 당신들의

157 *Ibid.*, 102.

후손을 세상에 두시려고 나를 당신들보다 먼저 보내셨나니 그런즉 나를 이리로 보낸 이는 당신들이 아니요 하나님이시라 하나님이 나를 바로에게 아버지로 삼으시고 그 온 집의 주로 삼으시며 애굽 온 땅의 통치자로 삼으셨나이다. (창세기 45장 4-8절)

형들이 요셉을 미워해 애굽에 팔았지만, 요셉은 이런 표면적인 사건 이면에 하나님의 오묘한 섭리가 작동하고 있음을 발견하고 형들에게 자신을 애굽에 보낸 존재는 궁극적으로 형들이 아니라 가족과 이스라엘 민족의 생명을 보존하시려는 계획을 세우신 하나님이라고 말하고 있다. 이런 섭리적인 관점에서의 숨겨진 플롯의 의미를 유추하게 해주는 대사는 이것 외에도 "여호와께서 요셉과 함께하셨음이라"(창세기 29장 2절, 3절, 21절, 23절)라는 구절이나, 요셉 이야기 끝부분에서 "당신들은 나를 해하려 하였으나 하나님은 그것을 선으로 바꾸사 오늘과 같이 많은 백성의 생명을 구원하게 하시려 하셨나니"(창세기 50장 20절) 같은 것이 있다. 이를 고려할 때, 이 이야기의 표면적인 플롯의 주인공은 요셉이지만 숨겨진 플롯의 주인공은 인간의 모든 일을 섭리하시고 주관하시는 하나님이다. 그러니까, 성경의 모든 이야기에는 인간 영웅(hero)과 천지를 주관하는 초월적 존재, 즉 영적 영웅인 하나님이 존재한다. 따라서 성경 내러티브를 분석할 때, 모든 성경의 이야기에는 인간적인 차원과 섭리적인 차원 두 가지가 동시에 존재한다는 사실을 기억하고 이 두 차원이 빚어내는 깊이 있는 포괄적 의미를 파악해야 한다.

문학적으로 요셉 이야기를 읽으면 이 이야기만큼 문학적인 예술성이 뛰어난 이야기를 성경에서 찾기란 쉽지 않다. 문학 내러티브를 분석할 때 가장 먼저 등장인물이 어떻게 묘사되고 있는지를 살펴야 하는데 이 이야기에 나타나는 인물묘사는 훌륭한 문학작품의 인물묘사와 비교해도 절대로 뒤지지 않는다. 문학작품에서 인물들의 성격을 부각하기 위해 가장 빈번하게 사용하는 방법의 하나는 등장인물들을 대조시키거나 병행 관계를 설정하는 것이다. 요셉 이야기에서도 이런 방법이 사용되어 요셉과 그의 형들이 극명하게 대비되며 갈등 관계를 형성한다. 요셉에 대한 아버지의 편애 때문에 자식들 사이에 경쟁의식이 생기고 요셉에 대한 형들의 시기와 질투, 알력 등이 서로 대조되고 비교됨으로써 인물들의 성격이 생동감 있게 제시된다. 특히, 이 이야기에서 인물들의 성격묘사는 우수한 문학작품에서처럼 화자의 진술에 의존하지 않고 등장인물들의 말과 행동을 통해 직접적으로 표현된다.[158] 특히, 주인공 요셉의 성격묘사는 탁월하다. 어린 시절 형들의 질투 대상이었던 요셉은 버릇없는 개구쟁이, 고자질하는 자, 허풍쟁이로 묘사된다. 그러나 보디발의 아내로부터 성적인 유혹을 받았을 때 그가 보이는 성숙한 말과 행동은 그가 도덕적으로 훌륭한 성품을 가진 인물로 성장하고 있음을 보여준다.

> 그 후에 그의 주인의 아내가 요셉에게 눈짓하다가 동침하기를 청하니 요셉이 거절하며 자기 주인의 아내에게 이르되 내 주인이 집안의 모든 소유를 간섭하지 아니하고 다 내 손에 위탁하였으니 이 집에는 나보다 큰 이가 없으며 주인이 아무것도 내게 금하지 아니하였어도 금한 것은 당신뿐이니 당신은 그의 아내임이라 그런즉 내가 어찌 이 큰 악을 행하여 하나님께 죄를 지으리이까 여인이 날마다 요셉에게 청하였으나 요셉이 듣지 아니하여 동침하지 아니할 뿐더러 함께 있지도 아니하니라. (창세기 39장 7-10절)

하지만 그의 신실한 성품은 인정받거나 빛을 발하기는커녕 오히려 그것 때문에 아무런 잘못을 범하지 않았으나 감옥에 갇히는 불행을 겪게 된다.

요셉의 인물묘사가 얼마나 탁월한가를 알게 하는 대표적인 장면은 창세기 42장부터 45장에 기록된, 양식을 구하기 위해 애굽에 온 형들과 요셉이 상봉하는 장면이다. 그는 형들을 한눈에 알아보며, 정에 북받쳐 남몰래 눈물도 흘리지만, 형들이 정말로 변했다는 사실이 입증되기까지는 자신의 정체를

158 Gordon D. Fee, & Douglas Stuart, *How to Read the Bible for All Its Worth*. 2nd Ed. (Grand Rapids: Zondervan, 1993), 110.

공개하지 않는다. 이런 플롯의 전개는 독자의 관심을 언제 어떤 방식으로 요셉이 형들에게 자신의 정체를 밝힐 것인가에 집중하게 함으로써 인물들의 대사 하나, 행동 하나하나를 의미 있게 만든다. 요셉 이야기는 이처럼 생동감 넘치는 인물묘사와 플롯의 반전을 통해 독자들의 흥미와 관심을 불러일으키는 데 성공하고 있다.

또한, 이 이야기는 구조적인 면에서도 반복적으로 중요한 이미지들이 플롯의 중요 지점에 적절하게 배치되어 통일성을 부여하고, 사건의 전개를 도와주는 역할을 하고 있어서 탁월한 문학성을 느끼게 한다.

요셉 이야기에서 우리가 주목할 첫 번째 중요한 이미지는 삶의 중요한 전환점마다 나타나 결정적인 역할을 하는 꿈(dream)이다. 이 이야기에는 세 종류의 꿈이 등장하여 내러티브의 흐름을 통제하고 주제의 발전에도 기여한다. 첫 꿈은 어린 시절 요셉이 꾼 것으로, 요셉이 묶은 곡식 단에 형들의 곡식 단이 절하는 꿈이다. 연이어 그는 해와 달과 열한 별이 그에게 절하는 비슷한 내용의 꿈을 꾸고 아버지와 형들에게 꿈을 말하고 형들의 미움을 받는다.

형들은 요셉의 꿈을 듣고 화를 내지만 독자는 요셉이 꾼 첫 번째 꿈이 과연 실현될 것인가에 관심을 가질 수밖에 없다. 저자는 "그의 형들은 시기하되 그의 아버지는 그 말을 간직해 두었더라."(창세기 37장 11절)라는 구절을 통해 요셉 이야기를 이끌어가는 중요한 모티프가 꿈임을 은연중에 제시한다. 그러니까 꿈은 이 이야기 전체 플롯의 '복선'(foreboding) 역할을 한다. 그러나 이 꿈은 미운털이 박혀 있던 요셉을 종으로 팔려 가게 만드는 데 결정적인 역할을 하고 있어 처음에는 꿈이 그의 인생을 파괴하는 것처럼 보인다. 하지만 결국 그는 애굽의 총리가 되고 형들이 그의 앞에 얼굴을 땅에 대고 절을 하게 됨으로써 이 꿈은 그대로 실현된다.

두 번째 꿈은 요셉이 억울하게 누명을 쓰고 옥에 갇혀 있을 때 함께 있던 바로 왕의 술 맡은 관원장과 떡 굽는 관원장이 꾼 꿈이다. 이 꿈은 첫 번째 꿈과 같이 한 날 밤에 꾼 두 개의 꿈이라는 점에서는 공통점이 있으나 앞의 꿈은 두 개의 꿈이지만 같은 내용을 가진 것에 비해 이 꿈은 두 사람이 각기 다른 내용으로 꾼 것이라는 것에 차이점이 있다. 또한, 첫 번째 꿈은 요셉이 꿈을 꾼 주인공이지만 두 번째 꿈은 요셉이 꿈의 해석자라는 점이 다르다. 그러나 중요한 것은 요셉이 직접 꾼 꿈은 아니지만, 요셉이 해석할 수 없었더라면 이 꿈들은 아무 의미도 가질 수 없으므로 실제적인 꿈의 주인공은 요셉이라 할 수 있다. 더구나, 요셉의 해석대로 술 맡은 관원장은 다시 복직되지만 떡 맡은 관원장은 죽게 된다는 점에서 이 두 번째 꿈은 요셉이 꾼 첫 번째 꿈도 실현될 수 있을 것이라는 기대를 하게 만드는 중요한 의미가 있다.

세 번째 꿈은 바로 왕이 꾼 것으로 앞의 꿈들처럼 두 겹의 꿈이라는 공통점을 보인다. 그것은 파리한 일곱 암소가 살진 일곱 암소를 잡아먹고 마른 일곱 이삭이 충실한 일곱 이삭을 삼키는 꿈이다. 이 꿈은 내용상으로 어릴 적 요셉이 꾼 첫 번째 꿈과 매우 유사하다. 형들이 동생에게 절한다든지 파리한 소가 살진 소를 잡아먹는 것은 이치에 맞지 않고 질서에도 역행하는 매우 부자연스럽고 불합리한 일처럼 보인다. 하지만 요셉은 바로가 꾼 이 꿈을 해석하고 애굽의 총리가 되어 애굽을 기근에서 구할 뿐 아니라 자기 가족과 이스라엘 백성의 생명을 구하는 위대한 일을 하게 된다. 요셉 이야기의 전체적인 구조에서 보았을 때 이 꿈이 의미하는 바는 매우 중요하다. 약한 것이 강한 것을 압도해 버린다는 이치에 맞지 않는 내용을 가진 바로의 꿈이 요셉이 해석한 대로 실현된다는 것은 비슷한 내용을 가진 요셉이 꾼 꿈도 반드시 실현될 것임을 예고해 주는 복선의 역할을 하기 때문이다. 또한, 요셉이 바로의 꿈을 해석할 때 바로가 꿈을 두 번 겹쳐 꾼 것은 하나님이 이 일을 정하시고 속히 시행할 것을 보여 준 것이라고(창세기 41장 32절) 해석하고 있는데 이런 사실은 어린 시절 요셉이 두 번 겹쳐 꾸었던 꿈도 확실히 이루어질 것임을 유추하게 해준다. 서술자는 이처럼 이야기의 진행 과정에 있어 세 지점에 중요한 꿈들을 배치하고 그것에 의미를 부여함으로써 작품의 구조를 탄탄하게 만들고 요셉의 꿈이 실현되는 점진적인 단계들을 매우 효과적으로 보여주고 있다.

요셉 이야기에는 꿈만 아니라 의복(옷)도 플롯 전개에 통일성과 의미를 부여하는 중요한 이미지다. 이 이야기의 곳곳에 옷의 이미지가 등장해 요셉의 신분이 변화되는 것을 상징적으로 보여준다.

소년 시절 요셉이 입었던 채색옷은 아버지의 편애와 요셉이 다른 형들보다 더 귀한 아들의 위치에 있음을 나타낸다. 그러나 이 옷은 동시에 형들의 시기와 질투를 유발하는 매개체로 작용하고 있어서 이중적 의미를 가지는 것으로 해석할 수 있다. 그러니까, 요셉의 채색옷은 아버지에게 받았던 사랑과 형들에게 받은 미움을 동시에 상징한다. 앞으로 전개되는 요셉의 삶이 하나님의 사랑과 다른 사람의 미움을 동시에 받는 것임을 고려하면 이 채색옷이 부여하는 이중적인 상징성은 시사하는 바가 크다. 어쨌든 옷을 입고 있을 때 요셉은 행복했다. 그러나 아버지의 심부름으로 양들을 돌보는 형들을 찾아가 입고 있던 옷이 벗겨졌을 때 그의 운명은 나락으로 떨어진다. 사랑을 독차지한 귀한 아들의 신분에서 종으로 팔려 노예의 신분으로 전락한다. 주인인 보디발 아내의 성적인 유혹을 뿌리치는 과정에서 빼앗긴 옷도 오히려 증거가 되어 그는 억울하게 왕의 죄수들을 가두는 감옥에 투옥된다. 옷이 벗겨질 때마다 사랑받는 아들에서 노예로, 또 노예에서 죄수로 그는 신분상의 하락을 경험한다.

하지만 그가 바로의 꿈을 해석하기 위해서 "수염을 깎고 옷을 갈아입고"(창세기 41장 14절) 바로 앞에 나아가게 되었을 때, 다시 말해 벗겨진 옷이 다시 그에게 입혀졌을 때 그의 신분은 역전된다. 특히, 바로의 꿈을 해석한 후 그에게 세마포 옷이 입혀지자 그는 노예에서 일약 애굽의 총리로 신분이 완전히 뒤바뀐다. 바로가 그의 손가락에 끼워준 인장 반지, 목에 걸어준 금 사슬과 더불어 그에게 입혀준 세마포 옷은 그의 인생이 역전되었음을 보여주는 의미심장한 상징이다.

바로가 또 요셉에게 이르되 내가 너를 애굽 온 땅의 총리가 되게 하노라 하고 자기의 인장 반지를 빼어 요셉의 손에 끼우고 그에게 세마포 옷을 입히고 금 사슬을 목에 걸고 자기에게 있는 버금 수레에 그를 태우매 무리가 그의 앞에서 소리 지르기를 엎드리라 하더라. (창세기 41장 41-43절)

요셉 이야기에는 배경이 되는 장소 또한 중요한 의미를 시사한다. 형들이 요셉을 던져 넣었던 구덩이와 그가 억울하게 투옥된 감옥은 중요한 상징적 의미를 부여한다. 형들을 찾아간 요셉을 미디안 상인들에게 팔기 전 던져 넣었던 물 없는 구덩이는 요셉의 불행과 고난의 시작을 알리는 출발점이다. 구덩이 속으로 떨어지면서 그의 인생도 추락하기 시작한다. 그러나 동시에 이 구덩이는 큰 형 르우벤이 요셉을 죽이고자 하는 동생들로부터 요셉을 살리기 위해 던져넣은 곳이기에 요셉의 생명을 보호해주는 피난처로서의 긍정적인 의미도 지닌다.

이처럼 요셉 이야기는 불행과 하나님의 보호하심이 함께 진행된다. 그가 투옥된 감옥도 노예보다 더 추락한 죄수의 신분으로 그의 처지가 격하된 것을 나타내면서도 동시에 이 감옥에서 왕의 신하들을 만나 꿈을 해석해 주고 이를 계기로 마침내 바로의 꿈을 해석하여 불행한 운명이 역전된다는 점에서 하나님이 준비한 섭리의 공간이기도 하다. 다시 말해, 현재의 고난과 미래의 축복을 동시에 상징하는 역설적인 공간이 바로 감옥이다.

그러나 요셉의 신분 변화는 하나님을 향한 변함없는 요셉의 순종과 하나님의 은혜가 함께 만들어낸 합작품이다. 그가 종으로 보디발의 집에 있었을 때도, 또한 죄수의 신분으로 감옥에 갇혔을 때도, 성경은 여호와께서 요셉과 함께하셨다는 사실을 강조한다. "여호와께서 요셉과 함께 하시므로 그가 형통한 자가 되어 그의 주인 애굽 사람의 집에 있으니"(창세기 39장 2절)라는 구절과 "여호와께서 요셉과 함께 하시고 그에게 인자를 더하사 간수장에게 은혜를 받게 하시매"(창세기 39장 21절)라는 구절은 고난 중에도 요셉과 함께하셔서 은혜를 베푸시는 하나님의 사랑과 인도를 분명하게 보여준다. 라이켄(Leland Ryken) 교수가 요셉 이야기를 인간의 잔인함과 하나님의 구속이 동시에 진행되는 이야기라고[159] 한 것도 고통받는 인간의 삶 이면에 변함없이 작동하고 있는 자기 백성을 향한 하나님의 자비하심을 강조한 것으로 볼 수 있다.

요셉 이야기를 읽을 때, 놓치지 말아야 할 또 하나의 문학적인 표현기법은 "극적 아이러니"(dramatic irony)다. 저자는 요셉이 형들과 만나는 장면에서 극적 아이러니를 효과적으로 사용하여 독자의 긴장감을 조성하고 내러티브를 흥미진진하게 만든다. 가나안 땅에 흉년이 들어 양식을 구하려 애굽에 간 형들이 요셉과 만났을 때 요셉과 독자들은 상황을 모두 이해하지만, 형들은 요셉이 누구인지도 모르며 전개되는 상황이 어떤 것인지도 전혀 이해하지 못한다. 특히, 형들인지 알면서도 요셉이 형들을 스파이라고 하며 테스트하는 장면에서 극적인 아이러니는 절정에 이른다. 요셉이 형들과 동생 베냐민을 자기 집으로 초대하여 나이 순서대로 자리에 앉히고 동생 베냐민에게 다섯 배의 음식을 줄 때도 형들은 신기하게만 여길 뿐 그가 요셉이라는 사실을 전혀 눈치채지 못한다. 그래서 독자들은 언제, 어떤 방식으로 요셉이 자신의 신분을 형들에게 밝힐 것인지에 관심을 집중한다. 극적인 아이러니가 작용했기 때문이다.

문학작품에 자주 사용되는 '유혹'(temptation) 모티프도 이 이야기 분석에 중요하다. 문학 유혹 이야기의 일반적인 패턴은 남자 주인공이 여성을 유혹하거나 혹은 여성의 유혹에 넘어가 낭패를 당하는 것이지만, 요셉은 종의 신분임에도 주인인 보디발의 아내가 시도한 강력한 성적인 유혹을 단호하게 거부한다. 보디발의 아내가 요셉을 모함하여 요셉은 죄가 없음에도 억울하게 감옥생활을 하지만, 예수가 사탄의 유혹을 완벽하게 물리쳤듯이 그는 조금의

159 Leland Ryken, *Words of Delight: A Literary Introduction to the Bible*. (Grand Rapids: Baker, 1992), 103.

동요도 없이 유혹을 거절함으로써 악에 대한 승리자로 나타난다. 이런 점에서 그는 '무죄한 수난자'(innocent suffer)의 원형으로서 사탄의 시험을 완벽하게 이겨낸 예수 그리스도를 예표하는 인물이다.[160] 그는 어려운 상황 속에서도 하나님의 말씀을 확실하게 순종함으로써 믿음의 영웅이 된다. 그는 고결한 인품을 소유한 인물로서 거룩(holiness)을 추구하는 삶을 살았고 그 결과 욥과 더불어 성경에서 가장 흠이 없는 완벽한 인물로 평가된다.

그런데, 이 요셉 이야기 중간 부분에 갑자기 전혀 연관성이 없어 보이는 유다(Judah)와 다말(Tamar)의 이야기가 삽입되어 통일성이 깨지는 것처럼 보인다. 다말은 유다의 며느리임에도 불구하고 남편이 죽어 후사를 잇지 못하자 창녀로 변장하여 시아버지를 통해 아들을 낳는다. 그 당시 이스라엘의 풍속으로는 남편이 죽으면 시동생이 형수에게 장가들어 후사를 잇도록 했지만 다말의 시동생은 형수를 통해 후사를 잇는 것을 싫어했다. 그러자 다말은 과감하게도 창기로 변장하여 시아버지 유다와 관계를 갖고 후사를 잇는다. 이 이야기는 부도덕할 뿐 아니라 시아버지와 며느리의 부적절한 관계가 어떻게 보디발 아내의 유혹을 뿌리치는 요셉 이야기 속에 삽입될 수 있는지 독자로서는 어리둥절할 수밖에 없다. 그러나 문학적으로 이 이야기는 요셉 이야기의 통일성을 파괴하는 불필요한 방해요소(intrusion)가 아니다.

유다와 다말의 이야기는 이어지는 요셉과 보디발의 아내 이야기와 함께 한 여인이 이야기의 중심인물을 유혹하여 동침하려 했다는 공통점을 가진다. 그러나 전자는 성공한 유혹에, 후자는 실패한 유혹에 초점이 맞추어져 있다는 차이점이 있다. 유다는 유혹에 넘어가지만, 요셉은 과감히 유혹을 거절한다. 두 사건 모두 증거로 삼기 위해 남자의 증거물을 남겨두며, 무고한 다말과 요셉은 모두 고발당한다. 그런데 동침에 성공한 다말은 무죄이며 동침하지 않은 요셉은 보디발의 아내가 유일하게 취할 수 있었던 옷 때문에 투옥되

160 Leland Ryken, *The Literature of the Bible*. (Michigan: Zondervan, 1974), 57.

는 역설적인 결과를 가져온다. 물론 결국에는 요셉은 애굽의 총리가 되는 복을 받고 유다의 아들이 아닌 요셉의 아들이 장자의 축복을 받게 된다. 하나님의 말씀을 순종하는 자는 한때 실패하는 것처럼 보여도 결국 복을 받는다는 성경의 교훈이 여기서도 강조된다.

창세기 저자가 유다와 다말의 이야기를 요셉과 보디발의 아내 이야기 앞에 끼워 넣은 것은 논리의 일탈이 아니다. 저자는 이 두 사건의 대비를 통해 하나님이 아브라함에게 약속하신 후손에 대한 축복이 어떻게 단절되지 않고 이어지는지를 의도적으로 보여준다. 나아가 이를 통해 가문의 대를 잇고 종족을 보존하는 것이 요셉 이야기의 중요한 주제임을 강조한다. 이에 관해 세이볼드(Donald A. Seybold) 교수는 "가족을 보존하고 종족을 증식시키는 일은 지극히 자연스러운 것이며, 반대로 인간의 씨앗을 낭비하고 여성이 생명을 잉태하지 못하도록 막는 것은 섭리에 역행하는 것이다. 다말과 유다의 사건은 비록 근친상간이기는 하나 지엄한 자연법칙에 순응하는, 정당화될 수 있는 행동으로 역설적이지만 동시에 자연스러운 것"이라고 평가한다.[161] 실제로 다말의 행동은 자신의 육체적인 욕망이나 즐거움을 채우기 위한 것이 아닌 가족과 가문을 보존하려는 목적으로 행해진 것이다. 남편이 죽으면 시동생을 통해 가문의 대를 계승하는 것이 당시의 법이었는데 시동생이 이를 무시했기에 선택할 수밖에 없었던 불가피한 행동이었다. 이러한 그녀의 행동은 구속사적으로도 인류의 구원자인 예수 그리스도의 계보를 잇는 일에 동참하는 것이어서 그 의미는 한층 더 중요하다. 그러니까 유다와 다말의 이야기가 요셉 이야기 속에 삽입됨으로써 내러티브의 구조나 주제의 흐름이 단절되는 것이 아니라 오히려 이를 통해 하나님은 어떤 경우에도 자기가 택한 백성을 인도하시고 보존하신다는 요셉 내러티브의 주제가 강화된다.[162]

---

161 Donald A. Seybold, "Paradox and Symmetry in the Joseph Narrative." *Literary Interpretations of Biblical Narratives*. Ed. Kenneth R. R. Gros Louis & James S. Ackerman & Thayer S. Warshaw (Nashville: Parthenon Press, 1978), 67.

162 David A. Dorsey, *The Literary Structure of the Old Testament*. (Grand Rapids: Baker Books, 1999), 63.

또한, 요셉 이야기는 창세기의 마지막을 장식하여 창세기의 문학적인 구조를 완성한다는 점에서도 의미가 있다.[163] 창세기에서 아브라함 이야기가 인류를 대표하는 아담과 이브의 이야기를 재연한 것이라면 이 요셉의 이야기는 노아의 이야기를 재연한 것이다. 즉, 하나님이 선택한 의인을 통한 이스라엘 민족의 구원을 다루고 있다. 특히, 이 이야기에는 창세기 전체를 통해 반복되는 중요한 주제들이 요약되어 있다. 그 첫째는 felix culpa 즉, '행복한 타락'(fortunate fall)의 주제다.[164] 이것은 악이 더 나은 선으로 바뀐다는 것을 말하는 것으로 형들이 요셉을 종으로 팔았지만 결국 가족과 민족을 구하는 애굽의 총리가 됨으로써 악을 선으로 바꾸시는 하나님의 섭리를 보여주고 있다.

둘째는 야곱의 이야기에서 장자인 에서가 아닌 차남인 야곱이 축복의 상속권을 이어받고 있는 것에서 볼 수 있는 것과 같이 아우가 복을 받고 성공하는 주제가 요셉 이야기에서도 그대로 반복되고 있다. 요셉뿐만 아니라 임종할 때 요셉의 장남이 아닌 차남에게 축복을 베푸는 야곱의 모습에서도 이런 주제가 잘 나타난다.

셋째는 이스라엘 민족이 고향을 떠나 타국으로 오지만 다시 약속의 땅인 고향으로 돌아가고자 하는 주제가 요셉 이야기에도 반복된다. 아버지 야곱은 자신의 유골을 이스라엘 고향 땅으로 가지고 갈 것을 유언으로 남기며, 요셉도 임종 시에 "이스라엘 자손에게 맹세시켜 이르기를 하나님이 반드시 당신들을 돌보시리니 당신들은 여기서 내 해골을 메고 올라가겠다 하라"(창세기 50장 25절)고 함으로써 죽은 후 해골이라도 고향 땅에 묻히길 소원한다. 하나님이 믿음의 조상 아브라함과 이삭과 야곱에게 약속하신 고향 땅으로 돌아가고자 하는 이러한 소망은 창세기 전체를 통해 강조되는 중요한 주제 중 하나다. 요셉 이야기는 이런 주제를 다시 한번 상기시키면서 끝을 맺고 있어서 창세기의 전체적인 흐름을 깔끔하게 마무리한다.

---

163 리런드 라이켄, 외, 『성경 이미지 사전』 홍성희 외 다수 역, (서울: 기독교문서선교회, 2008), 1126.
164 위 책, 1126.

요셉 이야기는 분명 민간에서 전해 내려오는 신데렐라 이야기와 닮았지만, 그것보다 훨씬 더 진지하고 무게감 있는 이야기다. 학자들은 이 이야기를 성경의 내러티브 중에서 내용과 형식, 주제와 구조가 아주 교묘하게 유기적으로 잘 짜인 가장 정교한 이야기라고 평가한다.

앞서 살펴보았듯이 이 이야기에서 핵심적인 역할을 하는 것은 꿈이다. 이 이야기는 요셉의 꿈이 현실에서 어떻게 실현되는지를 일관적으로 다룬다. 그런데 요셉의 꿈이 현실로 실현되기까지 그가 겪는 일련의 비극과 극적인 반전이 문학적으로 잘 묘사되고 있어 독자의 흥미와 감동을 자아낸다. 이 이야기는 표면적으로는 주인공이 여러 가지 고난을 겪다가 어느 날 갑자기 애굽의 총리가 되기 때문에 전형적인 신데렐라 이야기처럼 보이지만, 저자의 강조점은 그가 형들의 잘못을 아버지에게 고자질하던 철부지 소년으로부터 민족적이고 정신적인 영웅의 자질을 하나씩 갖추어 가는 일련의 변화 과정에 맞추어져 있다.

요셉이 겪은 고난의 시간은 그에게 순종, 정결한 성품, 인내, 사랑 등의 자질들을 하나씩 갖추게 한 '훈련의 기간'(training period)이었다. 형들이 자신을 미워하는 줄 알면서도 아버지가 시키시는 대로 형들을 찾아가는 그의 모습에서는 순종의 훈련을, 보디발의 아내가 시도한 성적인 유혹을 단호하게 거부하는 모습에서는 그가 다른 젊은이에게서 찾아보기 힘든 순결의 훈련을 경험하는 요셉을 발견하게 된다. 그리고, 이국땅에서의 노예 생활과 억울한 옥살이를 불평 없이 견뎌내는 그의 모습에서는 인내의 훈련으로 더욱더 단단해지는 요셉을 만나게 된다.

특히, 요셉은 형들에 의해 노예로 팔려 힘들고 고된 삶을 살았지만, 형들이나 하나님을 원망하지 않고, 오히려 미움이나 복수를 생각하기보다 사랑의 마음을 가짐으로써 명실상부한 영웅의 자질을 갖추게 된다. 그는 '고난받는 종'(suffering servant)으로 그려지지만, 그의 이야기는 인간의 고난에는 중요한 신의 섭리가 있다는 사실을 보여준다.[165] 즉, 모든 것을 섭리하시는 하나님은 인간의 고난을 사용하여 더 큰 선을 이룬다는 것이다. 요셉이 자기를 팔았던 원수와 같은 형들을 미워하지 않고 사랑한 것도 그의 가족과 민족의 생명을 지키시기 위해 자신을 미리 애굽에 보내셨다는 하나님의 섭리를 깨달았기 때문이다. 이런 점에서 요셉 이야기는 단지 한 사람의 행복과 성공에 국한된 이야기가 아닌 야곱 가문과 이스라엘 민족 전체의 운명에 관한 이야기로서 성경의 중요한 주제인 택하신 백성을 구원하는 하나님의 섭리를 보여주는 의미 있는 내러티브라 할 수 있다.

지금까지 살펴본 대로, 요셉 이야기는 사건이 여러 가지 재난으로 떨어졌다가 결국에는 행복으로 끝나는 U자 형태의 희극적인 플롯으로 구성되어 있다.[166] 이 이야기는 요셉이 형들의 미움 때문에 가족에게서 분리되는 것으로 시작해서 노예로 팔려 가 애굽의 시위 대장 보디발의 집에서 재산 관리인이 되고, 억울하게 누명을 쓰고 투옥되어 고생하다가, 감옥에서 바로의 두 신하가 꾼 꿈을 해석하고 이를 계기로 애굽 왕의 꿈을 해석함으로써 애굽의 총리가 되는 행복한 결말을 가진 이야기다. 이런 전체적인 구도 속에 이 이야기의 저자는 상징, 모티프, 그리고 주제들을 계획적으로 잘 배열하고, 인물의 묘사나 플롯도 효과적으로 진행하여 전체 이야기에 통일성을 부여함으로써 우수한 내러티브를 만들고 있다. 이 이야기는 신데렐라 이야기처럼 희극적으로 끝나고 있지만, 주인공 요셉을 통해 성경 전체에서 강조되는 택한 자를 통한 인류구원의 드라마를 감동적으로 보여주고 있어서 성경 전체의 축소판이라고 평가되기도 한다. 성경은 허구가 아닌 실제로 일어난 역사적 사건을 다루고 있어 문학작품과 구별되지만, 요셉 이야기는 우수한 문학작품에서 볼 수 있는 여러 가지 특징들을 종합적으로 가지고 있어서 문학적인 예술성이 뛰어난 훌륭한 작품으로 손색이 없다.

---

165 Leland Ryken, *The Literature of the Bible*. (Michigan: Zondervan, 1974), 57.
166 *Ibid*., 57.

모세 이야기

성경의 모세 이야기는 문학적으로 서사시(epic)와 비극(tragedy)의 관점에서 주로 논의되어 왔다. 대표적으로 성경 문학 연구의 대가인 미국의 라이켄(Leland Ryken) 교수는 이스라엘 민족이 애굽으로부터 해방되어 가나안 땅으로 들어가는 과정을 모세가 이끌었고 40년 동안의 광야 생활을 통해 새로운 땅에서 새 국가를 건설하는 과정에서 모세가 중요한 역할을 감당했다는 점을 중시하여 모세 이야기를 서사시적인 관점에서 분석했다.[167] 그러나 바젤(Hillel Barzel)같은 학자는 모세가 힘든 고난의 과정을 경험하면서도 결국은 소망하던 가나안에 들어가지 못하고 단지 눈으로 바라보면서 안타깝게 죽음을 맞이하고 있다는 점을 중시하여 모세 이야기를 비극의 관점에서 분석했다.[168] 그러나 성경의 모세 이야기는 많은 학자들의 주장처럼 영웅 이야기로서의 면모를 너무나도 잘 보여준다. 즉, 모세의 삶은 영웅 이야기에서의 영웅의 삶과 흡사하다. 그래서 여기에서는 영웅 이야기로 모세 이야기를 분석하고자 한다.

문학의 한 갈래로서 영웅 이야기(heroic narrative)는 설화 문학의 한 종류로서 영웅의 일생과 위업에 관한 이야기를 다루는 산문 형식의 글이다. 그런데 유의해야 할 것은 여기에서 영웅은 아브라함 이야기에서 지적했듯이 단지 이야기를 주도적으로 이끌어가는 단순한 주인공을 말하는 것이 아닌 탁월하고 중요한 의미를 지닌 인물을 가리킨다. 영웅 이야기의 영웅은 그가 속해 있는 공동체의 사회적, 도덕적 규범과 가치를 대변하고 그것의 갈등을 재현해 주는 의미심장한 역할을 한다. 그의 경험과 행동은 인간의 삶에는 중요한 패턴과 목적이 있음을 대변하며, 따라서 사적이고 개인적인 차원을 넘어 국가적이고 우주적인 차원의 중요한 의미를 지닌다.

---

167 *Ibid.*, 81–92.

168 Hillel Barzel. "Moses: Tragedy and Sublimity" in *Literary Interpretations of Biblical Narratives*. Kenneth, R. R. & Louis, Gros. ed., (Nashville: Parthenon Press, 1978), 120–140.

모세 이야기에서 모세는 그가 속해 있는 공동체의 갈등을 대변하고 삶에는 중요한 패턴과 목적이 있음을 보여주고 있어 전통적인 영웅의 개념에 부합하는 인물이다. 그는 애굽에서 노예로 고통받고 살아가는 이스라엘 민족을 구해 낸 민족의 영웅이며 하나님과 인간 사이를 중재하는 보통 사람과 구별되는 국가적, 우주적 중요성을 가진 위대한 존재다. 그는 개인적, 민족적 차원의 영웅일 뿐 아니라 전 인류적 차원의 영웅으로 제시되며 대중의 상상력을 사로잡는 인물이다.

일반적으로 영웅 이야기는 크게 귀족적 영웅 이야기와 민중적 영웅 이야기 두 가지로 나눌 수 있다. 그런데 귀족적 영웅 이야기에서 영웅은 다음과 같은 특징들을 가지고 있다.

(1) 고귀한 혈통을 지니고 태어난다.
(2) 비정상적으로 잉태되거나 출생한다.
(3) 범인과는 다른 탁월한 능력을 가지고 있다.
(4) 어려서 기아가 되어 죽을 고비에 이른다.
(5) 구출자, 양육자를 만나서 죽을 고비를 벗어난다.
(6) 자라서 다시 위기에 봉착한다.
(7) 위기를 투쟁으로 극복해서 승리자가 된다.[169]

성경의 모세도 (1)레위 족속의 고귀한 혈통에서 태어났고, (2)애굽 왕의 유아 살해 명령으로 인해 출생하자마자 석 달을 숨겨 지내다가 갈대 상자에 넣어져 나일강에 버려지지만, 애굽 왕의 딸이 그를 건져다가 기르게 되는 비정상적인 출생을 경험하며, (3)외모가 준수하고 힘이 세서 애굽인을 죽이고 히브리인을 구하는 비범한 능력을 지니고 있다. 또한 (4)살인자가 되어 바로

169 장덕순, 『설화문학개설』 (서울: 반도출판사, 1994), 52.

를 피해 미디안 광야로 도망해야 하는 죽을 고비를 겪게 되지만, (5)미디안 제사장 이드로의 집에 피신하면서 그의 딸 십보라를 만나 결혼함으로써 구원자를 만나게 된다. (6)여호와의 명령을 받고 애굽 왕 바로와 대적하게 됨으로써 다시 위기에 봉착하지만, (7)바로와의 경쟁에서 승리하여 이스라엘 민족을 가나안으로 인도함으로써 승리자가 된다. 이처럼 모세가 태어나고 성장하여 민족의 지도자로 나서게 되는 삶의 과정은 귀족적 영웅 이야기의 영웅의 모습과 일치한다.

특히, 출애굽기 첫 부분(1–2장)에 나와 있는 그의 특이한 출생 이야기는 독자의 관심을 자극한다. 그는 고대 문화 속의 많은 영웅과 마찬가지로 고귀한 혈통(레위 족속 이른바 제사장의 가문)에서 태어난다. 그리고 출생하면서부터 외부 세계의 위협을 받으며 어려움을 겪는다. 즉, 그는 애굽 왕의 남자 유아살해 명령으로 태어나자마자 죽음의 위협에 직면하게 되고 석 달을 비밀리에 양육된 후 갈대 상자에 담겨 나일강에 버려지는 운명에 처한다. 그러나 공주가 발견하고 데려다 키운다. 그런데 이처럼 강가에 아기를 버리는 기아(棄兒) 모티프는 동서양의 영웅 이야기에 자주 등장한다. 모세의 탄생 이야기는 기원전 2천 년경에 메소포타미아 지역 아카드 왕국에 사르곤이 태어났는데 그 어머니가 아기를 갈대 상자에 넣어서 유프라테스강에 버리지만 마침 지나던 농부가 아기를 발견해 양자로 삼고 나중에 이스달 여신의 총애를 받아서 위대한 왕이 되었다[170]는 사르곤(Sargon)의 탄생 설화와 유사하다. 전통적인 귀족적 영웅 이야기의 주인공들이 일반적으로 어려서 기아가 되어 죽을 고비에 이르지만, 구출자를 만나 위험에서 벗어나듯이, 모세도 버려졌다 다시 구출되는 이른바 '죽음과 재생'을 의미하는 '기아와 구출'이라는 전형적인 영웅의 출생 모티프를 따르고 있다.

출생뿐만 아니라 모세가 치르는 성년 의식을 통해서도 그가 영웅 이야기

170 장일선, 『히브리설화의 문학적 이해』 (서울: 대한기독교출판사, 1995), 41.

에 나오는 주인공과 같은 영웅이라는 사실을 확인할 수 있다. 그는 영웅으로서 진정한 모습을 갖추기 위해 전통적인 영웅들이 거의 예외 없이 경험했던 것과 동일한 성년식(initiation)을 치른다. 즉, 그는 바로(파라오)의 궁궐에서 아무 걱정 없이 청년으로 성장한 후 다른 문학적 영웅들과 마찬가지로 난생 처음 바깥세상으로 나와 경험의 세계(world of experience) 속에 던져져 영웅으로서의 자질을 테스트받게 된다.[171] 그런데 그것은 혹독한 것이었다. 그가 치른 성년식은 애굽 감독이 히브리 노예를 채찍질하는 것을 보고 정의감에 불타서 애굽인을 살해하는 것이었고 이 때문에 미디안으로 도망치게 되는 뼈아픈 경험이었기 때문이다. 그러나 바로 이런 성년식을 통해 그는 자신의 정체성(identity)을 검증받고 영웅으로서의 자질을 갖추게 된다.

그런데 미디안 땅으로의 모세의 도피는 문학적 영웅들이 본격적으로 활동을 시작하기 전 일정 기간 사회로부터 물러나서 은둔적인 도피의 생활(withdrawal)을 하는 전형적인 영웅적 삶의 모습과 똑같은 것이어서 모세가 전통적인 관점에서도 영웅으로서 손색이 없는 인물임을 보여준다. 젊은 디오니시우스가 고국으로 돌아가서 영웅으로서의 활동을 시작하기 전 이방의 땅을 전전하고, 예수가 메시아로서 공생애를 시작하기 전 사회로부터 분리되어 40일을 광야에서 생활했듯이 모세도 애굽에서 미디안 땅으로 피신하여 무명의 시간을 보낸다. 그런데 일반적인 영웅들에게 도피의 기간이 준비와 훈련의 기회를 제공하는 것으로서 중요한 의미가 있듯이 그의 도피 또한 영웅으로서 계획과 준비를 시키며 자신을 돌아볼 수 있게 만드는 의미심장한 훈련의 기간(training period)이었다.

모세가 하늘로부터의 소명, 즉 영감(inspiration)을 받고 이스라엘 민족의 지도자로서 본격적인 역할을 하는 것도 그를 단지 단순한 지도자가 아닌 진정한 영웅으로 평가받게 만드는 중요한 요소다. 영웅 이야기의 주인공들은

171 John H. Gottcent, *The Bible: A Literary Study* (Boston: Twayne Publishers, 1986), 12.

한결같이 어떤 계기를 통해 신적인 힘을 소유한다든지, 아니면 비범한 능력을 지니게 된 인물들이라는 공통점을 가지고 있다. 예수가 세례를 받은 후 성령이 비둘기처럼 그에게 내려오면서 메시아적 정체성을 획득하게 되고, 바울이 다메섹 도상에서 예수의 음성을 듣고 새로운 소명의 길로 들어섰듯이, 모세도 호렙산에서 하나님을 만나게 되면서 이스라엘의 구원자로서 사역을 시작하게 된다. 즉, 모세도 위로부터 영감을 받아서 영웅으로서 역할을 감당할 능력을 갖추게 된다. 모세에게 있어서 호렙산에서의 신과의 조우는 그의 인생의 행로를 바꾸게 만든 중요한 사건이었다. 곳센트(John H. Gottcent)의 지적처럼 그에게 있어 신의 현현(theophany)은 영웅으로서 그의 삶의 과정뿐 아니라 이스라엘 민족의 운명을 바꾸어 놓는 결정적인 계기가 되고 있다.[172] 여기에서의 신의 계시와 새로운 약속은 그의 종교적 의식(religious consciousness)의 중요한 전환점이 된다.[173] 그러나 호렙산 떨기나무 불꽃 앞에서 이스라엘 민족을 애굽에서 탈출시키라는 신의 명령을 받았을 때 그가 보인 반응은 독자들을 어리둥절하게 만든다. 전통적인 영웅들이 보여주었던 용기와 자신감에 넘치는 모습과는 정말 판이한 것이기 때문이다.

> 이제 가라 이스라엘 자손의 부르짖음이 내게 달하고 애굽 사람이 그들을 괴롭히는 학대도 내가 보았으니 이제 내가 너를 바로에게 보내어 너에게 내 백성 이스라엘 자손을 애굽에서 인도하여 내게 하리라. 모세가 하나님께 아뢰되 내가 누구이기에 바로에게 가며 이스라엘 자손을 애굽에서 인도하여 내리이까? (출애굽기 3장 9절-11절)

바로 이 부분에서 성경의 영웅과 전통적인 문학의 영웅과의 차이점이 드러난다. 위 인용문에 나타나듯 성경의 모세는 가시덤불의 떨기나무 불꽃 가운데서 들려오는 하나님의 음성에 지극히 자신감을 상실한 대답을 한다. 나

172 *Ibid.*, 13.

173 Michael Fishbane, *Biblical Text and Texture: A Literary Reading of Selected Texts* (Oxford: One World, 1998), 66.

아가, 지팡이가 뱀으로 변하고 손에 문둥병이 발하는 이적을 몸소 경험하면서도 이스라엘 백성들 앞에 설 수 없다고 머뭇거리는 태도를 보인다. 지도자의 역할을 수용하는 것을 망설이는 모세의 이와 같은 모습은 전통적인 영웅들이 보여주는 자신감에 가득 찬 모습과는 분명히 다른 것이지만 "인간은 근본적으로 부족한 존재일 수밖에 없다"라는 성경 전체를 관통하는 주제를 잘 보여준다는 점에서는 의미심장하다. 자신은 본래 "입이 뻣뻣하고 혀가 둔하여 말을 잘하지 못하는 자"(출애굽기 4장 10절)라는 이어지는 대사 또한 분명히 말에 능한 전통적인 영웅들과는 대비되어 모세가 영웅적인 모습뿐만 아니라 '반영웅적인'(anti–heroic) 모습을 가지고 있음을 보여준다. 다른 사람들이 "나를 믿지 아니하며 내 말을 듣지 아니하리라"(출애굽기 4장1절)라는 대사에서 드러나는 그의 두려움도 전통적인 영웅에게서는 찾아보기 힘든 모습이다. 라이켄 교수가 "성경의 독특한 특징 중의 하나는 영웅이나 여걸들이 깊은 결함을 가지고 있는 것이다."[174]라고 지적했듯이 성경적 영웅으로서 모세는 전통적인 문학적 영웅과 대비되는 반영웅적인 특징을 가지고 있다.

전통적인 문학에서의 영웅은 용맹으로 무장되어 있고 무엇보다 자신의 의지를 관철시키려는 자신감으로 똘똘 뭉쳐있다. 그래서 전통적인 영웅 이야기는 영웅의 초인적인 행동과 용맹을 찬미하고 미화한다. 하지만 전통적 영웅 이야기가 인간의 업적과 가치를 찬미하는 것과는 달리 모세 이야기는 모세라는 한 인간이 가진 인간적 연약함을 여과 없이 보여준다. 다시 말해, 모세 이야기는 인간의 능력과 힘을 강조하는 대신 인간의 연약함과 죄악성을 드러내 보여줌으로써 위기에 처한 민족을 초인적인 힘을 가지고 승리로 이끌어가는 인간적인 영웅의 모습 대신 위험에 직면한 인간을 구원해 주시는 하나님의 전능한 행위를 찬양하고 있다.[175]

---

174 Leland Ryken, *How to Read the Bible as Literature*. (Grand Rapids: Zondervan Publishing House, 1984), 77.

175 조신권, 『성서과 문학』 (서울: 명문당, 1989), 69.

또한, 애굽을 떠난 후 모세가 백성들에게 하는 말을 보아도 인간적인 영웅의 행위를 강조하고 찬미하는 전통적 영웅 이야기와 달리 모세 이야기는 모든 영웅적인 행위를 하나님에게 귀속시키고 있다는 것을 알 수 있다.[176] "여호와께서 그 손의 권능으로 너희를 그곳에서 인도하여 내셨음이니라(출애굽기 13장 3절),"여호와께서 너를 인도하여 가나안 땅 …에 이르게 하시거든"(출애굽기 13장5절), "여호와께서 그 손의 권능으로 우리를 애굽에서 곧 종이 되었던 집에서 인도하여 내실새"(출애굽기 13장 14절)라는 구절들은 모두 하나님의 위대함과 전능한 행위를 찬양하고 있다. 다시 말해, 전통적인 문학의 영웅 이야기가 영웅의 인간적인 업적과 행위를 찬양하는 인본주의적(man-centered)인 특징을 보여주고 있는 것과 달리 모세 이야기는 철저히 신의 인도와 역사하심을 중시하는 신본주의적(God-centered) 특징을 보여준다.

성경의 이야기가 표방하는 신본주의적인 특징은 하나님을 칭송하는 것만이 아니라 하나님이 인간과 본질적으로 다르다는 사실에 의해서도 강조된다. 출애굽기의 저자는 이스라엘 백성들이 무가치한 존재라는 사실을 보여주는 방법을 통해 하나님은 근본적으로 위대하며 인간과 근본이 다른 존재라는 점을 부각한다. 출애굽기에서 이스라엘 백성들은 상습적으로 하나님을 원망하고 불평하는 습성을 가진 존재들이다. 애굽을 탈출해 홍해에 이르렀을 때, 애굽 군대가 추격해 오자 그들은 "애굽에 매장지가 없어서 당신이 우리를 이끌어내어 이같이 죽게 만드느뇨 … 애굽 사람을 섬기는 것이 광야에서 죽는 것보다 낫겠노라"(출애굽기 14장 11-12절)라고 하면서 모세를 원망한다. 마라에서 물이 써서 마시지 못하게 되었을 때도 모세에게 불평하고, 르비딤에서 마실 물이 없을 때도 모세를 원망한다. 고기를 먹지 못하게 되었을 때는 "누가 우리에게 고기를 주어서 먹게 할꼬"라며 자신들의 신세를 한탄한다. 요

176 조신권, 『재미있고 신나는 성서의 세계』 (서울: 아가페문화사, 1999), 150.

컨대, 그들은 어려움에 직면할 때마다 이적과 큰 능력으로 그들을 인도하는 하나님을 믿고 그들의 지도자인 모세를 신뢰하고 소망을 품기보다는 끊임없이 불신앙과 불평을 쏟아낸다.

그러나 모세 이야기에 기술되어 있는 모든 행동은 영적인 차원과 세속적인 차원을 동시에 가지는 이중적인 플롯(double plot)으로 구성되어 있어 그것이 어떤 종류의 것이든 언제나 세상적인 의미와 영적인 의미를 동시에 보여준다. 예를 들어, 하나님이 이스라엘 백성에게 식량으로 보내준 만나는 문자적인 의미뿐만 아니라 상징적인 의미를 지닌다. 그것은 자기 백성의 일용할 양식에 대한 하나님의 준비를 의미하는 것으로 피조물에 대한 하나님의 섭리적인 배려를 상징한다.[177] 그뿐만 아니라 만나는 "꿀 섞은 과자 같은 맛"(출애굽기 16장 31절)이라고 성경에 설명되고 있어 "젖과 꿀이 흐르는 가나안 땅"을 미리 상기시켜 주는 역할도 한다. 이런 상징들과 함께 플롯의 전개 또한 역동적으로 진행되어 선과 악의 끊임없는 갈등을 보여준다.

그런데 특히 우리의 눈길을 끄는 것은 모세 이야기에 나타나는 하나님에 관한 관점이다. 성경의 다른 부분에서와 마찬가지로 여기에 제시되는 하나님은 비극 드라마의 주인공처럼 '행동하는 하나님'(God in action)이다. 하지만 그는 단순히 사람들의 내적 의식에서만 행동하는 것이 아니라 역사의 현장에서 행동한다.[178] 그 일례로, 이스라엘 백성들이 애굽의 군대가 다가오는 것을 보고 두려워하자 모세는 그들에게 "너희는 두려워 말고 가만히 서서 여호와께서 오늘날 너희를 위하여 행하시는 구원을 보라…, 여호와께서 너희를 위하여 싸우시리니 너희는 가만히 있을지니라."(출애굽기 14장 13장-14절)라고 말한다. 출애굽기를 통해 우리는 어떻게 여호와께서 애굽 사람을 바다 가운데 엎으시고 어떻게 여호와께서 이스라엘을 애굽 사람의 손에서 구원하시는지를 보게 된다. 애굽 사람들에게 열 가지 재앙을 내려 이스라엘 민족을 애

177 Leland Ryken, *The Literature of the Bible* (Michigan: Zondervan, 1974), 87.
178 *Ibid.*, 77.

굽에서 나오도록 만들고, 광야에서 만나와 메추라기로 이스라엘 백성을 먹이시며, 낮에는 구름 기둥, 밤에는 불기둥으로 인도함으로써 40년의 광야 생활 동안 이스라엘 민족의 역사를 주관하는 존재는 바로 여호와 하나님이다. 그러나 하나님이 이스라엘 역사를 주관한다고 해서 모세의 영웅성이 드러나지 않는 것은 아니다. 영웅 이야기로서 모세 이야기를 해석하면서 가장 유의해야 할 점은 영적인 차원과 인간적인 차원이라는 두 가지 차원에서 사건들의 의미를 규명해야 한다는 것이다. 다시 말해, 영적인 차원에서는 하나님의 역할과 위상이 강조되고 인간적인 차원에서는 모세의 위상과 역할이 강조되고 있다.

따라서 영적인 차원에서는 이 이야기에 등장하는 초자연적인 기적과 이적들이 모두 모세의 손을 통해 행해지고 있다고 하더라도 그의 능력은 전적으로 하나님으로부터 주어지고 있다는 사실이 중요하다. 모세가 행하는 어떤 영웅적인 행동도 하나님의 도움 없이 수행되는 것은 없다. 그가 두려움과 망설임에서 벗어나 이스라엘의 지도자가 된 것도 하나님께서 함께하셨기에 가능했고, 그의 손의 지팡이를 통해 이적과 기사를 행한 존재도 하나님이다. 한마디로, 모세는 철저하게 하나님의 뜻을 실현하는 도구로 사용되고 있다고 할 수 있다. 따라서 영적인 차원에서 모세라는 영웅의 위상과 의미는 근본적으로 신의 섭리와 통치의 구조 속에서 규정될 수밖에 없다. 모세가 영웅이라면 그를 영웅 되게 만든 주체는 하나님이기 때문이다.

인간의 능력과 의지, 용기와 무공을 영웅의 자질로 강조하는 문학과는 다르게 성경이 강조하는 진정한 영웅의 가장 중요한 자질은 신에 대한 겸손과 순종의 태도다. 자기 뜻과 의지를 주장하는 것이 아니라 신의 뜻과 의지에 자기 뜻과 의지를 굴복시킬 수 있어야 진정한 영웅이 될 수 있다. 성경은 이처럼 영웅의 진정한 위대성은 인간 중심적인 관점이 아닌 신 중심적인 관점에서 그 근본적인 가치를 찾을 수 있음을 보여준다.

그러나 모세는 비록 하나님의 도움 없이 아무것도 할 수 없는 근원적인 인간적 한계성을 가지고 있다고 하더라도 인간적 차원에서 보면 분명 위대한 영웅임이 틀림없다. 성경은 모세가 애굽왕 바로와 대면할 때 모세가 일방적으로 승리하는 것처럼 묘사하고 있지만, 그것이 실제 상황이라면 그 상황은 긴장과 스트레스의 연속이었을 것이며, 모세는 매 순간 어려움을 극복해야 했을 것이다. 더구나 이스라엘 백성들은 어려운 일에 직면할 때마다 모세를 원망하며 불평을 늘어놓는 속성을 지닌 사람들임을 상기할 때 하나님에 대한 믿음뿐만 아니라 백성들에 대한 사랑과 책임감이 없었더라면 지도자로서의 사명과 역할을 감당하지 못했을 것이다. 그는 하나님의 거룩함을 훼손시키고 하나님의 말씀에 불순종하는 범죄의 행위에 대해서는 단호하게 응징하는 태도를 보이면서도 백성들 자체에 대해서는 변치 않는 애끓는 사랑의 마음을 가지고 있다. 다음 구절은 백성들을 향한 모세의 사랑이 얼마나 큰 것인지를 잘 보여준다.

> 이튿날 모세가 백성에게 이르되 너희가 큰 죄를 범하였도다. 내가 이제 여호와께로 올라가노니 혹 너희의 죄를 속할까 하노라 하고 여호와께로 다시 올라가 여짜오되 슬프도소이다 이 백성이 자기들을 위하여 금신을 만들었사오니 큰 죄를 범하였나이다. 그러나 합의하시면 이제 그들의 죄를 사하시옵소서. 그렇지 않사오면 원컨대 주의 기록하신 책에서 내 이름을 지워버려 주옵소서. (출애굽기 32장 30-32절)

어떤 경우에도 이스라엘 백성들을 포기하지 않고 품에 끌어안는 사랑의 힘이 그를 이스라엘 민족의 지도자로 부상하게 만든 지도력의 원천임을 알 수 있다. 이런 점에서 그의 영웅성은 모든 어려움과 난관을 극복하고 강한 책임감과 인내로써 이스라엘 민족을 인도해 내는 위대한 사랑의 마음에 존재한다고 할 수 있다. 이러한 자질을 갖추고 있었기에 그는 명실상부하게 진정한 영웅으로 자리매김할 수 있었던 것이다.

이뿐만 아니라 영웅으로서 모세의 또 다른 자질은 그가 자신의 이해관계 즉, 개인적인 이해의 영역을 벗어나 보다 큰 대의명분(cause)을 지향하는 인물이라는 점에서도 발견된다. 캠벨(Joseph Campbell)이 영웅이란 '자기 삶보다 더 큰 대의에 바쳐진 사람'이라고 정의했듯이,[179] 영웅은 사적, 개인적 영역을 벗어나 공적, 집단적 이익을 대변하는 인물이다. 고대의 영웅들이 백성들의 평안과 안위를 위해 자신을 희생시키고, 성경에서 엘리야 선지자가 혼자 몸으로 450명의 바알 선지자들과 대결을 벌였듯이 모세도 이스라엘 백성의 안위를 위해 신과 인간 사이를 중재하는 존재다. 즉, 그는 이스라엘 민족의 선지자로서 민족 전체를 대표하면서 동시에 잘못을 범한 이스라엘 백성들과 하나님 사이의 매개자로 중요한 역할을 감당한다. 하나님의 입장에서 신의 뜻을 대변하든지, 아니면 이스라엘 백성들의 관점에서 그들의 처지를 대변하든지 간에 그는 더 큰 대의명분에 자신의 개인적인 삶을 비이기적으로 희생시키는 인물이다.

그런데 더 큰 삶의 목적에 자신의 삶을 희생시키는 이러한 이타적인 행동은 그를 동료 인간들과 확연하게 구별함으로써 그에게 영웅으로서의 차별성과 신비감을 부여한다. 이처럼 모세는 전형적인 문학적 영웅들이 가진 신비감, 차별성, 고독성 등의 자질을 모두 갖추고 있다. 그중에서도 그에게 신비감을 부여하고 그를 특별한 영웅으로 돋보이게 만든 최고의 클라이맥스는 하나님으로부터 십계명을 받기 위해 시내산에 올라가는 장면에서 제시된다.

> 모세가 산에 오르매 구름이 산을 가리며 여호와의 영광이 시내산 위에 머무르고 구름이 육일 동안 산을 가리더니 제 칠일에 여호와께서 구름 가운데서 모세를 부르시니라. 산 위의 여호와의 영광이 이스라엘 자손의 눈에 맹렬한 불같이 보였고 모세는 구름 속으로 들어가서 산 위에 올랐으며 사십일 사십야를 산에 있으니라.
> (출애굽기 24장 15절-18절)

179 조셉 캠벨, 『신화의 힘』 이윤기 역 (서울: 고려원, 1992), 238.

모세를 이스라엘 백성들이 모두 경외하며 두려워하는 영웅으로 만든 것은 그에게 임한 하나님의 영광이다. 그것이 이스라엘 자손의 눈에 맹렬한 불 같이 보였다는 인용문의 표현은 하나님의 영광이 얼마나 경이로운 것인지를 알게 해준다. 어떤 다른 영웅에게서도 쉽게 찾아볼 수 없는 신의 거룩한 영광이 모세에게 충만하게 임함으로써 그는 영웅으로서의 정체성을 확실하게 확립한다. 그가 십계명 돌판을 들고 시내산을 내려올 때도 그에게 깃든 하나님의 영광으로 인해 신비함과 거룩함으로 그의 외모가 빛났다. 하나님의 얼굴을 직접 보지는 않았지만, 하나님의 뒷모습을 보았고 하나님과 직접 대면하여 신의 음성을 들었던 유일한 성경의 인물이 모세다.

이처럼 하나님은 그의 종 모세에게 인간적인 속성뿐만 아니라 신적인 속성 즉, 거룩함(holiness)을 부여함으로써 그를 다른 사람들과 구별하고 진정한 영웅으로 인정하셨다. 그가 시내산을 내려왔을 때 얼굴의 광채 때문에 수건으로 얼굴을 가렸다고 성경은 말하는데, 이 광채는 하나님의 거룩함과 영광을 나타내는 외적 상징이다. 하나님이 인정한 거룩한 이스라엘의 지도자이자 영웅이 바로 모세다. 성경의 영웅 중에서 모세만큼 하나님의 은혜와 간섭을 직접 경험한 인물은 없다. 하나님의 섭리 속에 진행되는 위대한 영웅의 행적을 생생하게 보여주는 내러티브가 모세 이야기다.

성경은 "이 사람 모세는 온유함이 지면의 모든 사람보다 더하더라"(민수기 12장 3절)라고 묘사하고 있어서 모세에게 악의 세력을 파괴하고 선을 위해 싸우는 영웅적인 권위가 부족하지 않을까 생각할 수도 있다. 그러나 그는 내적으로 온유하고 심지어 수줍어하는 성품을 가지고 있지만, 하나님의 뜻과 자기에게 부여된 하나님의 과업을 실행할 때는 누구보다도 용감하고 대담하다. 특히, 죄에 대한 그의 반응은 격렬함 그 자체다. 그가 하나님으로부터 받은 십계명 돌판을 우상을 숭배하는 이스라엘 백성들 앞에 던져 깨트리는 모습은 이러한 사실을 잘 보여준다. 금송아지를 만들어달라는 백성의 요구를 거절하지 않고 인기에 영합함으로써 백성을 타락의 길로 내몰았던 형 아론과 달리 그는 대중들의 생각이 아닌 하나님의 기준에 따라 행동한다. 성경은 이런 모세를 진정한 리더십을 보여 주는 강력한 지도자라고 말한다. 하나님은 그 누구라도 모세를 비방하는 것을 허락하지 않으신다.

> 그와는 내(하나님)가 대면하여 명백히 말하고 은밀한 말로 하지 아니하며 그는 또 여호와의 형상을 보거늘 너희가 어찌하여 내 종 모세 비방하기를 두려워하지 아니하느냐. (민수기 12장 8절)

이 구절은 하나님과 모세의 관계가 어떠한지를 잘 보여 주며 그의 영웅적 자질을 하나님이 직접 인증하고 있음을 나타낸다. 다른 영웅적 인물들과 비교하여 모세가 위대한 영웅으로 인식될 수밖에 없고, 또한 그의 이야기를 영웅의 이야기로 읽을 수밖에 없는 근본적인 이유는 전능한 하나님이 그의 영웅성을 담보해 주고 있기 때문이다.

성경의 영웅 이야기들은 근본적으로 신 중심의 세계관을 보여준다. 믿음과 하나님에 대한 순종이 성경적 영웅들의 실존에서 핵심이 되는 요소들이다. 모세 이야기도 인간적인 측면에서 보면, 그는 용맹과 자신감이 부족한 단점을 가진 존재지만 영적인 측면에서는 하나님에 대한 믿음과 그의 말씀에 순종함으로써 영웅의 모습을 보여준다. 따라서 영웅의 관점에서 모세라는 인물을 분석할 때 그의 영웅성을 세속적인 문학작품을 평가하는 잣대로 가늠하기란 어려운 일이다. 모세 이야기는 근본적으로 인본주의 문학이 인간 영웅들에게 부여하는 가치와 영광을 되풀이해서 하나님에게 돌리고 있기 때문이다. 즉, 성경의 다른 이야기들과 마찬가지로 이 이야기도 하나님의 성품과 역할을 드러내는 것에 초점이 맞추어져 있어서 모세의 중요성과 가치를 간과하기 쉽다. 그러나 차원을 달리하여 인간적인 입장에서만 보면, 이 이야기는 모세라는 정치 지도자로서 핵심이 되는 영웅을 중심으로 플롯 상의 통일성을 이루고 있고, 강한 교훈적 충동을 지니고 있으며, 모세의 행동이 인간 경험의 전형이 된다는 점에서 대표적인 영웅 이야기라 할 수 있다.

앞서 살펴보았듯이, 모세는 전통적인 문학적 영웅들과 비교해보면 분명 반영웅적인 여러 가지 모습들을 가지고 있다. 하지만, 그렇다고 그의 영웅성이 돋보이지 않는 것은 아니다. 모순적으로 보일 수 있는 이러한 주장이 설득력을 가지는 이유는 여러 가지 갈등과 투쟁을 통해 드러나는 모세의 태도와 행동들이 인간적인 차원에서는 분명 위대한 영웅의 태도와 행동들이기 때문이다. 더구나 그의 위대성과 차별성은 단지 인간의 입장에서만이 아닌 신에 의해 천명되고 있다는 점에서 모세는 누구도 부인할 수 없는 위대한 영웅임이 틀림없다. 성경을 문학적으로 해석할 때 유의해야 할 점은 성경이 근본적으로 하나님에 관한 기록이라고 해서 인간의 의지와 역할을 무시하지 않는다는 것이다. 다시 말해, 성경은 인간이 신의 도구로 사용된다고 해서 인간의 가치와 역할을 폄훼하지 않는다. 성경의 세계는 근본적으로 신 중심적이지만 신으로부터 부여받은 소명을 실행하는 인간의 역할 또한 중요하다. 이런 점에서 모세 이야기 같은 성경의 영웅 이야기는 일반문학의 영웅 이야기와 공통점을 가진다.

룻 이야기

룻기는 성경의 이야기 중 가장 예술성이 뛰어난 걸작으로 평가받는 이야기다. 이 이야기의 스토리텔링에는 플롯, 성격묘사, 배경, 단어의 패턴, 이미저리, 인유, 대사 등이 어느 하나 부족함 없이 제 기능을 잘 발휘하여 전체적으로 통일성 있는 구조를 만들고 있다. 일반적으로 전원시를 "시골 생활이나 목축 생활, 혹은 가정생활의 소박하고 상쾌한 모습을 그리는 짧은 시나 산문"이라고 사전에서 정의하고 있는 것을 고려할 때, 룻 이야기는 농촌 생활을 배경으로 두 남녀의 사랑 이야기가 전개된다는 점에서 장르적으로는 전원시적 로맨스라 할 수 있다.[180] 룻 이야기는 남편이 죽고 과부가 된 여인 룻이 역시 과부인 시어머니 나오미를 따라 베들레헴으로 와서 보아스의 밭에서 남은 이삭을 줍다가 보아스와 결혼하는 내용을 다루고 있다. 그러나 이 이야기의 진정한 강조점은 이방 여인 룻이 베들레헴의 유력자 보아스를 만나 사랑에 빠져 결혼하고 신분이 상승하는 로맨스에 있는 것이 아니다. 다시 말해, 룻기를 사랑 이야기로 이해하는 것은 이 이야기의 중심 메시지를 오해하는 잘못을 범하는 행동이다. 외형적으로 이 이야기는 전원시적 로맨스의 형태를 취하고 있지만, 중심 주제는 이방 여인 룻을 통해 전개되는 하나님의 사랑과 인도하심이다.

이 이야기의 중심인물인 룻은 가정적인 여장부다.[181] 그녀는 과부가 되어 살길이 막막해진 상황에서도 시어머니를 뒤따르며 매우 헌신적일 뿐 아니라 자신의 삶을 매우 적극적으로 개척하는 인물이다. 하지만 그녀는 가정적인 여장부일 뿐 아니라 종교적인 여장부이기도 하다.[182] 이 이야기의 첫 번째 강조점은 룻이 회심하여 여호와 하나님을 믿게 되었다는 것에 있다. 성경 저자는 그녀의 회심을 매우 균형 잡힌 시적인 언어를 사용하여 다음과 같이 기술한다.

> 룻이 이르되 내게 어머니를 떠나며 어머니를 따르지 말고 돌아가라 강권하지 마옵소서. 어머니께서 가시는 곳에 나도 가고 어머니께서 머무시는 곳에서 나도 머물겠나이다. 어머니의 백성이 나의 백성이 되고 어머니의 하나님이 나의 하나님이 되시리니 어머니께서 죽으시는 곳에서 나도 죽어 거기 묻힐 것이라 만일 내가 죽는 일 외에 어머니를 떠나면 여호와께서 내게 벌을 내리시고 더 내리시기를 원하나이다 하는지라. (룻기 1장 16-17절)

180 리런드 라이켄, 『문학에서 본 성경』 유성덕 역 (서울: 크리스챤 다이제스트, 1998), 73.
181 위 책, 73.
182 위 책, 73.

그녀는 시어머니가 섬기는 하나님을 자신의 하나님으로 선택하고 있다. 그런데, 단순히 말로만 선택하지 않고 진정으로 회심(conversion)하고 있다. 여호와 하나님의 이름으로 맹세하고 있는 모습이 이를 잘 보여준다.[183] 이방 여인으로서 그녀의 이런 회심은 구약 내러티브에서는 매우 보기 드문 것으로 이방인 중에서 유대 사회에 성공적으로 적응하는 대표적인 인물이 바로 룻이다.

룻 이야기는 행복에서 비극으로, 그리고 다시 행복으로 진행되는 U자형 플롯을 가진 희극으로 그녀가 처음에는 비극에 처하지만 여러 장애 요소들을 훌륭하게 극복하고 결국 행복한 결말로 이야기가 마무리된다. 그런데 여주인공이 처음에는 사회로부터 소외되었다가 점차 그 사회에 동화되는 것은 희극의 일반적인 패턴이다. 결혼으로 작품의 대미를 장식하는 것도 희극에서의 전형적인 모습이다. 이 이야기는 전체적으로 단순한 것처럼 보일 수도 있으나 룻과 보아스가 타작마당에서 만나는 절정의 밤을 향해 플롯이 진행되는 매우 정교하게 짜인 구조로 되어 있다.[184] 4장으로 이루어져 있는 짧은 룻 이야기는 배경 설명, 룻과 보아스의 사랑의 시작, 타작마당에서의 절정에 이르는 만남, 대단원으로 구성된 정교한 문학적인 이야기다.

그런데 내용을 세밀하게 살펴보면 이 이야기도 아브라함 이야기처럼 가정과 가족을 찾아가는 가정 추구(quest) 모티프와 여행(journey) 모티프가 서로 연결되어 플롯의 진행을 이끌고 있음을 알 수 있다. 룻은 모압에서 베들레헴으로, 그리고 나오미의 집에서 보아스의 농장으로 장소를 옮기면서 사랑과 가정을 추구한다. 그리고 그 정점에 타작마당에서의 룻과 보아스의 긴장된 만남이 위치한다.

비극에서 희극으로 진행되는 이 이야기의 주제를 돋보이게 하는 또 다른

183 고든 D. 피와 · 더글라스 스튜어트, 『성경을 어떻게 읽을 것인가』 개정3판. 오강만 · 박대영 역. (서울: 성서유니온, 2014), 116.

184 리런드 라이켄, 『문학에서 본 성경』 유성덕 역 (서울: 크리스찬 다이제스트, 1998), 74.

요소는 추수와 수확의 이미지다. 땅이 풍요로운 수확의 열매를 맺듯이 룻의 사랑은 풍요로운 결혼의 열매를 맺는다. 룻과 보아스의 만남은 추수가 시작되는 밭에서 시작되어 추수가 끝나는 타작마당에서 사랑이 이루어진다. 추수와 수확의 이미지는 이 이야기의 주제인 사랑에 어떤 의미가 있는지를 보여주는 매우 중요한 역할을 한다.

이 이야기를 올바로 이해하기 위해 고려해야 할 중요한 사항은 보아스가 하나님을 경외하고 모세의 율법을 지켰던 의로운 사람임을 인식하는 것이다. 보아스가 룻에게 다른 밭에 가지 말고 자기 밭에서 이삭을 줍고 목이 마르거든 소년들이 길어 온 물을 마시라고 한 것은 단지 불쌍한 사람에게 사랑과 자비를 베푸는 행동에서 그치지 않는다. 이것은 레위기 19장 9-10절에서 명한 대로 고아와 과부를 위해 이삭을 남겨두라는 율법을 준수하는 행동이다. 이런 점을 고려할 때 룻이 보아스를 남편으로 맞이했다는 것은 단지 멋있는 한 남자의 아내가 되었다는 차원을 넘어 하나님의 말씀을 잘 준행하는 믿음의 가정에 안주인으로 들어가게 되었음을 의미한다. 룻기의 말미에서 저자는 룻이 다윗 왕의 조상, 구체적으로 다윗의 증조할머니가 되었음을 기술하고 있는데 이것은 예수 그리스도가 다윗의 후손으로 태어났음을 고려할 때 이방 여인 룻이 인류의 구원자이신 예수 그리스도의 조상 계보에 이름을 올리게 되었다는 아주 중요한 의미를 지닌다.

이렇게 본다면 룻 이야기는 인간적인 측면에서는 룻이라는 이방 여인과 보아스라는 권세 있는 유대인 사이의 사랑 이야기지만 종교적인 측면에서는 룻과 이스라엘을 보호하고 축복하시는 룻을 향한 하나님의 돌보심과 사랑의 이야기다. 나아가 룻과 보아스가 이스라엘의 역사에서 어떠한 위치를 점하게 되는지를 보여주는 이야기이기도 하다.[185]

또한, 이 이야기를 잘 이해하기 위해서는 이 이야기에 나오는 베들레헴

185 고든 D. 피와 · 더글라스 스튜어트, 『성경을 어떻게 읽을 것인가』 개정3판, 오강만 · 박대영 역. (서울: 성서유니온, 2014), 117.

주민들이 아주 신실한 사람들이라는 점도 주목해야 한다. 룻기의 시대적 배경이 되는 사사들이 활동하던 주전 1240–1030년 사이는 일반적으로 광범위한 우상숭배, 혼합주의, 사회적 불의, 사회적 소요, 지파 간의 경쟁심, 성적 부도덕, 기타 불신앙적 요소들로 가득 찬 시대였다.[186] 이 당시 이스라엘 백성들은 반복해서 하나님을 배반하는 모습을 보였고 그로 인해 계속해서 하나님의 징벌을 받았다. 하지만 룻 이야기의 베들레헴 사람들은 예외적인 인물들로서 여호와 하나님께 충성을 다하고 있다. 심지어 그들이 나누는 인사말에서도 하나님을 향한 신앙의 마음이 잘 나타난다.

> 마침 보아스가 베들레헴에서부터 와서 베는 자들에게 이르되 여호와께서 너희와 함께 하시기를 원하노라 하니 그들이 대답하되 여호와께서 당신에게 복 주시기를 원하나이다 하니라. (룻기 2장 4절)

이뿐만 아니라 룻의 결혼과 미래에 생길 자손에 대해 축복하는 베들레헴 장로들의 모습과 성읍의 여인들이 나오미를 축복하는 말들에서도 이들의 신앙이 잘 드러난다. 이방 여인 룻이 이스라엘 민족과 어렵지 않게 동화될 수 있었던 것은 베들레헴 거민의 이러한 신실함이 분명히 중요한 원인으로 작용했다. 만약 그들이 다른 사사 시대의 사람들처럼 우상숭배와 성적인 부도덕에 빠져 있었다면 룻과 보아스의 사랑은 결실하기가 어려웠을 것이며 다윗의 조상으로 믿음의 계보를 이을 수 없었을 것이다. 이런 측면에서 베들레헴 거민의 신앙적인 모습은 이 이야기의 의미를 올바르게 이해하기 위해 반드시 고려해야 할 사안이다.

문학이 근본적으로 인간의 체험을 다루는 것이라면 룻 이야기는 죽음, 종교적 헌신, 낭만적 사랑, 가족의 유대 관계, 어머니의 마음 같은 인간의 기

---

186 위 책, 117.

본적인 체험들이 너무나 잘 그려지고 있어서 우수한 일반 문학 작품들과 비교해도 전혀 손색이 없을 정도로 문학성이 뛰어난 글이다. 더구나, 이 이야기는 가정적인 관심사, 기근과 추수라는 자연 세계, 남녀 간의 낭만적인 사랑을 다루면서도 가족 관계를 넘어 본질적으로 삶을 영위하고 유지시키는 영적인 영역까지 범위를 확대하고 있어서 우리를 더욱 놀랍게 만든다. 룻과 보아스의 낭만적인 사랑도 계절의 순환과 조화를 이루며 삶의 질서를 대변할 뿐 아니라 사회적인 규범, 나아가 종교적인 가치를 이상적으로 구현하는 것으로까지 의미가 확장되고 있어서 가치를 지닌다.

기드온 이야기

기드온 이야기는 구약성경 사사기에 나오는 영웅 이야기 중 하나다. 그런데 사사기는 사사들이 활동하던 시대 영웅들의 업적보다 오히려 이스라엘 백성들의 약점에 관심을 가지고 이스라엘의 정치적, 종교적 타락상을 보여준다. 다시 말해, 사사기는 이스라엘을 구원하기 위해 하나님이 보낸 사사들의 업적과 위대함을 찬양하는 것보다 하나님을 배반한 패역한 이스라엘을 책망하는 것에 강조점이 있으며, 대부분의 사사는 실패한 영웅으로 묘사된다.[187] 사사기 전체를 통해 강조되는 주제는 이스라엘의 반복적인 불순종과 사사들의 거듭된 실패에도 하나님은 이스라엘을 사랑과 은혜로 이끄신다는 것이다. 돌시(David A. Dorsey)에 따르면, 사사기는 이스라엘의 영적, 정치적 타락과 이스라엘에 대한 여호와 하나님의 끊임없는 구원이라는 두 주제를 다루고 있다.[188]

사사기는 전체적으로 여러 사사들의 이야기를 다음과 같은 여섯 가지 요소들을 가진 수사적인 구조를 통해 서술하는 특징을 가진다. (1)모든 이야기들은 "이스라엘 자손이 여호와의 목전에 악을 행하여"라는 구절로 시작되고

187 데이빗 돌시, 『구약성경의 문학적 구조』 류근상 옮김 (서울: 크리스찬 출판사, 2011), 155.
188 위 책, 155.

(2)"여호와께서 이스라엘에게 진노하사 그들을 …의 손에 파셨다"는 내용이 이어진다. (3)이스라엘이 이방인들의 압제 속에서 고통을 당하고 견디다 못해 여호와께 부르짖는다. (4)여호와 하나님이 구원자를 일으키신다. (5)그 구원자가 압제자들을 물리친다. (6)이스라엘 땅에 평화가 찾아온다.[189] 기드온 이야기도 "이스라엘 자손이 또 여호와의 목전에 악을 행하였으므로 여호와께서 칠 년 동안 그들을 미디안의 손에 넘겨주시니"(사사기 6장 1절)라는 구절로 시작된다. 이스라엘이 파종할 때가 되면 미디안을 위시하여 이방인들이 이스라엘을 치러 올라와서 토지 소산을 멸하여 먹을 것을 남겨두지 않아서 궁핍함이 심했다고 기술하고 있다. 그래서 이스라엘 자손이 여호와께 부르짖고 이에 대한 응답으로 하나님이 이스라엘의 구원자로 세운 인물이 기드온이다.

기드온은 이방 민족 미디안의 압제에 대항하여 전장에서 그들에게 승리를 거둠으로써 민족을 구원하는 영웅이다. 하지만 여호와의 사자가 그에게 처음 나타나 이스라엘을 미디안의 손에서 구원하라고 명령했을 때 그는 하나님께서 모세를 부르실 때와 마찬가지로 매우 자신감이 부족한 모습을 보인다.

> 여호와께서 그를 향하여 이르시되 너는 가서 이 너의 힘으로 이스라엘을 미디안의 손에서 구원하라 내가 너를 보낸 것이 아니냐 하시니라. 그러나 기드온이 그에게 대답하되 오 주여 내가 무엇으로 이스라엘을 구원하리이까 보소서 나의 집은 므낫세 중에 극히 약하고 나는 내 아버지 집에서 가장 작은 자니이다 하니 (사사기 1장 14-15절)

이처럼 나약한 기드온에게 자신감을 불어넣는 존재는 하나님이다. 하나님은 기드온에게 "내가 반드시 너와 함께 하리니 네가 미디안 사람 치기를 한 사람을 치듯 하리라"(사사기 6장 16절)고 말씀하시며 그에게 용기를 북돋워 준다. 다시 말해, 하나님이 그를 선택하여 영웅이 되게 하신다. 영웅 이야

189 Robert Alter & Frank Kermode Ed. *The Literary Guide to the Bible*. Cambridge (The Belknap Press, 1999), 104–105.

기에는 일반적으로 두 가지 형태의 영웅이 그려지는데 그 첫 번째는 보통 사람과 다른 비범한 능력과 재주를 가진 인물이 놀라운 행동을 하여 위대한 일을 이루는 경우며, 두 번째는 평범한 인물이 영웅으로 만들어져서 놀라운 업적을 성취하는 경우다. 기드온은 후자에 해당하는 인물로 하나님의 부르심을 받기 전에는 위 인용문에 나타나듯이 비천한 가문에서 태어난 지극히 연약한 아주 평범한 인물이었다. 그래서 그가 영웅으로 다시 태어나기 위해서는 하나님의 능력을 경험하는 것이 필요했다. 그는 하나님의 말씀대로 자기가 이스라엘을 구원할 존재임을 확신시켜 줄 징표로 기적을 보여줄 것을 두 번씩이나 하나님께 요구한다.

> 기드온이 하나님께 여쭈되 주께서 이미 말씀하심 같이 내 손으로 이스라엘을 구원하시려거든 보소서 내가 양털 한 뭉치를 타작 마당에 두리니 만일 이슬이 양털에만 있고 주변 땅은 마르면 주께서 이미 말씀하심 같이 내 손으로 이스라엘을 구원하실 줄을 내가 알겠나이다 하였더니 그대로 된지라. 이튿날 기드온이 일찍이 일어나서 양털을 가져다가 그 양털에서 이슬을 짜니 물이 그릇에 가득하더라. 기드온이 또 하나님께 여쭈되 주여 내게 노하지 마옵소서 내가 이번만 말하리이다. 구하옵나니 내게 이번만 양털로 시험하게 하소서 원하건대 양털만 마르고 그 주변 땅에는 다 이슬이 있게 하옵소서 하였더니 그 밤에 하나님이 그대로 행하시니 곧 양털만 마르고 그 주변 땅에는 다 이슬이 있었더라. (사사기 6장 36-40절)

이 이야기에서 기드온의 첫 번째 영웅적인 행동은 하나님의 명령에 순종하여 그의 가족들이 섬기던 이방신의 제단을 헐고 우상을 파괴하는 것이다. 그러나 성읍 사람들을 두려워하여 이 일을 감히 낮에는 행하지 못하고 밤에 행한다. 이런 그가 영웅으로서 흔들림 없는 행동을 하는 것은 위 인용문의 내용에서 유추할 수 있듯이 기적을 통해 하나님의 능력이 자신과 함께한다는 사실을 확신하면서 시작된다. 그는 삼백 명의 용사만을 택하여 수많은 적과 싸울 전장으로 나가라는 하나님의 명령을 조금의 망설임이나 인간적인 생각을 하지 않고 그대로 따른다. 그는 하나님의 말씀을 절대적으로 순종함으로써 영웅으로 자리매김한다. 미디안과의 전쟁에서 그가 승리를 거두는 것은 자신의 노력이나 전투의 기술이 아닌 "여호와께서 그 온 진영에서 친구끼리 칼로 치게 하셔서 적군을 도망가게 만듦으로써"(사사기 7장 22절) 이루어진다. 사사기 전체를 통해 강조되는 것처럼 기드온 이야기에서도 진정한 영웅은 하나님이다.

여리고를 정복한 여호수아의 이야기처럼 기드온 이야기는 전통적인 영웅 설화의 특징을 뒤집어 놓는다. 이 이야기는 인간의 힘이 아니라 하나님의 위대하심을 찬양한다. 이 이야기의 저자는 전쟁을 수행하는데 하나님이 기드온에게 단지 300명의 병사만을 허락한 이유를 "이는 이스라엘이 나를 거슬러 자랑하기를 내 손이 나를 구원하였다 할까 함이니라"(사사기 7장 2절)라고 밝힌다. 인간이 교만하지 않도록, 그리고 구원이 인간의 손에 있는 것이 아닌 하나님의 손에 달려 있다는 사실을 확실하게 보여주기 위해 이스라엘 병사의 숫자를 줄였다는 것이다.

전통적인 군사 영웅은 고귀한 혈통이거나 신 또는 여신의 자손이지만 기드온은 평범한 혈통을 가진 가족 중에서도 제일 작은 자다. 그는 자신을 영웅이라고 외부적으로 공언한 적도 없고 전쟁에서 능력을 발휘하여 용감하게 싸운 적도 없다. 그를 영웅으로 만들어주는 것은 하나님이 지켜주는 힘밖에 없다.[190] 또한, 전통적인 영웅 이야기에서는 거대하고 강력한 군대가 이루어 내는 승리와 구원을 찬양하지만, 이 이야기에서는 반대로 이스라엘 군대의 부족함을 강조하며 하나님의 기적적인 구원을 찬양한다. 인간을 영광스럽게 하는 전통적인 영웅 이야기와 다르게 기드온 이야기는 하나님을 영광스럽게 하는 영웅 설화다.

190 리런드 라이켄, 『문학에서 본 성경』 유성덕 역 (서울: 크리스챤 다이제스트, 1998), 67.

전통적인 영웅 이야기의 관점에서 기드온은 영웅적인 특징보다 반영웅(anti-hero)적인 특징을 훨씬 많이 가지고 있다. 그는 자신감이 부족하며 자신의 것이라고 내세울 수 있는 업적도 부족하다. 정치적 리더로서 역량을 발휘하여 자신의 위상을 높이려 하지도 않는다. 이스라엘 백성들이 기드온에게 그가 미디안의 손에서 이스라엘을 구원했기 때문에 기드온과 그의 후손들이 이스라엘을 다스려 줄 것을 간청했지만 그의 대답은 "내가 너희를 다스리지 아니하겠고 나의 아들도 너희를 다스리지 아니할 것이요 여호와께서 너희를 다스리시리라"(사사기 8장 23절)라는 것이었다. 이로 볼 때 그는 반영웅이 틀림없다. 그러나 영웅 설화로서 기드온 이야기는 인간적인 입장에서의 반영웅이 종교적인 입장에서 진정한 영웅주의를 구현할 수 있는 밑바탕이 된다는 사실을 보여주고 있어서 흥미롭다. 다시 말해, 기드온이 전통적인 영웅 행위에 관한 주장을 포기하는 것이 역설적으로 인간적으로 가능한 것 이상의 가치를 성취하는 조건이 된다. 이런 점에서 기드온 이야기는 반영웅적 영웅주의를 보여주는 내러티브로서 성경 문학이 강조하는 신 중심적 가치관을 강조하는 대표적인 이야기라 할 수 있다.

| 다니엘 이야기

다니엘 이야기는 성경의 이야기 중에서 가장 영웅적인 인물의 이야기다. 다니엘만큼 완전무결한 영웅의 모습을 갖춘 인물을 성경에서 찾기란 쉽지 않다. 이 이야기의 플롯은 여러 가지 일화들이 나열된 형태를 취하고 있어서 구조적인 통일성이 부족하다. 그러나 각각의 일화들에서 제시되는 세계관과 가치들이 서로 연결되어 하나의 통일된 주제를 만들어낸다.

다니엘서 1-6장에서는 연대기 순으로 여러 가지 사건들이 배열되어 있다. 1장에는 다니엘과 그의 세 친구 사드락, 메삭, 아벳느고의 시험이 서술되어 있고, 2장에는 느부갓네살 왕의 꿈을 다니엘이 해몽하는 사건이 기록되어 있다. 3장에는 다니엘이 세 친구들이 당한 격렬한 풀무불 시련이 그려지고 있으며, 4장에는 자신의 타락과 회복에 대한 느부갓네살 왕의 설명이 나온다. 5장에는 벨사살 왕의 향연에서 손가락이 나타나 벽에 글을 쓰는 기상천외한 사건이 소개되고, 6장에는 다니엘이 사자 굴 속에 던져졌으면서도 머리털 하나 상하지 않고 구원받는 흥미로운 이야기가 묘사된다.

이 이야기에서 다니엘이 겪는 갈등은 개인적인 차원의 갈등과 국제적인 차원의 갈등 두 종류가 있다. 개인적인 차원에서 그가 만나는 적수들은 왕들, 고관대작들과 동료들, 이교적인 생활 방식, 심지어 배고픈 사자 등 다양하다. 그런데 그의 개인적인 갈등은 강한 종교적 정체성을 가진 유대 민족과 이에 대항하는 강력한 이교적인 문화를 가진 바벨론 민족 사이의 국제적인 갈등과 연결되어 있다. 하지만 그는 일련의 갈등과 어려움들을 겪으면서 영웅적인 면모를 보여준다.

다니엘은 우선 민족적인 영웅이다. 바벨론 왕 느부갓네살이 예루살렘을 점령하고 "이스라엘 자손 중에서 왕족과 귀족 중 흠이 없고 용모가 아름답고 모든 지혜를 통찰하며 지식에 통달하며 학문에 익숙하여 왕궁에 설 만한 소년들을 데려오게 하였는데"(다니엘 1장 4절) 여기에 선택된 인물이 다니엘과 그의 세 친구 하나냐와 미사엘과 아사랴다. 이들을 왕의 앞에 세우기 위해 왕의 음식과 포도주가 제공되지만 다니엘은 화려한 바벨론의 진수성찬을 거부하고 유대인들이 먹던 소박한 식사를 고집한다. 바벨론의 식사에 관한 의식법을 거부하는 다니엘의 모습은 그가 바벨론 민족과 구별되는 유대인의 정체성을 고수하는 인물임을 잘 보여준다. 또한, 그는 종교적인 영웅이다. 다니엘서의 저자는 그가 종교적으로 얼마나 탁월한 인물인가를 다음과 같이 기록한다.

> 하나님이 이 네 소년에게 학문을 주시고 모든 서적을 깨닫게 하시고 지혜를 주셨

으니 다니엘은 또 모든 환상과 꿈을 깨달아 알더라. 왕이 말한 대로 그들을 불러들일 기한이 찼으므로 환관장이 그들을 느부갓네살 앞으로 데리고 가니 왕이 그들과 말하여 보매 무리 중에 다니엘과 하나냐와 미사엘과 아사랴와 같은 자가 없으므로 그들을 왕 앞에 서게 하고 왕이 그들에게 모든 일을 묻는 중에 그 지혜와 총명이 온 나라 박수와 술객보다 십 배나 나은 줄을 아니라. (다니엘 1장 17-20절)

다니엘의 세 친구도 지혜와 총명이 바벨론의 박수와 술객보다 열 배나 더 낫다. 다니엘은 이런 친구들의 재능뿐만 아니라 모든 환상과 꿈을 깨달아 아는 비범한 능력을 갖춘 인물이다. 이 모든 지혜와 능력은 하나님께서 주셨고 다니엘은 하나님 중심의 삶을 철저하게 고수한다. 그의 종교적 열정은 주변의 이교도들이 "다니엘의 하나님"이라고 그를 부를 정도로 강렬한 것이다. 라이켄 교수가 지적하듯이 그는 자신의 높은 사회적 지위가 자신의 신앙을 더럽히게 하지 않는 뛰어난 하나님의 사람이다.[191]

이런 하나님의 사람에게 닥쳐온 첫 번째 시련은 1장에 소개되는 왕의 음식을 먹어야 한다는 식사 의식에 관한 것이다. 이 시련은 그에게 제공된 일종의 시험(test)으로 서로 다른 삶의 방식이 여기에서 충돌한다. 다니엘은 왕의 음식으로 제공된 고기와 포도주가 아닌 채소와 물을 먹는다. 그런데 그가 왕의 음식을 거절한 것은 삶의 방식의 차이 때문이기도 하지만 1장 8절의 "자기를 더럽히지 아니하도록"이란 구절로 비추어 볼 때 종교적인 이유가 더 컸던 것을 알 수 있다. 그에게 제공된 음식은 이방신에게 드려졌던 것이며 따라서 이 시험은 단지 식습관에 관한 것이 아닌 하나님에 대한 충성심에 관한 시험이라 할 수 있다.

다니엘이 겪게 되는 두 번째 시련은 꿈을 알고 해석하는 능력에 관한 것이다. 느부갓네살 왕은 꿈을 꾸고 번민하여 박수와 술객과 점쟁이와 술사들을 불러 그가 꾼 꿈과 해석을 보일 것을 명령한다. 그러나 "왕께서 물으신 것

191 리런드 라이켄, 『문학에서 본 성경』 유성덕 역 (서울: 크리스챤 다이제스트, 1998), 69.

은 어려운 일이라 육체와 함께 살지 아니하는 신들 외에는 왕 앞에 그것을 보일 자가 없나이다"(다니엘 2장 11절)라는 말에서 나타나듯이 이것은 인간의 능력을 벗어난 일이다. 그래서 인간으로서 불가능한 일을 명령하고 이를 거부하는 바벨론의 지혜자들을 모두 죽이라고 명령하는 느부갓네살 왕이 폭군처럼 느껴지기도 한다. 그러나 지극히 비상식적인 왕의 이런 명령은 하나님의 사람 다니엘을 통해 하나님의 전지전능한 능력을 나타내 보여주기 위한 하나님의 섭리의 도구로 작용한다. 다니엘도 바벨론 지혜자 중 한 사람이었기 때문에 꿈을 해석하지 못하면 죽음을 면할 길이 없었지만, 하나님의 도움으로 왕의 꿈을 해석하고 위기에서 벗어난다.

> 이에 이 은밀한 것이 밤에 환상으로 다니엘에게 나타나 보이매 다니엘이 하늘에 계신 하나님을 찬송하니라. (다니엘 2장 19절)

목숨이 경각에 달린 절체절명의 위기 상황에서 다니엘이 취한 행동은 인간적인 수단과 방법이 아닌 하나님께 간구하는 것이다. 그는 어려움에 직면할 때마다 하나님께 도움을 구한다. 종교적인 영웅으로서 그의 가장 중요한 특징은 이처럼 어떤 상황에서도 하나님을 의지하고 신뢰하는 믿음을 견지하고 있다는 점이다. 다니엘 이야기에서 반복되는 주된 플롯의 진행 패턴은 (1)하나님께 간구, (2)기도에 응답하여 비밀을 계시하든지 꿈을 해석할 능력을 주심, (3)하나님께 대한 감사, 그리고 (4)하나님의 능력에 대한 증언이다. 다니엘의 두 번째 시련의 플롯도 이런 패턴을 따라 진행된다.

세 번째 풀무불의 사건은 다니엘이 아닌 그의 세 친구들의 시련에 관한 이야기다. 느부갓네살 왕은 금으로 큰 우상을 만들고 낙성식에서 모든 사람에게 그 앞에 절하도록 명령한다. 어기는 자가 받아야 할 벌은 맹렬히 타는 풀무불에 던져지는 것이다. 그런데 하나님을 섬기는 그의 백성은 우상 앞에

절하는 것이 금지되어 있다. 하나님이 가장 싫어하시는 것이 우상에게 절하든지 섬기는 것이다. 다니엘의 세 친구 사드락과 메삭과 아벳느고는 하나님을 절대적으로 신뢰하고 있어서 우상에게 절을 할 수 없다. "맹렬히 타는 풀무불 속에서 건져낼 수 있는 신이 과연 있겠는가?"라는 왕의 질문에 대한 그들의 대답은 그들의 삶의 중심이 하나님에 대한 절대적인 믿음과 신뢰에 깊숙이 자리하고 있음을 잘 보여준다.

> 사드락과 메삭과 아벳느고가 왕에게 대답하여 이르되 느부갓네살이여 우리가 이 일에 대하여 왕에게 대답할 필요가 없나이다. 왕이여 우리가 섬기는 하나님이 계시다면 우리를 맹렬히 타는 풀무불 가운데에서 능히 건져내시겠고 왕의 손에서도 건져내시리이다. 그렇게 하지 아니하실지라도 왕이여 우리가 왕의 신들을 섬기지도 아니하고 왕이 세우신 금 신상에게 절하지도 아니할 줄을 아옵소서. (다니엘 3장 16-18절)

다니엘의 세 친구도 신앙적인 영웅들임이 틀림없다. 하나님의 말씀과 왕의 명령이 대립할 때 그들은 조금의 망설임이나 동요 없이 전자에 순종하는 것을 선택한다. 죽음의 위협도 이들의 선택에 영향을 주지 못한다. 하나님께서 설령 자신들을 구원하지 않을지라도 우상에게 절하지 않겠다는 그들의 확신에 찬 신앙고백 속에는 이교적인 문화에 대한 거부를 넘어 하나님에 대한 절대적인 사랑과 충성이 고스란히 담겨 있다. 이들의 이야기는 다니엘이 앞으로 경험하게 될 이야기의 전조(foreboding) 역할을 하고 있고 이 내러티브에서 제시되는 주요한 주제들, 즉 시험, 이교도 문화에 대한 강한 저항, 하나님의 초자연적인 개입, 그리고 기적적인 구원의 문제를 총체적으로 미리 보여주고 있어서 중요하다. 다시 말해, 세 친구의 풀무불 이야기는 미래에 다니엘에게 닥칠 시련의 예고편과 같은 역할을 하고 있어서 독자들이 다니엘의 사건을 이해하는 데 좋은 길잡이가 된다.

또한, 이 이야기에서 풀무불은 종교적인 영웅들에게 가해지는 박해와 두려움을 표상하는 상징으로 사용되고 있음을 간과하지 말아야 한다. 성경의 영웅들은 한결같이 세상과 대적자들로부터 공격을 받고 선택을 강요당한다. 하나님을 따를 것인지 세상을 따를 것인지 선택하라는 것이다. 하지만 그들의 도덕적 선택은 쉽지 않다. 단순하게 선택을 요구받는 것이 아니라 무시무시한 공포의 분위기가 조성되고 대적자들의 요구를 거부할 경우 그들을 기다리는 것은 죽음뿐이기 때문이다. 이 풀무불 이야기에서도 왕은 종교적인 신념을 지키기 위해 왕의 명령을 거절하려는 다니엘의 세 친구를 공포의 분위기로 몰아넣기 위해 풀무불을 칠 배나 뜨겁게 하라고 부하들에게 지시한다. 라이켄 교수가 설명하듯이 풀무불은 다니엘에게 있어서 사자굴과 마찬가지로 잘못된 도덕적 선택을 강요하는 강력한 공포의 상징물임이 틀림없다.[192] 그러나 이런 극한적인 두려움 가운데서도 하나님에 대한 다니엘과 그의 친구들의 충성심은 흔들리지 않으며 이들은 진정한 종교적인 영웅임을 입증한다. 이 풀무불 이야기에는 시련과 기적적인 구출의 모티프가 나타나며 하나님께 충성하는 백성들은 초자연적인 방법을 통해 구원을 받는 모습이 그려진다. 격렬히 타는 풀무불 속에 다니엘의 세 친구와 함께 거닐면서 그들을 보호하며 구원하는 초자연적인 네 번째 존재는 다니엘 이야기에 널리 스며있는 초자연적 존재 중 하나의 모습으로 매우 인상적이다. 이 존재는 신들의 아들과 같은 존재로 신의 현현이나 혹은 하나님의 등장으로 해석할 수 있다.[193]

다니엘서 4장에서는 느부갓네살 왕의 타락과 회복의 이야기가 서술된다. 이 장에서는 느부갓네살이 화자가 되며 이야기의 서술 시점이 바뀐다. 여기에는 왕이 꿈을 꾸고 다니엘이 그 꿈을 해석한 내용이 서술되어 있는데 다니엘의 해몽처럼 왕이 이성을 잃고 쫓겨나서 소처럼 풀을 먹고 몸이 하늘 이

192 Leland Ryken, *Words of Delight: A Literary Introduction to the Bible* (Grand Rapids: Baker, 1992), 112.
193 리런드 라이켄, 『문학에서 본 성경』 유성덕 역 (서울: 크리스챤 다이제스트, 1998), 71.

슬에 젖어 7년간 지내다가 다시 총명이 돌아와 왕의 자리를 회복하는 내용을 담고 있다. 그런데 느부갓네살 왕은 타락하여 벌을 받게 된 이유를 다음과 같이 밝힌다.

> 나 왕이 말하여 이르되 이 큰 바벨론은 내가 능력과 권세로 건설하여 나의 도성으로 삼고 이것으로 내 위엄의 영광을 나타낸 것이 아니냐 하였더니 이 말이 아직도 나 왕의 입에 있을 때에 하늘에서 소리가 내려 이르되 느부갓네살 왕아 네게 말하노니 나라의 왕위가 네게서 떠났느니라. 네가 사람에게서 쫓겨나서 들짐승과 함께 살면서 소처럼 풀을 먹을 것이요 이와 같이 일곱 때를 지내서 지극히 높으신 이가 사람의 나라를 다스리시며 자기의 뜻대로 그것을 누구에게든지 주시는 줄을 알기까지 이르리라 하더라. (다니엘 4장 30-32)

느부갓네살 왕의 타락은 그리스 비극의 영웅들처럼 오만함(hubris)이 원인이다. 다시 말해, 그리스 비극의 주인공들이 재앙에 떨어지는 원인인 하마르티아(hamartia) 즉, 비극적 결함이 주로 교만과 오만함이었듯이 느부갓네살 왕도 하나님 앞에서 교만하여 벌을 받게 된다. 그러나 다시 그의 마음이 겸손해지자 그의 총명이 회복되고 그는 이전의 권세를 되찾는다. 전통적인 문학 설화에서 자주 사용되는 죽음과 재생의 패턴이 이 이야기의 기본 구조를 이루고 있다. 그런데 나중에 살펴볼 다니엘의 사자굴 사건도 동일한 형식으로 진행되고 있어서 죽음과 재생의 패턴이 다니엘 이야기의 중요한 서술방식의 하나임을 알 수 있다.

이 네 번째 이야기의 강조점은 "땅의 모든 사람들을 없는 것 같이 여기시며 하늘의 군대에게든지 땅의 사람에게든지 그는 자기 뜻대로 행하시나니 그의 손을 금하든지 혹시 이르기를 네가 무엇을 하느냐고 할 자가 아무도 없도다"(다니엘 4장 35절)라는 왕의 말에서 나타나듯 하나님의 통치와 주권을 인정해야 한다는 것이다. "하나님의 일은 진실 되고 그가 행하는 것은 의로우며 교만한 자를 낮추신다"(다니엘 5장 37절)라는 왕의 마지막 말은 이 이야기의 주제와 결론을 잘 요약해 보여 주고 있다.

다니엘서의 다섯 번째 이야기는 벨사살 왕이 귀족들과 큰 잔치를 베풀고 술을 마시며 흥청망청 놀아날 때 사람의 손가락이 나타나 벽에 글을 쓰는 기이한 사건에 관한 이야기다. 왕이 베푼 연회의 타락상은 예루살렘 성전에서 사용하던 그릇을 사용하여 술을 마시는 것으로부터 시작하여 금, 은, 구리, 쇠, 나무, 돌로 만든 신들을 찬양함으로써 절정으로 치닫는다. 바로 이때 사람의 손가락들이 나타나 왕궁 촛대 맞은편 석회벽에 글자를 쓰기 시작한다. 다시 말해, 방탕과 신성모독이 행해지는 현장에 신비한 사건이 일어나고 왕과 모인 사람들을 공포로 몰아넣는다. 이 글자들의 뜻을 해석한 사람은 당연히 하나님이 주신 지혜로 충만해 있는 하나님의 사람 다니엘이다. 벽에 쓰인 글자의 의미는 하나님의 저울로 달아보니 벨사살 왕이 부족하여 나라를 다른 사람에게 준다는 것이다. 다니엘의 이야기에서 전형적으로 표현되는 것처럼 벽에 쓴 이 말은 정치적인 의미를 가지며 악에 대한 하나님의 심판을 나타낸다.[194] 이 이야기는 개인의 삶뿐만 아니라 왕과 국가에 대한 하나님의 통치와 심판을 강조하고 있다.

마지막 여섯 번째 이야기는 다니엘이 사자 굴에 던져졌으면서도 안전하게 구원받은 이야기로 다니엘서의 이야기 중에서 가장 흥미롭다. 이 이야기에서 다니엘은 도덕적으로 완전무결한 완벽한 인물로 묘사된다.

> 다니엘은 마음이 민첩하여 총리들과 고관들 위에 뛰어나므로 왕이 그를 세워 전국을 다스리게 하고자 한지라. 이에 총리들과 고관들이 국사에 대하여 다니엘을 고발할 근거를 찾고자 하였으나 아무 근거, 아무 허물도 찾지 못하였으니 이는 그가 충성되어 아무 그릇됨도 없고 아무 허물도 없음이었더라. (다니엘 6장 3-4절)

194 위 책, 72.

위 인용문은 다니엘이 인간적인 측면에서 매우 고매한 인품을 지닌 진정한 영웅임을 보여준다. 특히, 위 인용문의 "마음이 민첩하여 총리들과 고관들 위에 뛰어나므로"라는 표현은 다니엘의 능력이 출중함을 나타내고 있으며, "아무 허물도 아무 그릇됨도 없었다"라는 말은 그가 하나님에게뿐 아니라 왕과 다른 사람들에게도 지극히 신실한 인물임을 강조한다. 그는 자신의 정치적인 성공을 위해 술수를 사용하는 인물이 결코 아니었으며 자신의 이익을 위해 정신적인 순수함을 더럽히지 않았다. 그는 성경의 영웅 중에서 가장 이상적인 모습을 갖춘 극소수의 인물 중의 한 사람이다. 심지어 그의 적대자들조차 "다니엘은 그 하나님의 율법에서 근거를 찾지 못하면 그를 고발할 수 없다"(다니엘 6장 5절)라고 말할 정도로 그는 무결점의 영웅이다.

이런 다니엘에게 왕 이외에 다른 신을 숭배하면 사자 굴에 던져진다는 시련이 주어진다. 이 시련은 하나님을 섬길 것인지 왕에게 충성을 다할 것인지를 선택하라는 시험으로 전자를 선택하면 목숨을 잃게 되는 무시무시한 벌을 받게 된다. 이것은 앞의 풀무불 시련과 마찬가지로 왕에 대한 숭배를 강요하고 똑같이 공포의 분위기를 조장하여 선택을 유도하는 대항하기 쉽지 않은 시련이다. 그러나 다니엘은 "이 조서(왕 외에 다른 신에게 경배하면 사잘 굴에 던져진다는 조서)에 왕의 도장이 찍힌 것을 알고도 자기 집에 돌아가서는 윗방에 올라가 예루살렘으로 향한 창문을 열고 전에 하던 대로 하루 세 번씩 무릎을 꿇고 기도하며 그의 하나님께 감사한다."(다니엘 6장 10절) 하나님에 대한 그의 믿음과 충성심이 얼마나 견고한 것인지를 잘 알게 하는 대목이다.

그런데, 역설적이게도 이 이야기에서 오히려 갈등을 보이는 인물은 다니엘이 아니라 법령을 선포한 다리오 왕이다. 그는 법을 어긴 사람이 자신이 사랑하고 아끼는 다니엘이라는 사실을 보고 받고는 심히 근심하며 그를 구하려고 힘을 다한다. 그는 법과 개인의 양심 사이에서 갈등을 경험하는 인물이다.[195] 특히, 그가 "네가 항상 섬기는 너의 하나님이 너를 구원하시리라"(다니엘 6장 16절)라고 소원하는 것이나 밤에 금식하는 모습, 그리고 다음 날 아침 "슬피 소리를 지르는"(다니엘 6장 20절) 행동은 왕으로서의 갈등을 보여주는 차원을 넘어 다니엘이 얼마나 왕에게 소중한 이상적인 인물인가를 보여주는 또 하나의 증거이기도 하다.

이 이야기의 결말은 시적 정의가 이루어지면서 마무리된다. 다니엘을 모함한 사악한 고소인들이 다니엘 대신 사자 굴로 들어가고 하나님의 보호를 받은 다니엘은 안전하게 사자 굴에서 구원된다. 하나님을 섬기는 자들에게는 축복이 내려지고 악을 행한 자들에게는 벌이 내려지며, 하나님을 찬양하는 다리오 왕의 대사가 대미를 장식한다.

지금까지 살펴본 것처럼 다니엘은 성경에서 보기 드문 완벽한 이상적인 영웅으로 그려진다. 그는 하나님을 어떻게 섬기고 신뢰해야 하는지를 삶을 통해 보여주는 신앙의 모범이다. 그러나 그는 단지 완벽한 종교적인 영웅으로만 그려지는 것이 아니라 왕에게도 충성을 다하며 다른 사람들에게도 해를 끼치지 않는 이상적인 인간적 영웅으로 제시된다. 이뿐만 아니라 그는 전통적인 문학에서의 영웅들과 너무나 잘 부합되는 성경의 영웅이다. 그는 단순한 지도적인 인물이나 주인공이 아닌 그가 속한 사회와 국가의 중요한 갈등과 가치를 대변하는 인물이며, 여러 가지 어려움과 갈등과 유혹 속에서도 선을 행하는 능력을 지닌 인물이다. 또한 그의 삶은 정치적, 종교적으로 중대한 목적을 지향하는 모습을 가지고 있다. 그의 삶을 통해 인간은 어떤 존재이며 어떤 의미가 있는지를 알게 해주며, 그가 속한 사회가 표방하는 가치가 무엇인지도 잘 드러난다. 다니엘은 전통적인 영웅 이야기의 영웅들이 가진 전형적인 특징들을 완벽하게 가진 전형적인 인간적 영웅이며 동시에 신앙적인 영웅이다.

195 위 책, 73.

에스더 이야기

에스더 이야기는 성경 이야기 중에서 사람들이 가장 좋아하는 인기 있는 이야기다. 이 이야기는 훌륭한 내러티브에서 볼 수 있는 요소들, 즉 선과 악의 갈등, 아름답고 우아한 여주인공, 화려한 잔치와 왕궁, 신데렐라 모티프를 가진 낭만적인 사랑, 독자들의 피를 끓게 만드는 악당, 희생자, 음모, 서스펜스, 반전, 중요한 도덕적 선택, 절정, 투쟁, 시적 정의 등 흥미진진한 요소들을 모두 가지고 있다. 이 이야기는 U자 형태의 구조를 가진 행복한 결말로 끝나는 전형적인 희극적 이야기로 두 가지 플롯이 동시에 진행되어 주제를 강조하고 이야기의 재미를 배가시킨다.

첫째, 이 이야기는 여주인공 에스더를 중심으로 진행되는 신데렐라 모티프를 따르는 영웅 이야기다. 다시 말해, 여주인공 에스더의 개인적인 변모와 성공을 다루는 하나의 플롯이 있다. 에스더라는 여장부가 등장하여 처음에 번영으로 시작해서 잠재적 비극으로 떨어졌다가 다시 행복한 결말로 상승하는 3단계의 패턴으로 이야기가 진행된다. 구체적으로, 첫 번째 단계인 1–2장은 아하수에로 왕이 와스디 왕비를 거부하고 에스더와 결혼하게 되는 내용과 하만과 유대인 모르드개 사이에 갈등이 생기는 것을 다룬다. 두 번째 단계인 3–7장에는 하만이 모르드개와 유대인들을 죽이기 위해 꾸미는 음모와 이에 대응하는 유대인들의 모습을 통해 긴장과 갈등이 제시된다. 마지막 세 번째인 8–10장은 하만의 계획과 다르게 유대인은 생존하고 오히려 음모를 꾸몄던 하만과 그의 일당들이 죽임을 당하는 반전의 결말로 내용이 이루어져 있다. 이렇게 플롯이 진행되는 가운데 에스더는 단지 아름다움을 가진 선택받은 왕비의 이미지를 벗어버리고 자신과 민족을 구하기 위해 용감하게 행동하는 용기 있는 인물로 그려진다.

에스더가 처해 있는 환경은 앞서 룻이 살았던 사랑과 인정이 많은 목가적인 농촌이 아니라 권력투쟁과 암투, 그리고 음모가 난무하는 위험한 궁궐이다. 가난하고 힘없는 유대인 처녀인 그녀가 미모로 인해 왕비의 자리에 오르기는 하지만 세상 물정 모르는 순진무구한 여성에서 출발하여 자신과 민족의 운명을 책임지는 명실상부한 왕비로서, 또한 유대인들의 대표자로서 역할을 감당하는 영웅의 모습을 갖추는 것에 영웅 내러티브로서 이 이야기의 강조점이 있다.

둘째, 이 이야기에는 유대 민족의 운명을 다루는 국가적인 구원의 플롯도 있다. 에스더가 한 연약한 미모의 여성에서 자신의 가치를 실현하는 여장부로 거듭나는 플롯과 함께 이스라엘 민족의 구원이라는 국가적인 차원의 문제를 다루는 플롯이 존재한다. 다시 말해, 개인적인 문제와 국가적인 문제를 함께 풀어가는 이중의 플롯(double plot)이 전개되어 긴장과 갈등을 고조시키며 감동을 끌어내고 있어서 매우 흥미롭다.

별 또는 소녀라는 뜻의 이름을 가진 에스더는 이 이야기에서 위기와 시련을 통해 빛을 발하는 영웅이다. 그런데 그녀에게 닥치는 시련은 스스로 불러온 것이 아닌 민족적, 정치적 갈등에서 야기된다. 이 이야기에는 아하수에로 왕과 와스디 왕비 사이의 갈등, 하만과 모르드개 사이의 갈등, 하만과 유대민족 사이의 갈등 등 다양한 외적인 갈등들이 존재한다. 이런 여러 가지 갈등들이 서로 유기적인 연관성을 맺고 있어 이야기에 재미를 더한다. 특히, 죄없는 유대인들을 죽이려는 하만의 음모가 진행되면서 유대인들이 희망을 하나씩 잃어가는 모습에서 긴장감은 최고조에 달한다.

에스더의 시련은 그녀의 사촌오빠인 모르드개와 하만의 갈등에 일차적인 원인이 있다. 아하수에로 왕이 아각 사람 함므다다의 아들 하만의 지위를 모든 신하들 보다 높여 그에게 무릎을 꿇도록 명령을 내렸지만 모르드개가 무릎을 꿇기는커녕 절하지도 않은 것이 갈등을 촉발한다. 모르드개가 절을 하지 않은 이유를 성경은 언급하고 있지 않지만 라이켄 교수는 종교적 신념, 민족적 적대감, 혹은 천박한 하만을 개인적으로 혐오하기 때문이라고 설명한다.[196] 아무튼, 하만은 이 이야기에서 전형적인 잔인한 악한이다. 그는 모르드개가 유대인이라는 사실을 보고받고 모르드개만 죽이는 것으로는 분이 풀리지 않아 유대민족 전체를 죽일 계획을 세운다.

그런데 모르드개는 하만과의 갈등이 있기 전 왕을 시해하려던 계획을 사전에 알고 이를 왕에게 알림으로써 공을 세운 인물이다. 그는 아직은 드러나지 않지만 충신이다. 그러나 하만은 지금은 왕의 총애를 한 몸에 받고 있지만 사악한 성품을 가진 간신이다. 이처럼 이 이야기에는 충신과 간신, 선과 악의 이원적 갈등 구도가 형성되어 있고 이런 갈등 속에서 죽이려는 자와 이에 대항하는 자 사이의 대립 관계가 만들어진다. 유대 민족의 구원이라는 주제는 이런 복잡한 상황에서 긴장감을 조성하며 박진감 있게 진행된다.

행복하기만 했던 에스더가 고난 속에 발을 들여놓게 되는 것은 사촌인 모르드개로부터 하만의 사악한 계획을 전해 듣는 것이 시발점이다. 아달월 십삼일에 모든 유대인을 진멸하고 그 재산을 탈취하라는 왕의 조서가 반포되었다는 소식을 듣기 전까지 그녀는 이교적인 환경 속에서도 전혀 저항하는 모습을 보이지 않는 아름다운 왕비였다.[197] 그녀를 키운 부모 같은 모르드개가 그녀에게 왕 앞에 나아가 민족의 목숨을 살려달라고 간청할 것을 요구했을 때도 그녀의 첫 반응은 매우 미온적이었다.

> 에스더가 하닥에게 이르되 너는 모르드개에게 전하기를 왕의 신하들과 왕의 각 지방 백성이 다 알거니와 남녀를 막론하고 부름을 받지 아니하고 안뜰에 들어가서 왕에게 나가면 오직 죽이는 법이요 왕이 그 자에게 금 규를 내밀어야 살 것이라 이제 내가 부름을 입어 왕에게 나가지 못한 지가 이미 삼십 일이라 하라 하니라.
> (에스더 4장 10-11절)

그녀는 민족의 운명이 풍전등화와 같은 위험한 상황에 직면해 있다는 문

196 위 책, 78.
197 Leland Ryken, *Words of Delight: A Literary Introduction to the Bible* (Grand Rapids: Baker, 1992), 119.

제의 심각성을 인식하지 못하고 자신이 처한 현실적인 상황만을 고민하고 있다. 이런 그녀에게 사태의 심각성을 인식시키고 행동할 것을 강력하게 요구하는 것은 그녀의 사촌 모르드개다.

> 그가 에스더의 말을 모르드개에게 전하매 모르드개가 그를 시켜 에스더에게 회답하되 너는 왕궁에 있으니 모든 유다인 중에 홀로 목숨을 건지리라 생각하지 말라. 이 때에 네가 만일 잠잠하여 말이 없으면 유다인은 다른 데로 말미암아 놓임과 구원을 얻으려니와 너와 네 아버지 집은 멸망하리라 네가 왕후의 자리를 얻은 것이 이 때를 위함이 아닌지 누가 알겠느냐 하니. (에스더 4장 12-14절)

위 인용문에서 모르드개는 에스더에게 그녀의 정체성과 사명을 일깨워 준다. 하만과 모르드개 사이의 개인적 갈등은 하만이 모르드개 개인만이 아닌 유대 민족 전부를 죽일 계획을 세우면서 민족적 갈등으로 비화 되고, 왕이 하만의 청을 받아들여 모든 유대인을 진멸하라는 조서를 내리면서 유대인은 죽임을 당할 수밖에 없는 급박한 상황을 맞이했다. 이런 위기에서 유대인들을 구하기 위해 행동할 수 있는 유일한 존재는 에스더임을 모르드개는 강조하고 있다. 그런데 모르드개의 말에는 매우 중요한 의미가 포함되어 있다. 에스더가 잠잠하면 하나님은 다른 방법을 통해 이스라엘 민족을 구원하실 것이며 그녀를 왕후가 되게 하신 이유가 이스라엘 민족을 구원하기 위한 하나님의 섭리라는 것이다.

사실 이 시점에서 독자는 이스라엘 민족이 어떻게 구원될 것인가에 관심을 가질 수밖에 없다. 그러나 위의 에스더 대사에서 알 수 있듯이 왕이 30일 동안 에스더를 부르지 않았기 때문에 허락 없이는 접근 불가능한 왕 앞에 어떻게 무사히 나아갈 수 있을까 하는 난제를 해결해야 한다.

바로 이 대목에서 에스더는 죽으면 죽으리라는 각오로 규례를 어기고 왕 앞에 나가겠다는 결심을 하며, 이야기는 전환점을 맞게 된다.

에스더가 모르드개에게 회답하여 이르되 당신은 가서 수산에 있는 유다인을 다 모으고 나를 위하여 금식하되 밤낮 삼 일을 먹지도 말고 마시지도 마소서 나도 나의 시녀와 더불어 이렇게 금식한 후에 규례를 어기고 왕에게 나아가리니 죽으면 죽으리이다 하니라. (에스더 4장 15-16절)

이런 에스더의 모습에 대해 라이켄 교수는 "성경의 다른 영웅들이 그랬던 것처럼 절체절명의 위기에 직면하자 그녀의 영웅적 자질이 극적으로 드러나고 있다"[198]고 설명한다. 그의 설명이 틀린 것은 아니지만, 에스더 이야기의 강조점은 그녀의 용감한 행동보다 이런 행동을 하게 만든 하나님의 섭리에 있다.

에스더 이야기의 특징 중의 하나는 이 이야기에는 하나님이란 이름이 한 번도 나오지 않는다는 것이다. 그러나 사람들 눈에는 보이지 않아도 하나님은 언제나 에스더의 삶에서 일하고 계신다. 이 이야기에서 중요한 전환점은 사소한 일들이다. 왕이 잠을 이룰 수 없어 역대 일기를 읽게 한 것이 왕을 암살하려던 음모를 모르드개가 고발했지만, 상을 받지 못한 사실을 알게 해주고, 그래서 하만에게 모르드개를 어떻게 존귀하게 할지 묻게 된다. 그 결과 상황은 급반전되고 하만이 모르드개를 높이는 일을 수행하며, 마침내 모르드개를 죽이려고 준비한 장대에 오히려 하만 자신이 매달려 죽는다.

이렇게 볼 때 "죽으면 죽으리라"는 에스더의 결심은 대단한 것이지만 그 후에 일어나는 일들은 그녀가 이런 결단을 내린 결과가 아니라 하나님께서 보이지 않게 은밀하게 역사하시기 때문에 발생한다. 따라서 이 이야기는 인간이 모르는 가운데 역사하는 하나님의 섭리를 보여주는 이야기다. 하나님이란 호칭이 한 번도 나오지 않지만 에스더 이야기가 강조하는 주제는 바로 택한 백성에게 베푸시는 하나님의 은혜이며 따라서 하나님이 이 이야기의 진짜 주인공이다.

사흘간의 금식 기간이 끝난 뒤 에스더는 왕비의 옷으로 갈아입고 왕에게

198 리런드 라이켄, 『문학에서 본 성경』 유성덕 역 (서울: 크리스챤 다이제스트, 1998), 78.

나아간다. 그러나 그녀는 자신의 소원을 즉시 말하지 않고 긴장을 계속 유지시킨다. 자신이 베푸는 잔치에 왕과 하만을 초대하고 흥에 취한 왕이 에스더에게 소원을 물으며 나라의 절반이라도 주겠다고 하지만 그녀는 다시 그 두 사람을 두 번째 잔치로 초대하며 소원을 말하지 않는다.

이처럼 왕후 에스더가 첫 번째 잔치에서 자신의 소원을 말하지 않는 것은 구성을 복잡하게 만들고 클라이맥스를 지연시켜 독자의 긴장감을 고조시키는 문학적인 표현기술의 하나로 볼 수 있다. 그러나 다른 한편으로는 왕의 궁금증을 최대한으로 증폭시켜 어떤 소원이라도 당장에 들어줄 수밖에 없도록 만드는 고도의 심리적인 전략으로 클라이맥스를 준비시키는 역할을 한다.

또다시 마련된 잔치 자리에서 왕이 세 번이나 에스더에게 소원을 묻자 마침내 에스더는 "나와 내 민족이 팔려서"(에스더 7장 4절) 죽게 되었으니 자기와 자기 민족의 목숨을 구해줄 것을 왕에게 간청한다.

> 왕후 에스더가 대답하여 이르되 왕이여 내가 만일 왕의 목전에서 은혜를 입었으며 왕이 좋게 여기시면 내 소청대로 내 생명을 내게 주시고 내 요구대로 내 민족을 내게 주소서. 나와 내 민족이 팔려서 죽임과 도륙함과 진멸함을 당하게 되었나이다 만일 우리가 노비로 팔렸더라면 내가 잠잠하였으리이다 그래도 대적이 왕의 손해를 보충하지 못하였으리이다 하니 아하수에로 왕이 왕후 에스더에게 말하여 이르되 감히 이런 일을 심중에 품은 자가 누구며 그가 어디 있느냐 하니 에스더가 이르되 대적과 원수는 이 악한 하만이니이다 하니 하만이 왕과 왕후 앞에서 두려워하거늘 (에스더 7장 3-6절)

에스더는 하만의 숨겨진 정체를 폭로하면서 자신이 유대인이라는 정체성도 동시에 밝힌다. 왕은 하만에게 노를 발하고 잠시 왕궁 후원으로 들어간다. 사태수습을 위해 생각할 시간이 필요했다. 이때 하만은 필사적으로 왕후 에스더에게 매달리며 생명 부지를 간청한다. 그는 에스더가 앉은 의자 위에 엎드리는 행동을 한다. 그런데 기원전 12-11세기의 앗수르 법은, 신하는 임금의 아내에게 일곱 걸음 이상 거리를 유지하도록 규정하고 있다. 따라서 하만의 이런 행동은 법을 어기는 것이다. "저가 궁중 내 앞에서 왕후를 강간까지 하고자 하는가"(에스더 7장 8절)라는 말이 왕의 입에서 나오자 곧바로 무리가 하만의 얼굴을 싸는데 이것은 그 당시 사형선고를 받은 사람에게 하는 행동이다. 이렇게 해서 이제 악은 처벌을 받고 선이 승리하게 되는 시적 정의가 이루어지고 에스더 이야기는 결말을 향해 치닫는다.

그런데 이 일이 있기 전 악한(villain) 하만이 하는 행동은 아이러니를 만들기에 충분한 것이었다. 왕후의 연이은 잔치 초대에 들뜬 기분으로 왕궁을 나섰지만 대궐문에 앉은 모르드개를 보게 되고 화가 치밀어 그를 매달아 죽이기 위해 높이가 오십 규빗이나 되는 나무(교수형틀)를 세우라고 지시한다. 그리고 왕의 허락을 받기 위해 다음 날 일찍 왕을 찾아간다. 그런데 이때 상황이 반전되는 일이 일어난다. 전날 밤, 모르드개가 5년 전 왕의 목숨을 구하고도 상을 받지 않은 사실을 알게 된 왕은 이름을 밝히는 대신 왕이 존귀하게 하기를 원하는 사람에게 어떤 상을 주면 좋을지 하만에게 의견을 묻는다.

교만한 하만은 자기가 그 대상이라고 착각하고 음흉한 생각을 왕에게 말한다. 그것은 왕이 존귀하게 하기를 원하는 자에게 왕복을 입히고 왕관을 씌워서 왕이 타는 말에 태워 거리로 다니며 왕이 존귀하게 하기를 원하는 사람에게 이같이 한다고 외치게 하라는 것이었다. 실로 왕의 자리를 탐하는 간사한 생각이 투영된 대답이다. 그런데 에스더 이야기는 여기서 큰 반전을 이룬다. 왕은 하만에게 그가 그토록 미워하는 모르드개에게 그의 말대로 할 것을 지시하기 때문이다.

> 이에 왕이 하만에게 이르되 너는 네 말대로 속히 왕복과 말을 가져다가 대궐 문에 앉은 유다 사람 모르드개에게 행하되 무릇 네가 말한 것에서 조금도 빠짐이 없

이 하라. 하만이 왕복과 말을 가져다가 모르드개에게 옷을 입히고 말을 태워 성 중 거리로 다니며 그 앞에서 반포하되 왕이 존귀하게 하시기를 원하시는 사람에게는 이같이 할 것이라 하니라. 모르드개는 다시 대궐 문으로 돌아오고 하만은 번뇌하여 머리를 싸고 급히 집으로 돌아가서 자기가 당한 모든 일을 그의 아내 세레스와 모든 친구에게 말하매 그 중 지혜로운 자와 그의 아내 세레스가 이르되 모르드개가 과연 유다 사람의 후손이면 당신이 그 앞에서 굴욕을 당하기 시작하였으니 능히 그를 이기지 못하고 분명히 그 앞에 엎드러지리이다. (에스더 6장 10-13절)

특히, 위 인용문에서 하만으로부터 그가 당한 모든 일을 들은 그의 아내 세레스는 모르드개가 유대인이면 그의 남편 하만이 그를 이기지 못하고 분명히 그 앞에 엎드러지게 될 것이라고 말하는데 이 대사는 앞으로 일어날 사건을 정확하게 예견한 것이어서 의미심장하다.

이 이야기에서 시적 정의가 이루어지는 모습은 전체적으로 세 번에 걸쳐 나타난다. 아하수에로 왕이 역대 일기를 통해 모르드개가 세운 공로를 알아내고 모르드개의 적대자인 하만을 시켜 모르드개를 높여주게 한 것, 모르드개를 죽이기 위해 세워 놓은 나무 장대에 이것을 세운 장본인인 하만이 달려 죽는 것, 그리고 모르드개가 왕 다음가는 자리에 올라 하만이 꿈꾸었던 왕의 인장 반지를 받게 되는 것 등이다.

이 이야기의 결말은 하만의 처형으로 모든 일이 끝난 것이 아니었기 때문에 유대인들의 생명을 구원하기 위한 왕의 새로운 조서가 내려져 유대인들이 목숨을 구할 뿐 아니라 대적들을 진멸함으로써 하만이 계획했던 것과 완전히 다른 반전의 결과가 초래된다. 유대인들이 민족의 구원과 승리를 축하하는 큰 잔치를 열고 부림절을 만들어 후대에 이 절기를 지키도록 함으로써 에스더 이야기는 끝이 난다.

부림절을 제정한 동기가 “슬픔이 변하여 기쁨이 된 것”을 다음 세대에 상기시키고자 한데 있었다는 사실에서 알 수 있듯이 이 이야기의 전체적인 주제는 슬픔을 바꾸어 기쁨이 되게 하시는 신의 섭리, 즉 악에서 선을 만드시는 하나님의 역사를 보여주고 있어 희극적이다. 이 이야기에는 신데렐라 모티프를 통해 비천한 신분의 소녀가 왕후가 되는 신분 상승의 이야기, 그리고 왕과 에스더 사이의 낭만적인 사랑의 이야기, 유대 민족이 목숨을 구하는 구원의 이야기 등 여러 가지 요소들이 유기적으로 잘 짜여 있다. 이 내러티브는 기본적으로 에스더라는 여주인공을 중심으로 이야기가 진행되지만, 그녀의 사촌이며 양부 역할의 모르드개도 중요하다. 모르드개는 철저한 애국자이며 신앙의 투사로서 하나님의 법대로 살아가는 용기 있는 인물이다. 또한, 그는 페르시아 왕에게도, 또한 유대인들에게도 충성을 다하는 고귀한 인품을 가진 사람이다. 그는 이야기의 플롯 전개에 있어 중요한 인물이지만 여자 주인공의 종속적인 역할을 한다.[199] 다시 말해, 그는 전형적으로 여주인공의 부수적인 역할자로서 조연이다. 그러나, 동시에 그는 여주인공을 빛나게 만들고 이 이야기의 주제를 강화하는 의미 있는 인물이다.

에스더 이야기는 성경의 다른 이야기들처럼 근본적으로 택한 백성을 구원하시는 하나님의 섭리에 관한 이야기지만 롯의 이야기처럼 플롯이 잘 구성되어 있고 다양한 흥미로운 설화의 요소들이 포함되어 있으며 인물들의 성격이 탁월하게 묘사되고 있어 문학적으로 수준 높은 이야기라 할 수 있다.

199 조신권, 『성경의 문학적 탐구』 (서울: 아가페문화사, 2008), 389-390.

2

성경의 서사시

서사시(epic)는 장중한 문체로 심각한 주제를 다루는 장편의 "이야기 시"(narrative poem)로서 국가, 민족, 또는 인류의 운명과 직결된 한 위대한 주인공의 행위가 그 중심적 이야깃거리가 된다.[200] 서사시는 전승적 혹은 일차적 서사시와 문학적 또는 이차적 서사시로 나누어진다. 전자는 민속 서사시라고도 불리는데 문학 예술가가 영토 확장과 전쟁 기간 중 자기 국민의 구전 속에 발전되어 왔던 역사적, 전설적 소재로 만든 서사시를 말하는데 이 부류에 속하는 것으로 호메로스(Homeros)가 쓴 『일리아스』(*Ilias*)와 『오디세이아』(*Odysseia*)가 대표적이며, 앵글로 색슨 시대의 서사시인 『베오울프』(*Beowulf*)도 여기에 속한다. 후자인 문학적 또는 이차적 서사시는 세련된 장인, 즉 서사시인이 일차적 서사시의 형식을 모방하여 의도적으로 창작하여 문자로 기록한 서사시를 말한다. 베르길리우스(Vergilius)가 라틴어로 쓴 『아이네이스』(*Aeneis*)와 밀턴(John Milton)이 쓴 불후의 대서사시 『실낙원』(*Paradise Lost*)이 대표적인 작품이며, 밀턴의 영향을 받은 키츠(John Keats)의 『하이피어리언』(*Hyperion*)과 블레이크(William Blake)의 『밀튼』(*Milton*), 『예루살렘』(*Jerusalem*) 등이 이에 속한다.

서사시의 일반적인 특징은 첫째, 주인공이 국가적으로나 우주적으로 위대한 국가 민족적, 인류적 영웅이다. 즉, 출생이 비범하거나 능력이 국가 또

200 이상섭, 『문학비평용어사전』 (서울: 민음사, 1988), 135.

는 인류의 운명을 좌우할 정도로 탁월한 인물이 주인공이다. 『일리아스』에서 주인공은 바다의 요정인 테티스의 아들인 그리스 장군 아킬레우스이고, 베르길리우스의 주인공 아이네이아스는 아프로디테(비너스) 여신의 아들이다. 그리고 밀턴의 『실낙원』에서 아담은 온 인류의 대표자다.

둘째, 서사시에서 사건이 벌어지는 배경은 그 규모가 광대하여 세계적이거나 그보다 더 큰 우주적이다. 『오디세이아』에서 사건이 일어나는 장소는 지상뿐 아니라 지하세계를 포함하며, 『실낙원』에서는 지상, 천국, 지옥을 모두 포함하는 우주적인 광대한 영역이다.

셋째, 서사시에서 묘사되는 영웅적인 행위는 인간의 차원을 넘어 초자연적 성격을 띠며 초자연적 존재들이 적극적으로 참여하는 모습을 보인다. 트로이 전쟁에서 아킬레우스는 초인적인 행동을 보이고, 『실낙원』에서는 사탄과 천사들이 하늘에서 전쟁을 벌인다. 오디세우스가 해상을 방랑하는 장면에서도 신들과 싸우는 모습이 나온다.

넷째, 서사시는 본래 귀족인 청중에게 음송되던 것으로서 의도적으로 일상적인 언어와 거리를 둔 문체, 즉 장중한 문체로 서술되고, 또한 거기에 어울리는 운율을 가진다. 밀턴은 『실낙원』을 장엄한 주제와 어울리는 장중체(grand style)로 쓰고 있고, 호메로스도 그의 서사시에서 서사시적 직유(epic smile)와 별칭(epithet)들을 사용하여 장중함을 살리고 있다.

다섯째, 서사시는 긴 설화체의 이야기에 걸맞게 보편적인 중요성을 갖는 진지하고 큰 주제를 다루고 있다.[201] 다시 말해, 서사시의 시인은 개인적인 정서나 사상을 표현하지 않고 역사 공동체, 나아가 인류 전체의 이념이나 사상을 주제로 표명한다.

여섯째, 서사시에서 시인은 그가 속한 민족과 국가를 향해 공동체의 최고의 가치나 신의 견해를 대변하는 예언자의 모습을 보인다.[202] 그는 그가 속

---

201 위 책, 136-137.
202 조신권, 『존 밀턴의 문학과 사상: 서사시로 가는 길』 (서울: 도서출판 동인, 2002), 304-305.

한 민족과 국가에 대한 강한 애국심을 가지고 있고 그 사회를 향해 민족적인 고결한 인격과 윤리를 가질 것을 촉구하며, 엄숙한 태도를 견지한다. 따라서 서사시에는 전통적으로 민족적 관심이 강하게 표출되고 강한 교훈적 충동이 나타난다.

또한, 구조적으로 서사시는 정치 지도자나 민족의 영웅으로서 핵심이 되는 인물, 즉 주인공(protagonist)을 중심으로 이야기가 전개되어 플롯의 강한 통일성을 보여준다.

서사시의 관례(epic conventions)로는 작품 서두에서의 "주제 표명"(the statement of theme), "시신에의 기원"(invocation to the muse), "사건의 중심으로부터의 서술개시"(beginning in *medias res*), "여러 등장인물의 목록"(catalogues of the principal characters), "서사시적 직유의 사용"(use of epic similes) 등이 있다.

하지만 서사시는 영웅인 주인공을 중심으로 이야기가 진행되지만, 그 배경이 광범위하고 여러 다양한 사건들이 포함되어 있어 잠깐 주제에서 벗어나는 많은 '일탈적 삽화'(digression)를 허용한다.[203] 그 결과 서사시는 그 속에 여러 가지 잡다한 이야기들을 포함하는 백과사전적인 형태를 취한다.[204] 이런 점에 주목하여 프라이(Northrup Frye)는 서사시를 중심이 있는 백과사전형식의 글[205]이라고 불렀다.

| 모세와 출애굽 이야기

성경에서 서사시의 성격과 완전히 일치되는 글을 찾기는 어렵지만, 시로 표현된 것이 아니라는 사실만 제외하면 모세와 출애굽 이야기가 가장 서사시와 가까운 글이다. 민족의 지도자 모세의 영도 하에 애굽을 떠나 가나안으로

---

203 위 책, 303.

204 리런드 라이켄, 『문학에서 본 성경』 유성덕 역 (서울: 크리스챤 다이제스트, 1998), 82.

205 Northrop Frye, *Anatomy of Criticism* (Princeton: Princeton University Press, 1957), 315.

들어가는 이 이야기는 한 국가의 형성 과정을 보여주면서 국가 초기 역사에서 일어나는 여러 중요한 사건들을 묘사하고 있고, 민족적인 감정과 가치관을 강조하고 있으며, 또한 강력한 교훈적 충동을 가진 서사적 이야기(an epic tale)다.

우선 이 이야기의 주인공 모세는 정말 위대한 국가적, 민족적, 인류적 영웅이다. 애굽 사람들의 압박 속에서 신음하던 이스라엘 민족을 애굽으로부터 탈출시켜 젖과 꿀이 흐르는 가나안 땅으로 인도할 뿐 아니라 40년간의 광야 생활 동안 겪게 되는 온갖 어려움 속에서도 백성을 변함없이 사랑하는 위대한 민족적 영웅이다. 또한, 그는 하나님과 직접 대면하고 시내산에서 십계명을 받아 이스라엘 민족뿐 아니라 후대의 모든 인류에게 하나님 앞에서 어떻게 살아야 하는지를 보여주는 영적이고 종교적인 지도자다. 특히, 그는 하나님이 직접 그의 가치를 인정하고 그를 다른 사람들과 구별함으로써 민족적인 영웅의 차원을 넘어 인류적 영웅으로 자리매김하고 있다.

그러나 전통 서사시의 주인공과 성경의 모세는 분명히 차이점이 있다. 전통 서사시는 주인공인 영웅을 찬양하고 칭송하는 인본주의적 특징을 가지지만 모세의 서사시는 하나님의 위대함을 찬양하고 그의 능력을 칭송하고 있어서 지극히 신본주의적이다. 출애굽 이야기에서 모세가 주인공이라면 그를 영웅으로 만든 것은 다름 아닌 하나님이다. 전통 서사시가 인간의 노력을 강조하고 인간이 성취하는 영웅적 위업에 초점을 맞추는 것과 대조적으로 모세의 서사시는 이스라엘을 구원하시고 인도하는 하나님의 섭리와 능력에 초점이 맞추어져 있다. 특히, 모세는 전통적인 서사시의 영웅들과 다르게 반영웅(anti-hero)적인 모습을 많이 가지고 있다. 그는 하나님과의 첫 대면에서부터 자신감이 부족한 반영웅적인 모습을 보인다.

> 이제 내가 너를 바로에게 보내어 너에게 내 백성 이스라엘 자손을 애굽에서 인도하여 내게 하리라. 모세가 하나님께 아뢰되 내가 누구이기에 바로에게 가며 이스

라엘 자손을 애굽에서 인도하여 내리이까 (출애굽기 3장 10-11절)

이런 모세에게 하나님은 두 가지 이적을 보여주며 용기를 불어넣는다. 또한 하나님은 "내가 반드시 너와 함께 있으리라"(출애굽기 3장 12절)는 약속과 함께 자신이 어떤 존재인지를 그에게 알려준다.

> 하나님이 모세에게 이르시되 나는 스스로 있는 자이니라 또 이르시되 너는 이스라엘 자손에게 이같이 이르기를 스스로 있는 자가 나를 너희에게 보내셨다 하라. 하나님이 또 모세에게 이르시되 너는 이스라엘 자손에게 이같이 이르기를 너희 조상의 하나님 여호와 곧 아브라함의 하나님, 이삭의 하나님, 야곱의 하나님께서 나를 너희에게 보내셨다 하라 이는 나의 영원한 이름이요 대대로 기억할 나의 칭호니라. (출애굽기 3장 14-15절)

하나님은 피조물인 인간과는 본질이 다른 존재다. 자신을 자존자 즉, 스스로 있는 자라고 표현하는 하나님의 말씀은 그가 초월적인 존재임을 나타낸다. 그는 또한 자신을 이스라엘 민족의 조상인 아브라함의 하나님, 이삭의 하나님, 야곱의 하나님으로 명명하고 있는데 이런 통칭은 하나님이 초월적이면서 동시에 역사 속으로 들어와 이스라엘 백성을 보살피시는 내재적인 존재임을 보여준다.

그러나 하나님의 이러한 직접적인 권고에도 모세는 자신이 "입이 뻣뻣하고 혀가 둔한 자"(출애굽기 4장 10절)이기 때문에 갈 수 없다고 망설인다. 그의 이런 모습은 자신감과 용기로 무장된 전통적인 서사시 주인공들과는 분명히 대비되는 것으로, 모세가 일반 서사시에서 묘사되는 자신만만한 자기 독립적 영웅과는 차이가 있음을 보여준다.[206] 모세는 이스라엘 백성을 가나안으로 이끌어 가면서 시련과 난관에 직면할 때마다 영웅적인 행위들을 통해 그들을

---

206 리런드 라이켄, 『문학에서 본 성경』 유성덕 역 (서울: 크리스챤 다이제스트, 1998), 88.

구원해 낸다. 그러나 그런 영웅적인 행위들을 하게 만든 장본인은 바로 하나님이다. 애굽을 탈출한 지 얼마 지나지 않아 모세가 한 연설은 인간이 아닌 하나님이 이스라엘 민족을 구원하고 인도했다는 내용으로 가득 차 있다.

> 모세가 백성에게 이르되 너희는 애굽 곧 종 되었던 집에서 나온 그 날을 기념하여 유교병을 먹지 말라 여호와께서 그 손의 권능으로 너희를 그 곳에서 인도해 내셨음이니라. (출애굽기 13장 3절)
>
> 이것으로 네 손의 기호와 네 미간의 표를 삼고 여호와의 율법이 네 입에 있게 하라 이는 여호와께서 강하신 손으로 너를 애굽에서 인도하여 내셨음이니 (출애굽기 13장 9절)
>
> 후일에 네 아들이 네게 묻기를 이것이 어찌 됨이냐 하거든 너는 그에게 이르기를 여호와께서 그 손의 권능으로 우리를 애굽에서 곧 종이 되었던 집에서 인도하여 내실새 (출애굽기 13장 14절)
>
> 이것이 네 손의 기호와 네 미간의 표가 되리라 이는 여호와께서 그 손의 권능으로 우리를 애굽에서 인도하여 내셨음이니라 할지니라. (출애굽기 13장 16절)

모세가 행한 이적 중 백미라 할 수 있는 홍해가 갈라지는 사건에서도 모세는 "너희는 두려워하지 말고 가만히 서서 여호와께서 오늘 너희를 위하여 행하시는 구원을 보라"(출애굽기 14장 13절)고 선포하여 하나님의 능력과 위대함을 강조한다. 이처럼 모세의 출애굽 이야기는 주인공 모세의 반영웅적인 모습과 인간이 아닌 하나님의 위대성을 강조하고 있어서 존 밀턴의 『실낙원』처럼 서사시이면서 동시에 반서사시적인(anti-epic) 작품으로 평가받기도 한다.[207]

그러나 반서사시적인 요소가 많음에도 불구하고 이 이야기는 지도자 모세를 중심으로 플롯이 진행되고, 40년이란 긴 시간 동안 광활한 광야를 배경

---

207 Leland Ryken, *Words of Delight: A Literary Introduction to the Bible* (Grand Rapids: Baker, 1992), 133.

으로 이스라엘 민족 전체가 새로운 나라를 건설하기 위해 경험하는 파란만장한 과정을 묘사하고 있어서 서사시적인 이야기임이 틀림없다. 또한, 초자연적인 사건으로만 구성된 10가지 재앙을 비롯하여 바닷물이 갈라져 마른 땅이 되고 반석에서 물이 솟아 나오는 등, 이 이야기에 나오는 수많은 초자연적인 요소들은 이 이야기의 서사시적인 성격을 한층 강화해준다. 이뿐만 아니라 이스라엘의 초기 역사에서 중요한 사건들이 언급되고 민족주의가 강조되며 지도자 모세의 가치관과 도덕이 이스라엘의 국가적 · 민족적 가치관을 대변하고 있다는 점에서도 서사시적이다.

더구나, 이 이야기에는 강한 교훈적 충동이 잘 드러난다. 모세가 인도하는 이스라엘 민족의 광야 생활은 위기–불평–구원의 패턴이 반복되며 진행된다.[208] 다시 말해, 애굽을 빠져 나온 이스라엘 백성들은 광야에서 위기를 당할 때마다 하나님과 모세를 원망한다. 물이 없어 목이 마를 때나 고기가 먹고 싶을 때, 그리고 어려움을 만나는 순간마다 그들은 하나님과 지도자 모세를 원망하며 모세가 십계명을 받으러 시내산에 올라가서 빨리 돌아오지 않자 급기야 금송아지를 우상으로 만들어 섬긴다. 그런데 하나님이 가장 싫어하는 것이 우상숭배다. 그래서 하나님은 진노하시고 이 금송아지 사건은 이스라엘 백성에게 가장 큰 위기를 가져온다. 하나님의 노여움이 너무 커서 이스라엘 백성들을 전부 진멸하고자 했기 때문이다. 생명책에서 자신의 이름이 지워지는 것도 불사하겠다는 모세의 탄원이 없었더라면 하나님은 틀림없이 이스라엘 백성들을 모두 진멸했을 것이다. 이스라엘 백성들이 하나님을 원망하고 벌을 자초할 때마다 하나님과 그들 사이의 중재자로서 백성들을 대변하고 위기에 처한 이스라엘 백성들을 구원으로 이끄는 존재가 모세다. 모세의 중요성과 영웅으로서의 위대성을 알 수 있는 부분이다. 아무튼, 이 이야기는 위기–불평–구원의 패턴을 반복하는 일련의 사건들을 통해 이스라엘 백성들의

208 Leland Ryken, *The Literature of the Bible* (Michigan: Zondervan, 1974), 86.

문제가 무엇이며 이를 해결하기 위해 어떻게 생각하고 행동해야 하는지를 깨우쳐 준다. 모세와 출애굽 이야기만큼 강한 교훈적 충동을 느낄 수 있는 서사시도 흔치 않다.

또한, 모세가 인도하는 이스라엘 민족의 광야 생활은 『오디세이아』(*The Odysseia*)와 『아이네이스』(*The Aeneis*) 같은 서사시들에 나오는 여행하는 사람들의 이야기와 유사한 점들이 많다. 이들은 모두 자연환경, 적대적 국가나 부족, 그리고 여행하는 집단 내의 반역의 무리와 갈등을 겪는다. 출애굽 후 이스라엘 백성들은 사막의 광야 길에서 낮에는 혹독한 무더위, 밤에는 혹독한 추위와 싸워야 했다. 그래서 하나님이 낮에는 구름 기둥, 밤에는 불기둥으로 보호한다. 또한, 이들이 애굽을 떠난 후 마음이 바뀐 바로 왕은 애굽의 철병거들을 이끌고 추격해 왔고 앞에는 홍해가 이들을 가로막아 위기에 처했다. 하지만 이번에도 홍해를 가르시는 하나님의 기적적인 구원을 통해 이스라엘 백성들은 위기를 벗어난다. 이뿐 아니라 모세가 시내산에서 내려오는 것이 지체되자 이스라엘 사람들이 우상을 숭배하고 고라, 다단, 아비람에 의해(민수기 16장) 집단 내에서 모세의 합법적 권위에 반역하는 일들이 생긴다. 이상적인 지도자 모세마저도 므리바에서 마실 물이 없다고 백성들이 그를 원망하자 바위를 치면서 오만, 성급함, 그리고 불순종의 죄를 짓는다(민수기 20장 2-13절).[209]

그러나 모세의 서사시는 이런 종류의 이야기에서 흔히 범하기 쉬운 천편일률적인 단조로움의 함정에 빠지지 않는다. 이 서사시는 간단한 이야기로부터 세밀하게 전개되는 복잡하고 웅대한 이야기에 이르기까지 다양한 에피소드들을 담고 있다. 그리고 무엇보다도 이런 다양한 에피소드들을 통해 인간적이고 세상적인 영역 속에 역사하는 하나님의 모습과 신성한 세계를 보여주며 그 의미를 제시한다. 예를 들어, 출애굽기 15장 22-26절에 나오는 마라

---

209 리런드 라이켄, 『문학에서 본 성경』 유성덕 역 (서울: 크리스챤 다이제스트, 1998), 86-87.

의 쓴 물에 관한 사건은 이스라엘 백성들에게 마실 물이 없어 위기에 처하게 된 단순한 사건이 아니다. 하나님은 이 사건을 그의 뜻을 이스라엘 백성들에게 계시하기 위한 목적으로 계획했으나 이스라엘 백성들은 이 사건에서 하나님의 뜻을 깨닫는 대신 하나님과 모세를 거부하고 불순종하는 잘못을 저지른다. 성경은 마라의 쓴물 사건이 이스라엘 백성들에 대한 하나님의 시험이었음을 분명하게 지적한다.

> 거기서 여호와께서 그들을 위하여 법도와 율례를 정하시고 그들을 시험하실새 이르시되 너희가 너희 하나님 나 여호와의 말을 들어 순종하고 내가 보기에 의를 행하며 내 계명에 귀를 기울이며 내 모든 규례를 지키면 내가 애굽 사람에게 내린 모든 질병 중 하나도 너희에게 내리지 아니하리니 나는 너희를 치료하는 여호와임이라. (출애굽기 15장 25-26절)

이 구절에는 이스라엘 백성들을 기꺼이 구원하려는 하나님의 의지, 구원의 조건, 순종의 필요성, 그리고 삶을 통해 하나님이 시험하신다는 사실이 확실하게 언급되고 있다.

하나님이 이스라엘에게 양식으로 내려 주신 만나(manna)에도 문자적 의미뿐만 아니라 상징적인 영적인 의미가 있다.[210] 만나는 하나님이 그의 백성들에게 매일매일 필요한 일용할 양식을 채워주신다는 의미를 시사하지만, 만나가 "꿀 섞은 과자 같은"(출애굽기 16장 31절) 맛이고, "사람이 사는 땅에 이르기까지 이스라엘 자손이 사십 년 동안 만나를 먹었으니"(출애굽기 16장 35절)라는 내용을 볼 때 젖과 꿀이 흐르는 약속의 땅에 대한 소망을 상징한다. 이처럼 모세의 출애굽 서사시에는 어떤 사물이나 사건이 문자적인 의미뿐 아니라 영적이고 종교적인 의미를 가지고 있다.

특히, 이스라엘 백성들이 시내산에 이르러 모세가 하나님으로부터 십계

210 위 책, 90.

명을 받는 사건은 이 서사시에서 큰 의미를 가진다. 이 사건은 출애굽의 서사시 전체에 있어서 많은 분량을 차지하며 매우 비중 있게 다루어진다. 부정적인 시각에서 이 사건은 그 내용이 너무 종교적이어서 출애굽의 서사시를 전통적인 서사시와 다르게 만드는 역할을 한다고 볼 수 있지만 성경이 근본적으로 종교적인 목적에 의해 지배되는 글이라는 점을 고려한다면 긍정적인 시각에서 살펴볼 필요가 있다.

먼저, 모세의 시내산에서의 체험은 매우 특별한 것이어서 그를 성경의 다른 영웅들과 구별하게 해준다. 그의 체험은 본질적으로 하나님과의 조우이며 하나님의 등장은 인상적이다.[211] 하나님의 등장은 천둥, 번개, 불, 지진 등 무서운 자연현상들과 함께 일어나고 산은 구름과 연기로 둘러싸여 하나님을 직접 보지 못하게 막는다. "또 이르시되 네가 내 얼굴을 보지 못하리니 나를 보고 살 자가 없음이니라"(출애굽기 33장 20절)라는 구절이 의미하듯 거룩한 존재인 하나님을 인간이 직접 대면할 수는 없다. 그러나 모세는 하나님의 얼굴을 보지는 못했지만, 하나님과 직접 만나 대화를 나눈 인물로서 그가 시내산에서 내려올 때 그의 얼굴에서 광채가 났다. 모세와 하나님과의 조우는 하나님이 모세를 얼마나 특별한 존재로 생각하는지를 잘 보여준다. 민수기 12장 8절에서도 하나님은 "그와는 내가 대면하여 명백히 말하고 은밀한 말로 하지 아니한다"라고 함으로써 모세가 하나님과 친밀한 관계에 있는 특별한 존재임을 말하고 있다. 이처럼 모세는 하나님과 대면하여 십계명을 받았을 뿐 아니라 하나님이 직접 인증한 성경의 영웅이다.

성경에서 모세 율법 대부분은 설명의 형식으로 기록되어 있으나 십계명은 매우 예술적인 형식으로 쓰여 있다. 십계명은 질서 있는 반복, 변형, 균형, 패턴, 대조, 구심성 같은 예술적인 요소들을 가지고 있다.[212] 열 개의 법은 각 구절이 명령으로 되어 있고 그 중 두 개는 "너는 …을 하라"는 긍정적인 명령

211 위 책, 90.
212 위 책, 91.

문으로, 그리고 여덟 개는 "너는 …을 하지 말라"는 부정적인 명령문으로 되어 있다. 또한 길고 짧은 명령을 적절하게 배치함으로써 반복이 주는 지루함을 해결하고 있고, 하나님에 대한 인간의 관계를 다루는 네 개의 명령과 인간과 인간과의 관계를 다루는 여섯 개의 명령이 균형을 이루고 있다. 여기에는 하나님의 주권과 인간의 도덕적 책임이 강조되고, 하나님에 대한 사랑과 인간 상호간의 사랑이 중심 주제로 나타난다.

모세의 출애굽 서사시는 주인공 모세의 탄생과 어린 시절에 대한 설명으로 시작되어 그의 죽음에 관한 이야기로 막을 내린다. 모든 사건이 모세라는 영웅을 중심으로 진행되고 모세의 결정에 이스라엘 민족의 운명이 좌우된다. 모세는 베르길리우스의 서사시 『아이네이스』의 영웅과 같이 므리바에서의 불순종으로 젖과 꿀이 흐르는 약속의 땅 가나안으로 들어가지 못한다. 그러나 성경의 저자가 "이 사람 모세는 온유함이 지면의 모든 사람보다 더하더라."(민수기 12장 3절)라고 단언하는 것에서 알 수 있듯이, 그는 내면적으로는 온유하면서도 하나님의 뜻과 자기에게 부여된 의무를 실행하는 데는 대담한 사람이었다. 이스라엘의 위대한 지도자로서 그의 직분은 여호수아에게 계승되고 이스라엘을 위하여 자기 목숨까지도 아까워하지 않았던 위대한 민족의 영웅으로 기억되고 있다. 또한 후세 사람들에게 그는 비록 하나님이 행하신 일이기는 했지만 여러 기적을 행한 특별한 인물로 전해지고 있다. 따라서 이런 민족적이고 종교적인 영웅이 애굽 사람들의 압제 속에서 고통으로 신음하던 이스라엘 백성들을 탈출시켜 약속의 땅 가나안으로 인도한 출애굽 사건은 성경의 대표적인 서사적 이야기로서 우리에게 깊은 감동을 주고 있다.

다윗과 이스라엘 이야기

다윗의 이야기는 구약 성경의 여러 곳에서 나타난다. 대표적인 것은 사무엘상 16–17장과 사무엘하 5–19장이다. 일반적으로 다윗의 이야기는 영웅 설화로 보는 견해가 많으나 영웅 내러티브로 볼 경우, 성경에 제시된 다윗의 이야기는 파편적이고 통일성이 부족하여 문학적인 이야기라기보다는 역사적인 하나의 연대기라는 느낌이 크다.[213] 그러나 다윗의 이야기를 보다 넓은 이스라엘의 역사 속에서 조명하여 서사시적으로 파악하게 되면 광대한 플롯과 주인공의 복합적인 성격이 서사시에 딱 맞아떨어진다. 다윗은 전통적인 서사시의 영웅들인 아킬레스와 오디세우스, 아이네이스와 아서왕에 필적하는 성경의 인물이다.

성경 속에 천 번 이상 언급되고 있는 다윗은 고대 문학에서 그의 복잡함을 따를 사람이 오디세우스밖에 없을 정도로 매우 복잡하고 다면적인 성격을 가진 인물이다. 그에게 부여된 역할과 칭호는 수없이 많다. 그는 성경에서 양치기, 전사, 신하, 왕, 친구, 남편, 아버지, 시인, 음악가, 죄인, 죄를 통렬하게 회개하는 사람, 그리스도의 원형 등 실로 다양한 역할과 호칭을 가진 인물로 묘사된다. 실제적으로도 그는 행동형인 동시에 사고형의 인간이다.[214] 물맷돌로 거인 골리앗을 물리치고 적들과의 싸움에서 승리하는 그의 모습은 그가 얼마나 용감하고 매력적인 행동형의 인간인가를 잘 보여주며, 그가 쓴 주옥같은 시편의 시들은 그가 가진 감수성의 깊이와 사고형 인간으로서 그의 특성을 잘 드러낸다.

서사시적 영웅으로서 다윗은 많은 서사시의 영웅들처럼 '엄청난 자기 통제'(great self-restraint)의 자질을 갖춘 인물이다. 그는 자신의 적 사울을 죽일 완벽한 기회를 두 번이나 가지고서도 하나님이 기름 부어 세운 왕을 죽이는 일을 할 수 없다고 생각하고 행동을 자제한다. 그러나 그는 완벽한 영웅은 아니다. 밧세바와 간통을 저지르고 이를 숨기기 위해 그녀의 남편인 우리야를 죽게 만드는 일에서는 그의 통제력은 자취를 감추고 격정적인 파괴적 감정에 완전히 굴복하는 모습을 보인다. 하지만 그가 승리를 거둘 때든 죄를 지어 비

---

213 Leland Ryken, *Words of Delight: A Literary Introduction to the Bible* (Grand Rapids: Baker, 1992), 135.
214 리런드 라이켄, 『문학에서 본 성경』 유성덕 역 (서울: 크리스챤 다이제스트, 1998), 60.

극에 처할 때든 항상 하나님을 의식하는 모습은 변함이 없다. 이런 점을 강조하여 라이켄 교수는 다윗이 모든 비극과 승리를 경험하면서 그의 인생에서 영적인 차원이 존재하지 않을 때는 없었다고 지적한다.[215] 즉, 그가 승리를 거둘 때는 하나님을 찬양하고 죄를 지었을 때도 그것이 하나님을 거역하는 일임을 인정한다. 다윗은 인생 전체가 하나님의 것임을 증거하는 인물이다.

다윗과 이스라엘 이야기에서 모든 사건은 다윗을 중심으로 진행되며 그는 자신이 속한 사회를 대표하는 서사시적 영웅이다. 영웅으로서의 그의 삶은 선지자 사무엘을 통해 왕에게 기름 부음을 받는 일로부터 시작된다. 영웅이나 신데렐라 모티프의 원형으로 볼 수 있는 이 사건에서는 인간의 관점과 하나님의 관점이 대비되면서 성경의 다른 영웅들의 발탁에서처럼 하나님의 기준으로 다윗이 왕으로 선택된다. "사람은 외모를 보거니와 나 여호와는 중심을 보느니라."(사무엘상 16장 7절)라는 구절에서 나타나듯 하나님의 선택 기준은 외적인 것이 아니라 내적인 것이며, 이를 통해 인간의 예상을 벗어난 하나님 중심의 선택 모티프가 제시된다.

영웅으로서 다윗의 모습 중에 우리에게 가장 선명하게 각인되어 있는 것은 블레셋 거인 골리앗을 이긴 소년 영웅의 이미지다. 다윗은 비록 소년이었지만 악한 거인에게 조금의 두려움도 없이 당당히 맞선다.

> 다윗이 블레셋 사람에게 이르되 너는 칼과 창과 단창으로 내게 나아 오거니와 나는 만군의 여호와의 이름 곧 네가 모욕하는 이스라엘 군대의 하나님의 이름으로 네게 나아가노라. 오늘 여호와께서 너를 내 손에 넘기시리니 내가 너를 쳐서 네 목을 베고 블레셋 군대의 시체를 오늘 공중의 새와 땅의 들짐승에게 주어 온 땅으로 이스라엘에 하나님이 계신 줄 알게 하겠고 또 여호와의 구원하심이 칼과 창에 있지 아니함을 이 무리에게 알게 하리라. 전쟁은 여호와께 속한 것인즉 그가 너희를 우리 손에 넘기시리라. (사무엘상 17장 45-47절)

215 Leland Ryken, *Words of Delight: A Literary Introduction to the Bible* (Grand Rapids: Baker, 1992), 136.

저자는 하나님을 대적하는 오만한 적과 싸우는 소년 다윗을 결코 촌스러운 약자로 그리고 있지 않다. 다윗은 겉모습은 초라해 보이지만 정신적으로 거인 골리앗을 확실하게 압도한다. 그런데 이런 용기와 정신적인 힘은 어디서 나오는 것인가? 성경은 다윗을 "용기와 무용과 구변이 있는 준수한 자라. 여호와께서 그와 함께 계시더라"(사무엘상 16장 18절)라고 묘사함으로써 그의 용기와 힘의 원천이 하나님임을 분명하게 밝힌다. 이처럼 그는 인간적인 영웅이라기보다 종교적인 영웅이다.

거인 골리앗을 물리친 후 다윗은 단숨에 이스라엘 백성들의 영웅으로 부상한다. 그가 전장에서 돌아올 때 여인들이 그를 환영하며 "사울이 죽인 자는 천천이요 다윗은 만만이로다"(사무엘상 18장 7절)라고 외치는 말은 이런 사실을 잘 대변해 준다. 고전 서사시나 중세의 로망스에서 영웅들이 전쟁의 승리를 통해 명성을 얻듯이 다윗 역시 전쟁에서 승리함으로써 고전 서사시의 영웅들과 같은 명성을 얻는다. 성경은 "다윗이 … 명성을 떨치니라"(사무엘하 8장 13절)라는 구절을 통해 그가 전통적인 서사시의 영웅과 다르지 않음을 보여준다. 단지 차이점은 "다윗이 어디로 가든지 여호와께서 이기게 하셨더라"(사무엘하 8장 6절)라는 구절에 나타나듯 그가 전쟁에서 승리를 거두는 것은 하나님 때문이라는 사실이다. 다시 말해, 인간적인 입장에서 그는 분명 위대한 영웅임이 틀림없으나 영적인 입장에서는 다윗을 영웅이 되도록 만든 하나님이 진정한 영웅이라 할 수 있다.

서사시로서 다윗의 이야기는 그가 왕위에 오르면서 빠른 속도로 진행된다. 다윗은 30세에 왕이 되어 40년 동안 이스라엘을 다스리면서 적과의 싸움에서 승리를 거두고 나라를 부강하게 만든다. 특히, 그는 고전 서사시의 영웅들이 가지고 있는 탁월한 능력인 전쟁에서 승리하는 훌륭한 자질을 가지고 있어서 고전 서사시의 영웅들과 가장 필적할 만한 성경의 영웅이다. "다윗이 어디로 가든지 여호와께서 이기게 하셨더라."(사무엘하 8장 6절)는 말은 서사시적 영웅으로서 다윗의 능력을 분명하게 입증해 주는 구절이다. 그러나 정치적으로 다윗이 이스라엘 왕으로서 확실한 입지를 구축하기까지 기나긴 고난의 과정이 필요했다. 그는 여러 어려운 상황들을 지혜롭게 극복하고 왕권을 공고하게 만든 현명한 왕이었다.

그런데 다윗의 삶을 적나라하게 잘 보여주는 것은 이와 같은 영웅적인 모습이 아니라 실수와 실패를 저지르는 그의 모습이다. 사무엘하 11장에 나오는 다윗이 밧세바와 간통하는 이야기가 한 가지 좋은 예이다. 다윗은 아름다운 여인에 대한 성적 욕구를 억제하지 못하고 유부녀인 밧세바를 범함으로 간통죄를 짓는다. 그리고 이 죄를 감추기 위해 밧세바의 남편을 전쟁에서 죽게 만듦으로써 살인죄도 짓게 된다. 그런데 이제까지 이스라엘의 위대한 왕으로서 참되게 통치했던 다윗은 이 사건을 계기로 뼈아픈 전환점을 맞게 된다. 다윗의 죄로 인해 이스라엘 왕국이 쇠퇴의 길을 걷게 되기 때문이다. 이처럼 다윗 이야기에서는 일반 서사시에서처럼 주인공 다윗의 운명에 따라 이스라엘 국가의 운명이 바뀌게 된다.

위에서 살펴본 것처럼 밧세바와의 간통 사건에서 다윗은 하나님께서 주신 특별한 복과 왕으로서의 특권을 자신의 사리사욕을 위해 사용했다. 즉, 하나님께서 그에게 은혜를 베푸신 목적과 뜻을 저버린 것이다. 따라서 다윗이 영웅으로서 진정으로 극복해야 할 문제는 외부에 있는 것이 아니라 내부에 있는 자신의 죄악이다. 다윗은 선지자 나단이 비유를 통해 자신의 악행이 무엇인지를 지적하자 곧바로 회개함으로써 자기가 지은 죄를 뉘우치지만, 그 이후 그의 생애는 가족 간의 불화와 정치적인 재난의 지배를 받는다. 나단이 예언한 대로 그의 죄는 개인적, 가족적, 사회적 차원에서 재앙과 혼란의 결과를 초래한다. 다시 말해, 아버지이면서 왕인 다윗의 도덕적 붕괴는 급속히 확산되어 가족과 국가 내의 도덕적 붕괴를 낳는다.[216] 구체적으로, 자녀의

216 리런드 라이켄, 『문학에서 본 성경』 유성덕 역 (서울: 크리스챤 다이제스트, 1998), 64.

근친상간이 일어나고 가장 아끼는 아들인 압살롬의 칼에 형제들이 죽게 된다. 이것은 아버지 다윗이 범한 성적 타락과 살인이 재현된 것으로 죄의 결과로 받게 된 형벌이라 할 수 있다.

그러나 다윗의 이런 약점이 부정적인 측면만을 가지고 있는 것은 아니다. 다윗이 끝까지 하나님을 경외하고 겸손하게 하나님을 신뢰할 수 있었던 것은 죄로 인한 고난과 시련을 통해 단련되었기 때문이다. 다윗의 죄는 위대한 통치자인 그를 불행에 빠트렸으나 그는 고통을 통해 보다 강한 신앙의 영웅으로 거듭나게 된다. 그가 일반 영웅들이 쉽게 빠졌던 교만(pride)의 함정을 피할 수 있었던 것도 이 때문이다.

아무 죄도 없는 밧세바의 남편을 계획적으로 죽게 만든 행동에서 드러나듯 다윗은 사악하고 비인간적인 비정함을 보여주기도 하지만 서사시의 영웅으로서 그의 삶은 대립적인 두 가지 서로 다른 가치와 삶의 방식들이 결합된 것이어서 주목할 만하다. 즉, 목가적인 삶과 영웅적인 삶이 그것이다.[217] 전자는 다윗의 개인적인 특성과 연관되고 후자는 다윗의 영웅적인 특성과 관련되어 있다. 통상적으로 목가적인 작가들은 영웅적인 가치관을 경멸하면서 전원에서 목동으로 단순한 삶을 영위하는 것이 악을 피할 수 있는 이상적인 방법이라고 보았다. 다윗의 삶도 처음에는 순박한 양치기, 이스라엘의 노래 잘하는 자, 그리고 그의 시편이 보여주듯이 짙은 감수성을 가진 정신적인 사색가로 시작되었다. 그러나 그는 이스라엘의 지도자, 행동하는 영웅, 용감하게 적을 무찌르는 전사가 된다. "내가 너를 목장 곧 양을 따르는 데서 취하여 내 백성 이스라엘의 주권자로 삼고"(사무엘하 7장 8절)에서 나타나듯 다윗은 '이중의 정체성'(double identity)을 가진 서사시의 영웅이다.

죄를 지은 후 다윗의 삶은 비참한 상태로 전락한다. 압살롬의 반역 이야기에서 나타나듯 그는 목숨을 부지하기 위해 아들의 칼날을 피하여 도망을

217 Leland Ryken, *Words of Delight: A Literary Introduction to the Bible* (Grand Rapids: Baker, 1992), 136.

다니고 국가는 붕괴와 분열을 경험한다. 아히도벨은 반역을 꾀하고 시므이는 다윗을 저주한다. 다윗의 비참한 상태를 성경은 "다윗이 감람산 길로 올라갈 때에 그의 머리를 그가 가리고 맨발로 울며 가고 그와 함께 가는 모든 백성들도 각각 자기의 머리를 가리고 울며 올라가니라."(사무엘하 15장 30절)라고 단적으로 표현한다. 그러나 이런 상황 속에서도 부하들이 시므이를 죽이겠다는 제안을 하자 그 제안을 거절하면서 다윗은 인내를 보여준다. 그는 끝까지 이상적인 영웅의 모습을 잃지 않는다. 그는 다른 서사시의 영웅들처럼 엄청난 역경과 씨름하면서도 위엄을 유지하는 진정한 영웅이다.

또한 다윗은 나단 선지자의 책망을 받고 자신의 죄가 단지 사람에게만 잘못한 것이 아니라 하나님께 잘못한 것이라고 고백하면서 진심으로 회개한다. 그의 회개가 얼마나 간절한 것인지는 그가 쓴 시편 51편에 잘 나와 있다. 이렇게 해서 다윗은 하나님의 용서를 받게 되었고 외세와 내란을 극복하고 국가의 질서와 안전을 회복할 수 있었으며 가정의 평온도 되찾을 수 있었다.[218] 다윗의 위대성은 그의 영웅적인 모습에서도 찾아볼 수 있으나 오히려 죄를 지적받았을 때 정말 가슴 깊숙이 진실한 회개를 하는 이런 모습에서 더욱 잘 나타난다.

이상에서 설명한 것처럼 다윗은 민족과 국가를 대표하는 서사시적 영웅이며 그의 운명에 국가의 운명이 달려 있었다. 그의 삶은 그가 살았던 시대의 가치를 대변하며, 나아가 시간을 초월하여 우리가 경험하는 가치를 대변하고 있다. 그는 전통적인 서사시의 영웅들이 가지고 있었던 정치적 지도자로서, 또한 군사적 전사로서의 장점들을 두루 갖춘 인물이다. 하지만 이에 그치지 않고 그가 지은 수많은 시편의 아름다운 시들이 말해주듯 그는 풍부한 문학적 감수성도 가지고 있었다. 서사시의 주인공으로서 그의 매력은 영웅적인 특징과 심리적이고 영적인 자질을 모두 겸비하고 있다는 것에서 찾을 수 있

218 조신권, 『성서와 문학』 (서울: 명문당, 1989), 127.

다. 비록 결점이 없는 완전한 영웅은 아니지만, 다윗은 하나님의 마음에 합한 자라는 성경의 구절이 암시하듯 성경의 인물 중에서 가장 서사시적인 영웅이라 할 수 있다.

요한계시록과 종말 이야기

사도 요한이 밧모섬에 유배되어 있을 때 기록한 요한계시록은 세상의 종말을 다루고 있어서 성경에서 대표적인 묵시문학으로 불린다. 그러나 이 글은 서사시의 특징들도 많이 가지고 있어서 서사시로도 분류할 수 있는 글이다. 이 글을 읽어보면, 호메로스의 『오디세이아』나 베르길리우스의 『아이네이스』, 그리고 밀턴의 『실낙원』을 연상시킬 정도로 서사시로서의 여러 가지 면모들을 잘 갖추고 있음을 발견한다. 저자 요한은 일반문학의 서사시에서처럼 자신이 전하려는 장엄한 비전과 주제를 웅장하게 펼쳐 보인다. 물론 엄격한 잣대에서 보면 서사시로 분류할 수 있는 다른 성경의 글들에서처럼 반서사시적인 요소들을 가지고 있으나 이 글은 우리에게 친숙한 서서시의 관례들을 너무나 잘 따르고 있다.

우선 요한계시록에 나타나는 기본적인 행동이 서사시적 행동이다. 서사시에서처럼 초자연적인 무기를 사용하는 영적인 존재들이 벌이는 거대하고 심각한 전투가 이 글의 중심에 자리 잡고 있다. 사건의 배경도 일반 서사시의 배경처럼 우주적이며 땅과 지옥 뿐 아니라 하늘을 포함하는 광활한 공간이다. 그리고 많은 서사시가 영웅이 적을 정복하고 왕국을 건설하는 과정을 묘사하고 있는 것처럼 이 계시록도 그리스도가 악의 세력을 물리치고 영원한 왕국을 세우는 것을 묘사한다.[219] 또한 일반 서사시가 영웅적 지도자를 중심으로 사건이 진행되는 플롯을 가지고 있는 것처럼 계시록도 온 인류의 영웅인 그리스도의 강하고 거대한 행위를 기록하고 있어서 매우 유사하다. 특히,

219 리런드 라이켄, 『문학에서 본 성경』, 유성덕 역 (서울: 크리스챤 다이제스트, 1998), 370.

다음 구절은 이 계시록이 서사시적인 플롯과 배경을 가지고 있음을 단적으로 잘 보여준다.

> 하늘에 전쟁이 있으니 미가엘과 그의 사자들이 용과 더불어 싸울새 용과 그의 사자들도 싸우나 이기지 못하여 다시 하늘에서 그들이 있을 곳을 얻지 못한지라. 큰 용이 내쫓기니 옛 뱀 곧 마귀라고도 하고 사탄이라고도 하며 온 천하를 꾀는 자라 그가 땅으로 내쫓기니 그의 사자들도 그와 함께 내쫓기니라. (요한계시록 12장 7-9절)

이뿐만 아니라 서사시가 추구의 원리(the principle of the quest)를 바탕으로 구조가 짜여 있듯이 계시록의 밑바탕에서 계속 반복되는 패턴도 신자들이 하늘나라를 추구하고 역사 또한 그 완성과 목적을 향해 전진한다는 추구의 원리로 되어 있다.

서사시에서는 화자 또한 독자와 사건 사이의 중개 역할을 하며 독자의 반응을 유도하는 중요한 역할을 한다.[220] 계시록의 저자인 요한도 전형적인 서사시의 화자와 같은 역할을 한다. 요한은 화자로서 주제를 공표함으로써 서사시적 관례를 따라 이야기를 시작한다.

> 예수 그리스도의 계시라. 이는 하나님이 그에게 주사 반드시 속히 일어날 일들을 그 종들에게 보이시려고 그의 천사를 그 종 요한에게 보내어 알게 하신 것이라. (요한계시록 1장 1절)

밀턴이 불후의 서사시 『실낙원』을 집필한 목적이 신의 섭리가 인간에게 정당함을 입증하기 위한 것(Justify the ways of God to men. *Paradise Lost* Book I. 26)이라고 밝히고 있듯이 사도 요한도 미래에 일어날 일을 하나님이 그의 종들에게 보여주기 위해 계시록을 기록한 것이라고 목적을 밝힌다. 또

---

220 위 책, 370.

한, 계시록에는 서사시적인 다양한 목록들(epic catalogues)도 등장한다. 즉, 교회들의 이름, 하늘에서 하나님의 보좌를 둘러싸고 있는 다양한 존재들, 이스라엘의 여러 지파들, 하늘나라의 갖가지 보석들의 이름이 열거된다.[221]

특히, 계시록은 글의 스타일도 서사시적이다. 이 글에는 서사시에서 볼 수 있는 다양한 직유들이 사용되어 주제와 비전을 강화한다. 이에 해당하는 표현들은 "나팔 소리 같은 큰 음성(a loud voice like a trumpet)"(1장 10절), "그의 머리와 털의 희기가 흰 양털 같고 눈 같으며(his head and his hair were white as white wool, white as snow)"(1장 14절), "수정과 같은 유리 바다(a sea of glass, like crystal)"(4장 6절), "그의 발은 풀무불에 단련한 빛난 주석 같고 그의 음성은 많은 물소리와 같으며"(his feet were like burnished bronze, refined as in a furnace)"(1장 15절), "횃불 같이 타는 큰 별이 하늘에서 떨어져(a great star fell from heaven, blazing like a torch)"(8장 10절), "사자가 부르짖는 것 같은 큰 소리(a loud voice, like a lion roaring)"(10장 3절) 등과 같이 무수히 많다.[222] 서사시에서 흔히 볼 수 있는 인유들도 많이 사용되는데 구약성경에 대한 인유(allusion)가 약 350개에 달하고, 그리스도의 구속(救贖)적인 삶에 대한 인유들도 많이 눈에 띈다. 문장 표현도 매우 화려하고 매끄러워서 성경의 어떤 다른 부분보다 더 서사시적이다. 라이켄 교수는 이런 특성을 잘 보여주는 대표적인 표현으로 다음 구절을 제시한다.[223]

> 우리를 사랑하사 그의 피로 우리 죄에서 우리를 해방하시고 그의 아버지 하나님을 위하여 우리를 나라와 제사장으로 삼으신 그에게 영광과 능력이 세세토록 있기를 원하노라 아멘 (요한 계시록 1장 5-6절)

---

221 Leland Ryken, *Words of Delight: A Literary Introduction to the Bible* (Grand Rapids: Baker, 1992), 142.
222 *Ibid.*, 142.
223 *Ibid.*, 142.

구조의 측면에서도 계시록은 세심하게 잘 짜인 구조를 가진 길이가 긴 작품이다. 통일성을 가진 플롯으로 구성된 이야기는 아니지만, 전통적인 서사시처럼 다양하고 잡다한 이야기들을 가진 글이다. 특히, 이 작품의 구조를 이루는 중요한 요소는 이 책 전체의 밑바탕에 깔린 대조의 체계다. 선과 악 사이의 영적인 충돌, 사탄과 그리스도 및 하나님의 충돌, 짐승을 따르는 자들과 성도들의 충돌, 적그리스도인 용과 어린 양의 충돌 등 다양한 양상의 충돌들이 대립적인 체계 안에서 전개되고 있다. 또한, 7이라는 숫자가 반복적으로 사용되어 구조적으로 흐트러져 있는 다양한 사건들을 묶어주는 역할을 한다. 일곱 교회, 일곱 개의 인, 일곱 가지 큰 징조, 진노의 일곱 대접, 최후 심판의 일곱 사건 등 계시록에 나오는 다양한 사건들은 모두 7이라는 숫자로 묶여 있다. 그리고 이 글에서는 환상, 이미지, 사건들이 쉴 새 없이 변화무쌍하게 전개되면서 작품에 역동성을 부여한다. 길고 복잡한 사건들이 진행되나 독자의 상상력과 호기심이 계속해서 자극을 받는 것은 이 때문이다.

이처럼 계시록은 여러 가지 면에서 서사시적이라고 할 수 있는 많은 요소를 가지고 있다. 그러나 만약 계시록이 서사시라면 아주 특이한 서사시다. 여기에서 일어나는 모든 사건은 현실 세계가 아닌 환상의 세계에서 일어난다. 일반 서사시에서 영웅은 이 세상의 왕국 건설을 추구하나 계시록에서는 그리스도가 영적인 영원한 하늘나라의 건설을 도모한다. 또한 계시록에서는 영웅의 정복도 국가적이고 군사적인 것이 아니라 영적인 것으로 그리스도가 사탄과 영적인 악을 패배시키는 것을 말한다. 영웅들이 추구하는 명예도 일반 서사시가 이 세상에서의 인간적인 명예에 초점을 맞추고 있는 것과 달리 계시록에서는 예수 그리스도의 공로로 천국에 들어간 사람들에게 주어지는 영적인 명예에 초점을 맞추고 있다. 전쟁도 인간들이 이 땅에서 벌이는 것이 아닌 초자연적인 존재들이 천상에서 벌인다. 한 마디로, 이 계시록에는 이야기의 중심이 인간적이고 세상적인 것으로부터 종교적이고 천상적인 것으로 바뀌어 있다.

일반적인 서사시에서 영웅은 그가 한 행동으로 인해 명성을 얻는다. 계시록에서도 마찬가지다. 하지만 여기서 명성을 획득하는 영웅은 인간이 아니라 하나님이다.

> 이르되 아멘 찬송과 영광과 지혜와 감사와 존귀와 권능과 힘이 우리 하나님께 세세토록 있을지어다 아멘 하더라. (요한계시록 7장 12절)

또한, 계시록에서는 일반 서사시와 마찬가지로 역사가 중요하게 다루어진다. 그러나 여기서 강조하는 역사는 정치적이고 민족적인 역사가 아니라 인간을 향한 하나님의 신성한 구원의 역사다. 다시 말해, 이 책은 모든 시간을 통해 이루어지는 하나님의 심판과 구원의 역사를 기록하고 있다. 이 책에서 건설되는 도시 또한 고전 서사시의 영웅들이 건축했던 세속적인 성이 아닌 하늘의 거룩한 성 예루살렘이다.

> 성령으로 나를 데리고 크고 높은 산으로 올라가 하나님께로부터 하늘에서 내려오는 거룩한 성 예루살렘을 보이니 하나님의 영광이 있어 그 성의 빛이 지극히 귀한 보석 같고 벽옥과 수정 같이 맑더라. (요한계시록 21장 10-11절)

그런데 이 천상의 도시가 빛나고 가치 있는 이유는 하나님의 영광이 그곳에 거하기 때문이다.

이처럼 계시록에서는 모든 것이 인간 중심이 아닌 신 중심이다. 이런 점에서 계시록은 인간의 업적과 능력을 찬양하는 인간 중심적인 특징을 가진 일반 서사시와 비교하면 분명 반서사시적인 성격을 가진다.[224] 그러나 관점을

224 *Ibid.*, 141.

바꾸어 생각해 보면 성경에서 계시록만큼 서사시적인 글도 찾을 수가 없다. 일반문학이 인간 중심의 서사시를 보여주고 있다면 성경의 계시록은 신 중심의 장엄한 서사시를 우리 앞에 펼쳐 보인다.

3

성경의 비극

비극(tragedy)은 주인공, 즉 중요한 인물에게 비참한 재난이 찾아와 운명이 역전되는 내용을 가진 심각하고 중요한 행동을 재연하는 문학작품이나 연극에 적용되는 용어다. 달리 표현하면, 비극은 주인공이 번영에서 시작하여 재난으로 떨어지는 것을 그리는 문학 형식이라고 정의할 수 있다. 비극은 처음부터 끝까지 계속하여 고통을 묘사하는 슬픈 이야기와는 구별되며 더욱이 일반적으로 겪는 불행이 아니라 특별한 재앙의 이야기다. 비극은 우리가 가장 두려워하는 것과 피하고 싶어 하는 것, 즉 악의 파괴적인 세력의 작용에 초점을 맞추고 있다.[225]

비극에서는 주인공(protagonist)이 무엇보다 중요한 비중을 차지하는데 근대 이전의 비극에서 주인공은 대체로 지위가 높은 사람들이었다. 그래서 왕, 왕자, 장군 등 보통 사람들이 필적할 수 없는 지체 높은 신분의 사람이 어떤 잘못으로 인해 인생의 가장 높은 위치에서 밑바닥으로 추락하여 운명이 역전되는 이야기가 비극의 전형적인 형태였다. 그런데 비극의 주인공은 단순히 사회적인 지위만 높은 인물이 아니라, 더욱 중요한 것은 정신적인 위대성(spiritual greatness)을 지닌 인물이다. 하지만 그는 성격적인 결함과 같은 단점도 가지고 있어서 완벽하지는 않다. 그렇지만 장점이 단점보다 훨씬 많아서 강력한 효과를 주기 때문에 그의 몰락은 관객의 동정심을 유발한다.

225 리런드 라이켄, 외, 『성경 이미지 사전』 홍성희 외 다수 역. (서울: 기독교문서선교회, 2008), 627.

비극에서 주인공은 비극적인 결함(tragic fault) 때문에 나락으로 떨어진다. 아리스토텔레스는 이것을 과녁을 벗어난다는 뜻의 하마르티아(hamartia)라고 부르고 있는데 인간이 가진 약점이나 실수 또는 고통스럽고 파괴적인 결함을 뜻한다. 주인공은 바로 이 하마르티아 때문에 고난을 겪는다. 그러니까 비극에서 주인공은 위대하며 보통 사람들이 부러워하고 존경하는 인물이기는 하지만 이유 없이 고통을 당하는 인물은 아니라는 것이다. 즉, 그가 당하는 고통과 파멸은 외부 세계가 아닌 철저하게 자신의 잘못 때문이며 자신의 도덕적인 선택(moral choice)에서 기인한다는 것이다.

일반적인 문학에서의 비극은 대부분 선택을 요구받는 딜레마에 봉착한 주인공으로부터 이야기가 시작된다. 둘 이상의 선택에 직면하여 비극적 주인공은 성격적 결함 또는 다른 약점이나 실수와 같은 하마르티아 때문에 잘못된 선택을 하게 되고 그 결과 파멸과 고난을 맞이한다. 하지만 파멸과 고난은 육체적으로는 그를 나락으로 빠트리지만, 정신적 · 영적으로는 그를 성숙시켜 새로운 인식에 도달하게 만든다. 아리스토텔레스는 고통을 통해 획득하는 이러한 새로운 각성을 아나그노리시스(anagnorisis)라 부른다. 이처럼 비극의 일반적인 플롯은 딜레마–비극적 선택–재난–고통–정신적 인식–죽음의 패턴으로 구성된다.

삼손 이야기

삼손 이야기는 구약 사사기 13장에서 16장에 기록되어 있으며, 일반 사람들에게 잘 알려진, 비극으로 볼 수 있는 이야기다. 성경의 삼손은 일반문학에서 흔히 볼 수 있는 비극의 주인공처럼 왕이나 왕자와 같은 고귀한 혈통은 아니지만 그렇다고 결코 평범한 인물도 아니다. 그는 천사에 의해 두 번씩이나 이스라엘을 구원할 위대한 인물로 예고되어 태어난다.

> 소라 땅에 단 지파의 가족 중에 마노아라 이름하는 자가 있더라 그의 아내가 임신하지 못하므로 출산하지 못하더니 여호와의 사자가 그 여인에게 나타나서 그에게 이르시되 보라 네가 본래 임신하지 못하므로 출산하지 못하였으나 이제 임신하여 아들을 낳으리니 그러므로 너는 삼가 포도주와 독주를 마시지 말며 어떤 부정한 것도 먹지 말지니라. 보라 네가 임신하여 아들을 낳으리니 그의 머리 위에 삭도를 대지 말라 이 아이는 태에서 나옴으로부터 하나님께 바쳐진 나실인이 됨이라 그가 블레셋 사람의 손에서 이스라엘을 구원하기 시작하리라 하시니 (사사기 13장 2-5절)

삼손은 태어날 때부터 하나님께 바쳐진 나실인으로 보통 사람들이 가질 수 없는 어마어마한 육체적인 힘을 부여받은 인물이다. 그는 하나님께 받은 이런 힘을 사용하여 민족의 원수인 블레셋인들을 벌하는 이스라엘 민족의 영웅이다. 그의 영웅적인 활약상은 삼손 이야기 곳곳에서 나타난다. 그는 사자를 염소새끼를 찢듯이 찢고, 아스글론으로 내려가 삼십 명의 블레셋인들을 쳐죽이고 뺏은 옷들을 자신이 낸 수수께끼를 푼 블레셋인들에게 주는가 하면, 레히에서는 나귀의 턱뼈 하나로 블레셋 사람 천명을 죽인다. 또 가사에 내려가서는 밤중에 성문짝들과 두 문설주와 문빗장을 빼어 가지고 그것을 모두 어깨에 메고 헤브론 앞산 꼭대기로 나아가기도 한다. 그는 한 마디로 초인적인 육체적 힘을 소유한 히브리 민족의 헤라클레스다.[226]

또한, 그는 육체적으로 힘만 센 것이 아니라 전통적인 영웅들의 자질로 일컬어지는 '현명함'(cleverness)도 가지고 있다. 고대인들은 풀기 힘든 수수께끼를 푼다거나 수수께끼를 내는 것을 현명함의 표식으로 보았다. 오디푸스(Oedipus)가 왕이 된 것도 스핑크스의 수수께끼를 풀어 저주로부터 도시를 구했기 때문이다. 삼손도 딤나 여인과의 결혼식에서 참석한 하객들에게 "먹는 자에게서 먹는 것이 나오고 강한 자에게서 단 것이 나왔다"(사사기 14장

226 John H. Gottcent, *The Bible: A Literary Study* (Boston: Twayne Publishers, 1986), 27.

14절)는 수수께끼를 내는 모습에서 알 수 있듯이, 오디푸스 왕처럼 현명함과 지력을 가진 인물이다. 들릴라가 그에게 힘의 비밀을 알려 달라고 계속해서 조를 때에도 그는 세 번이나 현명한 거짓말로 위기를 모면한다. 즉, 그는 하나님과의 약속을 깨고 타락하기 전에는 아무 생각도 없고 힘만 센 우둔한 인물이 아닌 민족의 영웅이었다.

그러나 삼손은 일반적인 비극의 주인공들처럼 비극적 결함을 가지고 있다. 우선, 그는 하나님이 주신 초인적인 힘을 효과적으로 사용하지 않는다. 그는 딤나 여인과의 결혼에서 뜬금없이 수수께끼를 내서 30명의 무고한 생명을 빼앗는 일에 하나님께서 주신 힘을 함부로 사용한다. 가사에 있는 기생집에 들어갔다가 포위를 당했을 때 성문을 빼어서 어깨에 메고 탈출하는 모습도 사려 깊은 행동으로 느껴지지는 않는다. 다른 여러 사건에서도, 그는 자신의 힘을 사용해 블레셋인들을 살육함으로써 이스라엘 민족에게 승리를 가져다주는 것처럼 보이나 이는 일시적인 현상이다. 오히려, 그의 신중하지 못한 처신 때문에 블레셋 사람들로부터 또 다른 학대와 보복을 불러옴으로써 악순환의 결과를 초래한다. 다시 말해, 그는 경솔함과 무분별한 행동으로 인해 이스라엘의 구원자로 예언된 소명(vocation)을 실행하는 일에 하나님이 주신 힘을 효과적으로 사용하지 못한다. 그가 보여주는 여러 가지 행동들은 블레셋인에 대한 민족적인 복수의 성격을 지니고 있다고 하더라도 다혈질의 인간이 보이는 성급한 행동의 인상이 강하다. 사이먼(Ulrich Simon)의 지적처럼 그는 존경받는 영웅이 아닌 '갱이 행동하는 것처럼'[227] 보복을 자행하는 사람으로 느껴진다. 특히, 블레셋 사람들의 간담을 싸늘하게 만든 복수를 감행한 후 곧바로 가사에 있는 기생에게로 생각 없이 내려가는 그의 모습에서는 그가 도덕적 · 윤리적으로 문제가 있고, 결코 '안정된 인물'(stable character)이

227 Ulrich Simon, "Samson and the Heroic," *Ways of Reading the Bible*, Ed. Michael Wadsworth (Sussex: The Harvester Press, 1981), 157.

아니라는 사실이[228] 여실히 드러난다. 삼손의 복수에서 우리가 압도적으로 느끼는 감정은 삼손의 살육이 블레셋으로부터 이스라엘 민족을 구원하기 위한 큰 뜻을 수행하기 위해 행해지는 차원 높은 행동이라기보다는 개인적인 분노와 감정에 의해 행해지는 사적인 행동이라는 느낌이다.

그런데 삼손의 이런 무분별한 행동의 이면에 더욱 핵심적인 삼손의 비극적 결함이 존재하는데 그것은 바로 그의 색욕(lechery)이다. 그는 여인의 미모에 현혹 당해 하나님의 법을 어기고 이방 여인을 아내로 취하는가 하면, 블레셋 기생인 들릴라와 사랑에 빠진다. 즉, 그에게는 색욕(lechery)이라는 치명적인 하마르티아(hamartia)가 존재한다. 그의 딜레마는 블레셋 방백들로부터 돈을 받은 들릴라가 그에게 힘의 비밀을 알려달라고 조르면서 시작된다.

> 들릴라가 삼손에게 말하되 청하건대 당신의 큰 힘이 무엇으로 말미암아 생기며 어떻게 하면 능히 당신을 결박하여 굴복하게 할 수 있을는지 내게 말하라 하니 삼손이 그에게 이르되 만일 마르지 아니한 새 활줄 일곱으로 나를 결박하면 내가 약해져서 다른 사람과 같으리라. 블레셋 사람의 방백들이 마르지 아니한 새 활줄 일곱을 여인에게로 가져오매 그가 그것으로 삼손을 결박하고 이미 사람을 방 안에 매복시켰으므로 삼손에게 말하되 삼손이여 블레셋 사람들이 당신에게 들이닥쳤느니라 하니 삼손이 그 줄들을 끊기를 불탄 삼실을 끊음 같이 하였고 그의 힘의 근원은 알아내지 못하니라. 들릴라가 삼손에게 이르되 보라 당신이 나를 희롱하여 내게 거짓말을 하였도다 청하건대 무엇으로 당신을 결박할 수 있을는지 이제는 내게 말하라 하니 삼손이 그에게 이르되 만일 쓰지 아니한 새 밧줄들로 나를 결박하면 내가 약해져서 다른 사람과 같으리라 하니라. 들릴라가 새 밧줄들을 가져다가 그것들로 그를 결박하고 그에게 이르되 삼손이여 블레셋 사람이 당신에게 들이닥쳤느니라 하니 삼손이 팔 위의 줄 끊기를 실을 끊음 같이 하였고 그 때에도 사람이 방 안에 매복하였더라. 들릴라가 삼손에게 이르되 당신이 이 때까지 나를 희롱하여 내게 거짓말을 하였도다 내가 무엇으로 당신을 결박할 수 있을는지 내게

228 *Ibid.*, 157.

말하라 하니 삼손이 그에게 이르되 그대가 만일 나의 머리털 일곱 가닥을 베틀의 날실에 섞어 짜면 되리라 하는지라. 들릴라가 바디로 그 머리털을 단단히 짜고 그에게 이르되 삼손이여 블레셋 사람들이 당신에게 들이닥쳤느니라 하니 삼손이 잠을 깨어 베틀의 바디와 날실을 다 빼내니라. 들릴라가 삼손에게 이르되 당신의 마음이 내게 있지 아니하면서 당신이 어찌 나를 사랑한다 하느냐 당신이 이로써 세 번이나 나를 희롱하고 당신의 큰 힘이 무엇으로 말미암아 생기는지를 내게 말하지 아니하였도다 하며 (사사기 16장 6-15절)

위 인용문에 나타나듯 삼손은 세 번씩 거짓말을 함으로써 자신의 힘의 비밀을 들릴라에게 발설하지 않는다. 하나님과 미모의 여인 들릴라 중에 누구를 선택할 것인가라는 도덕적 선택에 직면하여 처음에는 올바른 선택을 하고 있다. 그러나 날마다 들릴라가 삼손을 재촉하여 조른 결과 마음이 번뇌하여 죽을 지경에 이르자 어떤 경우에도 누설하지 말아야 할 "머리에 삭도를 대지 말아야 한다"라는 힘의 비밀을 털어놓는다. 사실, 들릴라는 삼손이 자기를 사랑한다면서 왜 힘의 비밀을 알려주지 않느냐고 졸라대지만, 그녀의 속셈은 힘의 비밀을 알아내어 그를 적인 블레셋인들의 손에 넘겨주는 데 있다. 즉, 그녀는 사랑을 핑계 삼아 배신을 꾀하고 있다. 따라서 그녀가 조른다고 해서 삼손이 괴로워하고 번민을 느껴야 할 어떤 이유도 없다. 그런데도 그는 색욕에 이끌려 외양과 실재를 구별하지 못하고 바보같이 힘의 비밀을 누설한다.

이뿐만 아니라 삼손에게는 신과의 약속보다 인간적인 사랑을 더 중시하는 불신앙(disbelief)과 여성의 말의 힘에 압도당하는 정신적인 나약성(weakness of mind)이라는 또 다른 하마르티아가 존재한다. 다시 말해, 삼손은 하나님과의 약속을 저버리고 힘의 비밀을 누설하는 불신앙과 육체적인 거대한 힘과 대조되는 연약한 마음을 가진 인물이다.

그런데 삼손의 잘못된 선택은 곧바로 비극적인 참사와 고난으로 이어진다. 머리털이 밀린 그는 민족적 영웅에서 블레셋인들에게 붙잡혀 눈알이 뽑히고 옥에 갇혀 맷돌을 돌리는 노예의 신세로 운명이 전락한다. 그러나 그는 자신의 잘못을 깨닫고 다곤의 신당으로 나가 두 기둥을 무너뜨리고 스스로 죽음을 맞이한다.

이렇게 볼 때 삼손 이야기는 전형적인 비극의 패턴인 딜레마–선택–재난–고통–정신적 인식–죽음의 형식을 잘 따르고 있어서 전형적인 비극이라 할 수 있다. 그러나 삼손 이야기에서 느낄 수 있는 비극적 정서는 일반 비극에서 느끼는 그것과는 상당한 차이가 있다.

일반적인 문학의 비극에서 주인공이 당하는 불행과 고통은 관객들에게 공포와 연민의 감정을 불러일으키고, 비록 주인공이 재난을 통해 도덕적인 각성을 한다고 해도 영웅의 파멸은 인간의 삶이 결국에는 패배하고 소모될 수밖에 없다는 비극감(sense of tragedy)을 갖게 만든다. 그러나 성경의 삼손 이야기에서 그의 죽음은 패배의 죽음이 아니라는 점에서 일반 비극에서 독자들이 느끼는 것 같은 비극감을 제공하지는 않는다. 삼손의 죽음은 역설적으로 블레셋에게 패배를 안기고 이스라엘을 구원하는 긍정적인 결과를 도출한다. 성경은 삼손의 최후를 다음과 같이 기록하고 있다.

> 삼손이 자기 손을 붙든 소년에게 이르되 나에게 이 집을 버틴 기둥을 찾아 그것을 의지하게 하라 하니라. 그 집에는 남녀가 가득하니 블레셋 모든 방백들도 거기에 있고 지붕에 있는 남녀도 삼천 명 가량이라 다 삼손이 재주 부리는 것을 보더라. 삼손이 여호와께 부르짖어 이르되 주 여호와여 구하옵나니 나를 생각하옵소서 하나님이여 구하옵나니 이번만 나를 강하게 하사 나의 두 눈을 뺀 블레셋 사람에게 원수를 단번에 갚게 하옵소서 하고 삼손이 집을 버틴 두 기둥 가운데 하나는 왼손으로 하나는 오른손으로 껴 의지하고 삼손이 이르되 블레셋 사람과 함께 죽기를 원하노라 하고 힘을 다하여 몸을 굽히매 그 집이 곧 무너져 그 안에 있는 모든 방백들과 온 백성에게 덮이니 삼손이 죽을 때에 죽인 자가 살았을 때에 죽인 자보다 더욱 많았더라. (사사기 16장 26-30절)

여호와 하나님은 자신의 두 눈을 뺀 블레셋 사람에게 원수를 단번에 갚게 해달라는 삼손의 기도를 들어주신다. 삼손은 잃었던 힘을 생의 마지막 순간에 다시 회복하고 그것을 효과적으로 사용함으로써 한 번에 블레셋인들에게 큰 피해를 주고 이스라엘을 구원하는 민족의 영웅으로 자리매김한다. 그런데 이런 그의 영웅적인 최후의 모습을 통해 성경의 삼손 이야기가 강조하고 있는 것은 주인공 삼손의 위대성보다 오히려 그를 사용하여 역사를 이루시는 하나님의 위대성이다. 성경의 모든 이야기가 그렇듯이 여기서도 진정한 영웅은 삼손이라는 약점을 가진 인물을 통해 자기가 선택한 이스라엘을 구원하시는 하나님이다.

사실, 삼손이 보통 사람과 다른 영웅적인 모습을 갖추게 된 것은 전적으로 하나님 때문이다. 그를 이스라엘의 구원자로 선택한 것도, 또한 그에게 큰 힘을 부여한 것도 하나님이다. '아이가 자라매 여호와께서 그에게 복을 주시더니 소라와 에스다올 사이 마하네단에서 여호와의 신이 비로소 그에게 감동하시니라'(사사기 13장 24절–25절)라는 구절에서 알 수 있듯이 하나님의 신의 감동으로부터 그의 영웅으로서의 삶은 시작된다. 성경은 반복적으로 삼손이 큰 힘을 행사할 때마다 여호와의 신이 감동했다고 밝힘으로써 하나님이 삼손의 영웅적인 행동의 동인임을 강조한다. 나귀 턱뼈로 일천명의 블레셋인을 도륙한 후 삼손이 목이 말라 죽을 지경에 이르렀을 때도 그의 부르짖음에 즉각적으로 응답하여 기적적인 방법으로 물을 제공함으로써 그를 소생시키는 존재는 여호와 하나님이다.

심지어 잘못된 것으로 보이는 삼손의 행동조차도 그 배후에 하나님의 섭리가 작용한다. 예를 들어, 그가 이방 딤나 여인을 아내로 맞이한 행동에 대해 성경은 "이 때에 블레셋 사람이 이스라엘을 관할한 고로 삼손이 틈을 타서 블레셋 사람을 치려함이었으나 그 부모는 이 일이 여호와께로서 나온 것인 줄은 알지 못하였더라"(사사기 14장 4절)라는 구절을 통해 이방여인과의 결혼이 하나님께로부터 비롯된 것임을 밝히고 있다. 즉, 삼손 이야기의 저자는 모든 사건 배후에 항상 신의 목적이 존재함을 강조한다.[229] 다시 말해, 인간은 신의 뜻을 잘 알 수 없지만 신은 인간이 인지하지 못하는 동안에도 그의 뜻을 성취해 나간다는 사실을 보여주고 있다. 또한, 하나님은 밀턴이 『실낙원』에서 밝히고 있듯이 악에서 선을 만들어내는 존재임을 여기서도 알 수 있다.

그런데 개인적인 복수를 다짐하는 그의 모습이 암시하듯 삼손은 죽는 순간까지 자신과 블레셋 사람들 사이에 대결이 존재한다고 생각한다. 그러나 사실 진정한 대결은 언제나 하나님과 이방 신 다곤 사이에 있었다. 그는 최후의 순간까지 자신이 다곤과 하나님 사이의 전쟁 도구로 사용되고 있음을 인식하지 못한다. 하지만 하나님은 이런 삼손을 사용하여 다곤과의 전쟁에서 승리를 거두고 이스라엘에는 평화를, 블레셋에게는 멸망을 가져온다. 인간은 자기 느낌에 따라 제한적인 범위 내에서 생각하고 행동하지만, 하나님은 이런 인간을 통해 인간이 예상하지 못하는 큰 목적을 성취하는 것이다.

이렇게 본다면 성경의 세계에서 인간의 영웅주의는 존재할 수 없다. 모든 일을 주관하고 섭리하며 수행하는 존재는 인간이 아니라 신이기 때문이다. 그렇다면 성경의 세계에서 인간이 할 수 있는 일은 무엇인가? 그것은 사사기 전체를 통해 강조되고 있듯이, 하나님을 배반하지 않고 그와 충성스러운 상태를 유지하는 것이다. 인간은 연약한 존재이며 실수를 한다. 삼손도 보통 사람과 구별되는 나실인으로 태어났으나 여자를 좋아하고 함부로 사람을 죽이는 등 여러 가지 실수를 저지른다. 그러나 한 번을 제외하고는 하나님을 결정적으로 배반하는 일은 하지 않았다. 그를 정말 힘든 곤경에 빠트렸던 것은 힘의 비밀을 들릴라에게 누설함으로써(사사기 16장 17절) 하나님을 배반했을 때다. 그러자 육체적인 힘도 그를 떠나고 하나님도 그를 떠나는(사사기 16장 20절) 결과를 맞이한다. 그러나 그가 다곤의 신당에서 다시 하나님께로

229 *Ibid.*, 156.

돌아오자 육체적인 힘도 회복되고 하나님도 다시 돌아온다.

이상에서 살펴본 것처럼 삼손 이야기의 진정한 영웅은 인간이 아니라 하나님이다. 성경이 인간의 역할과 가치를 부정하는 경우는 없지만, 성경의 강조점은 항상 인간의 배후에서 인간사를 섭리하고 주관하는 신에게 맞추어져 있다.

이렇다면 삼손의 비극에서는 일반문학의 비극에서 느낄 수 있는 궁극적인 패배감이나 삶이 소모된다는 상실감을 느끼기는 어렵다. 또한 일반 비극에서 주인공의 몰락이 관객들에게 공포와 연민을 제공하여 카타르시스의 효과를 가져오지만 여기에서는 그렇지 않다. 모든 일은 하나님의 섭리 속에서 그의 계획에 따라 진행되고 인간은 하나님의 도구로만 사용되기에 독자가 진정한 비극감을 느낄 수 없기 때문이다.

특히, 성경의 비극에서는 주인공의 죽음에도 불구하고 구원받을 기회가 주어지고 있다는 사실 즉, 천국에 대한 소망이 있기에 비극은 존재할 수 없는 것처럼 보인다. 그래서 학자들은 "성경의 종교는 비극에 불리하다", "기독교는 비극에 역행하며 비극을 불가능하게 한다", "기독교는 비극에 비타협적이다", "종교적인 체험을 비극적 체험과 동일시하는 것은 명백한 모순이다"라고 하면서 기독교에서는 비극이 가능함을 부정한다. 물론 이런 견해들이 전적으로 틀린 것은 아니다. 기독교가 구속과 소망의 메시지를 표방하는 것은 사실이기 때문이다.

그러나 "아들을 믿는 자에게는 영생이 있고 아들에게 순종하지 아니하는 자는 영생을 보지 못하고 도리어 하나님의 진노가 그 위에 머물러 있느니라"(요한복음 3장 36절)라는 성경 말씀에서 알 수 있듯이 기독교는 심판과 징벌도 강조한다. 성경에는 등은 가졌지만 기름을 준비하지 못해 천국 잔치에서 쫓겨나는 다섯 명의 미련한 처녀들, 게으름으로 인해 어두운 세계로 떨어지는 무익한 종, 예수님을 은 30에 팔고 자살하여 멸망 받는 가룟 유다 등 비극적 최후를 맞이하는 많은 인물들이 있다. 이뿐 아니라 "스스로 속이지 말라 하나님은 업신여김을 받지 아니하시나니 사람이 무엇으로 심든지 그대로 거두리라"(갈라디아 6장 7절)는 구절에서 나타나듯 인간의 선택에 삶의 결과가 좌우된다고 말하고 있다. 당연히 모든 일은 하나님의 섭리와 주관하에 이루어지는 것이지만 인간에게도 책임이 있음을 분명히 보여주고 있다. 따라서 성경이 말하는 인간의 육체적 죽음은 항상 영혼의 구원과 연결되지는 않는다. 믿음을 지키고 하나님의 말씀을 순종한 사람만 하늘에서 구원을 받고 영광에 이를 수 있는 것이다. 이런 점에서 영혼의 멸망은 오히려 성경에 나오는 비극의 비극적 효과를 높인다고 볼 수 있다.[230] 성경에서는 육체적 죽음이 아니라 영적 죽음이 더 큰 비극이기 때문이다.

그러나 하나님이 선택한 구속받은 신자들에게 과연 비극이 일어날 수 있느냐는 질문은 남아있다. 성경의 대답은 "우리가 알거니와 하나님을 사랑하는 자, 곧 그의 뜻대로 부르심을 입은 자들에게는 모든 것이 합력하여 선을 이루느니라"(로마서 8장 28절), 즉 택한 백성에게는 비극이 존재할 수 없다는 것이다. 악을 선으로 바꾸시는 하나님이 결국에는 죄인을 구원한다는 것이다. 따라서 하나님이 선택한 백성이 당하는 고난은 승리에 이르는 길이 된다.

그러나 이 모든 사실에도 불구하고 죄로 인해 에덴에서 추방당한 인간은 고통의 길을 걸어야 하고, 내세의 구원과 영광이 있을지라도 이 세상에서는 고난을 피할 수가 없다. 하나님과 대면하여 십계명을 직접 받고 그 누구보다 위대한 신앙의 영웅이었던 모세도 므리바에서 행한 불순종 때문에 약속의 땅에 들어가지 못하고 때 이른 죽음을 맞이했다는 사실을 상기할 때 성경에서 비극이 존재하지 않는다고 말하는 것은 어폐가 있다. 오히려 성경은 궁극적 비극 또는 궁극적 승리를 전제하고 있으며 궁극적인 구원의 맥락 속에서도 일시적 비극이 존재함을 보여준다.[231] 한 걸음 더 나아가, "나의 하나님, 나

230 리런드 라이켄, 『문학에서 본 성경』 유성덕 역 (서울: 크리스챤 다이제스트, 1998), 108.
231 위 책, 109.

의 하나님, 어찌하여 나를 버리셨나이까?"(마태복음 27장 46절)라는 예수의 고뇌에 찬 십자가 위에서의 항변에서 드러나듯 육체를 가진 인간이 이 세상에서 경험하는 고통과 고난은 비록 내세의 영광이 보장되어 있다 하더라도 아플 수밖에 없다. 따라서 하나님의 선택을 받은 성경의 인물들이 당하는 비극도 비극이라 할 수 있다.

| 사울 이야기

사울 이야기는 전통적인 비극의 관례적 패턴을 잘 따르고 있어서 성경 중에서 비극의 걸작으로 평가할 수 있는 글이다. 우선, 사울은 전통적인 비극의 주인공들처럼 지체 높은 신분의 인물이다. 성경은 다음과 같이 그를 묘사함으로써 사울 이야기를 시작한다.

> 베냐민지파에 기스라 이름하는 유력한 사람이 있으니 그는 아비엘의 아들이요 스롤의 손자요 베고랏의 증손이요 아비아의 현손이며 베냐민 사람이더라. 기스에게 아들이 있으니 그의 이름은 사울이요 준수한 소년이라 이스라엘 자손 중에 그보다 더 준수한 자가 없고 키는 모든 백성보다 어깨 위만큼 더 컸더라. (사무엘상 9장 1-2절)

사울은 남들보다 빼어난 외모와 우월한 신체 조건을 가진 인물이다. 또한, 선지자 사무엘이 그의 머리에 기름을 부어 이스라엘의 초대 왕으로 등극했고, 여호와 하나님의 영이 임하여 선지자들처럼 예언하는 영적 능력이 있는 비범한 인물이다. 이뿐만 아니라 하나님은 그에게 새 마음을 주셨고(사무엘상 10장 9절) 그는 왕위에 앉을 당시에는 사람들의 시선을 피하여 짐 보따리들 사이에 숨을 정도로(사무엘상 10장 22절) 겸손한 성품을 가지고 있었다. 그는 자신을 멸시하는 불량배들과 자신이 왕이 되는 것을 반대했던 사람들에게도 벌을 내리기보다는 아량을 베푸는 풍성한 덕을 지닌 인물이다(사무엘상 10장 27절, 11장 12-13절). 나아가 그는 하나님의 영에 감동되어 용기

백배하여 새벽에 암몬 적진으로 들어가 적들을 단 한 사람도 남김없이 완벽하게 제압하는 용사이기도 하다. 육체적인 면과 영적인 면 모두에 있어서 그는 영웅으로서의 자질을 잘 갖추고 있다.

하지만, 그에게는 비극적 결함도 있다. 그의 비극은 하나님에 대한 순종과 매 순간 자기 힘으로 상황을 지배하려는 인간적인 편의주의 사이의 갈등에서 시작된다. 비극적 주인공으로서 그의 잘못된 첫 행동은 제사장만이 드릴 수 있는 번제를 사무엘이 도착하기 전에 자기가 대신 드림으로써 제사장의 신성한 직무를 더럽힌 것이다. 이것은 하나님께 드리는 제사의 신성함을 모독한 행위일 뿐 아니라 하나님의 법을 어긴 불순종의 악행이다. 사울의 행동에 대한 선지자 사무엘의 책망이 이를 잘 나타낸다.

> 사무엘이 사울에게 이르되 왕이 망령되이 행하였도다 왕이 왕의 하나님 여호와께서 왕에게 내리신 명령을 지키지 아니하였도다 그리하였더라면 여호와께서 이스라엘 위에 왕의 나라를 영원히 세우셨을 것이거늘 지금은 왕의 나라가 길지 못할 것이라 여호와께서 왕에게 명령하신 바를 왕이 지키지 아니하였으므로 여호와께서 그의 마음에 맞는 사람을 구하여 여호와께서 그를 그의 백성의 지도자로 삼으셨느니라 하고 (사무엘상 13장 13-14절)

그러나 사울의 이런 행동은 비극의 서곡에 불과하다. 그는 아말렉과의 전쟁에서 승리한 후, "아말렉의 모든 소유를 남기지 말고 진멸하되 남녀와 소아와 젖 먹는 아이와 우양과 약대와 나귀를 죽이라"(사무엘상 15장 3절)는 하나님의 명령을 어기고 전리품들을 챙김으로써 계속해서 하나님께 불순종한다.

> 사울이 하윌라에서부터 애굽 앞 술에 이르기까지 아말렉 사람을 치고 아말렉 사람의 왕 아각을 사로잡고 칼날로 그의 모든 백성을 진멸하였으되 사울과 백성이 아각과 그의 양과 소의 가장 좋은 것 또는 기름진 것과 어린 양과 모든 좋은 것을 남기고

진멸하기를 즐겨 아니하고 가치 없고 하찮은 것은 진멸하니라. (사무엘상 15장 7-9절)

사무엘 선지자가 사울에게 양과 소를 왜 죽이지 않았느냐고 책망하자 사울은 길갈에서 하나님께 제사하기 위해 끌고 왔다고 변명을 늘어놓는다. 사울은 하나님의 명령과 인간의 편의주의 중에서 후자를 선택함으로써 파멸의 길을 자초한다. 사무엘의 다음 대사는 사울을 영웅, 즉 왕으로 선택한 하나님의 기준이 무엇인가를 잘 보여주고 있어서 의미심장하다.

사무엘이 이르되 여호와께서 번제와 다른 제사를 그의 목소리를 청종하는 것을 좋아하심 같이 좋아하시겠나이까 순종이 제사보다 낫고 듣는 것이 숫양의 기름보다 나으니 이는 거역하는 것은 점치는 죄와 같고 완고한 것은 사신 우상에게 절하는 죄와 같음이라 왕이 여호와의 말씀을 버렸으므로 여호와께서도 왕을 버려 왕이 되지 못하게 하셨나이다 하니 (사무엘상 15장 22-23절)

위 인용문에서 순종이 제사보다 낫다는 말은 제사 의식 자체가 덜 중요하거나 무시되어야 한다는 뜻이 아니다. 순종이 결여된 제사는 무의미하다는 것이다. 더 나아가 하나님께 불순종하여 드리는 제사는 우상에게 절하는 죄, 즉 우상숭배와 같다는 것이다. 사울에 대한 하나님의 판단 기준이 순종이었음을 잘 보여준다.

사무엘의 이와 같은 지적에 대해 사울은 회개하는듯한 태도를 보인다. 그러나 그의 회개는 진정한 마음에서 우러나온 고백이 아니었다. 죄에 대한 징벌이 두려웠고 백성들 앞에서의 체면과 위신이 문제였다.

사울이 사무엘에게 이르되 내가 범죄하였나이다 내가 여호와의 명령과 당신의 말씀을 어긴 것은 내가 백성을 두려워하여 그들의 말을 청종하였음이니이다. 청하오니 지금 내 죄를 사하고 나와 함께 돌아가서 나로 하여금 여호와께 경배하게 하소서 하니 (사무엘상 15장 24-25절)

사울이 이르되 내가 범죄하였을지라도 이제 청하옵나니 내 백성의 장로들 앞과 이스라엘 앞에서 나를 높이사 나와 함께 돌아가서 내가 당신의 하나님 여호와께 경배하게 하소서 하더라. (사무엘상 15장 30절)

사울은 왕이 될 당시에 지녔던 겸손한 마음을 버렸으며 하나님의 말씀보다 백성을 두려워하여 그들의 말을 따르는 잘못을 저지르고 있다. 이뿐만 아니라 그는 자기를 위해 갈멜에 기념비를 세운다(사무엘상 15장 12절). 전쟁에서의 승리는 하나님으로부터 온 것이지만 그는 그 공을 자신에게 돌리는 교만의 죄를 범한다. 이런 그의 비극적 결함은 그리스 비극에서 주인공들이 보여주었던 자만심(hubris)과 같은 것으로서 신이 지배하는 세계에서 인간의 위치를 망각한 우주적인 질서를 깨트리는 행위에 해당한다.

사울은 이처럼 영적인 영역에서 몰락한다.[232] 하나님이 그에게 영적인 자질을 부여하여 번영을 누렸지만 하나님의 말씀에 불순종하고 그가 베푸신 은혜를 저버림으로써 죄를 짓고 "여호와의 신이 사울을 떠나고 여호와의 부리신 악신이 그를 번뇌케 함으로"(사무엘상 16장 14절) 그는 몰락한다. 이것은 사울의 비극적 선택의 결과다. 이런 점에서 사울의 비극은 불순종과 반역의 비극이라 할 수 있다.[233]

그런데 사울의 몰락은 다윗의 상승과 동시에 진행되고 있어서 흥미롭다. 블레셋과의 전쟁에서 소년 다윗이 물맷돌로 거인 골리앗을 쓰러뜨리고 승리를 거두고 돌아올 때 이스라엘 여인들이 "사울이 죽인 자는 천천이요 다윗이 죽인 자는 만만"(사무엘상 18장 7절)이라고 노래한 것에서 알 수 있듯이 다윗의 등장은 사울을 긴장시킨다. 그는 다윗을 향한 질투심에 불타올랐고 충신인 다윗을 아무 이유 없이 여러 차례 죽이려고 시도한다. 하나님이 부리시는 악령이 사울을 괴롭힐 때 그의 앞에서 수금을 연주하여 마음을 평온하게

232 리런드 라이켄, 『문학에서 본 성경』 유성덕 역 (서울: 크리스찬 다이제스트, 1998), 100.
233 위 책, 100.

해주는 다윗을 향해 사울은 창을 던진다. 이에 대해 성경은 "여호와께서 사울을 떠나 다윗과 함께 계시므로 사울이 그를 두려워했기 때문"(사무엘상 18장 12절)이라고 이유를 밝히고 있다. 하나님으로부터 사울은 버림을 받았고 그 결과 비이성적인 행동을 서슴지 않는 몰락의 모습을 보이는 것이다.

다윗에 대한 사울의 이유 없는 증오는 다윗이 그의 사위가 된 후에도 계속된다. 사울은 아들 요나단과 모든 신하에게 다윗을 죽일 것을 명령한다. 그는 왕권의 유지에 급급하여 왕으로서의 체통과 본분을 상실한다. 무죄한 자기 백성 다윗에 대한 사울의 살인 명령은 왕으로서의 역할의 포기와 그의 인격 붕괴 현상을 동시에 보여준다. 특히, 사울의 이런 모습은 다윗의 모습과 대조를 이룸으로써 다윗의 가치를 보다 부각시키는 역할을 한다. 다윗은 두 번이나 사울을 죽일 기회가 있었음에도 하나님의 기름 부음을 받은 왕을 죽일 수 없다고 생각하여 자제한다. 기회가 주어졌을 때 그것을 인간적인 편의주의적 입장에서 생각하여 행동했던 사울과 달리 다윗은 철저하게 하나님의 뜻을 존중하여 행동한다.

잘못된 선택으로 인한 사울의 비극적 고난과 몰락은 그가 엔돌에 있는 신접한 여인을 찾아감으로써 클라이맥스를 맞이한다.[234] 이전에는 하나님을 의지하고 신접한 자와 박수를 추방했던 사울이었지만 블레셋 군대를 보고 두려운 나머지 신접한 여인을 찾아가 도움을 청한다. 그는 신접한 여인에게 사무엘을 불러올릴 것을 명령하고 사무엘이 나타나지만 그의 기대와 달리 사무엘은 그의 멸망을 명확하게 예고한다.

> 사무엘이 이르되 여호와께서 너를 떠나 네 대적이 되셨거늘 네가 어찌하여 내게 묻느냐 여호와께서 나를 통하여 말씀하신 대로 네게 행하사 나라를 네 손에서 떼어 네 이웃 다윗에게 주셨느니라. 네가 여호와의 목소리를 순종하지 아니하고 그의 진노를 아말렉에게 쏟지 아니하였으므로 여호와께서 오늘 이 일을 네게 행

234 Leland Ryken, *Words of Delight: A Literary Introduction to the Bible* (Grand Rapids: Baker, 1992), 154.

하셨고 여호와께서 이스라엘을 너와 함께 블레셋 사람들의 손에 넘기시리니 내일 너와 네 아들들이 나와 함께 있으리라 여호와께서 또 이스라엘 군대를 블레셋 사람들의 손에 넘기시리라 하는지라. (사무엘상 28장 16-19절)

사울이 엔돌의 신접한 여인을 찾아간 것은 그의 영적 분별력이 사라졌음을 보여주며 이전의 정체성을 상실했음을 나타낸다. 그가 변장하고 찾아간 것이 이를 상징한다. 사무엘 선지자의 예언처럼 사울은 그의 아들 요나단과 함께 블레셋과의 전투에서 죽게 된다. 특히, 사울은 자신이 죽을 상황에 부닥쳤을 때 무기를 든 자에게 자신을 죽일 것을 명령하지만 실행하지 못하자 자기 칼 위에 엎드러져 자살함으로써 비참하게 생을 마감한다. 그리고 그의 시체는 적의 성벽에 못 박히게 된다.

성경의 영웅 중에서 사울만큼 비참하게 최후를 맞이한 인물도 없다. 그의 삶은 비극이 무엇인가를 분명하게 보여준다. 이스라엘의 초대 왕이 되어 역사의 한 페이지를 장식한 그였지만 그는 자신에게 부여된 영웅적인 자질들을 잘못 사용함으로써 최고의 정점에서 밑바닥으로 운명이 역전되는 비극의 주인공이 된다. 그는 처음에는 육체적으로, 정치적으로, 정신적으로 이상적인 왕에게 필요한 모든 조건을 갖춘 완벽한 인물이었다. 따라서 그의 비극은 외적인 조건이나 상황에 그 원인이 있지 않았다. 다시 말해, 그는 운명이나 하나님의 희생물이 아니었다.[235] 그는 하나님에 대한 믿음과 매 순간 자기 힘으로 상황을 지배하려는 두 가지 충동, 즉 순종과 오만 사이의 갈등 속에서 후자를 선택함으로써 왕으로서의 리더십에 실패하며 하나님을 불순종하는 잘못을 저지르고 비극을 자초한다. 사무엘을 통해 그에게 회개의 기회가 주어졌음에도 그는 피상적인 회개를 함으로써 신의 용서를 받을 기회를 잃게 되고 재난의 나락으로 곤두박질치고 만다. 더구나 그의 몰락은 다윗의 상승

235 *Ibid.*, 152.

과 대조되어 나타남으로써 한층 진한 비극감을 자아낸다. 이와 같은 사울의 이야기는 굳(Edwin Good)의 설명처럼 잘 짜인 구조와 진행, 극적인 긴장과 아이러니를 모두 갖추고 있어서[236] 비극의 걸작이라 할 수 있다.

236 *Ibid.*, 155에서 재인용

4 성경의 시

시편의 서정시

시편의 히브리 시들은 서정시로서 루이스(C. S. Lewis)가 설명하고 있는 대로 일반적인 서정시의 특징들을 모두 가지고 있다. 즉, 서정시의 파격과 형식, 과장 어구들, 논리적이기보다는 감성적인 성격, 탁월한 이미지의 사용 등이 그것이다.[237] 특히, 시편은 성경의 시들 중 가장 우수하다.

히브리 시를 이해하려면 먼저 히브리 시를 구성하는 네 가지 기본 단위, 즉 콜론(colon), 행(line), 절(strophe), 연(stanza)을 알아야 한다.

시의 가장 기본적인 요소는 콜론인데 단일 구절(single phrase)을 말하며 두, 세 개의 콜론이 모여 한 행을 이룬다. 예컨대, 시편 5편 1절은 여호와여 나의 말에 귀를 기울이사(콜론 1) 나의 심정을 헤아려 주소서(콜론 2)가 모여 한 행을 구성한다. 그런 다음 연속되는 여러 행이 모여 절을 이루고, 여러 절이 모여 연을 형성한다. 우리가 잘 아는 시편 23편은 1-4절까지가 2개의 절로 이루어진 1연이고, 5-6절까지가 2개의 절로 이루어진 2연으로 구성되어 있다.

시편 23편

237 리런드 라이켄, 『문학에서 본 성경』 유성덕 역 (서울: 크리스챤 다이제스트, 1998), 125.

1연

1절

1 여호와는 나의 목자시니
내게 부족함이 없으리로다
2 그가 나를 푸른 풀밭에 누이시며
쉴 만한 물 가로 인도하시는도다
3 내 영혼을 소생시키시고
자기 이름을 위하여 의의 길로 인도하시는도다

2절

4 내가 사망의 음침한 골짜기로 다닐지라도
해를 두려워하지 않을 것은 주께서 나와 함께 하심이라
주의 지팡이와 막대기가 나를 안위하시나이다

2연

1절

5 주께서 내 원수의 목전에서 내게 상을 차려 주시고
기름을 내 머리에 부으셨으니 내 잔이 넘치나이다

2절

6 내 평생에 선하심과 인자하심이 반드시 나를 따르리니
내가 여호와의 집에 영원히 살리로다

다음으로 히브리 시를 잘 이해하기 위해서는 히브리 시의 가장 중요한 특징인 평행법(parallelism)을 알아야 한다. 평행법은 뜻이 유사하거나 상반적이거나 보완적인 둘 또는 그 이상의 단위 사상을 유사한 문법적 구조로 나열하여 표현한 것을 말한다. 이것은 사고의 음률(thought rhythm), 또는 의미의 음율(rhythm of sense or ideas)이라고도 부르며 언어와 모음의 리듬보

다 사상적인 리듬에 비중을 둔 표현법이다. 이 평행법은 시뿐만 아니라 산문에도 나타나지만, 특히 히브리 시에서 가장 두드러지게 나타나기 때문에 히브리 시의 가장 중요한 특징으로 불린다.[238] 불록(C. Hassell Bullock)은 평행법이 히브리 시에서 차지하는 중요성을 오케스트라에 비유하여, "오케스트라에 있어서 가장 중요한 것이 현악기라면 히브리 시에 있어서 가장 중요한 핵심은 평행법이라는 기법이다"[239]라고 말하고 있다. 특히, 이것은 분명한 패턴의 요소로서 히브리 시를 다른 언어로 번역해도 그 효과가 살아남기 때문에 우리말 성경에서도 그 효과를 느낄 수 있다.

이 평행법은 두 행 이상의 구조로 되어 있는데, 그 행들 안에서 두 번째 혹은 세 번째 행은 첫 번째 행과 균형을 맞추어야 한다. 그 표현 방법은 첫 번째 행의 사상을 다른 말로 반복하거나, 첫째 행에서 불완전한 형태로밖에는 표출되지 못한 사상을 완결시키거나, 혹은 대조를 도입하여 완성하는 것이다.[240] 이것은 문법 구조의 반복 또는 단어의 반복 등에도 나타나지만 중심적으로는 사상 또는 의미의 반복을 말한다.[241]

평행법은 역할에 따라 여러 유형으로 나누어진다. 평행법의 역할을 누구보다 분명하게 정의하여 이 분야의 대가로 알려진 옥스퍼드 대학의 로우스(Robert Lowth) 교수는 세 가지 유형으로 분류했지만, 현재는 평행양식에 따라 동의적 평행법(synonymous parallelism), 반의적 평행법(antithetic parallelism), 종합적 평행법(synthetic parallelism), 상징적 평행법(emblematic parallelism), 계단적 평행법(stairlike parallelism), 내성적 평행법(introverted parallelism) 등 여섯 가지로 분류하고 있다.

---

238 트렘퍼 롱맨 3세, 『어떻게 시편을 읽을 것인가?』 한화룡 역 (서울: 한국기독학생회 출판부, 1989), 117.
239 하젤 불록, 『시편 총론』 류근상 옮김 (서울: 크리스찬출판사 2003), 30.
240 조신권, 『성경의 문학적 탐구』 (서울: 아가페문화사, 2008), 101.
241 위 책, 309.

(1) 동의적 평행법

동의적 평행법은 성경에서 가장 흔히 볼 수 있는 것으로 두 개의 다른, 그러나 밀접하게 관련된 일련의 단어들을 사용하여 두 개의 다른 행에 똑같은 생각이나 사상을 반복하여 표현하는 것을 말한다.[242] 즉, 같은 사상이나 의미를 다른 언어로 표현하는 방식이다.

> 여호와여 주의 장막에 머무를 자 누구 오며
> 주의 성산에 사는 자 누구오니이까 (시편 15편 1절)

위 인용 구절에서는 장막과 성산, 머무를 자와 사는 자가 동의적 평행을 이루고 있다. 잠언 19장 5절에는 거짓 증인과 거짓말을 하는 자가 동의적인 관계를 이룬다.

> 거짓 증인은 벌을 면하지 못할 것이요
> 거짓말을 하는 자도 피하지 못하리라. (잠언 19장 5절)

시편 49편 1절에서도 "뭇 백성들"과 "세상의 거민들", 그리고 "들으라"와 "귀를 기울이라"처럼 같은 의미를 강조해 주는 말들이 동의적 평행 관계로 제시되고 있다.

> 뭇 백성들아 이를 들으라
> 세상의 거민들아 모두 귀를 기울이라. (시편 49편 1절)

구약뿐만 아니라 신약 마태복음 5장 14절에도 동의적 평행법이 나타

242 트렘퍼 롱맨 3세, 『어떻게 시편을 읽을 것인가?』 한화룡 역 (서울: 한국기독학생회 출판부, 1989), 124.

난다.

> 너희는 세상의 빛이라
>
> 산 위에 있는 동네가 숨겨지지 못할 것이요 (마태복음 5장 14절)

이 구절에서는 세상의 빛이 다음 문장에서 숨겨지지 못할 것으로 부연 설명되고 있다. 첫 문장의 사상이 두 번째 문장에서 강조, 설명되는 형식으로 표현된 동의적 평행법이다. 이처럼 동의적 평행법은 같은 사상을 반복함으로써 표현을 아름답게 만들거나 내용을 명확하게 강조하는 장점이 있다. 시편 1편 5절, 2편 4절, 21편 1절, 90편 3-4절, 100편 4절, 105편 23절, 114편 4절 등, 성경의 여러 곳에 동의적 평행법이 사용되고 있다.

(2) 반의적 평행법

반의적 평행법은 두 번째 행의 내용이 첫 번째 행을 부정적으로 진술하거나 대조하는 것으로 상반되거나 대조되는 두 사상을 유사한 구문을 통해 표현하는 것을 말한다. 이 평행법의 형식은 첫 문장과 두 번째 문장의 내용이 대립하거나, 아니면 첫 문장과 두 번째 문장이 긍정과 부정의 형태를 이루는 것이 일반적인 패턴이다. 성경에서 가장 많이 등장하는 문학 형식 중 하나다.

> 어떤 사람은 병거, 어떤 사람은 말을 의지하나
>
> 우리는 여호와 우리 하나님의 이름을 자랑하리로다
>
> 그들은 비틀거리며 엎드러지고
>
> 우리는 일어나 바로 서도다. (시편 20편 7-8절)

위의 시구에서는 1행과 2행, 그리고 3행과 4행의 내용이 서로 대조를 이룬다. 병거와 하나님, 사람의 말과 여호와의 이름이 대조되고, 비틀거리며 엎드러지는 것과 일어나 바로 서는 것이 대비된다.

> 진실로 악을 행하는 자들은 끊어질 것이나
> 여호와를 소망하는 자들은 땅을 차지하리로다. (시편 37편 9절)

여기서는 악을 행하는 자와 여호와를 소망하는 자가 대조되면서 그들의 행동 결과도 전자는 멸망하고(끊어지고) 후자는 땅을 차지할 것이라는 상반된 것으로 묘사된다.

> 유순한 대답은 분노를 쉬게 하여도
> 과격한 말은 노를 격동하느니라. (잠언 15장 1절)

여기에서도 유순한 대답과 과격한 말, 분노를 쉬게 하는 것과 노를 격동하는 것이 대조를 이루면서 언어를 잘 사용해야 한다는 주제를 효과적으로 표현한다. 이 외에도 잠언 13장 1절에서는 지혜로운 아들과 거만한 자의 대조를 통해 아버지의 교훈을 잘 따르라는 주제가 강조되고, 이사야 5장 7절에서는 공평과 포악, 의와 부르짖음이 대비되어 의롭게 살 것을 촉구한다. 시편 1편 6절, 27편 10절, 32편 10절, 34편 20절, 39편 56절, 갈라디아서 2장 20절, 야고보서 1장 6절 등, 성경의 많은 곳에서 반의적 평행법을 찾아볼 수 있다.

(3) 종합적 평행법

종합적 평행법은 첫 번째 문장에 제시된 하나의 단위 사상을 두 번째 문장에서 유사한 다른 사상으로 보완하고 확장하는 평행법을 말한다. 이것은 사상의 반복이나 대립이 아닌 첫 문장에서 완성하지 못한 사상을 둘째 문장에서 완결하는 표현법이다. 따라서 엄밀하게 말하면 이것은 사상의 평행이라기보다는 논리의 연속성을 원리로 만들어지는 평행법이다. 그래서 여기서는 내용이 주로 원인, 결과 또는 결과, 원인의 관계로 제시된다.[243] 다음의 예를 보자.

하나님께 징계받는 자에게는 복이 있나니
그런즉 너는 전능자의 징계를 업신여기지 말지니라. (욥기 5장 17절)

이 시구에서는 하나님께 징계를 받는 것은 축복이기 때문에 그의 징계를 달게 받아야 한다고 말한다. 원인과 결과의 관계를 기술한 종합적 평평법이 사용되고 있다.

여호와여 큰 물이 소리를 높였고 큰 물이 그 소리를 높였으니
큰 물이 그 물결을 높이나이다. (시편 93편 3절)

이 시구는 1행에서 시작된 큰 물이 계속 소리를 높이며 효과가 확대되어 2행에서 큰 물결이 일어나게 되는 상황을 묘사한다. 1행의 단위 사상과 유사한 사상이 2행에서 보완되고 확장되는 종합적 평행법이 사용되고 있음을 알 수 있다.

여호와여 일어나소서
나의 하나님이여 나를 구원하소서
주께서 나의 모든 원수의 뺨을 치시며
악인의 이를 꺾으셨나이다. (시편 3편 7절)

여기서는 1행과 2행, 그리고 3행과 4행이 동의적인 관계를 이루고 있다.

---

243 백승철, 『실제적인 문학의 정서와 성경』 (서울: 도서출판 영문, 2010), 51-52.

이처럼 동의적인 관계나 반의적인 관계가 평행을 이루어 원인, 결과를 표현하는 종합적인 평행법도 있다. 마태복음 7장 7–8절, 시편 3편 2–3절, 25편 1–7절 등에도 종합적 평행법이 나타난다.

(4) 상징적 평행법

상징적 평행법은 첫 행에서의 사상을 둘째 행 안에서 비유적 표현, 즉 직유나 은유의 원리에 따라 충족, 종결시키거나 재현하는 표현법을 말한다.

> 하나님이여 사슴이 시냇물을 찾기에 갈급함 같이
>
> 내 영혼이 주를 찾기에 갈급하나이다. (시편 42편 1절)

여기에서 시의 화자는 하나님을 향한 자신의 영혼의 갈급한 상태를 사슴이 시냇물을 갈급하게 찾는 것에 비유하여 상징적 평행법을 통해 노래한다.

> 악인들은 그렇지 아니함이여
>
> 오직 바람에 나는 겨와 같도다. (시편 1편 4절)

위 시구에서도 상징적 평행법을 사용해 악인들의 상태를 바람에 날리는 겨에 비유하여 표현함으로써 그들의 헛됨과 무가치함을 표현하고 있다.

(5) 계단적 평행법

계단적 평행법은 사상적 발전을 나타내기 위하여 단어들이나 그 상당 어구들을 약간의 추가된 내용과 함께 반복하는 표현법이다.[244] 다시 말해, 첫 행의 요소를 반복하고 그것에 살을 붙임으로써 첫 행을 완성하는 것, 즉 하나

244 조신권, 『성경의 문학적 탐구』 (서울: 아가페문화사, 2008), 313.

의 단위 사상을 유사한 단위 사상으로 보완하고 확장하는 것을 말한다. 다른 말로 사닥다리 평행법, 또는 점층적 평행법이라고도 한다.

여호와여 주의 원수들은 패망하리이다
정녕 주의 원수들은 패망하리니 죄악을 행하는 자들은 다 흩어지리이다. (92편 9절)

여기서는 여호와의 원수들이 패망할 것이라는 1행의 선언으로부터 시작하여 2행에서는 패망할 뿐 아니라 다 흩어지게 될 것이라고 그 내용을 확장하여 사상의 발전을 보인다.

많은 사람이 나를 대적하여 말하기를
그는 하나님께 구원을 받지 못한다 하나이다 (셀라)
여호와여 주는 나의 방패시요 나의 영광이시오
나의 머리를 드시는 자이시니이다. (시편 3편 2-3절)

위 시구에서 시인은 대적들이 자신에게 하나님께 구원을 받지 못할 것이라고 비방하는 어려운 상황을 토로하는 것으로 시작하여 다음 행에서는 그러나 하나님이 자신의 방패와 영광이 되시고 자신의 머리를 들어주기 때문에 걱정할 것이 없다고 해결책을 제시한다. 첫 행의 요소에 살을 붙여 그 내용을 보완하고 확장하는 계단적 평행법이 사용되고 있다.

너희 권능 있는 자들아
영광과 능력을 여호와께 돌리고 돌릴지어다
여호와께 그의 이름에 합당한 영광을 돌리며
거룩한 옷을 입고 여호와께 예배할지어다. (시편 29편 1-2절)

위 시구의 첫 부분은 여호와께 영광과 능력을 돌리라는 명령으로 시작된다. 그러나 여기서 그치지 않고 이름에 합당한 영광을 돌려야 하고 그것에 어울리는 거룩한 옷을 입고 예배를 드려야 한다고 주장한다. 단계적으로 사상이 점진적으로 발전하고 있는 전형적인 계단적 평행법이 사용되고 있다. 이 외에도 시편 2편 6절, 25편 1-7절, 92편 9절, 93편 3절, 잠언 4장 7절, 25장 18절 등에 계단적 평행법이 나타난다.

(6) 내성적 평행법

내성적 평행법은 내성적인 문제를 평행적으로 나열하거나 4개의 행으로 이루어지는 시문에서 제1행과 제4행, 제2행과 제3행의 구문이 서로 대응되는 것을 말하는 것으로 내측 전위적 평행법이라고도 한다.[245] 대표적으로 시편 6편 8-9절이 이에 해당한다.

> 악을 행하는 너희는 다 나를 떠나라
> 여호와께서 내 울음소리를 들으셨도다.
> 여호와께서 내 간구를 들으셨음이여
> 여호와께서 내 기도를 받으시리로다.

여기서 1행의 악을 행하는 자는 다 떠나라는 내용과 4행의 하나님이 내 기도를 받는다는 내용이 대응되고, 2행의 여호와가 나의 우는 소리를 듣는다는 내용과 3행의 하나님이 나의 간구를 듣는다는 것이 대응 관계를 이루고 있다. 하나님께서 악을 행하는 자들을 물리쳐 주시기를 바라는 화자의 간곡한 염원이 내성적 평행법을 통해 표현되고 있다.

150편의 시로 구성된 시편은 개별시가 독립적으로 창작된 것이지만, 전

245 조신권, 『히브리 지혜문학의 이해』 (서울: 아가페문화사, 2010), 48.

체 시편은 개별시의 주제를 강화하면서 동시에 상호 간 의미를 가질 수 있도록 배열되고 분류되어 있다. 시편은 다섯 권으로 나뉘는데 모세오경에 대응하는 목적이 있다. 물론 모세오경과 시편이 일대일로 대응되는 것은 아니지만, 시편을 읽을 때는 모세오경(율법서)에서 하나님이 자신을 계시하는 방식에 응답하여 읽어야 한다는 것을 보여준다.[246]

1권: 시편 1-41편으로 1, 2, 33편을 제외한 모든 시편은 다윗의 시다.

2권: 시편 42-72편으로 42-50편은 고라 자손 혹은 아삽의 노래이며 51-70편은 다윗의 노래이고 72편은 솔로몬의 시이며 71편은 작가 미상이다.

3권: 시편 73-89편으로 아삽 혹은 고라 자손의 시들이다.

4권: 시편 90-106편으로 101, 103편의 다윗의 시 두 편을 제외하면 표제가 없다.

5권: 107-150편으로 138-145편을 비롯한 15편의 시가 다윗의 시이며 대부분은 표제가 없다. 120-134편의 시들은 "성전에 올라가는 노래"이고, 146-150편은 "할렐루야" 시편이다.

시편의 시들 중 대다수는 포로기 이전의 것이지만 현재 형태의 시편 모음집은 포로기 후기의 제2 성전 유대교의 찬송가였다.[247] 다섯 권으로 구성된 시편 모음집은 다윗 시대부터 포로기 후기에 이르는 이스라엘의 역사를 반영할 수 있도록 주도면밀하게 배열된 것이다.[248] 시편 1, 2권에서 다윗은 하나님의 선하심과 공의로움에 기초하여 탄식과 찬양의 시를 자신과 이스라엘 백성들을 위해 쓰고 있고 시기적으로는 초기 왕정 시대를 배경으로 한다.

반면에 3권에는 다윗의 시는 한 편밖에 없고 대신 포로기의 탄식을 노래하는 시들이 많으며 예루살렘 함락의 시기를 배경으로 한다. 4권에는 모세 시대로 거슬러 올라가 모든 세대 속에서 하나님이 자신들이 거할 처소가 되

246 이안 더귀드, 『리딩 지저스』 3권 (서울: 웨스트민스트프레스 코리아, 2022), 103.

247 고든 D. 피와 더글라스 스튜어트, 『책별로 성경을 어떻게 읽을 것인가』 김진선 역. (서울: 성서유니온, 2006), 162.

248 위 책, 162.

어 주셨음을 이스라엘에게 상기시키는 시로 시작하여 신뢰와 감사, 여호와의 왕권을 찬양하는 시들이 포함되어 있다. 그리고 마지막을 찬양시가 장식하는데 포로들을 회복시켜 달라는 여호와를 향한 호소를 내용으로 담고 있다.

마지막 5권에는 포로들이 회복된 것을 축하하는 찬양의 시로 시작하여 모든 민족에 대한 하나님의 통치를 찬양하는 노래와 하나님이 주실 놀라운 미래를 예고하는 다양한 시들이 포함되어 있다. 또한 장차 오실 왕을 고대하는 내용의 제왕시들과 성전으로 올라가는 노래들이 나오고, 모든 만물에 대한 하나님의 궁극적인 주권을 상기시켜주는 할렐루야 시들이 마지막을 장식한다.[249]

이와 같은 내용을 볼 때 시편의 시들은 개인적인 찬양이나 탄식을 노래하는 지극히 주관적인 성격을 가진 것이기는 하나 여기에서의 개인들은 하나님의 백성이라는 공통된 범주 속에서 파악해야 하는 민족의 일부이며 백성의 대변인들이다. 그뿐만 아니라 시편은 다른 성경의 내용과 마찬가지로 여호와 하나님이 모든 것의 중심이 된다.[250] 시편의 시인들은 하나님이 창조한 세계 속에서 자신들이 느끼는 희로애락의 감정을 시에서 표출하고 있지만, 자신들의 삶이 여호와에 대한 언약적 관계를 기초로 영위되어야 한다는 사실을 분명하게 인식하고 있다.[251] 그래서 그들은 하나님이 모든 존재하는 것들의 창조주이며 주관자임을 시를 통해 일깨워주고 하나님의 선하심, 자비하심, 공의로움을 시에서 노래한다. 나아가 그들의 시에는 성경에서 중요하게 다루어지는 모든 것들이 나타나고 있어서 시편을 "성경 전체의 축소판"이라고 부르기도 한다.[252]

성경이 하나님의 말씀이라는 것은 궁극적으로 성경이 하나님이 어떤 존재인가를 말해주고 있기에 생겨난 말이다. 시편에서도 시인들이 가장 중요하

249 위 책, 162-164.
250 위 책, 164.
251 위 책, 164.
252 트렘퍼 롱맨 3세, 『어떻게 시편을 읽을 것인가?』 한화룡 역 (서울: 한국기독학생회출판부, 1989), 65.

게 심혈을 기울여 표현하고 있는 것은 하나님의 성품이다. 시인들은 왕, 용사, 요새 등 다양한 이미지들을 사용하여 하나님이 어떤 분인지를 묘사한다. 시편 93편은 여호와 하나님을 왕의 이미지로 표현하고 있는 대표적인 시다.

여호와께서 다스리시니
스스로 권위를 입으셨도다.
여호와께서 능력의 옷을 입으시며 띠를 띠셨으므로
세계도 견고히 서서 흔들리지 아니하는도다.
주의 보좌는 예로부터 견고히 섰으며
주는 영원부터 계셨나이다.
여호와여 큰 물이 소리를 높였고
큰 물이 그 소리를 높였으니
큰 물이 그 물결을 높이나이다.
높이 계신 여호와의 능력은
많은 물 소리와 바다의 큰 파도보다 크니이다.
여호와여 주의 증거들이 매우 확실하고
거룩함이 주의 집에 합당하니
여호와는 영원무궁하시리이다. (시편 93편 1-5절)

이 시에서 하나님은 왕복을 입고 띠를 두른 모습으로 왕좌에 앉아 나라를 다스리는 왕의 이미지로 묘사된다. 그는 왕처럼 권위의 상징이며 견고하고 흔들리지 않는 절대적인 능력을 지닌 존재다. 시편 47편에서는 귀족들이 둘러서서 시중을 들고 자기 왕국의 백성들을 통치하며 광활한 영토를 다스리는 왕의 이미지로 하나님이 제시된다.

찬송하라 하나님을 찬송하라
찬송하라 우리 왕을 찬송하라.

하나님은 온 땅의 왕이심이라
지혜의 시로 찬송할지어다.
하나님이 뭇 백성을 다스리시며
하나님이 그의 거룩한 보좌에 앉으셨도다.
뭇 나라의 고관들이 모임이여
아브라함의 하나님의 백성이 되도다
세상의 모든 방패는 하나님의 것임이여
그는 높임을 받으시리로다. (시편 47편 6-9절)

시편 18편에서는 하나님이 화살을 쏘는 용사의 이미지로 나타난다.

여호와께서 하늘에서 우렛소리를 내시고
지존하신 이가 음성을 내시며
우박과 숯불을 내리시도다.
그의 화살을 날려 그들을 흩으심이여
많은 번개로 그들을 깨뜨리셨도다. (시편 18편 13-14절)

그리고 18편 2절에는 하나님이 반석, 요새, 바위, 방패, 구원의 뿔으로 묘사되고, 27편 1절에서는 빛으로, 그리고 46편 1절에서는 피난처와 힘으로 묘사된다. 그리고 우리가 잘 아는 시편 23편에서는 양을 돌보는 목자의 이미지로 표현되는데 다윗이 쓴 이 시는 특히 예술성이 뛰어나 걸작으로 평가받고 있다.

여호와는 나의 목자시니
내게 부족함이 없으리로다.
　　그가 나를 푸른 풀밭에 누이시며
쉴 만한 물 가로 인도하시는도다.

내 영혼을 소생시키시고
자기 이름을 위하여 의의 길로
인도하시는도다.

내가 사망의 음침한 골짜기로 다닐지라도
해를 두려워하지 않을 것은
주께서 나와 함께 하심이라.
주의 지팡이와 막대기가
나를 안위하시나이다.

주께서 내 원수의 목전에서
내게 상을 차려 주시고
기름을 내 머리에 부으셨으니
내 잔이 넘치나이다.
내 평생에 선하심과 인자하심이
반드시 나를 따르리니
내가 여호와의 집에 영원히 살리로다. (시편 23편)

이 시에서 다윗은 하나님과 인간의 관계를 목자와 양의 관계에 비유하여 노래한다. 시의 주제는 모든 것들을 주관하고 인도하는 하나님의 섭리이지만 이를 추상적으로 설명하지 않고 구체적인 이미지들을 사용하여 시각화한다.

우선, "여호와는 나의 목자시니 내게 부족함이 없다"라는 시의 첫 구절에 나타나는 양과 목자의 메타포는 시 전체를 들여다볼 수 있는 렌즈 역할을 한다.[253] 다음 구절의 "푸른 풀밭"과 "쉴 만한 물가"는 양에게 필요한 음식과 휴식을 상징하는 이미지이며, 4행의 "내 영혼을 소생시키시고"라는 구절은 목자 되신 하나님이 육체뿐만 아니라 영혼을 책임진다는 것을 나타낸다. 그러나 영어로 영혼(soul)으로 번역되는 이 단어는 생명이라는 뜻도 가지고 있어

253 Leland Ryken, *Words of Delight: A Literary Introduction to the Bible* (Grand Rapids: Baker, 1992), 169.

서[254] 이 구절은 목자되신 하나님이 인간의 영적인 상태를 회복시킨다는 의미와 더불어 인간에게 생명의 활기를 불어넣는다는 의미로 해석될 수 있다.

5–6행의 "자기 이름을 위하여 의의 길로 인도하시는도다"라는 구절은 하나님이 인간을 악을 행하지 않고 의롭게 사는 길로 이끈다는 의미로 파악할 수 있다. 이 구절을 목자와 양의 관계에서 보면 목자가 양들이 잘못된 길로 들어설 때 일깨우듯이 하나님이 인간을 잘못된 길에서 돌이키게 한다는 계도의 의미로도 해석할 수 있다.

7–11행은 우리에게 가장 잘 알려져 있는 구절이다. 그런데 학자들에 의하면 여기에서의 첫 표현인 '사망의 음침한 골짜기'(the valley of the shadow of death)는 원어적으로 보면 '깊은 어둠의 골짜기'(the valley of deep darkness)[255]로 번역해야 더 정확한 번역이라는 것이다. 그렇다면 7–11행의 의미는 단지 인간이 죽음의 위험에 직면했을 때 하나님의 보호를 받는다는 뜻이 아닌, 삶에 있어서 여러 어두운 부분들 즉, 역경, 외로움, 유혹, 죄 등 다양한 어려움에 직면했을 때 하나님이 함께 하시기에 잘 헤쳐나갈 수 있다는 보다 광범위한 차원에서의 보호와 인도하심을 의미한다고 볼 수 있다. 실제로 양들이 처한 환경은 늑대 같은 맹수의 습격으로 죽음의 위험 속에 빠지는 것보다는 양들이 길을 잘 인식하지 못해 위험에 처하는 것이 일반적인 상황이라는 점을 고려할 때 후자로 번역하고 해석하는 것이 더 타당해 보인다.

12행부터는 하나님의 이미지가 양을 돌보는 목자에서 손님을 접대하는 주인(host)으로 바뀌어서 나타난다. 시인은 하나님을 원수의 앞에서 상을 차려 주시고 머리에 기름을 부어 주는 사랑의 존재로 묘사한다. 어린 시절 목동으로서 다윗의 삶이 시의 전반부에 투영되었다면 이 후반부에서는 기름 부음을 받아 왕이 된 이후의 모습이 투영되고 있다. 다윗은 자신의 생명을 해하려는 수많은 원수에게서 자신을 건져주시고 그들이 보는 앞에서 복을 주신 하

254 *Ibid.*, 171.
255 *Ibid.*, 172.

나님의 사랑을 손님을 접대하는 주인의 이미지를 사용해서 표현하고 있으며, 자신의 삶이 하나님의 축복으로 인해 얼마나 풍성한 것인지를 "내 잔이 넘치나이다"라는 멋있는 함축적인 표현을 통해 전달하고 있다.

이제, 시인은 '가정'(home)의 메타포를 사용하여 하나님과 함께 영원히 살고 싶다는 소망을 선포하며 시를 마무리한다. 목자 되신 하나님, 주인 되신 하나님, 삶을 풍성하고 윤택하게 해주시는 하나님과 영원히 함께하고 싶다는 염원이 나타나고 있다. 여기에서 "여호와의 집"은 미래에 예비된 천국일 수도 있고, 하나님과 함께하는 행복한 삶을 의미할 수도 있지만 어쨌든 화자는 여호와 하나님과 함께 하는 삶을 살고 싶다는 소망을 표출하고 있다. 이처럼 이 시는 끝이 아닌 새로운 시작을 선언함으로써 닫힌 결말이 아닌 열린 결말로 끝나고 있다.

시편의 서두를 장식하는 시편 1편과 2편은 시편 전체의 서론에 해당하는 시들로 1편은 1권의 대주제를 소개하고, 2편은 2권의 주된 관심사를 소개한다.[256]

시편 1편은 인간에게 있어서 궁극적으로 가치가 있는 것, 즉 하나님을 경외하는 것에 초점을 맞추고 있다. 그리고 인간 존재의 기본 조건이 인생에 있어서 정반대되는 것들 사이에서의 도덕적 선택에 있음을 보여준다.[257] 이어지는 시편의 시들은 이런 중심 주제를 변화시켜 여러 다양한 형태로 표현한 것이다. 시인은 복 있는 사람, 즉 의로운 사람이 하지 않는 것들을 제시하며 시를 시작한다.

복 있는 사람은
악인들의 꾀를 따르지 아니하며

---

256 고든 D. 피와 더글라스 스튜어트, 『책별로 성경을 어떻게 읽을 것인가』 김진선 역. (서울: 성서유니온, 2006), 165.

257 리런드 라이켄, 『문학에서 본 성경』 유성덕 역 (서울: 크리스챤 다이제스트, 1998), 131.

죄인들의 길에 서지 아니하며
오만한 자들의 자리에 앉지 아니하고

오직 여호와의 율법을 즐거워하여
그의 율법을 주야로 묵상하는도다.

그는 시냇가에 심은 나무가
철을 따라 열매를 맺으며
그 잎사귀가 마르지 아니함 같으니
그가 하는 모든 일이 다 형통하리로다.

악인들은 그렇지 아니함이여
오직 바람에 나는 겨와 같도다.

그러므로 악인들은 심판을 견디지 못하며
죄인들이 의인들의 모임에 들지 못하리로다.

무릇 의인들의 길은 여호와께서 인정하시나
악인들의 길은 망하리로다. (시편 1편)

1연에는 복 있는 사람들의 행동이 부정적인 진술로, 그리고 2연에서는 긍정적인 진술로 묘사된다. 3연에서는 부정, 긍정, 부정의 진술이 교차되어 나타나고, 4연에서는 부정과 긍정의 진술이 동시에 사용된다. 5연에서는 부정적 진술이, 마지막 6연에서는 4연과는 달리 긍정적 진술이 먼저 나오고 부정적 진술이 이어지며 끝을 맺는다. 이처럼 시편 1편에는 긍정적 진술과 부정적 진술이 다양한 형태로 사용되어 시에 질서와 통일성을 부여하며 주제를 효과적으로 드러내는 역할을 한다. 특히, 여기에는 성경의 서정시에 특징적으로 나타나는 평행법이 사용되어 문학성을 돋보이게 한다. 1연과 5연에서는 동의적 평행법이 사용되어 경건한 사람이 하는 행동의 특징과 선인과 악인의 삶의 결과가 무엇인지를 보여준다. 6연에서는 반의적 평행법이 사용되어 의

인과 악인의 종말의 차이를 여실히 보여준다.

또한, 이 시에는 시편 서정시의 가장 중요한 특징인 표현의 구체성과 예술성이 잘 나타난다. 시인은 의인과 악인이라는 두 종류의 사람을 대비하면서 그들의 경험을 추상적으로 설명하지 않고 구체적으로 보여준다. 1연에서는 복 있는 사람을 악인들의 꾀를 따르지 않고 죄인들의 길에 서지 않으며 오만한 자들의 자리에 앉지 않는 행동을 하는 사람들이라고 표현하여 그들의 악에 물들지 않은 모습을 구체적으로 제시한다. 2연에서는 오직 여호와의 율법을 즐거워하여 그의 율법을 주야로 묵상한다는 표현을 통해 의인의 가치관과 경건한 삶의 실제 모습을 우리에게 소개한다.

3연과 4연에서는 직유법을 사용하여 경건한 사람과 그렇지 못한 사람이 어떻게 되는지를 묘사한다. 경건한 사람을 시냇가에 심은 나무에 비유하여 수분을 잘 공급받는 나무가 철을 따라 과실을 맺고 잎사귀가 마르지 않는 것처럼 그 행사가 다 형통함을 강조한다. 건강한 나무가 갖는 생산성을 의인의 삶에 적절하게 잘 적용하여 의로운 사람의 삶의 성격을 문학적으로 표현한다. 악인의 삶도 바람에 날리는 겨에 비유하여 표현함으로써 악인의 삶이 가지는 허무한 특성을 생동감 있게 전달한다.

5연과 6연에서는 의인과 악인에 대한 최종적인 평가가 제시되는데 동사의 시제가 현재에서 미래로 전환되어 미래에 있을 축복과 심판을 예고한다.

이처럼 시편 1편은 시편의 총론에 해당하는 것으로, 의인이 하나님과 사람 앞에서 지니는 고유한 특성과 삶 속에서 맺어지는 구체적인 결과를 문학적으로 잘 묘사하고 있고, 이에 대한 반대 개념으로서의 악인의 실상과 종말도 구조적으로 잘 엮어 표현하고 있다.

학자들에 따라 견해의 차이가 있으나 시편의 시들을 내용을 중심으로 유형적으로 분류하면 탄식시, 찬양시, 감사시, 신뢰시, 회상시, 지혜시, 제왕시 등 일반적으로 일곱 가지로 나눌 수 있다. 이 중에서 탄식시와 감사시가 가장 많으며 전자는 시편 전체의 3분의 1을 차지한다.

❶ 탄식시

탄식시는 개인 또는 공동체가 여호와 앞에서 슬픔을 표현하고 도움을 호소하는 내용을 가진 시다. 이런 유형의 시에서 화자는 거의 예외 없이 큰 재난에 빠져 하나님 외에는 하소연할 대상이 없는 상황에서 하나님께 울부짖는다. 일반적으로 탄식시는 정형화된 5단계의 구성으로 되어 있다. (1)하나님을 향한 탄원, (2)고통이나 위기에 대한 한탄 또는 불평, (3)하나님에 대한 간구, (4)상황 변화에 대한 하나님을 향한 확신의 말, (5)선을 이루시는 하나님께 드리는 찬양의 맹세가 그것이다. 전체적으로 탄식시는 화자가 상황이 절망적임을 불평하면서 시작되지만, 위기가 극복되거나 새로운 평안이 찾아올 것을 확신하는 것으로 마무리된다. 상황에 대한 역전과 반전의 묘미를 내포하고 있다. 시편 3, 10, 12, 22, 31, 35, 39, 42, 44, 51, 57, 71, 77, 80, 94, 120, 137, 139, 142편 등 많은 시들이 여기에 속한다. 대표적으로 시편 10편을 살펴보겠다.

시편 10편은 하나님을 향한 탄원으로 시가 시작된다. 자신이 환란을 당하고 있는 상황에서 하나님의 도움이 절실히 필요하지만 불러도 대답이 없음을 항변한다.

> 여호와여 어찌하여 멀리 서시며
> 어찌하여 환난 때에 숨으시나이까 (시편 10편 1절)

이어 화자는 악인이 득세하는 사악한 현실을 한탄하며 불평의 말을 늘어놓고 동시에 악을 제거해 줄 것을 하나님께 간구한다. 특히, 가련한 자에 대한 악인들의 탄압을 가장 비참한 현실로 생각한다.

악한 자가 교만하여 가련한 자를 심히 압박하오니
그들이 자기가 베푼 꾀에 빠지게 하소서
악인은 그의 마음의 욕심을 자랑하며
탐욕을 부리는 자는 여호와를 배반하여 멸시하나이다. (시편 10편 2-3절)

나아가, 시인은 강도와 사자의 이미지를 사용하여 사악한 자의 탐욕과 악행을 적나라하게 묘사한다.

그가 마을 구석진 곳에 앉으며
그 은밀한 곳에서 무죄한 자를 죽이며
그의 눈은 가련한 자를 엿보나이다.
사자가 자기의 굴에 엎드림 같이
그가 은밀한 곳에 엎드려 가련한 자를 잡으려고 기다리며
자기 그물을 끌어당겨 가련한 자를 잡나이다. (시편 10편 8-9절)

이런 시인의 생생한 표현법은 독자들의 상상력을 불러일으킬 만하다. 여기에서는 악인의 실상에 대한 구체적인 모습이 이미지로 형상화되어 독자들에게 살아있는 체험으로 제시된다.

이런 상황에서 시인의 하나님에 대한 간구는 매우 직접적이며 단호하다. 시인은 “여호와여 일어나옵소서, 여호와여 손을 드옵소서”라고 외치며(12절) 악인의 팔을 꺾어달라고 간구한다. 또한 이런 참혹한 현실을 하나님은 직시하셨음을 상기시킨다. 그런 다음 시인은 하나님께서 고아를 도와주며 재앙과 원한을 해결해 주실 것을 확신한다.

주께서는 보셨나이다
주는 재앙과 원한을 감찰하시고

주의 손으로 갚으려 하시오니
외로운 자가 주를 의지하나이다
주는 벌써부터 고아를 도우시는 이시니이다.
악인의 팔을 꺾으소서
악한 자의 악을 더 이상 찾아낼 수 없을 때까지
찾으소서. (시편 10편 14-15절)

마지막으로 시인은 겸손한 자의 소원을 들어주시는 하나님을 영원무궁한 왕으로 찬양하며, 다시는 악한 자가 위세를 떨치지 못하는 정의로운 세상이 올 것을 기대하며 시를 끝마친다.

여호와께서는 영원무궁하도록 왕이시니
이방 나라들이 주의 땅에서 멸망하였나이다.
여호와여 주는 겸손한 자의 소원을 들으셨사오니
그들의 마음을 준비하시며 귀를 기울여 들으시고
고아와 압제 당하는 자를 위하여 심판하사
세상에 속한 자가 다시는 위협하지 못하게 하시리이다. (시편 10편 16-18절)

❷ 찬양시

찬양시는 하나님을 찬양하는 내용을 가진 시로서 구체적으로 하나님의 하나님 되심, 그의 위엄하심, 그리고 그가 온 세상과 그의 백성들에게 베푸는 은택들을 찬송한다.[258] 다시 말해, 시인이 하나님을 찬양하는 이유는 하나님의 창조, 섭리, 도우심, 구원, 축복, 악인에 대한 심판 등 다양하다. 이 찬양시는 정형화된 3단계의 구성요소를 가진다. (1)하나님께 찬양을 권유하는 도

258 고든 D. 피와 · 더글라스 스튜어트, 『성경을 어떻게 읽을 것인가』 개정3판. 오강만 · 박대영 역. (서울: 성서유니온, 2014), 255.

입부, (2)찬양의 내용, (3)결론을 장식하는 간단한 기도나 기원이 그것이다. 찬양시로 분류할 수 있는 시편의 시들은 다수인데, 시편 8, 9, 104, 148편은 우주의 창조자로서 하나님을 찬양하고, 시편 66, 100, 111, 114, 149편은 이스라엘을 보호하시고 축복하시는 하나님을 찬양하는 시들이다. 그리고 시편 33, 96, 103, 113, 117, 145–147편은 역사의 주관자로서 하나님을 찬양하는 내용을 담고 있다.[259] 이 중에서 시편 96편을 살펴보고자 한다.

시편 96편은 역사를 주관하시는 하나님의 위대하신 통치를 과거, 현재, 미래 시제로 노래하며 세계 만민에게 여호와를 찬양할 것을 권면하는 시다. 하나님이 행하신 구원과 위대한 일들에 대해 시인은 개인이나 어느 한 민족이 아닌 온 세계가 찬양할 것을 촉구한다.

새 노래로 여호와께 노래하라.
온 땅이여 여호와께 노래할지어다.
여호와께 노래하여 그의 이름을 송축하며
그의 구원을 날마다 전파할지어다.
그의 영광을 백성들 가운데에,
그의 기이한 행적을 만민 가운데에
선포할지어다. (시편 96편 1-3절)

화자는 격앙된 어조로 돈호법(현재 있지 않은 사람을 있는 것처럼 말하는)과 명령법을 사용하여 흥분된 감정을 전달한다.[260] 독자들의 감정에 호소하는 이런 태도는 서정시의 분위기를 극대화하여 주제를 효과적으로 부각한다.

다음 부분에서는 시인이 찬양을 권유하는 이유가 제시된다. 그는 광대하고(4절), 모든 신보다 높고(4절), 하늘을 지으신 창조주이며(5절), 존귀와 위엄, 능력과 아름다움을 지닌 존재(6절)이기 때문이다. 그런데 이런 요소들은

259 위 책, 255.
260 리런드 라이켄, 『문학에서 본 성경』 유성덕 역 (서울: 크리스찬 다이제스트, 1998), 161.

시편의 찬양시에 자주 등장하는 전통적인 모티프들이다. 더구나 시인은 단지 하나님을 찬양하는 것에 그치지 않고 만방에 하나님의 위대하심을 선포할 것을 외친다. 하나님의 만물에 대한 통치와 공의로운 심판을 강조한다.

아름답고 거룩한 것으로 여호와께 예배할지어다.
온 땅이여 그 앞에서 떨지어다.
모든 나라 가운데서 이르기를 여호와께서 다스리시니
세계가 굳게 서고 흔들리지 않으리라.
그가 만민을 공평하게 심판하시리라 할지로다. (시편 96편 9-10절)

마지막으로 시인은 하나님이 공의와 진실하심으로 이 세상과 그 백성을 다스릴 것임을 예고하며 시를 끝맺는다.

하늘은 기뻐하고 땅은 즐거워하며
바다와 거기에 충만한 것이 외치고
밭과 그 가운데에 있는 모든 것은 즐거워할지로다.
그 때 숲의 모든 나무들이
여호와 앞에서 즐거이 노래하리니
그가 임하시되 땅을 심판하러 임하실 것임이라.
그가 의로 세계를 심판하시며
그의 진실하심으로 백성을 심판하시리로다. (시편 96편 11-13절)

시인은 하늘, 바다, 밭, 나무 등 구체적인 사물들을 동원하여 과거와 현재뿐 아니라 미래를 통치하실 하나님의 권위와 위엄하심을 찬양할 것을 권고하며 그의 위대함을 찬양하고 있다.

❸ 감사시

감사시는 개인 또는 공동체가 하나님께서 베푸신 자비로 인한 기쁨과 감사를 표현한 시로 탄식시와 반대되는 상황을 노래한다. 화자가 자신의 기도가 응답된 것에 대해 하나님께 감사를 드리는 것이 주된 내용이다. 그런데 감사시는 찬양시와 밀접하게 연관된 경우가 많아 찬양시의 하위범주로 분류되기도 한다.[261] 일반적으로 시편에는 65, 67, 75, 107, 124, 136편 등 6개의 공동체적인 감사시와, 18, 30, 32, 34, 40, 66, 92, 106, 118, 138편 등 10개의 개인적인 감사시가 있는 것으로 알려져 있다.[262] 이 중에서 대표적인 감사시가 시편 138편이다.

이 시에서 다윗은 하나님께 감사를 드리는 이유를 1절과 2절에서 제시한다. 그는 하나님께서 그에게 인자함과 성실함을 보이심은 물론 하나님의 위대하심 자체가 환호와 찬양을 받기에 합당하기에 감사하지 않을 수 없다고 노래한다.

> 내가 전심으로 주께 감사하며
> 신들 앞에서 주께 찬송하리이다.
> 내가 주의 성전을 향하여 예배하며
> 주의 인자하심과 성실하심으로 말미암아
> 주의 이름에 감사하오리니
> 이는 주께서 주의 말씀을 주의 모든 이름보다
> 높게 하셨음이라. (시편 138편 1-2절)

3절에는 시인이 곤경에 처하여 하나님께 호소하자 응답하시고 영혼을 소

261 트렘퍼 롱맨 3세, 『어떻게 시편을 읽을 것인가?』 한화룡 역 (서울: 한국기독학생회출판부, 1989), 37.
262 고든 D. 피와 · 더글라스 스튜어트, 『성경을 어떻게 읽을 것인가』 개정3판. 오강만 · 박대영 역. (서울: 성서유니온, 2014), 255.

성케 하셨음을 찬양한다. 4절부터 7절에는 하나님께 감사하는 구체적인 이유가 제시된다. 하나님의 영광이 크고, 낮은 자를 보살펴주시며, 환난 중에서 보호하시고, 원수들에게서 구원하시기 때문에 감사를 드릴 수밖에 없다는 것이다.

> 여호와여 세상의 모든 왕들이 주께 감사할 것은
> 그들이 주의 입의 말씀을 들음이오며
> 그들이 여호와의 도를 노래할 것은
> 여호와의 영광이 크심이니이다.
> 여호와께서는 높이 계셔도 낮은 자를 굽어살피시며
> 멀리서도 교만한 자를 아심이니이다.
> 내가 환난 중에 다닐지라도 주께서 나를 살아나게 하시고
> 주의 손을 펴사 내 원수들의 분노를 막으시며
> 주의 오른손이 나를 구원하시리이다. (시편 138편 4-7절)

하나님께 구할 자격이 없음에도 간구하는 자의 소리를 들으시고 생명을 지켜주시며 과거부터 변함없이 도와주심을 시인은 강조한다. 마지막 8절에서는 앞날에도 하나님의 보호하심의 손길이 함께 하길 소망하며 하나님의 인자하심이 영원함을 기대하며 감사의 마음을 표현한다.

> 여호와께서 나를 위하여 보상해 주시리이다.
> 여호와여 주의 인자하심이 영원하오니
> 주의 손으로 지으신 것을 버리지 마옵소서. (시편 138편 8절)

❹ 신뢰시

신뢰시는 하나님은 신뢰할 만한 분이시기 때문에 어렵고 절망적인 상황 속에서도 자기 백성을 향한 그의 선함과 인도하심, 그리고 돌보심을 신뢰한

다는 믿음을 노래하는 시다. 시편 11, 16, 23, 27, 62, 63, 92, 121, 131편 등이 여기에 속하며 이 시편들을 통해 시의 화자는 처한 상황이 어떻든지 간에 하나님께 대한 강한 신뢰를 표출한다. 예를 들어, 시편 16편에는 하나님이 자신을 지켜주실 것에 대한 시인의 신뢰와 염원이 간절하게 나타난다. 시인은 "하나님이여 나를 지켜주소서 내가 주께 피하나이다."(1절) 즉, 하나님이 자신의 피난처임을 고백하는 것으로 시를 시작하여 하나님이 자신의 산업의 소득과 분깃이 되신다고 노래한다. 이런 상속의 개념을 통해 시인은 자신이 하나님과 부자 관계임을 천명한다.[263] 다시 말해, 하나님께서 시인의 아버지로서 삶의 터전이 되시기 때문에 그의 삶이 윤택하게 된다는 것이다.

그런데 하나님에 대한 시인의 신뢰는 "내가 여호와를 항상 내 앞에 모심이여 그가 나의 오른쪽에 계시므로 내가 흔들리지 아니하리로다"(8절)라는 구절에서 극대화되어 나타난다. 하나님이 함께하면 어떤 상황이 자신을 덮쳐도 안전할 것이라는 믿음이 나타나고 있다. 나아가, 하나님은 능력으로 현재의 삶뿐 아니라 자신의 영혼과 육체를 죽음에서 건져주실 것이라는 미래에 다가올 부활에 대한 염원으로까지 시인의 생각은 확장된다.

> 이러므로 나의 마음이 기쁘고
> 나의 영도 즐거워하며
> 내 육체도 안전히 살리니
> 이는 주께서 내 영혼을 스올에 버리지 아니하시며
> 주의 거룩한 자를 멸망시키지 않으실 것임이니이다.
> 주께서 생명의 길을 내게 보이시리니
> 주의 앞에는 충만한 기쁨이 있고
> 주의 오른쪽에는 영원한 즐거움이 있나이다. (시편 16편 9-11절)

263 개역개정예스성경 편찬위원회, 『개역개정 예스 주석 성경』 (서울: 아가페출판사, 2008), 812.

이처럼 시인은 자신의 미래를 하나님께 맡기며 하나님과 끊을 수 없는 관계 속에 있음을 신뢰하기에 자신의 구원을 확신한다.

❺ 회상시

회상시는 하나님이 과거에 이루신 구속 행위들을 회상하는 것에 집중적으로 초점을 맞추고 있는 시를 말한다. 시편은 특별한 역사적 배경을 가지고 있지 않지만, 과거의 위대한 구속적 행위들을 자주 언급한다. 특히, 자주 언급되는 두 사건은 이스라엘 민족의 출애굽 사건과 다윗 왕조가 수립된 사건이다. 회상시는 하나님의 구속의 역사를 주로 회상하는 내용을 노래하고 있어서 구속시로 불리기도 한다. 시편 78, 105, 106, 135, 136편 등이 이에 해당한다.

회상시들 중 시편 135편과 136편을 보면 두 시 모두 하나님이 애굽에서 이스라엘 백성들을 구원하여 내신 위대한 일을 회상하며 그의 업적을 찬양하는 내용을 담고 있다. 135편 7절과 8절에서는 시인이 10가지 재앙을 애굽 땅에 내려 이스라엘을 구출한 하나님의 위대한 업적을 회고하며 하나님께 영광을 돌린다.

> 그가 애굽의 처음 난 자를
> 사람부터 짐승까지 치셨도다
> 애굽이여 여호와께서 네게 행한 표적들과 징조들을
> 바로와 그의 모든 신하들에게 보내셨도다. (시편 135편 8-9절)

136편에서도 이스라엘을 애굽에서 인도하여 내신 하나님을 회상하며 그에게 감사의 노래를 부른다.

애굽의 장자를 치신 이에게 감사하라
그 인자하심이 영원함이로다.
이스라엘을 그들 중에서 인도하여 내신 이에게 감사하라
그 인자하심이 영원함이로다.
강한 손과 펴신 팔로 인도하여 내신 이에게 감사하라
그 인자하심이 영원함이로다.
홍해를 가르신 이에게 감사하라
그 인자하심이 영원함이로다.
이스라엘을 그 가운데로 통과하게 하신 이에게 감사하라
그 인자하심이 영원함이로다.
바로와 그의 군대를 홍해에 엎드러뜨리신 이에게 감사하라
그 인자하심이 영원함이로다.
그의 백성을 인도하여 광야를 통과하게 하신 이에게 감사하라
그 인자하심이 영원함이로다. (시편 136편 10-16절)

❻ 지혜시

지혜시는 서로 다른 결과를 낳는 삶의 방식들을 대조하면서 지혜와 지혜로운 삶의 가치를 찬양하는 내용의 시를 말한다. 성경의 지혜문학으로 알려진 잠언이나 전도서에서 볼 수 있는 지혜를 내용으로 다루고 있다. 시편 19, 36, 37, 49, 73, 112, 119, 127, 128, 133편 등이 이에 속한다. 대표적으로 시편 37편을 보면, 여기에서 시인 다윗은 악을 행하는 자들과 여호와를 의지하며 선을 행하는 자들을 대조하면서 악인의 번영을 보고 부러워하는 젊은이들에게 불평하지 말며 여호와를 의지하고 선을 행하라고 힘 있게 교훈의 메시지를 전한다.

악을 행하는 자들 때문에 불평하지 말며
불의를 행하는 자들을 시기하지 말지어다.
그들은 풀과 같이 속히 베임을 당할 것이며
푸른 채소 같이 쇠잔할 것임이로다.
여호와를 의뢰하고 선을 행하라
땅에 머무는 동안 그의 성실을 먹을거리로 삼을지어다.
또 여호와를 기뻐하라
그가 네 마음의 소원을 네게 이루어 주시리로다.
네 길을 여호와께 맡기라 그를 의지하면 그가 이루시고
네 의를 빛 같이 나타내시며
네 공의를 정오의 빛 같이 하시리로다. (시편 37편 1-6절)

다윗은 행악자의 불의와 그들의 일시적인 성공에도 불구하고 하나님을 신뢰하고 기뻐하는 것이 삶의 지혜임을 권면한다. 여호와께 모든 것을 맡기고 선을 실천하며 사는 것이 삶의 지혜임을 강조한다.

❼ 제왕시

제왕시는 이스라엘 왕들이나 왕이신 하나님의 승리나 업적을 찬양하는 시를 말한다. 이 제왕시는 그 내용이 대부분 찬양하는 것이어서 감사시처럼 찬양시의 하위범주에 포함되기도 한다. 시편 2, 18, 20, 45, 47, 98, 101, 110편 등이 이에 속한다. 예를 들어, 시편 20편은 왕이 출전할 때 백성들과 제사장이 그를 위해 하나님께 간구하는 내용을 가진 대표적인 제왕시다. 전쟁의 승패가 하나님의 손에 달려 있음을 알았던 이스라엘 백성들은 이 시에서 여호와께서 왕을 구원하시고 승리를 베풀어주실 것을 간구한다.

여호와께서 자기에게 기름 부음 받은 자를
구원하시는 줄 이제 내가 아노니
그의 오른손의 구원하는 힘으로
그의 거룩한 하늘에서 그에게 응답하시리로다.
어떤 사람은 병거, 어떤 사람은 말을 의지하나
우리는 여호와 우리 하나님의 이름을 자랑하리로다.
그들은 비틀거리며 엎드러지고
우리는 일어나 바로 서도다
여호와여 왕을 구원하소서
우리가 부를 때에 우리에게 응답하소서. (시편 20편 6-9절)

또한, 시편 47편에서는 하나님을 왕이라고 선포하며 그를 찬양하라고 목소리를 드높인다. 그는 지존하신 왕으로서 열국들을 발아래 복종시키시며 전쟁을 승리로 이끌기 때문에 즐거운 함성을 발하여 그를 찬송해야 한다는 것이다. 군사 이미지와 세속적인 군왕의 이미지를 사용하여 왕 되신 하나님의 통치를 노래한다.

하나님께서 즐거운 함성 중에 올라가심이여
여호와께서 나팔 소리 중에 올라가시도다.
찬송하라 하나님을 찬송하라
찬송하라 우리 왕을 찬송하라.
하나님은 온 땅의 왕이심이라
지혜의 시로 찬송할지어다.
하나님이 뭇 백성을 다스리시며
하나님이 그의 거룩한 보좌에 앉으셨도다.
뭇 나라의 고관들이 모임이여

아브라함의 하나님의 백성이 되도다
세상의 모든 방패는 하나님의 것임이여
그는 높임을 받으시리로다. (시편 47편 5-9절)

시편 1편과 2편이 시편의 서론 역할을 한다면 마지막 다섯 편, 즉 146-150편은 시편 전체의 결론에 해당한다. 특히, 여기에서는 '할렐루야'와 '주를 찬양하라'를 반복해서 외치며 대찬양의 축제로 마지막을 장식한다.

할렐루야 그의 성소에서 하나님을 찬양하며
그의 권능의 궁창에서 그를 찬양할지어다
그의 능하신 행동을 찬양하며
그의 지극히 위대하심을 따라 찬양할지어다
나팔 소리로 찬양하며
비파와 수금으로 찬양할지어다
소고치며 춤추어 찬양하며
현악과 퉁소로 찬양할지어다
큰 소리 나는 제금으로 찬양하며
높은 소리 나는 제금으로 찬양할지어다
호흡이 있는 자마다 여호와를 찬양할지어다 할렐루야 (시편 150편)

시편은 "복 있는 자는 … 율법을 즐거워하며 그의 율법을 주야로 묵상하는도다"(1편 1-2절)로 시작하여 마지막 5권에서 "호흡이 있는 자마다 여호와를 찬양할지어다. 할렐루야"(150편 6절)로 끝난다. 나머지 네 권의 마지막도 (1권) "여호와를 영원부터 영원까지 송축할지로다 아멘 아멘"(41편 13절), (2권) "온 땅에 그의 영광이 충만할지어다 아멘 아멘 이새의 아들 다윗의 기도가 끝나니라"(72편 20절), (3권) "여호와를 영원히 찬송할지어다 아멘 아멘(89편 52절), (4권) "하나님을 영원부터 영원까지 찬양할지어다 모든 백성들아 아멘 할지어다 할렐루야"(106편 48절)라는 찬양의 말로 끝난다. 시편은 이처럼 전체가 하나의 찬송이고 찬양의 어조로 가득 차 있다. 시편은 탄식, 찬양, 탄원, 구원 등 여러 가지 주제들을 담고 있는 다양한 얼굴을 하고 있지만 결국은 모든 것을 합력하여 선을 이루시고 우리 인간에게 구원을 베푸시는 하나님을 찬양하고 그분에게 감사의 찬송을 드려야 한다는 메시지가 중심 주제를 이루고 있다.

┃ 아가: 솔로몬의 사랑의 노래

아가(Song of Songs)라는 명칭은 아가서의 처음에 나오는 히브리어 "쉬르 하쉬림"을 직역한 것으로 노래 중의 노래, 즉 모든 노래 중 최고의 노래를 뜻한다. 아가서의 저자에 대해서는 여러 다양한 이견들이 있으나 일반적으로 솔로몬이라고 인정되고 있으며 이스라엘 절기 중 매년 유월절에 낭독된 것으로 알려져 있다. 이 책의 문학 형식에 대하여 로우스(Robert Lowth)와 델리취(Franz Delitzsch) 같은 학자들은 희곡이라고 주장했고,[264] 또 다른 이들은 일종의 로맨스로 보기도 했지만 가장 설득력이 있는 것은 아가를 단일 로맨스를 다루고 있는 목가적 서정시 모음집으로 보는 견해다.[265] 다시 말하면, 아가서는 서정시의 문체로 기록된 인간의 로맨스를 다룬 긴 사랑의 노래라는 것이다.

아가서는 성경에서 독특한 책이다. 하나님에 대한 언급이 전혀 없고 생생하고 살아있는 이미지들로 가득한 탁월한 시로 기록되어 있다.[266] 여기에는 각기 길이가 다른 13개의 시들이 나온다. 각각의 시들은 개별적인 특징과 의

264 헤슬 벌럭, 『시가서 개론』 임영섭 옮김 (서울: 은성, 1999), 343.
265 리런드 라이켄, 『문학에서 본 성경』 유성덕 역 (서울: 크리스챤 다이제스트, 1998), 236.
266 고든 D. 피와 더글라스 스튜어트, 『책별로 성경을 어떻게 읽을 것인가』 김진선 역. (서울: 성서유니온, 2006), 198.

미를 가지면서도 서로 연결되어 있다. 전체적으로는 연애시의 한 종류인 서정적인 목가(a lyric idyll)의 형식을 취하고 있다. 목가는 일반적으로 이상적인 자연환경 속에 사는 목자들이나 소박하고 평화롭게 사는 시골 사람들의 삶을 노래하는데, 특히 양치기와 양치기 소녀와의 사랑의 관계가 많이 다루어진다. 아가서에도 왕이면서 목자라는 이중적인 캐릭터를 가진 솔로몬과 포도원 지기와 양치기 소녀의 이중적 역할을 하는 술람미 여인과의 사랑을 노래하고 있어서 목가로 볼 수 있다.

아가서는 시간적인 순서에 따라 이야기가 진행되지도 않고 과거를 회상하는 장면들도 포함하고 있어서 플롯의 통일성을 찾기는 어렵다. 이 글의 주요 인물을 셋(솔로몬, 술람미 여인, 그리고 그녀의 연인인 무명의 목동)으로 보는 학자도 있지만 솔로몬과 술람미 여인 둘로 보는 것이 일반적인 견해이며 이 둘을 중심으로 진행되는 사랑의 이야기가 아가서의 주된 플롯(main plot)을 구성하고 있다. 8장으로 구성된 이 책의 개요는 다음과 같다.[267]

처음 부분인 1장 1-6절에는 연인들이 소개되는데 특징적인 것은 여자가 주도적인 역할을 하고 있다는 것이다. 1장 7절에서 2장 7절까지 이 책의 첫 장면에서는 연인들의 만남이 기록되어 있고, 2장 8절에서 3장 5절의 두 번째 장면에서는 사랑에 대한 그리움이 묘사되며, 사랑에 대한 희망, 초대, 꿈의 장면이 포함되어 있다. 이어지는 3장 6-11절에서는 솔로몬의 화려한 생활과 권력, 그리고 재물이 소개되고 있으며, 세 번째 장면인 4장 1절에서 5장 1절까지는 육체에 대한 묘사로부터 시작하여 솔로몬이 사랑하는 연인을 찬양하는 내용이 서술된다. 네 번째 장면인 5장 2절부터 6장 3절에서는 또 다른 꿈속에서 술람미 여인이 연인을 찾아 나서는 상황이 묘사된다. 다섯 번째 장면에 해당하는 6장 4절부터 8장 4절에서는 사랑의 기쁨이 제시되는데 남자가 사랑하는 여인의 아름다움을 찬양하고 여자는 이에 응대하여 사랑을

267 위 책, 201-204.

나누자고 그를 초대한다. 그녀의 사랑은 모든 문화적 규범을 초월할 만큼 큰 것이어서 공개적으로 그녀는 사랑을 표현한다. 마지막 8장 5-14절은 이 책의 맺음말로서 사랑의 불길을 여호와의 불에 비유하며 영원히 꺼지지 않기를 염원하며 마무리된다.

아가서를 제대로 이해하기 위해서는 세 사람의 목소리에 주목해야 한다. 전체적으로 사랑의 이야기를 주도하고 있는 여인, 그녀에 대한 사랑과 그녀의 아름다움을 노래하는 남자, 그리고 예루살렘의 딸들이라고 불리는 그녀의 친구들이 그 대상이다. 물론 여기에는 조연의 역할을 하는 다른 인물들 즉, 목자들, 성을 순찰하는 자들, 그리고 여인의 오빠들도 등장한다.

이 책은 술람미 여인의 노래로부터 이야기가 시작된다. 그녀는 솔로몬이 입 맞추기를 원한 많은 여인 중의 하나가 자기이며 솔로몬 왕이 자신을 그의 방으로 이끌어간다고 노래한다.

> 내게 입 맞추기를 원하니
> 네 사랑이 포도주보다 나음이로구나.
> 네 기름이 향기로워 아름답고
> 네 이름이 쏟은 향기름 같으므로
> 처녀들이 너를 사랑하는구나.
> 왕이 나를 그의 방으로 이끌어 들이시니
> 너는 나를 인도하라 우리가 너를 따라 달려가리라. (아가 1장 2-4절)

그녀는 솔로몬의 사랑을 포도주와 비교하여 더 낫다고 표현하며 직유법을 사용하여 그의 이름을 향기름에 비유한다. 여기에서의 사랑은 입맞춤, 포도주, 향기름과 같은 이미지들이 시사하듯 에로틱한 느낌과 육체적인 면이 강하게 드러나도록 묘사되고 있다. 1장 16절에서도 그녀는 자신의 사랑이 육체적으로 매력적인 아름다움을 발산하고 있다고 노래한다.

나의 사랑하는 자야
너는 어여쁘고 화창하다. (아가 1장 16절)

우리말로는 이렇게 번역되어 있으나 이 구절은 영어(NIV)로는 감탄문을 사용하여 "How handsome you are, my lover!/Oh, how charming!"(내 사랑, 얼마나 멋있게 생겼는가! 오 얼마나 매력적인지!)로 번역되어 있다. 연인의 육체적인 아름다운 모습에 감탄을 쏟아내는 것이다. 솔로몬이 술람미 여인을 묘사하는 장면도 그녀의 외모를 찬양하는 아름다운 한 편의 시다.

내 사랑아 내가 너를
바로의 병거의 준마에 비하였구나.
네 두 뺨은 땋은 머리털로,
네 목은 구슬 꿰미로 아름답구나. (아가 1장 9-10절)

내 사랑아 너는 어여쁘고 어여쁘다
네 눈이 비둘기 같구나. (아가 1장 15절)

특히, 4장에서는 육체에 대한 묘사가 절정에 달한다. 신랑 솔로몬이 결혼식을 위해 치장하는 신부를 기리며 그녀의 육체를 조목조목 아름다운 이미지들을 사용하여 황홀하게 노래한다. 이 부분은 술람미 여인의 아름다운 용모를 다양한 이미지들을 사용해 묘사한 전형적인 서정시다.

내 사랑 너는 어여쁘고도 어여쁘다.
너울 속에 있는 네 눈이 비둘기 같고
네 머리털은 길르앗 산기슭에 누운 염소 떼 같구나.

네 이는 목욕장에서 나오는 털 깎인 암양
곧 새끼 없는 것은 하나도 없이 각각 쌍태를 낳은 양 같구나.
네 입술은 홍색 실 같고
네 입은 어여쁘고 너울 속의 네 뺨은 석류 한 쪽 같구나.
네 목은 무기를 두려고 건축한 다윗의 망대
곧 방패 천 개, 용사의 모든 방패가 달린 망대 같고
네 두 유방은 백합화 가운데서 꼴을 먹는
쌍태 어린 사슴 같구나. (아가 4장 1-5절)

눈은 비둘기에, 머리털은 길르앗 산 염소 떼에, 이는 암양에, 입술은 홍색실에, 입은 석류에, 목은 다윗의 망대에, 그리고 유방은 사슴에 비유하여 아름답게 표현하고 있다. 7장에서도 그녀의 아름다운 모습은 관능적이면서도 비유적인 어법으로 표현되고 있다.[268] 그런데 시인은 술람미 여인의 육체적인 아름다움을 표현하는 것을 넘어 그녀가 순결하고 깨끗한 성품을 지닌 여인임을 강조한다. 시인은 그녀의 신체의 세 부분, 즉 코(7장 4절), 목(4장 4절, 7장 4절), 유방(8장 10절)을 모두 망대에 비유하고 있는데 이 망대는 전쟁을 위해 마련된 것으로 난공불락의 이미지를 가지고 있다. 그러니까 이 망대의 이미지는 정복할 수 없음, 접근할 수 없음, 당당함, 순결함, 처녀성을 의미한다고 할 수 있다.[269] 따라서 술람미 여인은 아름답지 정복하기 힘든 순결하고 깨끗한 성품을 가진 여인이며 겸손하면서도 강직하며 고상한 인격의 소유자라는 것이다. 그녀의 눈을 비둘기(1장 15절)와 못(7장 4절)에, 그리고 그녀 자체를 잠근 동산, 덮은 우물, 봉한 샘(4장 12절)에 비유한 것도 그녀의 순결과 결백을 강조하는 표현들이다.

이뿐만 아니라 술람미 여인은 단지 형식적인 아름다움만을 지닌 여인이

268 개역개정예스성경 편찬위원회, 『개역개정 예스 주석 성경』 (서울: 아가페출판사, 2008), 965.
269 조신권, 『하나님과의 사랑이야기』 (서울: 아가페 문화사, 2001), 28–29.

아닌 부드럽고 향기로운 매력을 지닌 여성으로 묘사된다. 그녀는 자신을 샤론의 수선화요 골짜기의 백합화라고 말하며 솔로몬은 이에 동의한다.

나는 사론의 수선화요
골짜기의 백합화로다.
여자들 중에 내 사랑은
가시나무 가운데 백합화 같도다. (아가 2장 1-2절)

그녀는 동산의 샘과 생수의 우물(4장 15절)과 같고, 그녀에게서 향품보다 더 향기로운 냄새가 풍기고 각종 과일이 화려하게 열리며 짙은 향기를 발한다.

내 누이, 내 신부야 네 사랑이 어찌 그리 아름다운지
네 사랑은 포도주보다 진하고
네 기름의 향기는 각양 향품보다 향기롭구나. (아가 4장 10절)

네게서 나는 것은 석류나무와
각종 아름다운 과수와 고벨화와 나도풀과
나도와 번홍화와 창포와 계수와
각종 유향목과 몰약과 침향과 모든 귀한 향품이요 (아가 4장 13-14절)

술람미 여인이 지닌 매력이 여러 식물과 과일의 이미지들이 사용되어 짙은 향기처럼 깊은 여운을 남기며 매력적으로 표현되고 있다.

이 글의 남자 주인공인 솔로몬에 대한 묘사도 술람미 여인의 묘사 못지않게 감각적이며 화려하다. 5장에서 술람미 여인은 자신에게 솔로몬이 얼마나 소중한 존재인지를 깨닫고 남편의 고결하고 온유한 인품과 사랑스럽고 아름다운 모습을 매우 황홀하게 묘사한다.

내 사랑하는 자는 희고도 붉어
많은 사람 가운데에 뛰어나구나.
머리는 순금 같고 머리털은 고불고불하고
까마귀 같이 검구나.
눈은 시냇가의 비둘기 같은데
우유로 씻은 듯하고 아름답게도 박혔구나.
뺨은 향기로운 꽃밭 같고 향기로운 풀언덕과도 같고
입술은 백합화 같고 몰약의 즙이 뚝뚝 떨어지는구나.
손은 황옥을 물린 황금 노리개 같고
몸은 아로새긴 상아에 청옥을 입힌 듯하구나.
다리는 순금 받침에 세운 화반석기둥 같고
생김새는 레바논 같으며 백향목처럼 보기 좋고
입은 심히 달콤하니 그 전체가 사랑스럽구나.
예루살렘딸들아 이는 내 사랑하는 자요 나의 친구로다. (아가 5장 10-16절)

그녀는 솔로몬의 신체의 모든 부분, 즉 전 존재가 진실로 사랑스럽고 아름다움을 수많은 아름다운 이미지들을 동원하여 감각적으로 표현하고 있다. 그녀는 머리, 머리털, 눈, 뺨, 입술, 손, 몸, 다리, 생김새, 입, 등 신체의 거의 모든 부분을 시적인 언어로 묘사하고 이를 통해 사랑의 감정을 표현한다. 전원적인 풍경을 배경으로 전통적인 전원시에 등장하는 연인들처럼 이 작품에서 두 남녀는 서로의 외모를 예찬하며 구애와 구혼의 활동을 벌인다. 특히, 꽃, 분수, 동산, 과수원, 포도원 등을 동원하여 사랑스러운 자연의 이미지를 만들고 이런 아름다운 자연을 배경으로 두 연인의 사랑의 모습이 아름답게 펼쳐진다. 이들은 숲속의 침실에서 밀회하고(1장 16–17절), 신록의 동산에서 서로를 발견하며(6장 2–3절), 사과나무 아래에서 데이트를 즐긴다(8장

5절). 이처럼 아가서에는 독자의 상상력을 자극하기에 충분한 풍성하고 강력한 감각적인 이미지들이 가득하다. 사랑하는 자(솔로몬)가 그녀(술람미 여인)에게 사랑을 노래하며 세 번에 걸쳐 그녀의 육체적인 매력과 사랑을 노래한다(4장1-15절, 6장 4-7절, 7장 1-9절). 그녀도 그에게 사랑을 고백하며 환상 속에서 결혼에 대한 열렬한 염원을 표현한다. 꿈속에서 그녀는 사랑하는 사람을 찾아 성 주위를 배회한다. 그리고, 마침내 그녀는 자기가 사랑하는 자, 즉 그대(솔로몬)를 만난다.

> 내 사랑하는 자는 내게 속하였고 나는 그에게 속하였도다.
> 그가 백합화 가운데에서 양 떼를 먹이는구나.
> 내 사랑하는 자야 날이 저물고 그림자가 사라지기 전에
> 돌아와서 베데르 산의 노루와 어린 사슴 같을지라.
> 내가 밤에 침상에서 마음으로 사랑하는 자를 찾았노라
> 찾아도 찾아내지 못하였노라.
> 이에 내가 일어나서 성 안을 돌아다니며
> 마음에 사랑하는 자를 거리에서나 큰 길에서나
> 찾으리라 하고 찾으나 만나지 못하였노라.
> 성 안을 순찰하는 자들을 만나서 묻기를
> 내 마음으로 사랑하는 자를 너희가 보았느냐 하고
> 그들을 지나치자마자 마음에 사랑하는 자를 만나서
> 그를 붙잡고 내 어머니 집으로,
> 나를 잉태한 이의 방으로 가기까지 놓지 아니하였노라. (아가 2장 16절-3장 4절)

그녀는 사랑하는 사람을 자기 어미 집으로 데려가는데 이것은 그와의 결합, 곧 결혼을 상징한다[270] 그러니까 그녀는 솔로몬과 결혼하고 싶다는 소망을 꿈을 통해 표출한다. 그녀의 꿈은 자신의 소망이 성취되길 간절히 희망하

는 그녀의 염원이 투영된 아름다운 시의 장면이다.

아가서 전체에서 볼 수 있는 솔직하고 도발적인 묘사는 이 책의 성격이 에로틱하다는 것을 암시해 준다. 특히, 여기에서 제시되는 사랑은 한 남자와 여자 사이에 존재하는 에로틱한 것임이 틀림없다. 정신적인 아가페의 사랑이 아닌 육체적인 사랑을 노래하고 있다는 강한 느낌을 받게 된다. 아가서는 이를 통해 이성 상호 간의 육체적인 매력은 하나님이 정하신 것이며 남녀의 성도 하나님이 정한 한계 내에서 선하고 정상적인 역할을 하도록 예정되어 있다는 사실을 보여준다.[271] 그뿐만 아니라 이 작품에서 다루는 사랑은 라이켄 교수의 설명처럼 낭만적이다. 그의 설명에 따르면, 아가서가 노래하는 사랑은 매우 세련되고 감성적이며 사회적인 성향을 반영한 지극히 인간적인 사랑이다. 그러나 그것은 성을 육체적 즐거움의 대상으로만 보는 색욕과는 분명하게 구별되는 가치 있는 사랑이다. 나아가, 여기에서 그려지는 사랑은 친절, 겸손, 정숙, 타인에 대한 존중, 충성심 같은 도덕적 성격을 수반하는 이상적인 사랑이기도 하다.[272] 다시 말해, 이 사랑은 결코 천박한 낭만적인 사랑이 아닌 고상하고 이상적인 낭만적 사랑이라는 것이다. 또한 그것은 결혼을 전제로 한 것이다. 그러면서도 시인은 신체적인 아름다움과 매력을 사랑의 중요한 요소로 인정하며, 사랑을 추상적으로 말하지 않고 구체적이고 감각적으로 묘사함으로써 낭만적인 사랑을 생동감 있는 경험으로 제시한다.

전통적으로 아가서는 풍유적 해석, 자연주의적 해석, 모형적(또는 상징적) 해석 등 주로 세 가지 입장에서 해석되어져 왔다.[273] 풍유적 해석은 아가서를 일종의 풍유(allegory)로 보고 솔로몬과 술람미 여인 사이의 사랑을 그리스도와 교회의 거룩한 사랑을 비유한 것으로 해석한다. 자연주의적 해석은 아가서를 문자적으로 해석하여 남녀간의 아름다운 사랑의 노래로 파악한다.

---

270 리런드 라이켄, 『문학에서 본 성경』 유성덕 역 (서울: 크리스챤 다이제스트, 1998), 246.
271 위 책, 239.
272 위 책, 239.
273 조신권, 『하나님과의 사랑이야기』 (서울: 아가페 문화사, 2001), 13-16.

모형적 해석은 아가서를 먼저 우아한 인간적 애정시임을 인정하고 그다음 단계로 솔로몬과 술람미 여인의 사랑과 결혼이 그리스도와 교회 또는 믿는 사람들의 영적 사랑과 연합의 모형이 된다고 보는 견해다. 이 해석은 우선 아가의 사실성을 인정하고 그 후에 이 글이 갖는 영적이고 종교적인 상징적 의미를 찾는 것이어서 가장 바람직한 해석이라 생각된다.

아가서는 남녀 사이의 낭만적인 사랑을 비유적인 언어들을 사용하여 감각적으로 노래하고 있는 서정시 모음집이다. 성경에서 보기 드물게 인간의 낭만적이고 성적인 사랑을 솔직하게 묘사하고 있어서 우리의 시선을 끈다. 시인은 여러 편의 서정시들을 통해 세상을 사랑에 도취된 사람들에 의해 경험된 것으로 제시함으로써 고조된 감정으로 가득찬 사랑의 세계를 우리에게 보여준다. 여기에 사용되고 있는 이미지는 목가적이고, 열정적이고, 관능적이고, 상징적이고, 정서적이며 무엇보다 비유적이다.[274] 여기에서 노래하는 사랑은 에로스적인 남녀의 사랑이다. 그러나 남녀의 인간적인 사랑은 하나님과 인간이 온전히 연합하게 되는 이상적인 영적인 사랑에 대한 모형으로서 의미가 있다는 점도 간과해서는 안 된다. 아가서의 시들만큼 인간의 감정과 정서에 적극적으로 호소하는 시들을 성경에서 찾는 것은 쉽지 않다.

274 리런드 라이켄, 외, 『성경 이미지 사전』 홍성희 외 다수 역. (서울: 기독교문서선교회, 2008), 909.

5

성경 속의 풍자

문학 용어사전에서 풍자(satire)는 어떤 대상을 우스꽝스럽게 만들거나, 그것에 대한 재미, 멸시, 분노, 냉소 등의 태도를 불러일으킴으로써 그 대상을 격하시키는 문학적 기법을 말하는 것으로 정의되어 있다. 그것은 인간의 악덕(vice)이나 어리석음(folly)을 교정하는 수단으로 사용되며, 조롱과 책망을 통해 인간의 악함과 어리석음을 폭로하고 이를 개선하려는 목적을 가진다. 그런데 풍자는 그 자체로는 문학이 아니다. 인간의 악함과 어리석음을 폭로하는 것은 문학적인 저술뿐 아니라 설명문 같은 비문학적인 글에서도 나타나기 때문이다. 그러나 어떤 대상을 공격하는 풍자의 지배적인 목적이 소설, 이야기, 인물묘사, 은유 등과 같은 문학적 방법과 결합될 때 풍자는 문학이 된다. 그리고 풍자문학을 연구할 때 살펴보아야 할 4가지 요소들로 첫째, 풍자의 공격 대상, 둘째, 풍자의 수단, 셋째, 풍자의 어조, 넷째, 풍자의 기준이 있다.

풍자의 종류에는 공식적(직접적) 풍자(formal satire)와 간접적 풍자(indirect satire)가 있다. 그리고 주로 1인칭으로 등장하는 화자의 성격과 청중에게 보이는 그의 태도, 그리고 어조에 따라 호라티우스적 풍자(Horatian satire)와 유베날리스적 풍자(Juvenalian satire)로 나뉜다. 전자인 호라티우스적 풍자에서 화자는 세련되고 재치가 있고 너그러우며 세상 물정을 아는 인물이다. 그는 인간의 어리석음과 허세와 위선을 보고 분개하기보다는 쓴웃음을 지을 때가 더 많으며 인간의 어리석음과 부조리에 대해 웃음을 자아내기 위해 느긋한 회화체의 언어를 사용한다. 후자인 유베날리스적 풍자에서는 화자의 성격이 도덕가처럼 매우 진지하다. 그는 인간의 악덕이나 실수를 비난하기 위해 위엄 있고 공식적인 스타일의 언어를 사용하며, 인간의 탈선에 대해 경멸, 도덕적인 분개, 환멸의 비애를 불러일으키려고 시도한다.[275]

요나 이야기

성경의 이야기 중에서 요나서는 정교한 문학적인 풍자로 볼 수 있는 글이다. 요나서는 구약 성경의 소선지서들 중의 하나이지만 여러 측면에서 선지서와 다른 특징들을 가진다.

첫째, 소선지서가 대부분 시의 언어로 기록되어 있으나 요나서는 3인칭 화자의 산문체로 기록되어 있다. 둘째, 다른 선지서에는 하나님이 그의 백성 이스라엘 민족에게 선지자를 보내어 말씀을 전하고 있지만 여기서는 이스라엘의 적인 니느웨 사람들에게 요나를 보내고 있다. 셋째, 다른 선지자들은 하나님의 명령에 순종하는 모습을 보이지만 요나는 니느웨로 가라는 명령을 거역하고 다시스로 도망간다. 넷째, 다른 선지자들은 목이 곧은 이스라엘 민족을 하나님의 말씀으로 변화시키기 위해 많은 어려움을 겪지만, 요나는 니느웨로 가서 단지 하루 동안만 회개를 외치면서 다닐 뿐이다. 다시 말하면, 그가 사십일이 지나면 니느웨가 멸망할 것이라고 외치자 왕으로부터 시작하여 모든 백성이 굵은 베옷을 입고 즉시 회개한다. 다른 선지자들과 달리 요나에게 부여된 임무는 너무 쉽게 성공하는 모습이다. 그런데 지금까지 말한 이러한 차이점들 속에 풍자문학으로서 요나서의 특징이 숨겨져 있다.

이 요나 이야기는 구약 성경에 나오는 가장 훌륭한 풍자문학으로 평가받고 있으며 풍자의 종류에 있어서는 공식적인 풍자에 속한다.[276] 여기에서

275 이명섭, 『세계문학비평용어사전』 (서울: 을유문화사, 1991), 494–495.
276 Leland Ryken, *Words of Delight: A Literary Introduction to the Bible* (Grand Rapids: Baker, 1992), 337.

풍자가는 정교한 내러티브 속에 자신의 분노를 희미하게 숨기며 노골적으로 말하지 않는 모습을 보인다. 그는 이야기 속에 완벽하게 스며들어가 있어서 자신이 어떤 사람인지를 드러내지 않는다.

풍자의 공격 대상은 하나님을 이스라엘의 독점적인 하나님으로만 여기고 하나님의 보편적인 은혜를 인정하지 않는 민족적인 질투심(nationalistic zeal),[277] 즉 자민족 중심주의다. 구약 성경의 다른 선지서처럼 요나서는 여호와께서 아밋대의 아들 요나에게 이방 나라인 니느웨로 갈 것을 명령하는 것으로 시작된다.

> 여호와의 말씀이 아밋대의 아들 요나에게 임하니라 이르시되 너는 일어나 저 큰 성읍 니느웨로 가서 그것을 향하여 외치라 그 악독이 내 앞에 상달되었음이니라 하시니라. (요나 1장 1-2절)

그러나 선지자 요나는 다른 선지자들과 달리 하나님의 명령을 따르지 않고 불손한 태도를 보일 뿐 아니라 하나님의 얼굴을 피하여 니느웨가 아닌 다시스로 도망간다.

> 그러나 요나가 여호와의 얼굴을 피하려고 일어나 다시스로 도망하려 하여 욥바로 내려갔더니 마침 다시스로 가는 배를 만난지라. 여호와의 얼굴을 피하여 그들과 함께 다시스로 가려고 배삯을 주고 배에 올랐더라. (요나 1장 3절)

니느웨는 그 당시 앗수르 제국의 수도로 이스라엘에게 악의 대명사이자 하나님을 대적하는 원수 같은 나라였다. 요나가 그곳에 가기 싫었던 이유는 니느웨 사람들이 두려워서라기보다 그들이 회개와 구원의 기회를 가지는 것

277 *Ibid.*, 337.

이 싫었기 때문이다. 다시 말해, 요나는 자민족 중심주의에 빠져 하나님의 자비가 오직 이스라엘 백성에게만 배타적으로 임하길 원했기 때문인데 이것이 이 요나서의 풍자적 공격 대상이다. 이처럼 요나는 하나님 보시기에 잘못된 생각 즉, 민족주의와 편협한 사고에 갇혀있는 인물이다. 하나님이 니느웨로 가라고 한 것은 이러한 잘못되고 편협한 가치관을 바꿀 기회를 주신 것인데 그는 이를 거절함으로써 고난을 자초한다. 여호와께서 바다에 큰 폭풍을 일으키시고 요나가 탄 다시스로 가는 배는 파선 직전의 위험에 처한다. 회개하지 않으면 죽을 수밖에 없는 위험한 상황에 빠진 니느웨 백성과 요나가 똑같은 운명에 처하게 된 것이다. 이렇게 해서 이 글의 플롯은 요나와 하나님과의 갈등에서 요나와 자연환경과의 갈등으로 이동한다. 그런데 이런 위기 상황에서 요나의 생명을 구하기 위해 고군분투하는 사람들은 아이러니하게도 그가 정말 싫어하는 이방인들이다.

> 무리가 그에게 이르되 청하건대 이 재앙이 누구 때문에 우리에게 임하였는가 말하라 네 생업이 무엇이며 네가 어디서 왔으며 네 나라가 어디며 어느 민족에 속하였느냐 하니 그가 대답하되 나는 히브리 사람이요 바다와 육지를 지으신 하늘의 하나님 여호와를 경외하는 자로라 하고 자기가 여호와의 얼굴을 피함인 줄을 그들에게 말하였으므로 무리가 알고 심히 두려워하여 이르되 네가 어찌하여 그렇게 행하였느냐 하니라. 바다가 점점 흉용한지라 무리가 그에게 이르되 우리가 너를 어떻게 하여야 바다가 우리를 위하여 잔잔하겠느냐 하니 그가 대답하되 나를 들어 바다에 던지라 그리하면 바다가 너희를 위하여 잔잔하리라 너희가 이 큰 폭풍을 만난 것이 나 때문인 줄을 내가 아노라 하니라. 그러나 그 사람들이 힘써 노를 저어 배를 육지로 돌리고자 하다가 바다가 그들을 향하여 점점 더 흉용하므로 능히 못한지라. (요나 1장 8-13절)

이 사건을 통해 요나서 저자가 강조하는, 요나를 위험에 빠트리신 하나님의 의도는 분명해 보인다. 그것은 유대인이든 이방인이든 사람의 생명은 모두 소중하며, 요나가 적대적으로 생각하는 인방인들이 요나의 생명을 구하기 위해 애쓰는 모습을 통해 요나의 잘못된 생각을 고치게 하려는 목적으로 그에게 고난을 허락하셨다는 것이다. 요나는 바다에 던져지나 하나님은 큰 물고기를 준비해 그를 구원한다. 그러나 그의 의식은 쉽게 변하지 않는다. 그는 물고기 배 속에서 자기를 구원해 주기를 하나님께 기도하지만, 그의 기도는 개인적인 구원을 간구하는 차원에 머물 뿐 이방인들에 대한 하나님의 보편적인 사랑을 깨닫는 단계로 발전하지는 못한다.

> 내 영혼이 내 속에서 피곤할 때에 내가 여호와를 생각하였더니 내 기도가 주께 이르렀사오며 주의 성전에 미쳤나이다. 거짓되고 헛된 것을 숭상하는 모든 자는 자기에게 베푸신 은혜를 버렸사오나 나는 감사하는 목소리로 주께 제사를 드리며 나의 서원을 주께 갚겠나이다 구원은 여호와께 속하였나이다 하니라. (요나 2장 7-9절)

라이켄 교수는 요나서 2장을 저자의 풍자적 의도와는 관계가 없는 부분이라고 설명한다.[278] 다른 부분처럼 요나를 공격하는 것이 아니라 그를 간절히 기도하고, 마음속으로 회개하는 긍정적인 인물로 묘사하고 있기 때문이라는 것이다. 그러나 이 에피소드는 요나를 니느웨 사람들과 마찬가지로 하나님의 자비와 구원을 받는 수혜자로 만듦으로써 나중에 요나가 니느웨 사람들에게 임하는 하나님의 자비와 구원을 불평하게 될 때 그의 행동을 혐오스러운 풍자의 대상으로 만드는 중요한 역할을 한다. 아무튼 물고기 배 속에서의 요나의 기도는 하나님께 자신을 큰 폭풍의 위험으로부터 구해달라는 간절한 염원을 내러티브가 아닌 서정시의 형태로 표현하고 있어서 위기에 처한 그의 내면의 상태를 문학적으로 훌륭하게 묘사한 장면이라 할 수 있다. 요나의 기도를 들은 하나님은 물고기가 그를 육지에 토하게 만들어 구원한다. 성경 내러티브에 자주 등장하는 '죽음과 재생'(death and rebirth)의 패턴이 여기에

278 리런드 라이켄, 『문학에서 본 성경』, 유성덕 역 (서울: 크리스챤 다이제스트, 1998), 289.

서도 사용되고 있다.

요나서 3장은 요나가 전한 회개의 말을 듣고 니느웨 사람들이 왕으로부터 짐승에 이르기까지 회개하는 내용을 담고 있다. 요나가 우려하던 일이 벌어진다. 왕은 조서를 내려 온 백성의 회개를 촉구하고 온 성읍이 굵은 베를 입고 재에 앉아 회개한다. 정말로 이방 민족 니느웨가 그가 전한 회개하라는 말에 따라 행동을 한 것이다. 하나님은 이들이 악한 길을 떠난 것을 보시고 뜻을 돌이켜 그들에게 내리기로 한 재앙을 거두신다.

요나 이야기에서 핵심적인 풍자를 다루고 있는 부분은 4장이다. 요나는 이스라엘의 적인 악한 이방인들은 당연히 멸망하여야 한다는 폐쇄적인 선민사상을 가지고 있었다. 이러한 자신의 사상을 포기하는 것은 죽기보다 싫은 일이었다. 그래서 그는 니느웨에 대한 하나님의 자비와 구원을 인정하지 못하고 매우 격한 불평의 반응을 보인다.

> 요나가 매우 싫어하고 성내며 여호와께 기도하여 이르되 여호와여 내가 고국에 있을 때에 이러하겠다고 말씀하지 아니하였나이까 그러므로 내가 빨리 다시스로 도망하였사오니 주께서는 은혜로우시며 자비로우시며 노하기를 더디하시며 인애가 크시사 뜻을 돌이켜 재앙을 내리지 아니하시는 하나님이신 줄을 내가 알았음이니이다. 여호와여 원하건대 이제 내 생명을 거두어 가소서 사는 것보다 죽는 것이 내게 나음이니이다 하니 (요나 4장 1-3절)

저자는 여기에서 요나의 편협성, 민족주의, 가학성, 하나님에 대한 왜곡된 견해를 강조하여 보여준다.[279] 그러니까 요나는 자신의 가치관과 관점에서 하나님을 해석하고 행동하는 인물이다. 이러한 모습은 성경에 나오는 다른 선지자들과는 매우 다르다. 선지자가 하나님이 하시는 일에 노골적으로 싫어하고 성내는 반응을 보이는 인물은 성경 전체에서 요나밖에 없다. 그렇다면

279 위 책, 290.

이 글에서 풍자의 대상은 요나임이 분명하다. 그는 하나님을 공격하지만, 실상은 하나님이 아닌 자신을 공격하게 만드는 아이러니를 자아내는 인물이다.

니느웨의 멸망을 바라던 요나의 생각이 이처럼 막무가내의 심술과 불평의 형태로 표출되자 하나님께서는 박넝쿨 사건을 통해 니느웨 사람들과 그곳의 짐승들까지도 얼마나 소중한 생명인지를 깨우쳐준다.

> 요나가 성읍에서 나가서 그 성읍 동쪽에 앉아 거기서 자기를 위하여 초막을 짓고 그 성읍에 무슨 일이 일어나는가를 보려고 그 그늘 아래에 앉았더라. 하나님 여호와께서 박넝쿨을 예비하사 요나를 가리게 하셨으니 이는 그의 머리를 위하여 그늘이 지게 하며 그의 괴로움을 면하게 하려 하심이었더라 요나가 박넝쿨로 말미암아 크게 기뻐하였더니 하나님이 벌레를 예비하사 이튿날 새벽에 그 박넝쿨을 갉아먹게 하시매 시드니라. 해가 뜰 때에 하나님이 뜨거운 동풍을 예비하셨고 해는 요나의 머리에 쪼이매 요나가 혼미하여 스스로 죽기를 구하여 이르되 사는 것보다 죽는 것이 내게 나으니이다 하니라. (요나 4장 5-8절)

앞서 요나를 삼켰던 큰 물고기와 이 박넝쿨은 니느웨의 구원에 대한 요나의 불평이 얼마나 잘못되고 논리적으로 모순인가를 가르쳐주기 위해 하나님이 준비한 것이다. 하나님은 유대인과 이방인 모두를 편견 없이 사랑하며 모든 생명을 소중히 여기시는 분이라는 사실을 강조하기 위해 요나가 풍자의 대상으로 설정되어 있다. 다시 말하면, 민족적이고 인종적인 장벽을 초월한 하나님의 인격, 즉 그의 사랑과 자비가 요나서가 말하는 풍자의 규범이다.

> 하나님이 요나에게 이르시되 네가 이 박넝쿨로 말미암아 성내는 것이 어찌 옳으냐 하시니 그가 대답하되 내가 성내어 죽기까지 할지라도 옳으니이다 하니라. 여호와께서 이르시되 네가 수고도 아니하였고 재배도 아니하였고 하룻밤에 났다가 하룻밤에 말라 버린 이 박넝쿨을 아꼈거든 하물며 이 큰 성읍 니느웨에는 좌우를 분변하지 못하는 자가 십이만여 명이요 가축도 많이 있나니 내가 어찌 아끼지 아

니하겠느냐 하시니라. (요나 4장 9-11절)

위 인용문에서 제시되는 요나의 모습은 단순히 우스꽝스러운 것 이상이다. 그는 잘 토라지는 어린애와 같고 학대하기 좋아하는 괴팍한 사람 같은 느낌마저 들게 한다. 그는 하나님께 화를 내며 죽고 싶다고 항변하지만, 자신이 하나의 식물인 박넝쿨을 아꼈다면 하나님이 니느웨에 거주하는 십 이만 명의 사람들과 많은 가축을 아끼는 것은 지극히 당연하다. 요나서의 저자는 하나님과 요나의 대화를 통해 요나의 모순과 잘못된 생각이 무엇인지를 정확하게 꼬집으며 풍자하고 있다.

요나의 이야기를 성경의 다른 이야기들처럼 영웅 이야기로 볼 수는 없다. 요나의 행동이나 모습이 전적으로 비(非) 동정적이거나 부정적인 것은 아니지만 그렇다고 이상적인 모범을 제시하는 영웅의 모습은 결코 아니기 때문이다. 특히, 이 이야기의 결론은 요나의 진정한 회개나 새로운 깨달음, 또는 변화된 모습을 제시하는 것이 아니라 그를 꼬집는 것으로 끝나고 있어 요나의 잘못된 생각을 풍자하고 있는 것이 분명하다. 그러나 주인공이 조롱당하는 대상으로 묘사되는 이 글의 어조는 심각하지 않고 가볍고 우습다. 요나 이야기는 시작과 진행, 결론 부분 모두가 잘 짜인 정교한 문학적 풍자의 좋은 본보기다.

아모스

아모스는 요나의 이야기와 달리 문학적으로 간접적 풍자(indirect satire)로 분류할 수 있는 글이다. 이 글은 정교한 문학적 풍자가 아닌 비형식적인 풍자이며 여기에서 풍자가는 전문적인 선지자가 아닌 사회적으로 이름 없는 인물이다. 그는 드고아의 목자 중 한 사람으로 뽕나무를 재배하고 양떼를 칠 때 하나님의 부르심을 받았다. 그러나 그는 종교적인 의분과 예언자적인 열정을 가진 인물이다. 그의 어조는 전형적인 노골적 풍자가들처럼 진지하고 도덕적이며 실제적이다. 그는 자신의 메시지를 효과적으로 전달하기 위해 악담, 비난, 심지어 욕설을 퍼붓는 것을 주저하지 않는다. 그의 공격의 대상은 인간의 어리석음(folly)이 아니라 종교적, 사회적, 정치적 악덕(vice)이다. 그는 사회적으로 압박받는 그룹 전체와 하나님의 대의명분을 옹호하며, 탐욕, 사회적 불의, 사치, 그리고 스스로 의롭다고 생각하는 사람들의 도덕적 부패를 공격한다. 그의 풍자는 강조점이 개인적인 잘못이 아닌 공적인 악에 집중되고 있어서 요나서와 대조된다.

이 글은 형식에서도 간접적 풍자의 형식을 그대로 따르고 있다. 즉, 통일성 있고 주의 깊게 고안된 구조가 아닌 느슨한 구조와 여러 가지 다양한 조각들이 모여 있는 백과사전적인 형식을 취하고 있다. 여기에는 말하기, 설화, 예언, 환상, 대화, 극적 독백, 서정시, 심판에 대한 공포 등, 여러 가지 요소들이 포함된다. 그러나 이런 특징들은 일반문학에서 볼 수 있는 풍자의 특징과 상반되는 것은 아니다. 커넌(Alvin Kernan)은 그의 저서 『풍자의 플롯』(*The Plot of Satire*)에서 풍자의 플롯은 직접적이고 직선적으로 진행되는 것이 아니며, 오히려 느슨한 장면들과 행동들이 나열되어 있어서 분리와 변화의 부재가 풍자의 중요한 특징이라고 지적한 바 있다.[280]

그러나 산만한 구성에도 불구하고 아모스는 생생한 문학적 상상력을 보여주고 있어서 시선을 끈다. 이 글에는 여러 주제와 다양한 모티프들을 비롯하여, 은유(2장 7절, 3장 8-10절, 4장 1절, 5장 2절, 8장 11절 등), 직유(2장 9, 13절, 3장 12절, 4장 2, 11절, 5장 24절, 8장 10절 등), 대유(2장 14-16절, 8장 13절), 시적인 평행법(1장 3, 6, 9, 11, 13절, 2장 1, 4, 6절), 반어법(4장 4절), 의인법(9장 8절), 등 다양한 수사적 장치들이 사용되어 효과적으로 풍자의 메시지를 전달한다.

---

280 Alvin Kernan, *The Plot of Satire* (New Haven: Yale University Press, 1965), 100.

아모스 1장은 이스라엘을 괴롭히는 이웃 나라들, 즉 아람, 블레셋, 두로, 에돔, 암몬의 죄악과 그에 대한 심판을 말하고 있다. 이 장에서는 일정한 패턴으로 반복되는 형식에 따라 죄악이 가득한 이방 민족들에 대한 심판이 기술된다. 즉, (1)여호와께서 이와 같이 말씀하시되(시작하는 문구)로 시작하여, (2)…의 서너 가지 죄로 말미암아(한 쌍의 균형 잡힌 문구), (3)내가 그 벌을 돌이키지 아니하리니(심판의 문구), (4)이는 그들이 모든 사로잡은 자를 끌어 …에 넘겼음이라(죄에 대한 고발), (5)내가 …에게 불을 보내리니(심판의 내용)라는 형식이 사용되어 이방 나라들의 죄악에 대한 풍자의 목소리를 드높인다.

2장은 모압과 남유다의 죄악을 언급하고 본격적으로 북이스라엘의 죄악과 이에 대한 형벌을 기록하고 있다. 특히, 유다가 벌을 면치 못하는 이유는 하나님의 백성이 당연히 지켜야 할 율법을 배척하고 거짓된 우상에게 미혹되어 몸과 마음을 빼앗겼기 때문이라고 꼬집는다. 이스라엘 또한 이방인들이 범한 죄, 즉 불의, 부정, 잔인, 학대뿐 아니라 하나님의 율법과 율례까지도 멸시하고 위반하였음을 지적한다. 저자는 이런 잘못된 악행들을 꼬집고 풍자하며 교정되기를 바란다.

> 여호와께서 이와 같이 말씀하시되 유다의 서너 가지 죄로 말미암아 내가 그 벌을 돌이키지 아니하리니 이는 그들이 여호와의 율법을 멸시하며 그 율례를 지키지 아니하고 그의 조상들이 따라가던 거짓 것에 미혹되었음이라. (아모스 2장 4절)
>
> 여호와께서 이와 같이 말씀하시되 이스라엘의 서너 가지 죄로 말미암아 내가 그 벌을 돌이키지 아니하리니 이는 그들이 은을 받고 의인을 팔며, 신 한 켤레를 받고 가난한 자를 팔며, 힘없는 자의 머리를 티끌 먼지 속에 발로 밟고 연약한 자의 길을 굽게 하며 아버지와 아들이 한 젊은 여인에게 다녀서 내 거룩한 이름을 더럽히며 모든 제단 옆에서 전당 잡은 옷 위에 누우며 그들의 신전에서 벌금으로 얻은 포도주를 마심이니라. (아모스 2장 6-8절)

풍자가의 공격 대상은 주로 종교적인 측면에서 저지른 악행들이다. 이스라엘이 영적으로 거짓 종교와 노골적인 우상숭배의 죄를 범하고, 만물의 창조주이신 하나님을 배반하는 악행을 행한 것에 대한 비판과 풍자가 이 글의 핵심이 되고 있다. 하지만 풍자가는 이에 그치지 않고 사회적인 부정부패에 대해서도 신랄한 풍자를 가한다. 우선 그는 게으른 부자들의 탐욕과 부정하게 얻은 이익을 공격한다.

> 너희가 힘없는 자를 밟고 그에게서 밀의 부당한 세를 거두었은즉 너희가 비록 다듬은 돌로 집을 건축하였으나 거기 거주하지 못할 것이요 아름다운 포도원을 가꾸었으나 그 포도주를 마시지 못하리라. (아모스 5장 11절)
>
> 너희가 이르기를 월삭이 언제 지나서 우리가 곡식을 팔며 안식일이 언제 지나서 우리가 밀을 내게 할꼬 에바를 작게 하고 세겔을 크게 하여 거짓 저울로 속이며 (아모스 8장 5절)

그리고 무엇보다 압제 받는 가난한 자들에 대한 힘 있는 자들의 불법행위를 맹렬하게 비판하며 풍자한다.

> 힘없는 자의 머리를 티끌 먼지 속에 발로 밟고 연약한 자의 길을 굽게 하며 아버지와 아들이 한 젊은 여인에게 다녀서 내 거룩한 이름을 더럽히며 모든 제단 옆에서 전당 잡은 옷 위에 누우며 그들의 신전에서 벌금으로 얻은 포도주를 마심이니라. (아모스 2장 7-8절)
>
> 사마리아의 산에 있는 바산의 암소들아 이 말을 들으라 너희는 힘 없는 자를 학대하며 가난한 자를 압제하며 가장에게 이르기를 술을 가져다가 우리로 마시게 하라 하는도다. (아모스 4장 1절)
>
> 너희가 힘없는 자를 밟고 그에게서 밀의 부당한 세를 거두었은즉 너희가 비록 다듬은 돌로 집을 건축하였으나 거기 거주하지 못할 것이요 아름다운 포도원을 가꾸었으나 그 포도주를 마시지 못하리라. (아모스 5장 11절)

나아가 풍자가는 종교적, 사회적, 정치적 악덕을 청산하지 않으면 전쟁과 그에 수반되는 고통이 죄에 대한 신의 형벌로 주어질 것이라고 경고의 목소리를 드높인다.

> 빨리 달음박질하는 자도 도망할 수 없으며 강한 자도 자기 힘을 낼 수 없으며 용사도 자기 목숨을 구할 수 없으며 활을 가진 자도 설 수 없으며 발이 빠른 자도 피할 수 없으며 말 타는 자도 자기 목숨을 구할 수 없고 용사 가운데 그 마음이 굳센 자도 그 날에는 벌거벗고 도망하리라 여호와의 말씀이니라. (아모스 2장 14-16절)
>
> 여호와께서 이와 같이 말씀하시기를 네 아내는 성읍 가운데서 창녀가 될 것이요 네 자녀들은 칼에 엎드러지며 네 땅은 측량하여 나누어질 것이며 너는 더러운 땅에서 죽을 것이요 이스라엘은 반드시 사로잡혀 그의 땅에서 떠나리라 하셨느니라. (아모스 7장 17절)

특히, 4장에서는 가난한 자와 궁핍한 자들을 착취하는 이스라엘의 부유한 여성들을 부드러운 풀을 마음껏 먹고 뚱뚱해진 바산의 암소들에 비유하여 풍자한다. 저자는 이들의 사치와 타락을 다음과 같이 신랄하게 비판한다.

> 사마리아의 산에 있는 바산의 암소들아 이 말을 들으라 너희는 힘없는 자를 학대하며 가난한 자를 압제하며 가장에게 이르기를 술을 가져다가 우리로 마시게 하라 하는도다. 주 여호와께서 자기의 거룩함을 두고 맹세하시되 때가 너희에게 이를지라 사람이 갈고리로 너희를 끌어가며 낚시로 너희의 남은 자들도 그리하리라. 너희가 성 무너진 데를 통하여 각기 앞으로 바로 나가서 하르몬에 던져지리라 여호와의 말씀이니라. (아모스 4장 1-3절)

위 인용문의 "주 여호와께서 자기의 거룩함을 두고 맹세하시되"에서 알 수 있듯이 여기에서 풍자의 판단 기준은 하나님의 거룩함과 정의에 존재한다.[281] 이 글은 기본적으로 하나님의 율법을 배신한 이스라엘에 대한 심판을 경고하면서 동시에 사회에 만연한 악과 불공정을 바로 잡기 위한 정의를 선포하고 있다. 그러면서 전도(reversal)의 수법을 사용하여 악과 잘못을 개선하지 않으면 모든 것들이 역전될 것임을 경고한다. 다시 말하면, 거짓 종교와 의식주의에 치우친 종교 행위에 빠진 이스라엘 사람들은 그들이 고대하는 주의 날 대신 무서운 재앙을 맞이할 것이며, 사치에 빠진 부자들과 가난한 사람을 압제하는 긍휼 없는 자들은 갈고리에 꿰어 포로로 사로잡혀가는 반전된 운명을 맞이할 것임을 선포한다.[282] 그들의 희희낙락하던 노랫소리는 슬픔으로 변하고 그들의 축제는 애통으로 바뀔 것이며, 가장 강한 자도, 가장 발이 빠른 자도, 가장 용감한 자도 멸망의 날을 빠져나가지 못할 것이라고 단언한다. 하지만 소망이 전혀 없는 것은 아니다. 이스라엘의 목자 즉, 여호와 하나님이 황폐해진 이스라엘을 종국에는 구원할 것이며 겸손한 이스라엘 백성은 그들의 땅을 회복하고 구원받을 것임을 이 글의 후반부에서 밝히고 있다.

이상에서 설명한 것처럼 아모스는 길지 않은 글임에도 주목할 만한 풍자적인 내용을 그 속에 담고 있다. 저자인 아모스는 당대에 일어나고 있는 여러 악행을 신랄하게 공격하고 풍자했다. 그 당시 이스라엘 사람들은 종교적인 의식들을 형식적으로 공허하게 행하였고, 탐욕에 가득 찬 사람들은 신 한 켤레를 받고 궁핍한 자를 팔고 가난한 자의 머리에 있는 티끌조차 탐냈다. 또한 가난하고 힘없는 사람들로부터 착취한 돈으로 상아 궁을 짓기도 했다. 이 모든 것들이 아모스의 풍자 대상이었으며 그의 공격의 목표였다. 그는 이스라엘 백성들이 이런 악과 비행들을 중단하지 않으면 멸망할 수밖에 없다고 엄중한 어조로 심판에 대한 경고의 목소리를 드높이고 있다.

그러나 비록 짧게 언급되지만 회개하는 자에게는 구원과 회복이 주어질 것이라는 희망의 메시지도 함께 전한다. 이처럼 이 글은 구약의 예언서가 다

281 위 책, 292.
282 리런드 라이켄, 외, 『성경 이미지 사전』 홍성희 외 다수 역. (서울: 기독교문서선교회, 2008), 932–933.

루는 심판과 소망의 메시지를 모두 전하고 있어서 풍자뿐만 아니라 예언서로 분류되기도 한다. 이런 측면에서 아모스는 성경의 대표적인 풍자문학이면서 동시에 예언서로 볼 수 있는 "풍자적 예언서"(satiric prophecy)[283]라고 할 수 있다.

283 Leland Ryken, *Words of Delight: A Literary Introduction to the Bible* (Grand Rapids: Baker, 1992), 337.

6

성경의 드라마

드라마는 극장에서 연극을 공연하기 위해 만들어진 문학 형식을 말하며 여기에서 배우들은 등장인물의 역할을 하고 지시된 행동을 수행하며 쓰인 대화의 내용대로 대사를 말한다. 드라마의 또 다른 형태로 시극(poetic drama)이 있는데 이것은 대화가 운문으로 되어 있는 드라마를 말하며 영문학에서는 대개 무운시(blank verse)로 쓰여 있다. 그러나 영국의 왕정복고기(Restoration period)에 유행하던 영웅극(Heroic Drama)들은 영웅시체 2행 연구(Heroic Couplet)로 되어 있다. 그리고 무대에서의 상연을 위해서가 아니라 읽기 위해서 쓴 드라마인 레제드라마(Closet Drama)도 있다.[284]

드라마의 유형에는 희극, 비극, 희비극, 민속극, 영웅극, 기적극, 도덕극, 무언극, 문제극, 감수성의 희곡, 서사극, 가면극. 멜로드라마 등 여러 종류가 있다.

드라마의 요소로는 인물, 대사, 행동, 이야기, 네 가지가 있고, 또한 드라마는 도입, 갈등, 위기, 반전, 갈등의 해소라는 다섯 가지 요소들로 구성된 플롯을 기본적으로 가지고 있다.

| 욥기

욥기는 성경 중에서 가장 문학적으로 가치를 인정받는 책이다. 종교 개

284 M. H. Abrams, *A Glossary of Literary Terms*, 7th Ed. (Orlando: Harcourt Brace, 1985), 69–70.

혁자 루터(Martin Luther)는 욥기를 성경에서 가장 장엄하고 숭고한 책이라고 평가했고,[285] 『책별로 성경을 어떻게 읽을 것인가』의 저자 피와 스튜어트는 세계적인 문학적 보고 중의 하나라고 평가했다.[286] 또한, 무어헤드(W. C. Moorhead)는 욥기를 이 세상의 가장 고결한 시들 중 하나라고 하면서 극찬을 아끼지 않았다.[287] 이 외에도 많은 사상가와 문학가들이 욥기의 문학성을 높게 평가한다.

그런데 욥기의 장르에 관해서는 의견이 나뉜다. 욥기를 문학적으로 어떤 형태의 글로 볼 것인가는 학자들에 따라 교훈시, 서사시, 비극, 드라마 등 견해가 분분하다. 욥기가 깨달음과 가르침을 주는 교훈적인 내용을 노래하는 시라고 생각하는 학자들은 교훈시로, 영웅이나 위인의 생애나 업적을 운문으로 노래하고 있다고 생각하는 학자들은 서사시로 분류한다. 그리고 셰익스피어의 『햄릿』(*Hamlet*)처럼 주인공의 고통과 아픔을 대화의 형식으로 보여준다는 점에 주목한 학자들은 비극적인 드라마라고 주장하기도 한다. 욥기는 이처럼 다양한 여러 가지 문학 장르들의 요소들을 가지고 있으나 정확하게 어느 한 장르로 분류하기가 어렵다는 견해가 지배적이다.

그러나 욥기를 전체적으로 잘 살펴보면 드라마와 가장 가깝다는 것을 알 수 있다. 산문으로 되어 있는 이 글의 프롤로그와 에필로그를 제외한 모든 중간 부분은 대화의 형식을 취하고 있기 때문이다. 욥기의 플롯이 일반 드라마에서처럼 욥과 세 친구의 논쟁과 갈등으로 구성되어 있고 그들의 대화가 과거 훌륭한 드라마에서 볼 수 있는 시적 언어로 표현되고 있어서 시적인 드라마(poetic drama)로 볼 수 있다. 욥과 세 친구 사이의 논쟁은 철학적이며 사상적인 논증의 대결이 아닌 자신들의 생각을 반복해서 주장하는 것이기는 하나 라이켄 교수의 지적처럼, 이 작품은 철학이나 신학 수업에서 볼 수 있는

285 조신권, 『히브리 지혜문학의 이해』 (서울: 아가페문화사, 2010), 53.

286 고든 D. 피와 더글라스 스튜어트, 『책별로 성경을 어떻게 읽을 것인가』 김진선 역. (서울: 성서유니온, 2006), 148.

287 헐버트 라키어, 『지혜의 위기』 윤중석 옮김 (서울: 기독지혜사, 1993) 10에서 재인용

논쟁이 아닌 연극 무대에서 벌어지는 인물들의 갈등을 그리고 있어서 드라마라고 하는 것이 가장 타당하다.[288]

특히, 욥기는 프롤로그와 에필로그를 제외한 모든 부분에 나타나는 시적인 대화가 독자로 하여금 히브리 시의 예술성을 느끼게 해준다. 욥기를 읽을 때, 시적 언어로 쓰인 드라마가 아닌 산문으로 표현된 내러티브로 생각하고 이 이야기에서 빠른 속도로 진행되는 플롯을 기대한다면 실망할 수밖에 없다. 그래서 욥기를 읽을 때는 시를 읽을 때처럼 의미를 꼼꼼히 생각하며 소리 내어 읽는 자세가 요구된다. 히브리 시의 특징인 평행법이 사용되고 있어 더욱 그렇다.

이뿐만 아니라, 이 욥기에는 드라마의 특징적인 요소인 아이러니가 잘 드러난다. 여기에서는 욥과 세 친구 모두 아이러니를 보여주는 캐릭터들이다. 세 친구들은 한결같이 전통적인 생각과 낡은 고정관념에 빠져 있어서 욥의 비참한 상황을 죄의 결과로만 생각한다. 다시 말해, 그들은 욥이 죄를 지었기 때문에 그 결과 하나님으로부터 벌을 받아 고통을 겪고 있다고 생각한다. 그래서 욥이 죄를 회개해야만 회복될 수 있다는 사고에 철저하게 갇혀 있다. 그들은 잘못이 없어도 인간이 고통을 받을 수 있다는 생각은 결코 하지 못한다. 따라서 욥이 죄를 짓지 않은 현실적인 상황에서 이런 사실을 모르고 그들이 내뱉는 말들은 모두가 아이러니를 만들 수밖에 없다. 욥도 처음에는 하나님이 그에게 고통을 직접 내리신 것이 아님에도 불구하고 원인 없이 하나님이 자신에게 고통을 내리셨다고 불평한다. 따라서 그의 하나님에 대한 불평의 말은 아이러니를 내포하지 않을 수 없다.[289]

욥기가 보여주는 이런 특징은 분명 드라마에서 볼 수 있는 것들이다. 그러나 학자들이 욥기를 드라마로 분류하기를 주저했던 주된 이유는 드라마란 일반적으로 심각하든지 또는 진지한 행위를 재연한 것인데 욥기에는 프롤로

288 Leland Ryken, *Words of Delight: A Literary Introduction to the Bible* (Grand Rapids: Baker, 1992), 342.
289 *Ibid*., 343.

그를 제외하면 그런 행위가 없다는 것이다. 즉, 욥기에 심각한 갈등이 없는 것은 아니지만 그것이 행동으로 전개되는 것이 아니라 담론으로 전개되고 있어서 드라마로 보기 어렵다는 것이다.[290] 그러나 이런 사실이 욥기를 드라마로 볼 수 없게 만드는 이유가 되지는 못한다.

물론 전통적으로 드라마는 무대 상연을 위해 계획된 문학 형식으로 배우들이 작중인물의 역을 맡고, 지시된 지문에 따라 연기를 하며, 쓰인 대사를 말하는 내용으로 구성되어 있다. 이런 엄격한 기준에서 보면 성경에는 무대를 위해 쓰인 드라마라고 부를 수 있는 글은 없다. 하지만 문학에서도 무대 상연보다는 읽을거리로 쓴 극인 레제드라마(closet drama)가 있고 밀턴(John Milton)의 『투사 삼손』(*Samson Agonistes*), 셸리(P. B. Shelley)의 『사슬에서 풀려난 프로메테우스』(*Prometheus Unbound*), 바이런(Gorge Gordon Byron)의 『맨프레드』(*Manfred*) 등이 여기에 속한다. 욥기는 바로 이런 읽기 위한 목적으로 창작된 레제드라마와 성격을 같이 한다. 다시 말해, 욥기는 드라마 중에서도 레제드라마라 할 수 있다.[291]

욥기는 모두 42장으로 구성되어 있는데 구조상으로는 현대의 문제극(problem play)과 유사하다. 문제극은 철학적인 성격의 문제를 제기하고 다양한 인물들이 그 문제에 대해 논쟁을 벌이며 마지막에 해결책이 제시되는 형태를 가진 드라마를 말한다.[292] 욥기도 "죄가 없는 의인이 왜 고통을 당해야 하는가"라는 문제를 제기하고 이에 대한 세 친구와 욥 사이의 논쟁을 제시하 며, 마지막에 하나님이 욥에게 직접 나타나셔서 문제를 해결하는 구조로 되어 있다.

1–2장은 이 드라마의 프롤로그로서 하늘에서 하나님과 사탄을 포함한

290 조신권, 『히브리 지혜문학의 이해』 (서울: 아가페문화사, 2010), 58.

291 성경문학 연구의 대가인 미국의 라이켄 교수도 1974년에 쓴 저서 『문학에서 본 성경』(The Literature of the Bible)에서는 욥기를 지혜문학, 드라마, 비극 그 어디에도 정확하게 속하지 않는 것으로 판단하고 설화로서 분석했다. 그러나 계속적인 연구결과 입장을 바꾸어 1992년에 출간한 저서 『기쁨의 언어』(Words of Delight)에서는 여러 가지 타당한 이유들을 제시하며 욥기를 레제드라마라고 자신 있게 주장했다.

292 Leland Ryken, *The Literature of the Bible* (Michigan: Zondervan, 1974), 109.

천사들이 두 차례 회의하는 장면이 이에 해당한다. 이 두 번의 회의 장면은 그 자체가 또 하나의 작은 드라마라 할 수 있을 정도로 박진감 넘치게 전개되는 모습을 보인다.

3-31장까지는 전개부로서 대화 또는 논쟁으로 이루어져 있는데, 3장에는 욥의 탄식이 나타나고, 4-27장까지는 욥과 세 친구 엘리바스, 빌닷, 소발 사이의 논쟁이 세 차례에 걸쳐 반복되는 순환의 구조 속에 나타나고 있다. 그 후 욥의 독백이 이어지고 엘리후가 등장하여 자신의 견해를 피력한다. 그리고 이 드라마의 클라이맥스에 해당하는 욥과 하나님의 대면 장면이 묘사된다. 그런 다음 에필로그로 드라마가 마무리된다. 이것을 정리하면 다음과 같다.[293]

산문 형식의 프롤로그 - 사탄에게 시험받는 욥(1-2장)

시 형식의 대화 또는 논쟁 - 절망하는 욥(3장)

- 욥과 세 친구가 논쟁을 벌이는 세 번의 대화(4-31장)

- 엘리후의 주제넘은 발언(32-37장)

폭풍 속에서 나타난 하나님 - 욥에게 질문하는 하나님(38-42:6절)

산문 형식의 에필로그 - 욥의 정당성을 인정하고 회복시키는 하나님

욥기의 프롤로그는 욥이 어떤 인물이며 욥기에서 제기되는 근본적인 문제에 대한 배경과 근거를 제공하고 있어서 중요하다. 저자는 이 첫 부분에서 욥은 죄가 없는 인물이며, 자식들이 혹시 잘못을 저질렀을까 염려하여 하나님께 성결하게 하는 제사를 자녀의 명수대로 드리는 의인이라고 말한다.

우스 땅에 욥이라 불리는 사람이 있었는데 그 사람은 온전하고 정직하여 하나님을 경외하며 악에서 떠난 자더라. 그에게 아들 일곱과 딸 셋이 태어나니라. 그의 소유물은 양이 칠천 마리요 낙타가 삼천 마리요 소가 오백 겨리요 암나귀가 오백

293 Leland Ryken, *Words of Delight: A Literary Introduction to the Bible* (Grand Rapids: Baker, 1992), 344.

마리이며 종도 많이 있었으니 이 사람은 동방 사람 중에 가장 훌륭한 자라. 그의 아들들이 자기 생일에 각각 자기의 집에서 잔치를 베풀고 그의 누이 세 명도 청하여 함께 먹고 마시더라. 그들이 차례대로 잔치를 끝내면 욥이 그들을 불러다가 성결하게 하되 아침에 일어나서 그들의 명수대로 번제를 드렸으니 이는 욥이 말하기를 혹시 내 아들들이 죄를 범하여 마음으로 하나님을 욕되게 하였을까 함이라 욥의 행위가 항상 이러하였더라. (욥기 1장 1-5절)

그런데 문제는 하늘 회의에서 사탄은 욥이 이처럼 하나님의 말씀을 순종하는 것은 하나님이 그에게 엄청난 복을 주셨기 때문이며 따라서 복을 거두게 되면 하나님을 원망하고 배신할 것이라고 주장한다.

사탄이 여호와께 대답하여 이르되 욥이 어찌 까닭 없이 하나님을 경외하리이까. 주께서 그와 그의 집과 그의 모든 소유물을 울타리로 두르심 때문이 아니니이까 주께서 그의 손으로 하는 바를 복되게 하사 그의 소유물이 땅에 넘치게 하셨음이니이다. 이제 주의 손을 펴서 그의 모든 소유물을 치소서 그리하시면 틀림없이 주를 향하여 욕하지 않겠나이까 (욥기 1장 9-11절)

이런 사탄의 주장은 인과 관계를 중시하는 경험론의 입장에 근거한 것으로, 경험을 초월해 역사하는 하나님의 섭리를 거부하는 그의 모습을 대변한다. 그는 하나님이 욥의 소유물을 박탈하면 욥이 하나님을 욕할 것이라고 확신하지만 욥은 그의 재산과 자식들을 모두 잃어버린 후에도 하나님에 대한 변함없는 신뢰와 충성을 보인다.

욥이 일어나 겉옷을 찢고 머리털을 밀고 땅에 엎드려 예배하며 이르되 내가 모태에서 알몸으로 나왔사온즉 또한 알몸이 그리로 돌아가올지라 주신 이도 여호와시요 거두신 이도 여호와시오니 여호와의 이름이 찬송을 받으실지니이다 하고 이 모든 일에 욥이 범죄하지 아니하고 하나님을 향하여 원망하지 아니하니라. (욥기 1장 20-22절)

그러나 사탄은 그의 주장을 꺾지 않는다. 두 번째 하늘 회의에서 그는 욥의 소유물이 아닌 욥 자신이 화를 당하면 틀림없이 하나님을 원망할 것이라는 새로운 주장을 하는데 하나님은 사탄에게 그렇게 하도록 허락한다.

> 사탄이 여호와께 대답하여 이르되 가죽으로 가죽을 바꾸오니 사람이 그의 모든 소유물로 자기의 생명을 바꾸올지라. 이제 주의 손을 펴서 그의 뼈와 살을 치소서 그리하시면 틀림없이 주를 향하여 욕하지 않겠나이까 여호와께서 사탄에게 이르시되 내가 그를 네 손에 맡기노라 다만 그의 생명은 해하지 말지니라. (욥기 2장 4-6절)

그 결과 욥은 머리부터 발끝까지 심한 종기가 나서 재 가운데 앉아 질그릇 조각으로 몸을 긁으며 극심한 고통을 당하게 된다. 그의 몰골이 어찌나 흉측했던지 그의 아내도 하나님을 원망하고 죽으라며 그에게 독설을 퍼붓는다.

그런데 이 드라마의 프롤로그가 보여주는 이런 상황은 독자로 하여금 "왜 의로운 사람이 고통을 당해야 하는가?", "하나님은 과연 공의로운 존재인가?"라는 근본적인 질문을 하게 만든다. 그러나 하나님의 공의를 의심하게 만드는 이 프롤로그는 이 드라마가 제기하는 근본적인 아이러니를 해결할 단초를 제공하고 있어서 잘 살펴볼 필요가 있다. 이 드라마의 본론 부분에서 욥의 세 친구가 욥을 찾아와 끈질기게 주장하는 것은 욥이 죄를 지었기 때문에 그 결과 벌을 받아 재앙에 빠졌으므로 잘못을 인정하고 죄를 회개해야 한다는 것이다. 이와 같은 그들의 주장은 그 자체로는 모순적이거나 잘못된 것처럼 보이지 않는다. 문제는 프롤로그를 통해 욥이 죄가 없음을 알고 있는 독자의 눈에는 세 친구의 주장이 비합리적이며 욥과 이들 사이의 논쟁도 쓸모없는 시간 낭비로 비춰질 수밖에 없다. 이것이 이 드라마가 연출하는 첫 번째 아이러니다.

그런데 욥도 재앙에 처한 후 하나님에게 왜 잘못이 없는 자신에게 고통을 주시는지를 계속해서 항변한다. 그러나 프롤로그에서 하나님은 욥의 재앙을 허락만 하셨을 뿐 직접 그에게 재앙을 내리지 않았다는 사실이 분명하게 제시된다. 그에게 재난을 내린 존재는 하나님이 아니라 사탄이다(1장 10–12절, 2장 4–6절). 따라서 이런 사실을 모른 채 욥이 하나님에게 하는 항변의 말은 아이러니를 내포하지 않을 수 없다. 욥과 세 친구 모두 하늘에서 일어난 하나님과 사탄 사이의 일을 몰랐기 때문에, 다시 말해 초자연적인 세계를 이해하지 못했기 때문에 아이러니를 만드는 인물이 된 것이다.

극심한 고통을 당한 욥의 첫 번째 반응은 불평과 탄식이다. 그는 자신이 태어난 날을 저주하며 마치 눈이 뽑힌 삼손처럼 죽기를 희망한다. 3장에 나오는 그의 탄식의 대사는 완전한 절망의 뉘앙스로 가득 차 있다. 그의 이런 반응은 프롤로그에서의 모습과는 다른 것으로 고통을 허락한 하나님의 의도와 다르게 고통이 그를 절망 속으로 밀어 넣고 있다. 또한 욥은 하나님이 그에게 허락하지 않은 죽음을 염원하게 되는데 여기서도 아이러니가 만들어진다. "거기서는 악한 자가 소요를 그치며 거기서는 피곤한 자가 쉼을 얻으며"(3장 17절)라는 대사가 보여주듯 그는 죽은 후 내세의 삶을 마치 잠을 자듯 피곤한 사람들이 휴식을 취하는, 행동이 존재하지 않는 상태로 인식한다. 그러나 드라마의 후반부에 가면 이런 정적인 인식의 상태로부터 하늘나라에서 죽은 자의 부활의 모습을 예견하는 희망적인 상태로 그의 의식은 발전한다.

욥을 위로하기 위해 방문한 세 친구가 욥에게 하는 말들은 그들의 가치관과 정서를 잘 보여준다. 이들은 모두 고난에 대한 일방적인 견해를 가지고 있다. 즉, 죄가 없는 사람은 고난을 겪지 않는다는 것이다. 욥이 고난을 겪는 것은 죄를 지었기 때문이고 그가 고통에서 벗어날 방법은 회개뿐이라고 생각한다. 대표적으로 데만 사람 엘리바스의 대사를 보자.

> 생각하여 보라 죄 없이 망한 자가 누구인가
> 정직한 자의 끊어짐이 어디 있는가
> 내가 보건대 악을 밭 갈고 독을 뿌리는 자는 그대로 거두나니

> 다 하나님의 입 기운에 멸망하고
> 그의 콧김에 사라지느니라. (욥기 4장 7-9절)

이러한 자신들의 경험과 가치관에 근거한 세 친구의 비난에 대한 욥의 핵심적인 반응은 하나님이 무죄한 자신을 정죄하셨기에 억울하다는 것이다. 그는 자신이 완전무결한 의인이라고 말하지는 않지만, 현재와 같은 끔찍한 고난을 받아야 할 만큼 그렇게 무서운 죄를 짓지 않았다고 확신한다. 그는 하나님의 공의(정의)를 의심하며 선인이나 악인이 마찬가지의 운명이며 재앙은 양자 모두에게 임한다고 말한다(욥기 9장 22절). 그는 이유 없이 하나님이 자기에게 고통을 내리신 것이라고 항변한다.

> 그가 폭풍으로 나를 치시고 까닭 없이 내 상처를 깊게 하시며
> 나를 숨 쉬지 못하게 하시며 괴로움을 내게 채우시는구나. (욥기 9장 17-18절)

특히, 12장에서는 욥이 하나님을 전능한 존재로 인정하기는 하나 하나님의 강한 행동들을 모두 파괴적인 것으로 묘사한다. 그는 하나님을 건축된 것을 무너뜨리고, 재판장을 어리석은 자가 되게 하고, 늙은 자들의 판단을 흐리게 하고, 강한 자를 약하게 만들고, 민족들을 멸망하게 하며 죽음의 그늘을 드리우는 존재라고 말한다. 이런 그의 대사는 하나님의 전능하심을 찬양하기보다는 그의 능력을 오히려 패러디하고 있다는 느낌을 강하게 준다.

이처럼 고난에 처한 욥의 초기 상태는 절망과 영적인 침체로 특징 지어진다. 라이켄 교수의 지적처럼 욥기는 이런 욥이 어떻게 영적인 침체에서 벗어나 고통의 의미를 올바르게 이해하고 하나님과 연합하게 되는지 그 변화의 과정을 그리는 것에 강조점을 맞추고 있다.[294] 이와 연관하여 욥의 고난은 그

---

294 *Ibid.*, 344.

가 통과해야 할 시험(test)으로서 중요한 의미를 지닌다. 하나님에 대한 욥의 이해는 계속해서 진행되는 일련의 과정을 통해 순조롭게 완성되는 것이 아니라 세 친구와의 반복되는 논쟁을 통해 믿음과 절망이 교차하면서 역동적으로 이루어진다. 친구들의 계속되는 비난의 말은 그를 절망의 늪 속으로 빠트리기도 하지만 동시에 욥의 의식을 자극하여 그의 통찰력을 끌어내는 중요한 역할을 한다. 다시 말해, 친구들이 하나님은 공의로우시며 욥이 죄 때문에 벌을 받았다고 주장하면 할수록 욥은 자신이 당하는 고통의 의미를 이해하려는 움직임을 더욱 강하게 보인다. 친구들과의 첫 대화에서 욥은 자신의 순전함과 무죄함을 강하게 주장한다.

> 주께도 육신의 눈이 있나이까 주께서 사람처럼 보시나이까
> 주의 날이 어찌 사람의 날과 같으며 주의 해가 어찌 인생의
> 해와 같기로 나의 허물을 찾으시며 나의 죄를 들추어내시나이까
> 주께서는 내가 악하지 않은 줄을 아시나이다 주의 손에서 나를
> 벗어나게 할 자도 없나이다 주의 손으로 나를 빚으셨으며
> 만드셨는데 이제 나를 멸하시나이다. (욥기 10장 4-8절)

그러나 친구들은 그의 주장에 귀를 기울이지 않는다. 두 번째 대화에서도 친구들은 욥을 죄인으로 단정하며 그가 의인일 수 있다는 가능성은 조금도 염두에 두지 않는다. 친구 빌닷도 엘리바스의 견해에 동조하여 욥이 죄를 지었기 때문에 끔찍한 운명에 처하게 되었음을 강조한다.

> 악인의 빛은 꺼지고 그의 불꽃은 빛나지 않을 것이요
> 그의 장막 안의 빛은 어두워지고 그 위의 등불은 꺼질 것이요
> 그의 활기찬 걸음이 피곤하여지고
> 그가 마련한 꾀에 스스로 빠질 것이니

이는 그의 발이 그물에 빠지고 올가미에 걸려들며 (욥기 18장 5-8절)

히브리 시의 특징적인 표현법인 평행법으로 표현된 위 인용 구절에서 빌닷은 욥을 아예 악인으로 규정하며 그가 회개하지 않는 한 희망이 없다고 말한다.

친구 소발 또한 악인의 운명은 돌이킬 수 없는 불행으로 끝날 수밖에 없음을 강조함으로써 죄를 깨닫지 못하는 욥에게는 소망이 없다는 주장을 굽히지 않는다.

네가 알지 못하느냐 예로부터 사람이 이 세상에 생긴 때로부터

악인이 이긴다는 자랑도 잠시오

경건하지 못한 자의 즐거움도 잠깐이니라

그 존귀함이 하늘에 닿고 그 머리가 구름에 미칠지라도

자기의 똥처럼 영원히 망할 것이라

그를 본 자가 이르기를 그가 어디 있느냐 하리라. (욥기 18장 4-7절)

이들은 자신들의 가치와 경험에 대한 무비판적인 맹신에 사로잡혀 이 드라마가 제기하는 근본적인 문제, 즉 '의인이 왜 고통을 당해야 하는가?'와는 전혀 상관없는 죄와 회개의 문제에만 집착한다. 인간이 이해할 수 없는 일이 있을 수 있다는 열린 사고를 거부하고 자신들의 잘못된 의식에 갇혀있다. 그러나 욥은 친구들과의 대화를 통해 고통의 의미를 조금씩 이해하게 되면서 의미 있는 인식의 발전을 보인다. 그는 하나님이 그에게 적대감을 가지고 있었기에 무죄한 자신을 고난 속에 빠지게 했다고 불평하면서도 자신의 결백을 변호해 주실 분이 하늘에 있음을 확신한다고 고백함으로써 하나님에 대한 믿음을 회복하는 모습을 보인다.

지금 나의 증인이 하늘에 계시고
나의 중보자가 높은 데 계시니라.
나의 친구는 나를 조롱하고
내 눈은 하나님을 향하여 눈물을 흘리니
사람과 하나님 사이에와 인자와 그 이웃 사이에
중재하시기를 원하노니 (욥기 16장 19-21절)

그는 이에 그치지 않고 자신의 죄를 대신 해결해 줄 대속자가 살아계시고 자기가 죽은 후 육체 밖에서 그를 보게 될 것이라고 함으로써 지금까지의 절망과 대조되는 소망을 표출한다. 이것은 욥의 의식이 바뀌고 그의 태도가 극적으로 전환되고 있음을 나타낸다.

내가 알기에는 나의 대속자가 살아 계시니
마침내 그가 땅 위에 서실 것이라.
내 가죽이 벗김을 당한 뒤에도
내가 육체 밖에서 하나님을 보리라.
내가 그를 보리니 내 눈으로 그를 보기를
낯선 사람처럼 하지 않을 것이라
내 마음이 초조하구나. (욥기 19장 25-27절)

그러나 욥의 친구들은 세 번째 대화에서도 자신들의 사고의 틀 속에 단단히 갇혀있다. 마치 밀턴의 『복낙원』(*Paradise Regained*)에서 사탄이 자신의 경험과 잘못된 가치관의 굴레에 빠져 새로운 발전을 도모할 수 없듯이 그들도 정체적인 의식의 틀 속에 갇혀 새로운 사고를 전혀 하지 못한다. 그러나 "성 중에서 죽어가는 사람들이 신음하며 상한 자가 부르짖으나 하나님이 그들의 참상을 보지 아니하시느니라"(욥기 24장 12절)라는 대사에서 알 수 있듯 욥은 하나님의 공의에 대해 여전히 의문을 떨쳐버리지는 못하지만, 끊임없이 하나님을 찾고 하나님에게 가까이 가기를 희망한다. 그 결과 마침내 그는 하나님이 결국은 자신을 순금처럼 연단 시켜 빛나게 만들어 줄 것이라는 믿음의 고백을 한다.

> 그러나 내가 가는 길을 그가 아시나니
> 그가 나를 단련하신 후에는
> 내가 순금과 같이 되어 나오리라. (욥기 23장 10절)

이제 욥은 자신의 고난을 죄에 대한 심판이나 징계로 보지 않고 시험으로 간주한다. 그는 지금까지 하나님이 자신을 가혹하게 취급하시는 이유를 알지 못해 괴로워했다. 그러나 지금은 하나님이 자기의 길을 인도하시고 자기를 훈련하여 큰 그릇으로 만들 것으로 생각한다. 그는 과거와는 달리 고난을 징벌이 아닌 훈련으로 생각하며 고통의 의미를 깨닫기 시작한 것이다. 즉, 그의 의식은 지적으로 또한 영적으로 크게 발전하고 있다.

욥의 의식 성장은 이어지는 그의 마지막 독백에도 잘 나타난다. 그는 독백의 첫 부분에서 궁극적인 지혜는 오직 하나님께 있으며 사람들이 내세우는 지혜는 실체가 없는 허상이라고 말한다. 그는 지혜란 하나님이 세상에 주신 질서로서 모든 사건을 꿰뚫고 사람들에게 숨겨져 있는 참된 의미를 깨우쳐주는 역할을 하는 것임을 강조한다. 다시 말해, 인간은 자신의 노력으로 얻은 기술과 지혜로 세상을 다스리지만, 하나님의 지혜에는 이를 수도 없고 그 지혜를 손아귀에 넣을 수도 없다는 것이다.[295] 그래서 욥은 드디어 하나님을 경외하는 것이 지혜요 악을 떠나는 것이 명철임을 깨닫는다(28장 28절). 즉, 그는 자기의 경험과 지식에 근거하여 하나님의 공의를 의심했던 과거의 생각에서 벗어나 하나님의 지혜, 곧 초월적인 가치에 대한 새로운 인식에 도달하

295 개역개정예스성경 편찬위원회, 『개역개정 예스 주석 성경』 (서울: 아가페출판사, 2008), 788.

게 된다. 그는 행복했던 과거의 시간을 회상하고 그때가 다시 오기를 소망하며 자신의 결백함을 마지막으로 주장한다. 그는 자신이 성적으로 순결했을 뿐 아니라 종들도 존중하게 대했고 가난한 자들을 보호했으며 재물과 우상숭배에서도 깨끗했다고 자신을 변론한다. 또한, 대적들까지도 존중하고 손님을 대접하는 일도 소홀히 하지 않았다고 자신의 의로운 삶을 변호한다(31장). 이처럼 자신의 삶을 끝까지 변호하는 욥의 모습에서 우리는 그의 문제가 아직은 해결되지 않았음을 알게 된다.

욥의 마지막 독백이 끝나자 욥과 세 친구 간의 논쟁을 모두 들은 엘리후라는 인물이 등장하여 이들의 문제점을 지적하며 분노한다. 엘리후는 하나님에게 결백을 주장한 욥에게 이는 교만에서 비롯된 것이기에 겸손해질 것을 권고한다(33장). 그는 욥의 문제를 공정하게 판단하고 있다고 장담하지만, 실상은 욥의 심정을 충분히 헤아리지 못한다. 그는 하나님이 온전한 자신을 제대로 대우하시지 않는다고 불평하는 욥의 원망을 문제 삼으며(35장), 하나님이 자연현상을 축복의 방편이나 심판의 도구로 사용하여 이 세상을 공의로 통치하신다고 견해를 밝힌다(37장). 그는 욥에게 전능하시고 공의로우신 하나님과 어떤 면에서도 겨룰 수 없다고 충고하며 그의 말을 끝맺는다.

이 드라마에서 엘리후라는 인물의 변론은 욥의 세 친구와는 분명 차이가 있다. 우선 그는 욥과 세 친구의 말을 신중하게 들은 후 자신의 견해를 피력하며 욥을 죄인처럼 대하지 않는다. 또한 그는 고난을 죄와 연관시키기는 하지만 부정적으로 보지 않고 긍정적으로 이해하고 있다. 그는 욥의 고통이 그의 죄 때문에 생긴 필연적인 결과라고 주장하는 대신 고난이 욥에게 긍정적 가치를 가져올 수 있다고 생각한다. 욥의 세 친구는 고난을 죄에 대한 하나님의 심판으로만 생각했지만 엘리후는 고난이 심판이 아니라 하나님이 복을 주시기 위한 시련으로 사용할 수 있다는 가능성을 제시한다(33장 29-30절). 특히, 그는 자신의 순전함과 의로움을 변호하는 욥과 달리 하나님의 공의를 변호한다(34장 1–9절). 그래서 학자들은 위안을 주기 위해 욥을 방문했지만, 의도와 반대로 욥에게 괴로움만 주었던 욥의 세 친구와는 달리 엘리후는 욥에게 진정한 위로와 도움을 주는 인물이라고 평가하기도 한다.

그러나 엘리후의 행동과 말을 잘 살펴보면, 그는 근본적으로 욥의 세 친구와 다를 바가 없다. 그의 생각은 욥의 세 친구의 사고방식을 완전히 벗어나지 못하는 한계를 가진다. 그는 마치 재판관처럼 위세 당당하게 고압적인 자세로 욥을 정죄하는 세 친구와는 다른, 인간적이고 겸허한 태도로 욥의 고난과 죄의 필연적인 연관성을 주장하기보다 이 세상을 향한 하나님의 긍정적인 목적을 변호하기 위해 최선을 다하지만, 욥에게 진정한 위로를 주지는 못한다. 그의 주장은 완전하지 못하며 어떤 면에서는 욥기의 해결을 지연시키는 역할을 할 뿐이다.[296] 하지만 그는 더 나은 중재자가 필요함을 보여주고, 이 드라마의 클라이맥스인 욥과 하나님과의 대면을 준비시키는 인물이라는 점에서 의미가 있다.

엘리후의 말이 끝날 바로 그때 드디어 하나님이 침묵을 깨고 폭풍우 가운데서 욥에게 말씀하신다. 이 장면에서 이 드라마는 절정에 이른다. 하나님의 말씀은 크게 두 가지인데 첫 번째는 일련의 수사학적 질문들이다. “무지한 말로 생각을 어둡게 하는 자가 누구냐?”(38장 2절)라는 것으로 시작하여 “내가 땅의 기초를 놓을 때에 네가 어디 있었느냐?”(38장 4절), “바다가 그 모태에서 터져 나올 때에 문으로 그것을 가둔 자가 누구냐?”(38장 8절) 등 여러 질문을 통해 하나님은 욥의 무지를 깨닫게 하신다. 염소, 들나귀, 들소, 타조, 말, 매 등 여러 동물의 독특한 개성을 묘사하면서 인간의 무지를 지적하고 야생동물 하나하나까지도 일일이 보살피는 하나님의 자상한 배려를 욥에게 일깨우신다(39장). 즉, 하나님은 욥에게 이 모든 것이 제 자리에 있고 치밀하게 관리될 때 너는 어디 있었느냐는 식으로 질문을 던짐으로써 하나님의 하나님 되심, 곧 하나님은 근본적으로 인간과 다른 존재, 즉 신이라는 사

296 이안 더귀드, 『리딩 지저스』 3권 (서울: 웨스트민스트프레스 코리아, 2022), 27.

실을 가르쳐준다. 이런 하나님의 질문에 욥은 침묵할 수밖에 없다. 그는 다음과 같은 겸손한 반응을 보인다.

> 보소서 나는 비천하오니 무엇이라 주께 대답하리이까
> 손으로 내 입을 가릴 뿐이로소이다.
> 내가 한 번 말하였사온즉
> 다시는 더 대답하지 아니하겠나이다. (욥기 40장 4-5절)

하나님은 욥의 고난이나 그의 의로움에 대해서는 한마디도 언급하지 않는다. 하나님은 자연을 통해 자신을 계시하며 욥은 자연에 계시된 하나님과 대면한 것이다. 폭풍 가운데서의 하나님의 말씀은 하나님이 욥의 고난을 징벌의 수단으로서가 아니라 자신을 완전히 계시하기 위한 기회로 사용하였음을 보여준다.[297] 욥은 고난을 통해 하나님에 대해 더욱 깊은 체험을 하게 되고 폭풍 속에서의 계시를 통해 하나님의 지혜와 능력에 대한 새로운 인식에 도달하게 된다.

하나님의 두 번째 말씀은 하나님이 전능하신 능력을 강조한 다음 지상에서 가장 크고 강한 동물인 베헤못(하마)과 바다의 가장 거대한 동물인 리워야단(악어)의 묘사를 통해 인간의 무력함과 무지함을 깨닫게 하신다는 내용으로 이루어져 있다. 욥이 하나님에 대한 항변을 취소하기는 했지만, 하나님은 욥이 하나님께 불평하며 따진 것과 자신의 의를 내세워 하나님이 악하다고 말했던 것을 꾸짖으시며,[298] 거대한 두 동물을 통해 인간의 미약함을 깨닫게 하고 하나님의 위대함과 초월성을 강조한다. 욥은 마침내 자신의 교만을 인정하고 회개한다. 그는 이제까지 자신의 이해력을 뛰어넘는 문제들을 놓고 왈가왈부해 왔음을 깨닫는다. 전에는 듣기만 했으나 이제는 소원대로 하나님을

---

297 리런드 라이켄, 『문학에서 본 성경』 유성덕 역 (서울: 크리스챤 다이제스트, 1998), 121.
298 개역개정예스성경 편찬위원회, 『개역개정 예스 주석 성경』 (서울: 아가페출판사, 2008), 802.

직접 눈으로 본다고 고백한다. 이제 그는 자신에게 닥친 일들을 받아들이며 그동안 했던 불평과 신랄한 비판을 후회한다. 그는 자기 죄를 고백하고 아울러 자기 자신과 자기를 짓누르는 모든 짐을 하나님의 손에 맡긴다.[299]

> 욥이 여호와께 대답하여 이르되
> 주께서는 못 하실 일이 없사오며
> 무슨 계획이든지 못 이루실 것이 없는 줄 아오니
> 무지한 말로 이치를 가리는 자가 누구니이까
> 나는 깨닫지도 못한 일을 말하였고 스스로 알 수도 없고
> 헤아리기도 어려운 일을 말하였나이다.
> 내가 말하겠사오니 주는 들으시고
> 내가 주께 묻겠사오니 주여 내게 알게 하옵소서.
> 내가 주께 대하여 귀로 듣기만 하였사오나
> 이제는 눈으로 주를 뵈옵나이다.
> 그러므로 내가 스스로 거두어들이고
> 티끌과 재 가운데에서 회개하나이다. (욥기 42장 1-6절)

프롤로그와 마찬가지로 산문체로 되어있는 마지막 에필로그에서 하나님은 욥을 세 친구 앞에서 옳다고 인정하시며 재난으로 잃었던 것들을 두 배로 보상해 주신다. 하나님은 욥이 자기가 당한 고통에 대해 하나님께 반발했던 것을 책망하셨지만 그의 순전함만은 의심하지 않았다. 욥의 선한 평판은 그의 양심만큼 분명한 것이었으며 오히려 정당하지 못한 것은 그의 세 친구였다. 그래서 하나님은 욥의 세 친구에게 하나님의 용서를 얻기에 앞서 우선 욥에게 용서를 구하라고 말씀하신다.

> 그런즉 너희는 수소 일곱과 숫양 일곱을 가지고 내 종 욥에게 가서 너희를 위하여

299 위 책, 803.

번제를 드리라 내 종 욥이 너희를 위하여 기도할 것인즉 내가 그를 기쁘게 받으리니 너희가 우매한 만큼 너희에게 갚지 아니하리라 이는 너희가 나를 가리켜 말한 것이 내 종 욥의 말 같이 옳지 못함이라. (욥기 42장 8절)

하나님의 축복은 욥이 친구들의 허물을 용서한 후에 주어진다. 욥은 고난 전에 소유했던 가축보다 갑절을 소유하게 되었고 자녀를 잃은 슬픔은 아들 일곱과 딸 셋을 다시 낳음으로써 보상된다. 이처럼 욥기는 행복한 결말로 끝이 난다.

이렇게 볼 때 욥기는 비극이 아닌 희극의 U자 형태의 플롯을 가진 시적 드라마(poetic drama)라 할 수 있다. 그런데 이 극의 희극적 결말은 한 인간의 처절한 고통과 고뇌를 비극적으로 다룬 앞부분과 어울리지 않는 것이어서 잘못된 결말이라고 학자들로부터 많은 비판을 받기도 한다. 또한 이런 결말은 결국 의인은 복을 받는다는 것을 보여줌으로써 의인도 고난을 받을 수 있다는 이 극의 주제를 무력화시킨다고 불평하는 학자들도 있다. 그러나, 이런 비판에도 불구하고 이 드라마의 희극적 결말은 하나님의 속성이 사랑임을 보여주고 있어서 의미심장하다. 다시 말해, 이런 희극적 결말은 하나님이 그의 종들을 축복하는 사랑의 존재임을 보여줌으로써 성경 전체에서 강조되는 하나님의 인격성을 강조하고 있다. 이뿐만 아니라 이런 희극적 결말은 많은 이야기의 결말에 제시되는 시적 정의(poetic justice)의 모티프여서 욥기의 예술성을 다시 한번 느끼게 해준다.

7
성경의 비유

문학 용어 사전을 보면 비유(parable)라는 것은 어떤 질문에 대답하거나 도덕이나 교훈을 주기 위해서 하는 예시적인 이야기로 정의되어 있다.[300] 구약에서 히브리어로 마샬(mashal), 신약에서 헬라어로 파라볼레(parabole)로 표현되는 비유라는 말의 정확한 개념을 한마디로 정의하기란 쉽지 않다. 신약에 나오는 파라볼레라는 말은 어떤 사실을 분명하게 밝히기 위해서 "어떤 것을 다른 것 옆에 놓는다"(to cast by the side of)라는 것을 의미한다. 이 말은 "비교한다"(to compare)라는 뜻도 가지는데 의미들을 종합하면, 비유는 "어떤 사물의 모양이나 상태 등을 보다 효과적으로 표현하기 위해 그것과 비슷한 다른 사건이나 사물에 빗대어 표현하는 것"이라고 정의할 수 있다.

예수의 비유는 도덕적 진리, 혹은 하늘나라의 의미를 분명하게 전달하기 위해서 그것을 평범한 일상적 사건들과 비교하는 형식을 취하고 있다.[301] 예수는 하나님 나라가 어떤 것인지를 알기 쉽게 가르쳐 주기 위해 평범한 일상적인 사건이나 이야기에 빗대어 하나님 나라의 성격을 제시한다. 그래서 천상의 의미를 가진 지상의 이야기라고 부른다. 특히, 예수의 비유는 그 속에 플롯이 포함된 이야기 형태로 되어 있어 독자의 관심과 흥미를 불러일으킨다.

그러나 비유를 뜻하는 히브리어인 마샬이란 말은 단지 이야기 형태의

300 C. Hugh Holman, *A Handbook to Literature*, 4th Ed. (Indianapolis: Bobbs–Merrill Educational Publishing, 1980), 317.
301 최재석, 『왜 그리스도인에게 문학적 소양이 필요한가?』 (서울: 대한기독교서회, 2006), 21.

비유만을 가리키는 것이 아니라 은유, 수수께끼, 잠언, 속담, 우의 등 다양한 형태의 비유적인 표현을 가리킨다. 예수의 비유에도 흥미로운 이야기 형식의 비유를 비롯하여 다양한 형태가 있고, 성경 전체를 보아도 은유나 직유, 속담, 잠언, 노래, 수수께끼 등 다양한 형태의 비유들이 있다.

복음서의 예수 비유

신약 복음서에서 예수는 비유를 즐겨 사용한다. 예수의 말씀 중 삼 분의 일 이상이 비유다. 특히, 천국의 비밀에 관해 말씀하실 때는 비유로만 말씀하고 있다. 구약에도 다윗 왕이 저지른 죄를 일깨우기 위해 나단 선지자가 비유를 사용했고, 그 외에도 여러 비유가 나타나지만, 예수처럼 비유를 적절하고 설득력 있게 표현한 경우는 드물다. 예수가 성경 전체를 통해 탁월한 비유가임을 강조하여 스트라톤(Hillyer Hawthorne Straton)은 "우리가 문학을 삶의 극화로 정의한다면, 예수는 그분이 구사한 비유로 인해서 문학가들 가운데서 탁월한 위치를 차지한다"[302]고 지적한 바 있다. 스타인(Robert H. Stein) 또한 예수의 비유에 나타나는 예술적 특성과 천재성에 주목하면서 예수를 빼어난 이야기꾼이라고 평가한다.[303] 이런 평가들을 받을 정도로 예수의 비유는 문학적으로 우수하다.

예수 비유의 특징

예수는 비유에서 사람들에게 감추어진 도덕적 진리나 천국의 의미를 알기 쉽게 전달하기 위해 사람들에게 친숙한 평범한 일상적 사건들을 즐겨 사용한다. 비유라는 용어가 내포하고 있는 핵심 개념이 "알려지지 않는 것을 잘

302 Hillyer Hawthorne Straton, *A Guide to the Parables of Jesus* (Grand Rapids: William B. Eerdmans, 1959), 11.

303 Robert H. Stein, *An Introduction to the Parables of Jesus* (Philadelphia: The Westminster Press, 1981), 41.

이해시키기 위해 이미 잘 알려진 것을 사용한다"[304]라는 사실을 상기할 때 예수의 비유는 전형적인 것으로서 문학적으로 우수한 등급에 속한다. 그는 청중이 잘 알고 있는 일상적인 사건과 상황을 정확하게 포착하여 그것을 매우 적절하게 이야기에 끌어와 비유를 구성한다. 그 결과 일반 작가들을 능가할 정도로 문학성이 높은 비유의 이야기를 만든다. 그의 비유는 대부분 시작, 중간, 끝으로 구성된 훌륭한 플롯을 갖는 이야기(내러티브) 형태로 되어 있다. 그것은 상상력의 산물이며 구두로 전해져 내려 온 민간문학의 특징을 고스란히 담고 있어서 시대가 변해도 인기를 잃지 않는 대중적인 이야기의 표준으로 손색이 없다.

물론, 예수의 비유에도 문학작품의 비유처럼 우화적인 요소와 알레고리적인 요소가 포함되어 있다. 그러나 예수의 비유는 세속적인 교훈과 다른, 종교적이거나 도덕적 진리를 다룬다는 점에서 우화(fable)와 다르며, 진리와 실례를 뒤섞지 않고 뚜렷하게 병치해서 비교하고 있다는 점에서는 알레고리(allegory)와도 구분된다. 예수의 비유는 높은 수준의 문학적인 기교와 예술성을 가지고 있어서 문학적으로 매우 가치 있는 수사라 할 수 있다.

이러한 예수의 비유가 보여주는 첫 번째 특징은 사실주의다. 이것은 예수의 비유가 현실에서 우리가 직접 경험하는 실제적인 삶을 내용으로 사용하고 있음을 가리킨다. 씨를 뿌리고 수확하거나, 빵을 굽거나, 시골을 여행하거나, 잔치의 초청에 응하는 것처럼 일반 사람들이 현실의 삶에서 관찰할 수 있는 익숙하고 사실적인 일들을 비유의 소재로 삼고 있다. 그것들은 매우 구체적이고 활기에 넘치며 현장감과 생동감을 전해준다. 다시 말해, 예수의 비유는 일반문학이 보여주는 생동감의 규칙을 따르고 있다.[305] 예수는 비유에서 이야기꾼의 대가로서 놀라운 관찰력을 가지고[306] 독자들이 공감할 수 있는 사실적

304 Paul J. Achtemeier, Joel B. Green & Marianne Meye Thompson, *Introducing the New Testament: Its Literature and Theology* (Grand Rapids: William B. Eerdmans, 2001), 80.

305 Leland Ryken, *How to Read the Bible as Literature* (Grand Rapids: Zondervan, 1984), 140.

306 Geraint V. Jones, *The Art and Truth of the Parables* (London: S.P.C.K., 1964), 113.

인 이야기를 들려준다. 거기에는 말을 하는 동물이나 상상적인 괴물과 같은 환상적인 요소는 찾아볼 수 없다. 이처럼 예수가 말하고 있는 비유의 가장 중요한 특징은 섬세한 사실주의다.

둘째로, 예수의 비유는 내용은 사실적이지만 전달하는 의미는 은유적이며 상징적이다. 그러니까, 예수의 비유는 현실적인 내용을 구체적으로 세밀하게 다루고 있지만 이를 통해 전달하는 메시지는 현실과 다른 정신적이고 영적인 진리와 가치다. 다시 말해, 예수의 비유는 현실 세계를 소재로 전개되지만, 그것의 의미는 언제나 도덕적이고 종교적이며, 은유적이고 상징적인 의미를 담고 있다.

셋째로, 예수가 언급하는, 직유, 은유, 수수께끼, 속담 같은 짧은 형식이 아닌 이야기 형식의 비유들은 문학에서 볼 수 있는 '구전 민간 설화'(oral folk stories)와 똑같은 구조와 특징들을 가진다. 예수의 비유에도 민간 설화에서 볼 수 있는 플롯 갈등의 규칙(rule of plot conflict), 긴장의 규칙(rule of suspense), 대조의 규칙(rule of contrast or foil), 단일플롯의 규칙(rule of simplicity or the single plot), 반복의 규칙(rule of repetition), 결말강조의 규칙(rule of end stress), 보편성과 보편적인 인물유형의 규칙(rule of universality, especially universal character types)들이 사용된다.[307] 예수는 이런 규칙들을 통해 비유의 플롯을 멋있게 구성하고, 자세한 배경과 실감나는 대화, 그리고 깊이 있는 성격묘사를 함으로써 문학에서의 훌륭한 민간 설화와 견주어도 절대 뒤지지 않는 문학성이 풍부한 비유를 만들고 있다.

그런데 예수는 비유를 자신이 가르치고자 하는 천국 비밀을 청중들에게 전하거나 반대자들의 질문이나 공격에 대응하기 위한 수단으로 사용하기 때문에 거기에는 강한 설득의 어조와 풍자적인 요소들이 포함된다. 그러나 그의 비유는 그가 즉석에서 주어진 특정한 상황에 즉각적으로 대응하기 위해 만들어

307 Leland Ryken, *Words of Delight: A Literary Introduction to the Bible* (Grand Rapids: Baker Book House, 1992), 405.

진 것이어서 상대방과 종종 충돌을 일으키기도 한다.[308] 즉, 그것은 계획적으로 만들어진 것이 아닌 예상치 못한 상황을 극복하기 위해 즉석에서 만들어진 논쟁의 무기다.[309] 물론 예수가 하는 비유의 가장 중요한 목적은 청중이 잘 알고 있는 일상적인 사건을 통해 자신이 전하려는 추상적인 도덕이나 거룩한 진리의 의미를 청중들이 구체적이고 생생하게 깨닫게 하는 데 있다. 그러나 그의 비유는 비유 문학으로서의 기교와 예술성 또한 훌륭하게 갖추고 있다.

이처럼 예수의 비유는 생동감 있고 선명한 사실주의의 즐거움을 제공하는 이야기체의 특성뿐 아니라 다음에 전개될 상황과 결국 모든 것이 어떻게 될 것인가를 궁금하게 만드는 서술의 기술, 모든 세부적인 것에 의미를 부여하는 기교 넘치는 간결함, 그리고 삶의 전형적인 인물유형을 모두 가지고 있어서 매우 정교한 문학적인 이야기라고 할 수 있다. 그러나 우리는 단지 예수의 비유를 이야기로서만 읽어서는 안 된다. 예수의 비유는 그것이 보여주는 사실주의적인 일차적 의미보다 표면적인 의미를 초월한 이차적 · 상징적 의미가 더 중요하기 때문이다. 따라서 예수의 비유를 분석할 때는 다음과 같은 단계를 밟아[310] 그 본질적인 의미를 깊이 있게 살펴볼 필요가 있다.

가. 내러티브 분석하기
나. 분석이 필요한 세부 사항들에 포함된 알레고리나 상징 해석하기
다. 비유의 주제 알아보기
라. 주제 적용하기

비유의 종류

비유는 신약 성경의 4복음서 중에서도 공관복음서, 즉 마태복음, 마가

308 리런드 라이켄, 『문학에서 본 성경』 유성덕 역 (서울: 크리스챤 다이제스트, 1998), 325.
309 A. T. Cadoux, *The Parables of Jesus: Their Art and Use* (London: James Clarke and Company, 1930), 13.
310 Leland Ryken, *Words of Delight: A Literary Introduction to the Bible* (Grand Rapids: Baker Book House, 1992), 409.

복음, 누가복음에만 나오고 요한복음에는 우의라고 볼 수 있는 2가지 이야기(선한 목자 이야기, 참 포도나무 이야기)만 눈에 띌 뿐 비유들을 찾아볼 수 없다. 마태복음에 23개, 마가복음에 8개, 그리고 누가복음에 30개의 비유가 기록되어 있는데 중복되는 것들을 제외하면 41개의 비유가 복음서에 있다. 이 비유들을 중요한 주제들을 중심으로 분류하면 다음과 같다.

❶ 새 교리에 관한 비유

윤리와 종교에 관한 새로운 개념(교리)을 내포하고 있는 예수의 비유를 말하는 것으로 마가복음 2장 21–22절의 생 베 조각을 낡은 옷에 붙이면 안 된다는 비유와 새 포도주는 새 가죽 부대에 넣어야 한다는 비유가 이에 해당한다. 생명력이 넘치는 그리스도의 새로운 복음은 유대교의 금식과 같은 낡은 의식이 감당하지 못한다는 의미를 담고 있다. 특히, 마태복음 13장 31–33절에 나오는 겨자씨와 누룩의 비유는 하나님의 나라가 완성되어 가는 과정을 보여주는 비유로 하나님의 나라는 미미하게 시작되지만 엄청난 영향력을 가지고 성장하며 확장된다[311]라는 사실을 통해 새로운 복음의 성격을 가르치고 있다.

❷ 천국에 관한 비유

천국이 어떤 것인지 그 본질을 사람들에게 설명하는 내용의 비유를 가리키는 것으로 마태복음 13장을 보면 천국을 '감추인 보화'(44절), '좋은 진주'(45–46절), '그물'(47–50절)에 비유하여 설명하고 있다. 마가복음 4장 26–28절에는 천국이 인간의 도움 없이도 자라나서 마침내 열매를 맺는 씨에 비유되어 있고, 30–32절에서는 세상에서 가장 작은 씨지만 무성하게 자라는 한 알의 겨자씨에 비유된다.

311 개역개정예스성경 편찬위원회, 『개역개정 예스 주석 성경』 (서울: 아가페출판사, 2008), 21–22.

❸ 종교 논쟁에 관한 비유

예수께서 제사장들이나 서기관과 학자들 같은 종교적인 지도자들과 벌인 논쟁을 내용으로 다루는 비유로서 마가복음 12장 1-12절의 악한 포도원 농부의 비유가 대표적으로 이에 해당한다. 이 비유는 포도원을 임대한 농부에게서 임대료를 받기 위해 자기의 종을 계속해서 심부름 보낸 주인에 관한 이야기다. 심부름을 갔던 모든 종들이 구타를 당하거나 살해를 당하자 급기야 그 주인은 자기의 아들을 보낸다. 그러나 악한 포도원 농부는 아들마저도 살해한다는 이야기다. 예수께서는 이 비유를 통해 유대의 종교지도자들이 하나님의 아들인 자신을 죽이고자 하는 계획과 이로 인해 그들이 받게 될 심판을 경고한다.[312] 다시 말해, 유대인들이 예수를 죽이려는 사악한 음모와 그에 따른 심판의 경고가 이 비유의 주제라 할 수 있다.

❹ 예수 재림에 관한 비유

이 세상 끝 날에 예수가 다시 오실 것에 관한 비유로서 마태복음(24장 32-44절), 마가복음(13장 28-37절), 누가복음(21장 29-33절)에 기록되어 있는 무화과나무 비유가 대표적이다. 이 비유는 무화과나무의 가지에 푸른 잎이 나면 여름이 가까이 온 것을 알듯이 하나님을 배반하고 성전을 모독하는 가증스러운 일들이 일어나면 종말이 다가오고 세상을 심판하기 위해 예수님이 이 땅에 재림한다는 것이다. 그런데 예수가 언제 다시 오실지 모르기 때문에 항상 깨어 준비해야 한다는 것이다. 즉, 예수의 재림을 간절히 바라면서 서로 사랑하고 선을 행하며 살 것을 권면하는 비유다.

❺ 세상 종말과 준비에 관한 비유

예수의 비유 중에서 일차적으로는 예루살렘의 멸망을, 궁극적으로는 세

312 위 책, 75.

상 종말의 상황을 이야기하고 그것에 대비하여 준비할 것을 촉구하는 비유들이 여기에 해당한다. 특히, 마태복음 24-25장에는 이에 관련된 다섯 가지 비유들이 연속적으로 제시된다. 24장 42-44절의 집 주인과 도둑의 비유, 24장 45-51절의 충성되고 지혜로운 종의 비유, 25장 1-13절의 열 처녀 비유, 25장 14-30절의 달란트 비유, 25장 31-46절의 양과 염소의 비유들은 모두 이런 주제를 다루고 있다.

집 주인과 도둑의 비유는 집 주인이 도둑이 침입할 것을 알았더라면 깨어서 집을 지켰을 것이라는 이야기로 세상 끝날에 예수가 언제 다시 오실지 그때를 대비하여 준비하고 있어야 한다는 메시지를 담고 있다. 충성되고 지혜로운 종의 비유에서는 착하고 충성된 청지기처럼 주인이 없는 사이에도 그에게 맡겨 놓은 집안일을 잘 감당해야 한다고 가르치면서 집안일을 잘 감당한 선한 청지기는 상을 받게 되지만 잘못 감당한 악한 청지기는 엄한 벌에 처하게 될 것이라고 경고한다. 이 비유는 청지기, 즉 교회 지도자들을 대상으로 예수가 당장 재림하지 않고 지체하더라도 교회 지도자들은 성도들을 잘 돌보아야 심판을 면할 수 있다는 메시지를 담고 있다. 종말을 대비하여 지도자들이 그들에게 맡겨진 사명에 충성을 다해야 한다는 사실을 강조하는 비유라고 할 수 있다.

열 처녀 비유, 달란트 비유, 양과 염소의 비유 또한 종말을 대비하는 자세에 초점을 맞추고 있다. 열 처녀의 비유에서는 등만 준비하고 기름을 준비하지 못한 미련한 다섯 처녀처럼 되지 말고 등과 기름을 모두 준비한 슬기로운 다섯 처녀처럼 믿음으로 준비되어 있어야 한다고 말한다. 종말의 때를 알지 못하므로 준비하고 깨어 있어서 예수님의 재림을 대비해야 한다는 것이다. 달란트의 비유에서는 한 달란트 받은 종처럼 주인의 선물, 즉 신으로부터 부여받은 재능을 썩히지 말고 주인이 돌아와 회계할 때, 즉 종말의 때를 대비하여 하나님 나라를 위해 자신의 재능을 최대한 잘 사용하여 신에게 영광을 돌려야 한다는 것을 가르친다. 양과 염소의 비유는 마치 목자가 염소 가운데서 양을 가려내듯이 마지막 심판 때에 하나님은 악한 자 중에서 선한 자를 골라낼 것이기 때문에 지극히 작은 자 하나에게도 선을 행하며 종말의 심판을 대비해야 한다는 내용을 담고 있다.

비유 분석의 실례

지금까지 설명한 것처럼 신약성경에 나와 있는 예수의 비유는 실로 다양하다. 복음서에서 예수의 가르침을 살펴보면 그가 얼마나 비유를 좋아했는지를 금방 알 수 있을 정도로 그의 가르침에는 비유들이 많다. 그런데 예수가 이처럼 비유를 즐겨 사용한 이유는 비유라는 수사적 방편이 갖는 문학적인 특성이 그의 가르침을 효과적으로 전달하는 적절한 역할을 했기 때문이다. 가령, 예수가 죄 가운데서 헤매고 있는 인간에 대한 하나님의 사랑을 가르치려할 때, 잃어버린 한 마리의 양을 찾아 나서 그 양을 찾게 되자 기뻐하는 목자의 비유만큼 죄인을 향한 하나님의 사랑을 간단하면서도 효과적으로 설명할 방법을 찾는 것은 쉽지 않아 보인다.

천국이 얼마나 귀중한 곳이며 그 천국을 얻기 위해 우리가 얼마나 노력해야 하는가를 설명하려 할 때도 추상적인 긴 설명을 생략하고 "천국은 마치 밭에 감추인 보화와 같아서 이를 발견한 사람이 자기의 소유를 다 팔아서 그 밭을 샀다"라고 비유로 표현하는 것보다 더 효과적으로 천국의 소중함을 표현할 방법을 찾기란 쉽지 않았을 것이다.[313] 만약 예수께서 비유의 방법을 사용하지 않고 하나님과 천국의 비밀을 설명했다면 그것은 신학 강의나 도덕교육처럼 지루하게 느껴졌을 것이 분명하다. 예수는 청중들이 쉽게 이해하고 재미있게 들을 수 있는 일상적인 사건들을 비유의 소재로 적절하게 이용함으로써 천국의 메시지를 효과적이고 감동적으로 전할 수 있었던 것이다. 이런

313 최재석, 『왜 그리스도인에게 문학적 소양이 필요한가?』 (서울: 대한기독교서회, 2006), 22-23.

사실을 염두에 두고 예수의 대표적인 비유들을 분석하고자 한다.

❶ 씨 뿌리는 자의 비유

토양의 비유라고도 불리는 씨 뿌리는 자의 비유는 내러티브 기술을 잘 갖추고 있는 대표적인 예수의 비유다.

> 그 날 예수께서 집에서 나가사 바닷가에 앉으시매 큰 무리가 그에게로 모여 들거늘 예수께서 배에 올라가 앉으시고 온 무리는 해변에 서 있더니 예수께서 비유로 여러 가지를 그들에게 말씀하여 이르시되 씨를 뿌리는 자가 뿌리러 나가서 뿌릴 새 더러는 길 가에 떨어지매 새들이 와서 먹어버렸고 더러는 흙이 얕은 돌밭에 떨어지매 흙이 깊지 아니하므로 곧 싹이 나오나 해가 돋은 후에 타서 뿌리가 없으므로 말랐고 더러는 가시떨기 위에 떨어지매 가시가 자라서 기운을 막았고 더러는 좋은 땅에 떨어지매 어떤 것은 백 배, 어떤 것은 육십 배, 어떤 것은 삼십 배의 결실을 하였느니라 귀 있는 자는 들으라 하시니라. (마태복음 13장 1-9절)

이 비유는 매우 친숙한 농촌의 상황을 끌어들여 청중의 이해와 공감을 유발한다. 이 비유의 내러티브를 분석하면, 우선 농촌에서 가장 흔하게 볼 수 있는 씨 뿌리는 자, 씨, 토양이라는 세 가지 요소가 등장한다. 그러나 이 세 요소를 중심으로 진행되는 플롯의 전개는 아주 단순하다. 농부가 네 가지 종류의 토양에 씨를 뿌리지만 그중에서 단지 한 토양에서만 풍성한 결실을 맺는다는 내용이다. 이 내러티브에서 중요한 요소는 토양이다. 씨를 뿌리는 자와 씨는 동일한데 토양에 따라 결실이 달라지기 때문이다.

간단한 플롯을 가진 이 비유에서 청자를 흥미롭게 만드는 것은 여러 가지 갈등들이 충돌하면서 이야기가 전개된다는 점이다. 씨뿌리는 자가 네 가지 땅에 씨를 뿌리지만 세 종류의 땅에서는 새들이 씨앗을 먹거나, 햇볕이 새싹을 말라버리게 하거나, 또는 가시가 씨앗이 자라는 것을 막는 것 같은 갈등이 존재한다. 그래서 청자는 이 세 땅에서 어떤 결과가 나올지에 관심을 가지게 된다.

이뿐만 아니라 이 비유에는 "길가 토양, 흙이 얕은 돌밭 토양, 가시밭 토양" 등 민간 설화에서 즐겨 사용되는 삼중 반복(threefold repetition)[314]의 패턴이 사용된다. 또한, 결실하지 못하는 이 세 종류의 토양들은 결실하는 좋은 토양이 가져다주는 삼십 배, 육십 배, 백배의 세 가지 결과와 균형을 이루면서 이야기의 구조를 탄탄하게 만들고 있다. 나아가, 선과 악, 천국과 지옥, 알곡과 가라지, 결실하지 못하는 토양들과 결실하는 옥토 등에서 나타나듯 비교와 대조의 기법이 사용되어 의미를 강조하고 청중의 반응을 유도한다.

그런데 이 비유의 주제는 예수 스스로가 밝히고 있다. 예수는 이 비유를 천국 말씀에 관한 것이라고 지적하면서 비유의 세부적인 의미를 다음과 같이 설명한다.

> 그런즉 씨 뿌리는 비유를 들으라. 아무나 천국 말씀을 듣고 깨닫지 못할 때는 악한 자가 와서 그 마음에 뿌려진 것을 빼앗나니 이는 곧 길 가에 뿌려진 자요 돌밭에 뿌려졌다는 것은 말씀을 듣고 즉시 기쁨으로 받되 그 속에 뿌리가 없어 잠시 견디다가 말씀으로 말미암아 환난이나 박해가 일어날 때에는 곧 넘어지는 자요 가시떨기에 뿌려졌다는 것은 말씀을 들으나 세상의 염려와 재물의 유혹에 말씀이 막혀 결실하지 못하는 자요 좋은 땅에 뿌려졌다는 것은 말씀을 듣고 깨닫는 자니 결실하여 어떤 것은 백 배, 어떤 것은 육십 배, 어떤 것은 삼십 배가 되느니라 하시더라. (마태복음 13장 18-23절)

이러한 예수의 설명에서 우리는 씨 뿌리는 자는 예수 자신이거나 복음을 전하는 사람임을 쉽게 짐작하게 된다. 그리고 길가 땅을 비롯한 여러 종류의 토양들은 천국 복음을 들은 사람들이 보이는 다양한 반응을 의미한다는 사실도 쉽게 알 수 있다. 이 비유는 천국 복음의 말씀을 듣기는 하지만 열매를 맺

314 Leland Ryken, *Words of Delight: A Literary Introduction to the Bible* (Grand Rapids: Baker Book House, 1992), 410.

지 못하는 사람들이 왜 그런지 원인을 제시하고, 한 걸음 더 나아가 말씀을 듣는 데서 그치지 말고 순종해야 한다는 것을 주제로 다루고 있다.

그런데 성경학자들 중에는 예수가 제자들과 함께 무리들을 가르쳤던 당시의 상황을 고려할 때, 이 비유는 예수의 가르침을 냉담하게 거부했던 당시의 서기관과 바리새인들을 비롯한 종교지도자들을 비판하고 제자들을 격려하기 위한 목적을 가진 것이라고 주장하지만 잘못된 주장이다. 왜냐하면 이 비유의 강조점은 씨 뿌리는 자가 아니라 토양에 있으며, 또한 어떻게 가르칠 것인가가 아닌 어떻게 듣고 행할 것인가에 있기 때문이다. 이 비유가 강조하는 것은 천국 말씀이 선포되었을 때 그것을 온전히 수용하지 못하게 막는 여러가지 어려운 영적 방해 요소들이 있는데 이를 극복하지 못하면 구원의 축복을 받을 수 없다는 것이다. 이 비유는 구원에 대한 하나님의 메시지와 천국 복음을 들을 때 사람들이 보이는 잘못된 반응의 태도들을 열거하고 이런 잘못된 반응에서 벗어나 말씀을 듣고 그것에 순종해야 구원의 열매를 맺을 수 있다는 메시지를 전하고 있다.

❷ 곡식과 가라지 비유

곡식과 가라지 비유 또한 앞의 씨 뿌리는 자의 비유와 마찬가지로 친숙한 농촌의 상황을 이용하고 있는 비유로서 아주 단순한 플롯으로 구성되어 있다.

> 예수께서 그들 앞에 또 비유를 들어 이르시되 천국은 좋은 씨를 제 밭에 뿌린 사람과 같으니 사람들이 잘 때에 그 원수가 와서 곡식 가운데 가라지를 덧뿌리고 갔더니 싹이 나고 결실할 때에 가라지도 보이거늘 집 주인의 종들이 와서 말하되 주여 밭에 좋은 씨를 뿌리지 아니하였나이까 그런데 가라지가 어디서 생겼나이까 주인이 이르되 원수가 이렇게 하였구나 종들이 말하되 그러면 우리가 가서 이것을 뽑기를 원하시나이까 주인이 이르되 가만 두라 가라지를 뽑다가 곡식까지 뽑을까

> 염려하노라 둘 다 추수 때까지 함께 자라게 두라 추수 때에 내가 추수꾼들에게 말하기를 가라지는 먼저 거두어 불사르게 단으로 묶고 곡식은 모아 내 곳간에 넣으라 하리라. (마태복음 13장 24-30절)

이 비유의 핵심적인 내용을 요약하면 이렇다. 농부가 자기 밭에 곡식을 심었는데 그 곡식이 자라면서 원수가 뿌린 독보리라는 해로운 잡초, 즉 가라지도 함께 자라게 된다. 그래서 종들이 와서 주인에게 곡식의 성장을 방해하는 가라지를 뽑겠다고 하지만, 주인은 가라지를 뽑다가 알곡까지 뽑을 것을 우려하여 가라지를 그냥 놔두라고 지시한다. 아주 단순한 내용을 가진 비유다.

그러나 이 간단한 이야기 속에도 의미 있는 갈등이 존재한다. 좋은 씨를 뿌린 농부와 가라지를 심은 원수 사이의 갈등과 곡식과 가라지 사이의 충돌이 그것이다. 사람들이 잠잘 때 원수가 와서 잡초를 심었다는 사실에서 원수의 교활함과 악한 의도를 보게 되고 갈등의 원인을 제공한 인물이 바로 원수라는 것도 알게 된다. 그런데 문제를 해결하기 위해서는 밭에서 자라는 잡초를 제거해야 하지만 어려운 점은 잡초와 곡식의 구분이 쉽지 않고 잡초의 뿌리와 곡식의 뿌리가 얽혀 있어서 잡초를 뽑다가 자칫 곡식까지 뽑을 위험성이 있다는 것이다. 이것이 가라지를 뽑을 수 있도록 허락해 달라는 종들의 요구를 주인이 거절한 이유다.

예수는 이 비유를 해석하면서 씨 뿌리는 자는 예수 자신, 밭은 이 세상, 좋은 씨는 천국의 아들, 가라지는 악한 자의 아들들, 그리고 원수는 마귀라고 설명한다.

> 이에 예수께서 무리를 떠나사 집에 들어가시니 제자들이 나아와 이르되 밭의 가라지의 비유를 우리에게 설명하여 주소서 대답하여 이르시되 좋은 씨를 뿌리는 이는 인자요 밭은 세상이요 좋은 씨는 천국의 아들들이요 가라지는 악한 자의 아들들이요 가라지를 뿌린 원수는 마귀요 추수 때는 세상 끝이요 추수꾼은 천사들이니 그런즉 가라지를 거두어 불에 사르는 것 같이 세상 끝에도 그러하리라 인자

가 그 천사들을 보내리니 그들이 그 나라에서 모든 넘어지게 하는 것과 또 불법을 행하는 자들을 거두어 내어 풀무 불에 던져 넣으리니 거기서 울며 이를 갈게 되리라 그 때에 의인들은 자기 아버지 나라에서 해와 같이 빛나리라 귀 있는 자는 들으라. (마태복음 13장 36-43절)

이 예수의 해석을 보면, 좋은 씨앗과 가라지, 씨 뿌리는 자와 원수, 창고에 거두어들이는 것과 불태우는 것들이 대조를 이루면서 의미가 강조되며, 이 세상의 선한 것들은 하나님께로부터 오지만 악한 것은 사탄으로 말미암는 것임을 알 수 있다. 그리고 이 세상에서는 하나님의 백성들과 악한 무리가 뒤섞여 살지만 악한 자들에 대한 심판을 인간은 할 수 없으며 오직 하나님만이 그 일을 할 수 있고 그것도 세상 끝 날에 가서야 한다는 것이다.

이와 같은 예수의 해석에 근거하면 이 비유의 강조점은 종들의 태도가 아닌 악인은 반드시 최후의 심판을 받는다는 것과 그 심판의 성격에 있음을 알 수 있다. 이 비유를 해로운 가라지에 대한 관용을 강조한다거나 교회 내에서의 신자와 불신자와의 관계를 말하고 있는 것으로 해석하는 것은 잘못이다. 결국 가라지는 불태워질 것이고 여기에서 말하는 밭은 교회가 아닌 이 세상을 의미하기 때문이다. 이 비유는 이 세상 마지막 날에는 하나님의 준엄한 심판이 있을 것이기에 믿는 자들은 최후의 심판을 의식하면서 살아야 한다는 것과 그때까지 악이 존재하는 세계에서 인내할 것을 가르치고 있다. 이런 점에서 이 곡식과 가라지 이야기는 종말론적인 주제를 다룬 비유라고 할 수 있다.

❸ 관대한 고용주의 비유

이 비유는 포도를 추수해야 하는 상황에서 포도원 주인이 모든 가용한 일꾼들을 포도원으로 데려와 일을 시킨 다음 일이 끝나자 일을 한 시간과 관계없이 동일한 임금을 지불하여 일꾼들로부터 항의를 받는 내용으로 구성되어 있다. 씨 뿌리는 자의 비유가 인간의 행동에 초점을 맞추고 있는 비유

(parable of action)라면 이 비유는 주인의 인성에 초점을 맞추고 있는 비유(parable of character)다.

> 천국은 마치 품꾼을 얻어 포도원에 들여보내려고 이른 아침에 나간 집 주인과 같으니 그가 하루 한 데나리온씩 품꾼들과 약속하여 포도원에 들여보내고 또 제삼시에 나가 보니 장터에 놀고 서 있는 사람들이 또 있는지라. 그들에게 이르되 너희도 포도원에 들어가라 내가 너희에게 상당하게 주리라 하니 그들이 가고 제육시와 제구시에 또 나가 그와 같이 하고 제십일시에도 나가 보니 서 있는 사람들이 또 있는지라. 이르되 너희는 어찌하여 종일토록 놀고 여기 서 있느냐 이르되 우리를 품꾼으로 쓰는 이가 없음이니이다. 이르되 너희도 포도원에 들어가라 하니라 저물매 포도원 주인이 청지기에게 이르되 품꾼들을 불러 나중 온 자로부터 시작하여 먼저 온 자까지 삯을 주라 하니 제십일시에 온 자들이 와서 한 데나리온씩을 받거늘 먼저 온 자들이 와서 더 받을 줄 알았더니 그들도 한 데나리온씩 받은지라 받은 후 집 주인을 원망하여 이르되 나중 온 이 사람들은 한 시간밖에 일하지 아니하였거늘 그들을 종일 수고하며 더위를 견딘 우리와 같게 하였나이다. 주인이 그 중의 한 사람에게 대답하여 이르되 친구여 내가 네게 잘못한 것이 없노라. 네가 나와 한 데나리온의 약속을 하지 아니하였느냐 네 것이나 가지고 가라. 나중 온 이 사람에게 너와 같이 주는 것이 내 뜻이니라. 내 것을 가지고 내 뜻대로 할 것이 아니냐 내가 선하므로 네가 악하게 보느냐 이와 같이 나중 된 자로서 먼저 되고 먼저 된 자로서 나중 되리라. (마태복음 20장 1-16절)

이 비유의 플롯은 오중 반복의 구조(the principle of fivefold repetition) 속에 진행되고 있어서 고도의 문학성을 보여준다.[315] 주인은 포도원에서 일할 일꾼이 한 번에 확보되지 않자 아침, 제 삼시, 제 육시, 제 구시, 제 십일시 등 다섯 차례에 걸쳐 일꾼들을 데려와서 일을 시킨다. 주인의 이런 행동은 전혀 이상한 것이 아니지만, 날이 저물어 일이 끝나고 품꾼들에게 임금

315 *Ibid.*, 411.

을 지급할 때 문제가 발생한다. 일을 한 시간과 관계없이 모든 일꾼에게 똑같이 한 데나리온의 품삯을 주자 먼저 온 일꾼들이 주인에게 거칠게 항의한다. 모든 것은 공평해야 한다는 관습적인 기준(conventional standards of fair play)[316]에서 보면 이들의 항의는 당연하다고 생각할 수 있지만, 주인은 자신의 행동이 정당하며 결코 부당하게 임금을 주지 않았음을 매우 논리정연하게 설명한다. 실제 사회생활을 하면서 고용인이 이런 일을 당한다면 심리적으로 불공평하다고 느낄 것이다. 고용주가 계약 조건을 지켰다 하더라도 온종일 일한 사람과 단지 한 시간만 일한 사람을 똑같이 대우하는 것은 공정하지 못하다고 생각할 수 있기 때문이다. 그러나 이 비유에서 주인은 모든 일꾼에게 선하게 대우하는 것이 무엇이 잘못되었는지를 오히려 반문하며 나중 된 자가 먼저 되고 먼저 된 자가 나중 되리라는 충격적인 발언을 한다. 그런데 이 비유는 바로 이런 반전과 충격의 원리를 통해 주제를 강조하고 있어서 매우 특징적이다.

이 비유는 알레고리적인 형태의 대표적인 비유로서 여기에서의 포도원 주인은 하나님을 가리키고 포도원은 이 세상 혹은 인간의 생활을 의미한다. 일을 마친 후 일꾼들이 받는 임금은 역사의 종말에 얻게 되는 구원을 상징하고 포도원에 와서 일하라는 주인의 제안에 동의한 일꾼들은 하나님의 부르심에 응한 신자들을 말한다. 임금이 똑같이 지급된다는 것은 신앙인 모두가 노력이나 섬김의 차이와 상관없이 동일한 구원을 받을 것임을 나타낸다.[317] 이 비유의 종교적인 의미를 예수가 활동하던 당시의 시대 상황을 고려하여 생각해 보면 선민사상으로 가득 찬 유대인들이 이방인들이 구원을 받는다는 사실을 인정하지 못하는 것을 꼬집는 것으로 볼 수 있다. 당시 유대인들은 그들이 겪었던 모든 어려움을 이방인들은 겪지 않고 구원을 받는다는 사실을 매우 불합리하게 생각하고 있었는데 이에 대해 구원은 유대인이나 이방인이나 다

316 *Ibid.*, 411.

317 리런드 라이켄, 『문학에서 본 성경』 유성덕 역 (서울: 크리스찬 다이제스트, 1998), 330–331.

를 것이 없다는 것이 이 비유를 통해 천명되는 주제라고 할 수 있다. 하지만 더욱 중요한 의미는 모든 사람에게 있어서 하나님의 구원은 개인의 노력과 상관없이 동등한 보상으로 주어진다는 것이다. 다시 말해, 인간의 구원은 인간의 행위(일꾼들이 포도원에서 일한 시간)가 아닌 하나님의 은혜(주인의 관대함)로 주어진다는 기독교의 핵심적인 진리를 이 비유는 담고 있다.

❹ 달란트 비유

달란트 비유는 농촌의 삶이 아닌 돈을 버는 일에 관한 상업적인 삶을 통해 천국의 비밀을 이야기하고 있는 비유다. 예수의 비유에서 흔하게 볼 수 있는 삼중 반복의 패턴이 여기에도 사용된다.

> 또 어떤 사람이 타국에 갈 때 그 종들을 불러 자기 소유를 맡김과 같으니 각각 그 재능대로 한 사람에게는 금 다섯 달란트를, 한 사람에게는 두 달란트를, 한 사람에게는 한 달란트를 주고 떠났더니 다섯 달란트 받은 자는 바로 가서 그것으로 장사하여 또 다섯 달란트를 남기고 두 달란트 받은 자도 그같이 하여 또 두 달란트를 남겼으되 한 달란트 받은 자는 가서 땅을 파고 그 주인의 돈을 감추어 두었더니 오랜 후에 그 종들의 주인이 돌아와 그들과 결산할새 다섯 달란트 받았던 자는 다섯 달란트를 더 가지고 와서 이르되 주인이여 내게 다섯 달란트를 주셨는데 보소서 내가 또 다섯 달란트를 남겼나이다. 그 주인이 이르되 잘하였도다 착하고 충성된 종아 네가 적은 일에 충성하였으매 내가 많은 것을 네게 맡기리니 네 주인의 즐거움에 참여할지어다 하고 두 달란트 받았던 자도 와서 이르되 주인이여 내게 두 달란트를 주셨는데 보소서 내가 또 두 달란트를 남겼나이다. 그 주인이 이르되 잘하였도다 착하고 충성된 종아 네가 적은 일에 충성하였으매 내가 많은 것을 네게 맡기리니 네 주인의 즐거움에 참여할지어다 하고 한 달란트 받았던 자는 와서 이르되 주인이여 당신은 굳은 사람이라 심지 않은 데서 거두고 헤치지 않은 데서 모으는 줄을 내가 알았으므로 두려워하여 나가서 당신의 달란트를 땅에 감추어 두었었나이다. 보소서 당신의 것을 가지셨나이다. 그 주인이 대답하여 이르되 악하고

게으른 종아 나는 심지 않은 데서 거두고 헤치지 않은 데서 모으는 줄로 네가 알았느냐 그러면 네가 마땅히 내 돈을 취리하는 자들에게나 맡겼다가 내가 돌아와서 내 원금과 이자를 받게 하였을 것이니라 하고 그에게서 그 한 달란트를 빼앗아 열 달란트 가진 자에게 주라. 무릇 있는 자는 받아 풍족하게 되고 없는 자는 그 있는 것까지 빼앗기리라. 이 무익한 종을 바깥 어두운 데로 내쫓으라 거기서 슬피 울며 이를 갈리라 하니라. (마태복음 25장 14-30절)

이 비유의 내용을 요약하면 이렇다. 한 부자가 멀리 여행을 떠나면서 세 명의 종들을 불러 각각 금 다섯 달란트, 두 달란트, 그리고 한 달란트를 맡긴다. 오랜 후 그가 돌아와서 결산할 때, 다섯 달란트 받았던 종은 장사하여 다섯 달란트를 남기고, 두 달란트 받았던 종도 두 달란트를 남긴다. 그러나 한 달란트 받았던 종은 그것을 땅에 묻어 두었다가 그대로 가지고 와서 주인에게 책망을 듣고 벌을 받는다.

이 비유의 강조점은 주인이 맡긴 재산을 어떻게 관리하는가, 즉 청지기 정신에 있다. 이 비유에서는 문학 내러티브에서 즐겨 사용되는 삼중 반복의 패턴과 대조의 수법이 사용되어 청지기 정신의 의미가 분명하고 설득력 있게 전달된다. 다시 말해, 세 명의 종들이 등장하여 긴장감을 조성하고, 이어서 처음의 두 종과 마지막 세 번째 종의 모습을 대조하는 방법을 통해 주제를 효과적으로 드러낸다.

나아가, 이 비유는 문학 내러티브에서 중시되는 시험(test), 시적 정의(poetic justice), 인물간의 갈등(character conflict) 모티프들이 플롯을 이끌어가고 있어서 문학적인 예술성이 높은 글이라고 할 수 있다. 이 글에서 시험 모티프는 종들, 즉 청지기들에게 돈을 맡기고 그것을 어떻게 이용하는지를 통해 그들의 능력과 청지기 의식을 판단하는 내용에 잘 나타나고, 주인이 돌아와서 열심히 장사하여 이문을 남긴 성실한 종에게는 상을 주고 게으른 종에게는 벌을 내리는 모습에 시적 정의의 모티프가 사용되고 있다. 그리고 인물 간의 갈등은 일하지 않고 놀기만 했다고 나무라는 주인과 자신의 행동을 변명하는 세 번째 종에게서 발견된다. 이런 여러 내러티브 모티프들을 통해 예수는 인간이 어떤 재능을 하나님으로부터 부여받았든지 간에 그것을 백분 활용하여 최선을 다해 노력하고 하나님을 섬겨야 한다는 주제를 강조하고 있다.

이 비유에서 주인은 하나님이며 세 명의 종들은 우리 인간들을 가리킨다. 종들에게 맡긴 달란트는 문자적으로는 돈의 단위지만 하나님이 인간에게 부여한 재능과 기회를 의미한다. 긴 여행 후 주인이 돌아오는 것은 종말에 그리스도가 이 세상을 심판하기 위해 재림한다는 것을 의미하고, 바깥 어두움은 지옥을, 그리고 주인의 즐거움은 하늘나라의 즐거움을 나타낸다. 따라서 한 달란트 받았던 종이 자신이 받은 달란트를 사용하지 않고 땅에 묻어 두었기 때문에 바깥 어두운 데로 쫓겨나는 벌을 받았다는 것은 하나님께서 주신 재능과 기회를 하나님을 위해 생산적으로 사용하지 않는 사람들에게 지옥의 형벌이 주어질 것임을 의미한다고 할 수 있다. 반면에, 열심히 일하여 돈을 번 종들에게 상급이 주어졌다는 것은 자신에게 주어진 재능과 기회를 최대한 활용하여 하나님을 섬기는 사람들에는 하늘나라의 영광에 참여하는 축복이 주어진다는 것을 나타낸다.

그런데 이 비유를 해석하면서 범하기 쉬운 오류는 다섯 달란트, 두 달란트, 한 달란트를 재능의 차등으로 해석하는 것이다. 다시 말해, 다섯 달란트는 가장 크고 좋은 재능으로, 한 달란트는 가장 작고 보잘것없는 재능으로 생각하고 한 달란트 맡았던 종이 달란트를 땅에 묻어 두었던 원인을 작은 재능을 부여받았기 때문이라고 보는 견해다.

그러나 여기에서의 다섯, 둘, 하나의 개념은 차등이 아닌 차이를 의미한다. 이 비유에서 "주인이 각각 그 재능대로 한 사람에게는 금 다섯 달란트를, 한 사람에게는 두 달란트를, 한 사람에게는 한 달란트를 주고 떠났다"라고 하는 것은 하나님이 인간 개개인에게 크고 작은 것이 아닌 서로 다른 재능과 기회를 부여했다는 것을 뜻한다. 따라서 인간이 무슨 재능을 받았든지 하나님의 기대치는 같은 것이다.

이처럼 이 비유는 인간이 어떤 재능을 신으로부터 부여받았든지 그것을 최대한 활용하여 일하고 하나님을 섬겨야 한다는 것을 강조하고 있다.[318] 다시 말해, 얼마를 받았느냐가 아니라 받은 것을 가지고 어떻게 사용하느냐에 이 비유의 강조점이 있다. 한마디로 이 비유는 예수가 다시 오실 때까지 긴 시간 동안 인내하면서 자신에게 주어진 재능과 기회를 잘 살리고 열매 맺는 삶을 살아야 한다는 메시지를 그 속에 담고 있다.

⑤ 선한 사마리아인의 비유

앞서 예수가 말한 비유의 가장 눈에 띄는 특징이 사실주의라고 언급했거니와 예수의 비유 중에서 생동감 있는 사실주의를 가장 잘 보여주는 이야기는 선한 사마리아인의 비유다. 예수는 어떤 율법 교사가 그를 시험하여 "내 이웃이 누구입니까?"라고 질문하자 그에 대한 대답으로 이 비유의 말씀을 하셨다.

> 예수께서 대답하여 이르시되 어떤 사람이 예루살렘에서 여리고로 내려가다가 강도를 만나매 강도들이 그 옷을 벗기고 때려 거의 죽은 것을 버리고 갔더라. 마침 한 제사장이 그 길로 내려가다가 그를 보고 피하여 지나가고 또 이와 같이 한 레위인도 그 곳에 이르러 그를 보고 피하여 지나가되 어떤 사마리아 사람은 여행하는 중 거기 이르러 그를 보고 불쌍히 여겨 가까이 가서 기름과 포도주를 그 상처에 붓고 싸매고 자기 짐승에 태워 주막으로 데리고 가서 돌보아 주니라. 그 이튿날 그가 주막주인에게 데나리온 둘을 내어 주며 이르되 이 사람을 돌보아 주라 비용이 더 들면 내가 돌아올 때에 갚으리라 하였으니 네 생각에는 이 세 사람 중에 누가 강도 만난 자의 이웃이 되겠느냐 이르되 자비를 베푼 자니이다. 예수께서 이르시되 가서 너도 이와 같이 하라 하시니라. (누가복음 10장 30-37절)

---

318 위 책, 332.

이 비유는 예수의 다른 비유들과 달리 신학적인 문제가 아닌 윤리적인 문제를 주제로 다루고 있다. 이 비유에서 율법 교사는 내 이웃이 누구냐는 질문을 했으나 예수가 한 대답의 강조점은 이웃이 누구인지가 아닌 어떻게 이웃이 되는지에 있다. 특히, 이 비유가 우리의 관심을 끄는 이유는 예수가 여기에서 이웃이 누구인가를 결코 관념적이거나 추상적으로 설명하지 않는다는 것이다. 이 이야기에는 강도가 등장하여 사람을 때리고 옷을 벗기며, 특별한 사람들이 그곳을 지나가고, 그들 중 한 사람이 강도 만난 사람의 상처 입은 부위를 기름과 포도주로 싸매어 주는 등 경험에 관한 이야기가 아니라 경험 그 자체가 제시되어 진정한 이웃이 누구인지를 독자에게 보여준다. 다시 말해, 예수는 이웃이란 개념을 추상적이고 형이상학적으로 설명하는 대신 구체적이고 경험적인 상황을 제시함으로써 독자가 생생하게 체험적으로 그 세계에 참여하도록 만들고 있다는 것이다.

이 비유에는 일반 내러티브에 자주 나오는 시험 모티프, 플롯 갈등, 삼중의 반복 기법이 사용되어 고도의 문학성을 보여준다. 강도를 만나 곤경에 처한 사람을 위험을 무릅쓰고 누가 도와줄 것인가, 즉 진정한 이웃이 되는 자격 테스트를 누가 통과할 것인가에 관심을 집중하게 만든다. 그런데 이곳을 제사장, 레위인, 사마리아인, 세 사람이 지나가게 되고 청자는 그들이 어떤 행동을 할 것인가를 기대한다. 제사장은 종교적인 지도자 중에서도 가장 중요한 인물이기에 청자는 당연히 강도 만난 사람을 도와줄 것이라고 기대하지만 못 본 척하고 지나간다. 기대한 레위인도 마찬가지다. 그런데 전혀 기대하지 않았던, 유대인들이 짐승처럼 생각한 사마리아인이 강도 만난 사람을 도와준다. 제사장과 레위인의 등장은 청자의 기대감을 상승시켰다가 무참히 깨버리는 결과를 가져오나 사마리아인의 등장은 놀라운 반전을 만들어 청자들의 예상을 뒤집어 놓는다. 이처럼 플롯의 갈등과 세 등장인물의 예상을 빗나간 행동은 이 이야기 전개의 중요한 동력으로 작용한다. 그리고 이를 통해 비유가 전달하려는 의미를 강화한다.

예수는 이 비유에서 세 인물을 차례로 등장시키는 삼중의 반복 패턴을 사용하여 청자의 흥미를 유발하는데 다른 인물이 아닌 바로 유대인들이 동물만도 못한 존재로 인식하고 상종을 거부하는 사마리아인이 어려움에 빠진 유대인을 도와주도록 이야기의 플롯을 구성함으로써 유대인들의 교만과 위선에 경종을 울린다. 그러나 이 비유는 단지 그 당시 종교지도자들의 편향된 생각과 비도덕성만을 꼬집는 것이 아니라 인간 모두가 가진 편견과 도덕적 불감증에 대한 경고로 볼 수 있다. 예수가 이 비유를 통해 설파하는 진정한 이웃은 인종, 종파, 계급, 신분의 차이를 벗어나 인간에 대한 근원적인 사랑을 실천하는 사람을 가리킨다.

그러나 안타깝게도 예수의 이런 비유를 들은 율법 교사는 예수가 강조하는 진정한 이웃의 개념을 거부하는 모습을 보인다. 예수께서 그에게 이 세 사람 중에서 누가 강도 만난 자의 이웃이냐고 물었을 때 그는 사마리아인이라 하지 않고 자비를 베푼 자라고 대답한다. 그는 예수의 비유를 듣고도 사마리아인을 자기 이웃으로 인정하지 않고 있다. 사마리아인을 경멸하는 생각 즉, 이방인을 이웃으로 받아들일 수 없다는 교만이 여전히 그의 생각을 지배하고 있다. 이런 율법 교사에게 예수는 "가서 너도 이와 같이 하라"는 마지막 메시지를 남긴다. 이 말은 이 비유의 진정한 목적이 단지 이웃이 누구인지 개념을 깨닫게 하는 것이 아니라 진정한 이웃으로 행동하도록 만드는 것에 있음을 보여준다. 즉, 어떻게 진정한 이웃으로 살아갈 것이냐는 실천적인 행동을 이 비유는 요구하고 있다. 이런 점에서 이 비유는 단지 윤리적인 개념을 가르치는 것이 아닌 행동적인 실천을 촉구하는 비유라고 할 수 있다.

❻ 탕자의 비유

예수의 비유 중에서 가장 문학적으로 훌륭하다고 평가받는 것은 탕자의 비유다.

> 또 이르시되 어떤 사람에게 두 아들이 있는데 그 둘째가 아버지에게 말하되 아버지여 재산 중에서 내게 돌아올 분깃을 내게 주소서 하는지라. 아버지가 그 살림을 각각 나눠 주었더니 그 후 며칠이 안 되어 둘째 아들이 재물을 다 모아 가지고 먼 나라에 가 거기서 허랑방탕하여 그 재산을 낭비하더니 다 없앤 후 그 나라에 크게 흉년이 들어 그가 비로소 궁핍한지라. 가서 그 나라 백성 중 한 사람에게 붙여 사니 그가 그를 들로 보내어 돼지를 치게 하였는데 그가 돼지 먹는 쥐엄 열매로 배를 채우고자 하되 주는 자가 없는지라. 이에 스스로 돌이켜 이르되 내 아버지에게는 양식이 풍족한 품꾼이 얼마나 많은가 나는 여기서 주려 죽는구나. 내가 일어나 아버지께 가서 이르기를 아버지 내가 하늘과 아버지께 죄를 지었사오니 지금부터는 아버지의 아들이라 일컬음을 감당하지 못하겠나이다. 나를 품꾼의 하나로 보소서 하리라 하고 이에 일어나서 아버지께로 돌아가니라. 아직도 거리가 먼데 아버지가 그를 보고 측은히 여겨 달려가 목을 안고 입을 맞추니 아들이 이르되 아버지 내가 하늘과 아버지께 죄를 지었사오니 지금부터는 아버지의 아들이라 일컬음을 감당하지 못하겠나이다 하나 아버지는 종들에게 이르되 제일 좋은 옷을 내어다가 입히고 손에 가락지를 끼우고 발에 신을 신기라. 그리고 살진 송아지를 끌어다가 잡으라 우리가 먹고 즐기자 이 내 아들은 죽었다가 다시 살아났으며 내가 잃었다가 다시 얻었노라 하니 그들이 즐거워하더라. 맏아들은 밭에 있다가 돌아와 집에 가까이 왔을 때에 풍악과 춤추는 소리를 듣고 한 종을 불러 이 무슨 일인가 물은대 대답하되 당신의 동생이 돌아왔으매 당신의 아버지가 건강한 그를 다시 맞아들이게 됨으로 인하여 살진 송아지를 잡았나이다 하니 그가 노하여 들어가고자 하지 아니하거늘 아버지가 나와서 권한대 아버지께 대답하여 이르되 내가 여러 해 아버지를 섬겨 명을 어김이 없거늘 내게는 염소 새끼라도 주어 나와 내 벗으로 즐기게 하신 일이 없더니 아버지의 살림을 창녀들과 함께 삼켜 버린 이 아들이 돌아오매 이를 위하여 살진 송아지를 잡으셨나이다. 아버지가 이르되 얘 너는 항상 나와 함께 있으니 내 것이 다 네 것이로되 이 네 동생은 죽었다가 살아났으며 내가 잃었다가 얻었기로 우리가 즐거워하고 기뻐하는 것이 마땅하다 하니라. (누가복음 15장 11-32절)

'용서하는 아버지의 비유'로도 알려진 이 이야기는 아버지, 탕자인 작은아들, 그리고 큰아들을 중심으로 진행되는 세 단계의 플롯을 가지고 있다. 그 첫 번째는 작은아들이 아버지에게 자신의 유산을 받아 집을 떠나 타지에서 허랑방탕하게 생활하는 배신의 이야기이고, 두 번째는 이런 아들이 돌아오자 그를 반갑게 맞이하고 다시 아들로 인정하는 아버지의 용서와 사랑의 이야기다. 세 번째는 큰아들이 모든 유산을 탕진하고 창기와 놀아난 동생을 용서하고 잔치를 베풀어 준 아버지에게 불만을 토로하는 아버지와 큰아들, 그리고 형제 사이의 갈등 이야기다.

이 비유의 첫 단계 플롯에서는 둘째 아들이 집을 떠났다가 다시 돌아오는 여행과 귀환의 모티프가 사용되고 여기에 죽음과 재생의 모티프가 연결되어 화자의 강조점을 선명하게 부각한다. 이런 서술방식은 문학 설화에서 흔히 볼 수 있는 전형적인 것으로서 이 비유의 문학적 특징을 잘 보여준다.

그런데 둘째 아들이 아버지에게서 자신의 분깃을 받아 먼 나라에 가서 모두 탕진한 후 다시 집으로 돌아오는 모습에 나타나는 여행과 귀환의 모티프에는 단지 물리적으로 고향을 떠났다가 다시 돌아온다는 피상적인 의미만 있는 것은 아니다. 그것은 아버지의 사랑을 거부하고 그의 뜻을 거스르는 잘못된 행동을 회개하고 잘못된 자신의 모습을 완전히 되돌리는 도덕적, 정신적 결단과 변화라는 보다 중요한 의미를 담고 있다. 본인 스스로 하늘과 아버지께 죄를 지었다고 고백하는 것에서 알 수 있듯이 탕자가 당한 불행의 원인은 자신에게 있다. 그가 죽음과 다름없는 고통의 상태에 빠지게 된 것은 죄를 범했기 때문이다. 그 결과 그는 돼지가 먹는 쥐엄 열매로 배를 채우려 해도 주는 자가 없어 굶어 죽을 수밖에 없는 비참한 지경에 이른다. 그런데 그 당시 돼지가 유대인에게는 부정한 짐승이라는 사실을 상기할 때 그의 이런 모습은 그가 더이상 떨어질 수 없는 가장 비참한 상황으로 추락했음을 나타낸다. 다시 말하면, 유대인이 돼지가 먹는 열매를 먹는다는 것은 인간 이하의 삶의 나락으로 곤두박질쳤음을 뜻하며, 이런 열매조차 먹을 수 없는 지경에 이르렀다는 것은 그가 목숨은 부지하지만, 실상은 죽음보다 더 못한 절망의 상태, 즉 생중사(death–in–life)에 처해 있음을 의미한다.

그러나 역설적으로 바로 이런 한계상황이 탕자를 변화시킨다. 굶어 죽는 것 외에 다른 방도가 없는 것처럼 보이는 극심한 고통이 그를 회개로 이끈다. 탕자의 비유에 제시되는 이와 같은 고통의 역설적인 역할을 뉴턴(John Newton)은 그가 쓴 "탕자"(Prodigal Son)라는 시에서 다음과 같이 노래한다.

고통은 비록 극심한 것처럼 보일지라도
종종 인간을 사랑하기에 주어진 것
그것이 탕자의 방탕한 생활을 끝내게 하고
그를 회개하게 만드네.

그가 재산을 다 탕진하기까지는
조금도 회개할 마음이 없었으나
기근으로 아픔을 느끼게 되자
그의 완고한 마음은 녹기 시작했네.

Afflictions, though they seem severe,
In mercy oft are sent;
They stopp'd the prodigal's career,
And forc'd him to repent.

Although he no relentings felt
Till he had spent his store,
His stubborn heart began to melt
When famine pinch'd him sore. (1-2연)

탕자에게 주어진 고통은 그를 파멸시키기보다 오히려 도덕적으로 그를 각성하게 만든다. 그는 아들이 아닌 품꾼의 하나로 자기를 받아주기를 아버지께 간청하겠다고 결심하고 스스로 돌이켜 다시 아버지 집으로 가겠다고 말한다. 그런데 품꾼은 그 당시 고용된 하인 중에서 가장 비천한 신분의 하인을 말한다. 아들로서 아버지에게 당당하게 유산을 요구하던 탕자가 아버지의 품꾼만 되어도 좋겠다는 생각을 하게 된 것은 그의 코페르니쿠스적인 변화를 의미한다. 게다가 그는 단지 아버지에게만 죄를 지은 것이 아니라 하나님에게도 죄를 지었다고 고백한다. 그러니까 그가 도덕적, 윤리적 차원을 넘어 영적, 종교적으로 회개를 하고 있다는 것이다.

그런데 이 비유에서 우리가 잘못 판단하기 쉬운 것이 있다. 아버지는 탕자를 무조건 용서하고 받아준다. 즉, 이 비유는 조건 없는 사랑을 베푸시는 하나님의 모습을 보여준다고 생각하기 쉬우나 잘못된 판단이다. 이 비유에서 아들에 대한 아버지의 용서와 사랑은 아들의 반성과 회개를 전제로 하고 있다. 다시 말하면, 아버지가 용서하는 아들은 집을 떠날 때의 탕자가 아니라 회개하고 변화된 아들이다. 이 비유의 마지막 부분에서 탕자의 형이 동생을 용서하지 못하는 이유는 그의 말에서 나타나듯 동생을 아버지가 준 돈을 창녀들과 함께 탕진해버린 존재라고만 생각할 뿐 회개하고 변화된 존재로 생각하지 못하기 때문이다. 즉, 형은 아버지가 강조하는, 죽었다가 다시 살아났고 잃었다가 다시 찾은 존재로 동생을 인식하지 못하며 이것이 그의 문제다.

이 비유의 두 번째 사건에서 돌아온 탕자를 대하는 아버지의 모습은 예상을 빗나가는 감동적인 것이다. 아들을 측은히 여기고 달려가 껴안을 뿐 아니라 품꾼의 하나가 아닌 진정한 아들로 환영한다. 제일 좋은 옷을 내어다가 입히고 손에 가락지를 끼우며 발에 신을 신기고 살진 송아지를 잡아 그를 위해 잔치를 베푼다. 여기에서 옷을 입히는 것은 가족으로 받아들이는 명예를 상징하고 반지를 끼우는 것은 아들의 지위를 되찾는 권리와 권위를 상징하는 행동이다. 신발을 신기는 것 또한 귀중한 신분과 지위를 가지게 되었음을 상징한다.[319] 특히, 살진 송아지를 잡아 잔치를 벌이는 것은 아들에 대한 환대와 기쁨이 얼마나 큰 것인지를 잘 보여준다. 이 두 번째 플롯의 강조점은 아버지의 용서와 사랑을 보여주는 데 있다. 다시 말해, 죄인들을 향한 하나님 아버지의 용서와 사랑 즉, 하나님의 자비로운 인격을 드러내는 데 플롯의 초점이 맞추어져 있다.

이 비유의 세 번째 사건은 밭에서 일하고 집으로 돌아온 큰아들이 모든 것을 탕진하고 돌아온 동생을 환대하는 아버지에게 불만을 토로하는 내용이다. 동생을 위해 베푼 잔치를 함께 즐기자는 아버지의 권유에도 큰아들은 "내가 여러 해 아버지를 섬겨 명을 어김이 없거늘 내게는 염소 새끼라도 주어 나와 내 벗으로 즐기게 하신 일이 없었다"라고 노골적으로 불만을 표출한다. 성실하게 자신에게 주어진 책무를 수행해 온 맏아들이기에 그의 반응이 이상하지 않게 보일 수도 있으나 큰아들의 문제는 "아버지의 살림을 창녀들과 함께 삼켜 버린 이 아들이 돌아오매 이를 위하여 살진 송아지를 잡으셨다"라는 이어지는 그의 대사에서 드러난다. 회개하고 돌아온 동생의 변화된 현재 모습은 그의 안중에 없다. 그는 회개가 무엇인지 용서가 무엇인지 모른다.[320] 그는 동생이 저지른 잘못에 합당한 징벌만을 생각할 뿐, 용서가 징벌을 앞서야 한다는 교훈을 인식하지 못한다. 더구나 그는 위 인용 구절에 나타나듯, 자기 동생을 동생으로 호칭하지 않고 '이 아들'로 부른다. 그는 탕자를 동생으로 인정하지 않으며, 그에게는 동생을 불쌍하게 여기는 사랑과 관용의 마음이 존재하지 않는다. 특히, 그는 "죽었다가 다시 살아났고 잃었다가 다시 얻었기에 기뻐할 수밖에 없다"라는 아버지의 말이 강조하는 생명 존중 사상을 전혀 가지고 있지 않다.

---

319 Leland Ryken, *The Literature of the Bible* (Grand Rapids: Zondervan Publishing House, 1980), 312–313.

320 리런드 라이켄, 『문학에서 본 성경』 유성덕 역 (서울: 크리스챤 다이제스트, 1998), 339.

이 비유를 해석할 때 많은 경우 탕자의 회개와 아버지의 용서가 주제라고 생각한다. 그러나 예수가 어떤 상황에서 이 비유의 말씀을 했는지를 고려하면 이 이야기의 마지막에 나오는 큰아들과 아버지 사이의 논쟁이 비유의 올바른 해석에 매우 중요한 역할을 한다는 것을 알 수 있다. 이 비유는 바리새인과 서기관들이 수군거리면서 예수가 죄인을 영접하고 음식을 함께 먹는다고 비난한 것에 대한 예수의 대응을 다룬 비유다. 따라서 이런 상황을 고려하면, 이 비유에서 예수의 강조점은 죄인에 대한 하나님의 용서뿐 아니라 동료 인간의 용서와 사랑이 필요함을 깨우치는 것에 있다고 할 수 있다. 다시 말해, 이 비유는 큰아들처럼 죄인이 회개하고 돌아왔을 때 비난만 하고 용서하지 못하는 당시의 종교지도자들에게 남의 허물을 용서하고 받아들이지 못하는 것은 교만의 죄를 저지르는 것과 같은 잘못임을 교훈하는 목적을 가진 것으로 해석해야 옳다. 이런 점에서 이 비유는 그 당시 죄인들과 소외된 사람들을 무시하고 그들의 잘못을 정죄하기만 했던 종교적인 지도자들에 대한 풍자로 볼 수도 있다. 그러나 앞서 살펴본 대로, 이 비유는 용서와 사랑만을 강조하지는 않는다. 자신이 저지른 죄에 대한 죄인의 고백과 회개 또한 필요하다는 것을 분명하게 강조하고 있어서 균형 잡힌 시각을 보여준다.

8

성경의 서신

서신은 이론상으로는 어떤 편지라도 다 서신이라 부를 수 있지만, 실제적으로는 한 개인이나 집단이 멀리 떨어져 있는 개인이나 집단에게 쓴 격식에 맞는 글을 가리키는 데 한정적으로 사용되는 용어다. 특히, 이 용어는 신약 성경의 편지글들을 특징적으로 지칭한다. 이것은 자발적이고 잡담이 많으며, 사적으로 쓴 작문이 아닌 의식적인 문학 형식을 말하고 있다는 점에서 편지와 구분된다.[321]

| 신약의 서신서

신약에서 예수는 펜을 들어 문서를 남기지 않았지만 사도 바울은 선교여행 중에 많은 편지를 써서 여러 교회에 보냈고 베드로를 비롯한 여러 사도들도 편지의 글들을 성경에 남기고 있다. 그런데 신약 성경에 나오는 편지의 글들을 편지(letters)라고 하지 않고 서신(epistles)이라 부른다. 다이스만(Adolf Deissmann)은 수많은 파피루스 사본들을 근거로 편지와 서신을 구별했다. 그는 편지를 참 편지라고 칭하면서 이것은 비문학적인 것으로, 일반 회중이나 후대 사람들을 상대로 쓴 것이 아니라 그 편지를 직접 받을 특정 개인이나 집단을 위해 쓴 것이라고 설명한다. 이와 달리 서신은 개인이 아닌 일반 회중을 대상으로 쓴 것으로, 하나의 예술적인 문학 형태, 또는 문학의 한 종류라

321 C. Hugh Holman, *A Handbook to Literature*, 4th Ed. (Indianapolis: Bobbs–Merrill Educational Publishing, 1980.), 164.

고 설명한다.[322] 신약에는 무려 21권에 달하는 편지 형태의 글들이 있다. 이것들을 다이스만의 분류 기준에서 깔끔하게 편지와 서신으로 구분하는 것은 어렵다.

특히, 바울의 글들은 편지와 서신의 중간적인 특징을 보이는 것들이 많아서 구분하기가 더욱 힘들다. 예를 들어, 그가 쓴 빌레몬서는 편지의 형식과 유사하고 로마서는 서신의 특징을 가지고 있다. 그러나 이런 세밀한 구분과 별개로 일반적으로 신약 성경에 나오는 편지 형태의 글들은 서신서로 불리며 그 종류도 다양하여 교리서신(doctrinal epistles), 정치서신(administrative epistles), 옥중서신(prisoners epistles), 전도서신(evangelical epistles), 목회서신(pastoral epistles), 일반서신(general epistles) 여섯 가지가 있다. 신약 21권의 서신서들 가운데서 옥중에서 쓴 에베소서, 골로새서, 빌립보서, 빌레몬서를 포함하여 모두 13권을 바울이 썼다.

신약 성경의 서신서에는 개인적인 서신 교환과 대중적인 전달 내용이 혼합되어 나타난다. 그래서 서신서의 저자가 주어진 상황에서 어떻게 서신의 형식을 다루느냐에 따라 문학적, 또는 비문학적 성격이 결정된다. 따라서 신약 서신서를 분석할 때 우선 성경 사전이나 주석을 참고하여 어떤 상황에서 쓰였는지를 먼저 살펴보고 서신서가 어느 정도의 문학성을 가지는지를 예상한 후 그 글의 문학적인 특징과 의미를 파악해야 한다.

신약의 서신서들은 발신자인 사도들이 수신자인 개인이나 교회의 성도들에게 신앙적인 문제나 윤리적인 문제해결에 도움을 줄 목적으로 쓴 진지한 글이기는 하나 사도들이 사람들에게 종교적인 교리나 진리의 체계를 가르쳐주기 위해서 쓴 신학적인 논문은 아니다. 이것들은 특정한 상황에서 특정한 사람들에게 소식을 전하기 위해 쓴 편지이기 때문에 우리가 문학에서 볼 수 있는 생생함이나 현장감을 가지고 있다. 따라서 서신서는 문학작품에서처럼

322 고든 D. 피와 · 더글라스 스튜어트. 『성경을 어떻게 읽을 것인가』 개정3판. 오강만 · 박대영 역. (서울: 성서유니온, 2014), 62.

실제적인 삶의 감각을 전해주고 당시 초대교회의 다양한 삶의 모습들을 실감나게 잘 보여주는 특징을 가진다.[323]

신약의 서신서에서는 서신을 보내는 사람과 받는 사람의 관계가 중요하다. 이유는 보내는 발송인과 받는 수취인 양쪽의 상황에 따라 서신의 내용과 의미가 달라지기 때문이다. 특히, 바울의 경우는 실존하는 현실의 인간으로서 자신의 모습을 서신서에 표현한다. 그는 서신에서 사도로서 자신의 권위를, 그의 영적인 이력을, 그의 선교여행의 여정을, 그리고 그의 교리적인 확신을 피력한다.[324] 하지만 발신인인 바울뿐 아니라 수취인이 누구인지, 어떤 존재인지도 중요하다. 서신서는 수취인이 집단인지 아니면 개인인지와 같은 단순한 사실을 넘어 수취인의 정체성과 처한 상황을 보여주기 때문이다. 특히 이런 상황들은 서신서에 모티프와 이미지를 제공하고 있어 잘 살펴보아야 한다.

예컨대, 히브리서의 수신자는 로마 안에 거하는 흩어진 유대인들로서 유대교로 되돌아가려는 영적 위험에 처해 있던 사람들이었다. 따라서 발신자는 사도로서 영적인 권위를 가지고 수신자들에게 자신의 권면을 따를 것을 요구하며 그들의 잘못을 꾸짖는 모습을 보인다.[325] 신약의 서신서들을 살펴보면 로마서처럼 아주 드물게 신학적이거나 교리적인 가르침을 목적으로 쓴 것이 있기는 하지만 대부분은 서신을 받게 될 교회나 개인의 삶 속에 존재하는 논쟁거리를 언급하거나 그것에 대한 발신자의 견해를 밝힌다. 다시 말해, 서신서는 어려움이나 논쟁에 휘말린 교회나 개인에게 발신자가 격려나 위로, 문제해결 방법 등 자신의 견해를 피력하는 내용을 가지고 있다.

이와 함께, 서신서를 살필 때 중요하게 고려해야 할 것은 서신서는 대부분 도시에 있는 교회나 개인에게 보낸 편지라는 사실이다. 신약의 복음서는

---

323 리런드 라이켄, 『문학으로 성경을 어떻게 읽을 것인가?』 곽철호 역. (서울: 은성, 1996), 243.

324 리런드 라이켄, 제임스 C. 윌호잇, 트렘퍼 롱맨 3세. 편저. 『성경이미지 사전』 홍성희 외 다수 역. (서울: 기독교문서선교회, 2001), 698.

325 위 책, 698.

주로 농경사회 즉, 농촌의 환경을 반영하고 있는 것에 반해 서신서는 도시에 있는 교회나 개인이 겪고 있는 문제들을 언급한다. 다시 말해, 세속적인 도시의 사회적, 문화적 환경의 영향에 의해 생긴 문제들이 서신서의 중요한 이슈로 다루어진다. 그러니까 성경이 강조하는 하나님 중심의 문화와 가치관과 거대한 도시로 대변되는 세속적인 문화와 가치관 사이의 충돌이 서신서의 저변에 깔린 기본적인 갈등이다. 그래서 서신서의 발송인은 수신자에게 도시 문화의 기준에 따라 살면 안 된다고 권면하는 것을 잊지 않는다.

이뿐 아니라 서신서에는 많은 구체적인 특정 장소의 이름과 개인의 이름이 언급되어 생동감과 현장감을 배가시키며 도시의 삶 속에서 크리스천들이 어떻게 살아야 하는지 실천적인 방향을 제시해 준다. 서신서에서 언급되는 내용은 진지한 연구에서 나온 심오한 것은 아니지만 실제 생활적인 측면에서 바라본 구체적이고 공감되는 것이라는 점에서 오히려 진한 감동과 설득력을 제공한다.

특히, 서신서에서 저자의 말투는 문어체가 아닌 구어체로서 웅변적이고 설교조의 특징을 가지고 있다. 많은 학자들이 주장하듯이 신약의 서신서는 교회 안에서 회중들에게 큰 소리로 낭독하여 들려주던 공개적인 서한의 성격을 가진 것으로 보통은 편지를 받는 개인이나 교회에게 직접 말하는 방식을 취하고 있다.[326] 물론 내용은 윤리적이며 신학적인 문제를 다루고 있지만, 문체적으로는 시적이며 수사학적인 이미지들로 가득 차 있다. 다시 말해, 서신서는 종교적이고 윤리적인 진지하고 딱딱한 내용에도 불구하고 구체적인 이미지나 은유들을 통해 독자의 상상력에 호소한다. 서신서의 언어는 선명하고 생동감이 있으며, 전체적으로는 산문으로 기술되어 있지만, 그 속에 잠언이나 격언, 제례 의식적인 문형, 신조, 찬양시가 포함되어 있다.[327] 또한, 평형법, 병행구, 돈호법, 역설, 감탄문, 반복, 풍자, 돈호법 등 수사학적인 기법들

326 위 책, 699.
327 위 책, 699.

이 사용되고 있어 문학성이 뛰어난 글이다.

서신서의 형식과 차별성

신약 성경 27권의 글 중 무려 21권이 편지 형식의 글이다. 일반적으로 이것들을 서신서라고 통칭하여 부르지만, 앞에서 언급했듯이 편지는 특정한 상황에서 특별한 목적으로 정보를 전달하기 위해 쓴 비문학적인 실용적인 글로서 지극히 개인적인 성격을 지니는 것과 대조적으로 서신은 대중들에게 읽어주기 위해 쓴 대중적인 문학적 형식의 글이라는 점에서 명확히 구분된다. 이런 기준에서 보면 로마서는 교리를 주로 다룬 것으로 개인이 아닌 대중들이 읽기를 바라고 쓴 것이라는 점에서 서신서에 가깝고 빌레몬서는 개인적인 필요에 따라 쓴 것으로 사적인 면이 강하기 때문에 편지에 가깝다고 할 수 있다. 또한, 바울이 쓴 편지 형식의 글들과 다른 사도들이 쓴 편지의 글들을 비교해 보면 베드로가 쓴 베드로후서나 요한이 쓴 요한일서는 서신서에 훨씬 가깝다는 것을 알 수 있다. 그러나 신약의 편지 형식의 글들을 전체적으로 이런 엄격한 기준에서 검토해보면 서신서라기보다는 편지로 분류하는 것이 타당해 보인다. 그런데도 이 편지 형식의 글들은 서신서의 특징 또한 공유하고 있어서 일반적으로 서신서로 불리고 있다.

형식에 있어서 서신서는 기본적으로 고대의 편지 형식을 따르고 있다. 고대의 편지 형식은 서두, 본문, 맺는말, 세 부분으로 구성되어 있고, 서두에는 수신자, 발신자, 그리고 인사가 나오며, 본문에서는 수신자가 전달하고자 하는 내용이 나온다. 그리고 맺는말에는 인사와 마지막 기원이 나온다. 성경의 서신서들은 기본적으로 이와 같은 고대 그리스 시대의 편지 형식을 수용하고 있다.

그러나 성경의 서신서들은 전통적인 편지의 형식을 따르면서도 고대의 편지들과는 다른 독특한 특징들을 가진다. 성경의 서신서가 갖는 가장 차별적인 특징은 모든 글이 내용적인 면에서 일반 편지의 글과는 달리 거의 예외 없이 신학적이고 도덕적이라는 것이다. 서신서들은 그 내용이 기본적으로 신약의 복음서와 매우 유사하다. 이 둘 모두의 주된 관심사는 교리적인 진리와 도덕적인 삶에 있다.[328] 서신서들은 매우 다양한 상황에서 쓰여진 것으로 서로 다른 모습들을 취하고 있다. 그러나 그것들은 모두 교리적이고 종교적인 문제들에 대해 지대한 관심을 보인다는 공통점이 있다. 성경의 서신서들이 전체적으로 설교적이며 훈계적인 문체로 되어있는 것도 이 때문이다.

또한, 성경의 서신서들은 위에서 말한 것처럼 고대 편지의 형식을 기본적으로는 따르지만, 교리적인 내용이나 도덕적인 가르침을 강조하기 위해 변형된 형식을 가진다. 신약에서 서신서들은 공통으로 (1)서두(발신자, 수신자, 문안인사), (2)감사(수신자의 영적인 복지를 위한 기도나 감사), (3)본문, (4)도덕적인 권면, (5)맺는말 등 다섯 부분으로 이루어진 형식을 가지고 있다. 물론, 이런 형식과 정확하게 일치하지 않는 예외적인 서신서들도 있다. 갈라디아서나 디모데전서처럼 (2)감사 부분이 생략된 경우도 있고, 바울의 서신에서 흔히 볼 수 있는 것과 같이 감사와 기도가 동시에 표현되기도 한다. 고린도후서, 에베소서, 베드로전서처럼 감사가 송영(doxology)으로 대체된 것도 있다.[329] 또한, 서두 부분에 제시되는 문안 인사도 그 내용을 보면 고대 편지의 인사말과 차이가 있다. 고대 편지에서는 단지 피상적인 일반적인 인사말을 사용한 것과 다르게 신약의 서신서에는 "하나님의 은혜와 평강이 너희에게 있을지어다"처럼 신학적인 의미를 담은 인사말을 사용한다.

그러나 무엇보다 중요한 것은 신약의 서신서에는 두 가지 새로운 요소들이 첨가되고 있다. 감사(thanksgiving)와 파라에네시스(paraenesis)라고 표현되는 도덕적인 권면이 그것들이다. 그런데 전자인 서신서의 감사 부분에는

---

328 Leland Ryken, *Words of Delight: A Literary Introduction to the Bible* (Grand Rapids: Baker Book House, 1992), 433.

329 고든 D. 피와 · 더글라스 스튜어트, 『성경을 어떻게 읽을 것인가』 개정3판, 오강만 · 박대영 역. (서울: 성서유니온, 2014), 63.

수신자의 영적인 복지를 위한 기도나 영적인 풍요에 대한 감사가 주로 서술된다. 대표적으로 데살로니가후서 1장 3-4절의 내용이 이를 잘 보여준다.

> 형제들아 우리가 너희를 위하여 항상 하나님께 감사할지니
> 이것이 당연함은 너희의 믿음이 더욱 자라고
> 너희가 다 각기 서로 사랑함이 풍성함이니
> 그러므로 너희가 견디고 있는 모든 박해와 환난 중에서
> 너희 인내와 믿음으로 말미암아 하나님의 여러 교회에서
> 우리가 친히 자랑하노라.

파라에네시스는 수신자가 당한 윤리적인 문제에 대하여 발신자가 세밀하게 권면하는 부분을 말하는 것으로 성경의 서신서만이 가지는 매우 독창적인 부분이다. 여기에는 선행과 악행의 목록이 제시되는 경우가 많으며, 선행은 해야 하고 악행은 하지 말아야 한다는 식의 적극적인 명령과 부정적인 명령이 모두 내용에 포함된다. 에베소서 4장 25-29절의 내용이 전형적인 파라에네시스에 해당된다.

> 그런즉 거짓을 버리고 각각 그 이웃과 더불어 참된 것을 말하라
> 이는 우리가 서로 지체가 됨이라
> 분을 내어도 죄를 짓지 말며 해가 지도록 분을 품지 말고
> 마귀에게 틈을 주지 말라
> 도둑질하는 자는 다시 도둑질하지 말고
> 돌이켜 가난한 자에게 구제할 수 있도록 자기 손으로 수고하여 선한 일을 하라
> 무릇 더러운 말은 너희 입 밖에도 내지 말고
> 오직 덕을 세우는 데 소용되는 대로 선한 말을 하여 듣는 자들에게 은혜를 끼치게 하라

그런데 이와 같은 파라에네시스, 즉 도덕적인 권면의 말은 서신서를 일반 편지와 구별하게 만드는 중요한 요소다. 이것은 서신서의 목적을 밝히는 부분으로 발신자가 수신자에게 교리적인 가르침을 설명한 후 그것을 실생활에서 적용할 것을 요구하는 일종의 명령으로서 일반 편지에서 볼 수 없는 종교적인 메시지를 담고 있는 부분이다. 성경의 서신서들은 거의 예외 없이 교리적인 가르침을 먼저 제시한 후 이로부터 도덕적인 적용을 권면하는 방향으로 내러티브가 진행되는 구조를 가진다. 그런데 여기서 발신자의 강조점이 가장 두드러져 나타나는 정점이 바로 파라에네시스다. 따라서 서신서는 고대 그리스의 편지의 형식을 기본적으로 따르고 있기는 하나 그것을 변형하여 추가한 부분인 감사와 도덕적인 권면 부분이 형식과 내용 모두에 있어서 중요한 차이점을 만든다고 할 수 있다.

서신서의 문학적 특징

신약의 서신서를 고대의 편지와 구분 짓게 만드는 또 다른 요소는 서신서가 종교지향적인 특징을 가질 뿐 아니라 고대의 편지들에 비해 매우 문학적이라는 것이다. 성경의 서신서에는 다양한 문학적인 기법들과 장치들이 사용되어 글을 수려하게 만들고 문학성을 돋보이게 한다.

첫째, 서신서에는 잠언과 격언, 찬양이 많이 사용되어 글의 문학성을 높인다. "적은 누룩이 온 땅에 퍼지느니라"(갈라디아서 5장 9절), "속지 말라 악한 동무들은 선한 행실을 더럽히나니"(고린도전서 15장 33절), "크도다 경건의 비밀이여, 그렇지 않다 하는 이 없도다. 그는 육신으로 나타난 바 되시고 영으로 의롭다 하심을 받으시고 천사들에게 보이시고 만국에서 전파되시고 세상에서 믿은 바 되시고 영광 가운데서 올려지셨느니라"(디모데전서 3장 16절) 등의 예에서 볼 수 있듯이 서신서의 여러 부분에서 잠언과 격언, 찬양들이 사용되어 서신서를 문학적으로 만든다.

둘째, 서신서에는 문학에서 볼 수 있는 시적인 언어와 여러 비유법이 사용된다. 문학에서 많이 사용되는 직유와 은유는 말할 것도 없고 "사망아 너의 쏘는 것이 어디 있느냐?"같은 표현에서 볼 수 있는 돈호법, 그리고 "만일 하나님이 우리를 위하시면 누가 우리를 대적하리요?"에서 볼 수 있는 수사적 질문 등 여러 가지 수사법들이 사용되어 서신서의 문학성을 풍성하게 한다. 하나님의 말씀을 용사의 전신갑주에 비유하여 묘사한 에베소서 6장 10-17절은 매우 우수한 문학적 표현으로 꼽을 수 있다.

끝으로 너희가 주 안에서와 그 힘의 능력으로 강건하여지고
마귀의 간계를 능히 대적하기 위하여
하나님의 전신 갑주를 입으라
우리의 씨름은 혈과 육을 상대하는 것이 아니요
통치자들과 권세들과 이 어둠의 세상 주관자들과
하늘에 있는 악의 영들을 상대함이라
그러므로 하나님의 전신 갑주를 취하라
이는 악한 날에 너희가 능히 대적하고
모든 일을 행한 후에 서기 위함이라
그런즉 서서 진리로 너희 허리 띠를 띠고
의의 호심경을 붙이고
평안의 복음이 준비한 것으로 신을 신고
모든 것 위에 믿음의 방패를 가지고
이로써 능히 악한 자의 모든 불화살을 소멸하고
구원의 투구와 성령의 검 곧 하나님의 말씀을 가지라

저자는 사탄과의 영적인 싸움을 위해 그리스도인들이 갖추어야 할 자질을 문학적인 표현법을 동원하여 탁월하게 표현하고 있다. '진리의 허리띠',

'의의 호심경', '복음의 신', '믿음의 방패'와 같은 생생한 은유와 대구법이 글의 밑바탕에 작동하는 플롯의 충돌과 적절하게 어우러져 글의 문학적 예술성을 극대화한다.

또한, 서신서에는 시라는 문학 장르에서 중요한 역할을 하는 역설법이 효과적으로 사용되어 문체를 수려하고 아름답게 만든다. "내가 약할 때 내가 강하다"와 같은 짧은 역설적 표현뿐 아니라 한 문단 전체를 역설법으로 표현하여 시적인 효과를 만들어내기도 한다. 바울이 쓴 서신서의 다음과 같은 구절은 하나님께 속한 진정한 크리스천들이 가진 특징을 역설적으로 표현하여 역설법의 진수를 느끼게 한다.

> 우리는 속이는 자 같으나 참되고
> 무명한 자 같으나 유명한 자요
> 죽은 자 같으나 보라 우리가 살아 있고
> 징계를 받는 자 같으나 죽임을 당하지 아니하고
> 근심하는 자 같으나 항상 기뻐하고
> 가난한 자 같으나 많은 사람을 부요하게 하고
> 아무 것도 없는 자 같으나 모든 것을 가진 자로다. (고린도후서 6장 8-10절)

여기서 바울은 역설법을 성경의 특징적인 수사법인 평행법(parallelism)과 함께 사용하여 운율을 만들고 글을 시적으로 표현함으로써 문학적 효과를 극대화하고 있다.

서신서에는 의인법 또한 효과적으로 사용되어 문체를 시적으로 만드는 데 일조한다. 야고보서 1장 15절의 "욕심이 잉태한즉 죄를 낳고 죄가 장성한즉 사망을 낳느니라" 같은 표현은 의인법이 만들어낸 멋들어진 표현이다. 이 밖에도 서신서에는 "질문–대답 구조"(question–and–answer constructions)가 빈번하게 사용되어 극적인 효과를 만드는데 다음의 구절이 대표적이다.

그런즉 어찌하리요? 우리가 법 아래에 있지 아니하고 은혜 아래에 있으니 죄를 지으리요? 그럴 수 없느니라. (로마서 6장 15절)

이와 함께 서신서의 저자들은 구약 지혜문학의 화자들과 신약의 예수님처럼 그들의 생각을 효과적으로 전달하기 위해 경구적인 언어표현을 즐겨 사용한다. “그러나 이 모든 일에 우리를 사랑하시는 이로 말미암아 우리가 넉넉히 이기느니라”(로마서 8장 37절), “그런즉 믿음, 소망, 사랑, 이 세 가지는 항상 있을 것인데 그 중의 제일은 사랑이라”(고린도전서 13장 13절), “너희는 말씀을 행하는 자가 되고 듣기만 하여 자신을 속이는 자가 되지 말라”(야고보서 1장 22절) 등은 서신서의 대표적인 경구적인 표현들로 독자의 뇌리에 선명한 인상을 남긴다.

셋째, 서신서에는 설명적인 글 속에 여러 서정적인 시적 표현이 삽입되어 문학성을 돋보이게 하는데 다음과 같은 구절이 대표적인 예들이다.

미쁘다 이 말이여
우리가 주와 함께 죽었으면
또한 함께 살 것이요
참으면 또한 함께 왕 노릇 할 것이요
우리가 주를 부인하면
주도 우리를 부인하실 것이라
우리는 미쁨이 없을지라도 주는 항상 미쁘시니
자기를 부인하실 수 없으시리라. (디모데후서 2장 11-13절)

몸이 하나요 성령도 한 분이시니
이와 같이 너희가 부르심의 한 소망 안에서 부르심을 받았느니라
주도 한 분이시오
믿음도 하나요

세례도 하나요
하나님도 한 분이시니
곧 만유의 아버지시라
만유 위에 계시고
만유를 통일하시고
만유 가운데 계시도다. (에베소서 4장 4-6절)

이 밖에도 고린도전서 15장 3-5절, 골로새서 1장 15-20절, 빌립보서 2장 6-11절, 디모데전서 3장 16절, 베드로전서 3장 18-22절, 히브리서 1장 2-3절 등 서신서의 수많은 구절이 시적이거나 찬미가 스타일로 기록되어 감사와 찬송의 노래를 부르는 시인에게서 들을 수 있는 감성적인 목소리를 독자에게 들려준다.

넷째, 서신서에는 발신자가 수신자에게 자신이 전하는 충고나 권면에 흥미와 관심을 갖도록 하기 위해 문학에서 흔히 사용하는 대조와 대비의 방법을 즐겨 사용한다. 여러 서신서에 중요한 모티프들이 대조되어 나타나며, 육신과 성령, 육의 몸과 신령한 몸, 육체의 일과 성령의 열매 등이 대비되어 묘사되는 것은 이 때문이다.[330]

육신을 따르는 자는 육신의 일을,
영을 따르는 자는 영의 일을 생각하나니
육신의 생각은 사망이요
영의 생각은 생명과 평안이니라. (로마서 8장 5-6절)

죽은 자의 부활도 그와 같으니
썩을 것으로 심고
썩지 아니할 것으로 다시 살아나며
욕된 것으로 심고

330 리런드 라이켄, 『문학에서 본 성경』 유성덕 역 (서울: 크리스챤 다이제스트, 1998), 349.

영광스러운 것으로 다시 살아나며
약한 것으로 심고
강한 것으로 다시 살아나며
육의 몸으로 심고
신령한 몸으로 다시 살아나나니
육의 몸이 있은즉
또 영의 몸도 있느니라. (고린도전서 15장 42-44절)

육체의 일은 분명하니 곧 음행과 더러운 것과 호색과
우상 숭배와 주술과 원수 맺는 것과 분쟁과 시기와
분냄과 당 짓는 것과 분열함과 이단과
투기와 술 취함과 방탕함과 또 그와 같은 것들이라
전에 너희에게 경계한 것 같이 경계하노니
이런 일을 하는 자들은 하나님의 나라를 유업으로 받지 못할 것이요
오직 성령의 열매는 사랑과 희락과 화평과 오래 참음과 자비와 양선과 충성과 온유와 절제니 이같은 것을 금지할 법이 없느니라. (갈라디아서 5장 19-23절)

특히, 21권의 서신서 중 13권을 쓴 바울은 훌륭한 문학가와 비교해도 전혀 손색이 없는 글솜씨를 서신서에서 발휘하고 있어서 시선을 끈다. 그는 마치 뛰어난 웅변가처럼 자기 생각을 설득력 있고 감동적으로 서신서에 표현한다. 그가 사용하는 단어와 문장 표현 능력은 탁월하다. 그는 종교적이고 윤리적인 어휘들에 정통할 뿐 아니라 분위기에 따라 문장의 길이와 구성을 자유자재로 변화시킨다. 풍부한 어휘력, 예시와 인용의 적절한 사용, 여러 아이디어의 자연스러운 연결 등 그가 서신서에서 보여주는 문학적 표현의 재능은 그에게 훌륭한 문학가의 자질이 있음을 잘 보여준다.[331] 그는 자신의 개성이 드러나

331 Leland Ryken, *The New Testament in Literary Criticism*, (New York: Frederick Ungar Publishing Co., 1984), 273.

게 편지를 쓰고 있으며, 특히 처음 문안 인사를 하는 부분에서는 기존의 단조롭고 판에 박힌 인사말을 지양하고 신선하고 상황에 어울리는 새로운 인사말을 선보임으로써 서신서에 생동감과 활기를 불어넣고 있다.

나아가 그는 직유, 은유, 역설, 대구, 반복, 균형, 대조법 등 다양한 문학적인 기법들을 효과적으로 사용하여 서신의 내용을 감동적이고 현장감 있게 전달한다. 예를 들어, 그는 고린도 교회에 보내는 편지에서 육체적인 부활의 확실성과 그 성격을 설명하면서 대구, 반복, 균형, 대조 등의 문학적인 기법들을 풍성하게 사용하여 수려한 문체의 절정을 보여준다.[332] 여기에는 죽음이 잠자는 자에 비유되어 은유로 표현될 뿐 아니라 동시에 의인화되어 문학적으로 묘사되고, 돈호법을 통해 죽음을 힐책하는 모습이 극적으로 표현되고 있어 읽는 이의 탄성을 자아낸다.

> 죽은 자의 부활도 그와 같으니
> 썩을 것으로 심고 썩지 아니할 것으로 다시 살아나며
> 욕된 것으로 심고 영광스러운 것으로 다시 살아나며
> 약한 것으로 심고 강한 것으로 다시 살아나며
> 육의 몸으로 심고 신령한 몸으로 다시 살아나나니
> 육의 몸이 있은즉 또 영의 몸도 있느니라
> ……
>
> 사망아 너의 승리가 어디 있느냐
> 사망아 네가 쏘는 것이 어디 있느냐
> 사망이 쏘는 것은 죄요
> 죄의 권능은 율법이라
> 우리 주 예수 그리스도로 말미암아
> 우리에게 승리를 주시는 하나님께 감사하노니

332 리런드 라이켄, 『문학에서 본 성경』 유성덕 역 (서울: 크리스챤 다이제스트, 1998), 350.

그러므로 내 사랑하는 형제들아 견실하며 흔들리지 말고
항상 주의 일에 더욱 힘쓰는 자들이 되라
이는 너희 수고가 주 안에서 헛되지 않은 줄 앎이라. (고린도전서 15장 42-58절)

이처럼 그는 문학적인 수사법을 능수능란하게 사용하는 저술가다. 그는 여느 웅변가들 못지않게 자기 생각을 수사법들을 적절하게 사용하여 효과적으로 표현한다. 특히, 그를 다른 성경의 저자들과 구분해주는 가장 특징적인 기법이 대조법이다.[333] 즉, 성경에서 바울만큼 대조법을 탁월하게 사용한 저자는 없다는 것이다. 그의 서신서들을 읽어보면 그가 전하려는 말과 생각들이 거의 모두 대조의 리듬을 통해 표현되고 있다고 해도 지나치지 않을 정도로 대조법이 광범위하고 수준 높게 사용되고 있다.

바울이 대조법을 선호하게 된 것은 개인적인 취향 때문이기도 하지만 보다 중요한 이유는 그 당시 유대교 사상과 개인적인 삶의 영향 때문이다. 바울이 활동하던 당시 유대교에서는 선과 악, 미혹하는 거짓된 세상의 신과 참되신 하나님, 옛사람과 새로운 피조물처럼 서로 다른 가치들을 대조적으로 인식하는 이분법적인 종교사상이 유행했다. 바울은 이러한 이분법적 유대교 사상의 영향을 직접적으로 받았을 뿐 아니라 그의 개인적인 삶도 다메섹 도상에서 예수를 만나기 이전과 이후로 나누어진다. 즉, 그의 회심 이전의 삶은 잘못, 죄, 육체적인 욕심으로 특징지어지는 부정적인 삶이었으나 회심 이후의 삶은 생명, 진리, 정신, 의로움 등으로 설명되는 긍정적인 삶으로서 이 둘은 완전히 대조적인 것이었다.[334]

따라서 이분법적인 가치와 생각들이 그의 사고를 지배하게 되었고 이를 효과적으로 표현할 수 있는 대조법을 당연히 즐겨 사용할 수밖에 없었다. 그

333 Leland Ryken, *The New Testament in Literary Criticism*, (New York: Frederick Ungar Publishing Co., 1984), 275.
334 *Ibid.*, 275.

가 효과적으로 대조법을 사용하고 있는 구절들은 서신서의 많은 부분에서 발견되지만, 다음과 같은 구절들이 대표적이다.

> 그러므로 우리가 낙심하지 아니하노니 우리의 겉 사람은 낡아지나 우리의 속사람은 날로 새로워지도다. (고린도후서 4장 16절)
>
> 이것이 곧 적게 심는 자는 적게 거두고 많이 심는 자는 많이 거둔다 하는 말이로다. (고린도후서 9장 6절)
>
> 우리 중에 누구든지 자기를 위하여 사는 자가 없고 자기를 위하여 죽는 자도 없도다. (로마서 14장 7절)
>
> 죽은 자의 부활도 그와 같으니 썩을 것으로 심고 썩지 아니할 것으로 다시 살아나며 (고린도전서 15장 42절)

바울의 서신서 중 사랑장으로 알려진 고린도전서 13장은 학자들로부터 가장 예술적인 것으로 평가받는데 그 이유도 여기에 사용된 훌륭한 대조법 때문이다. 이 사랑장은 첫 부분에서부터 삼중구조 형식 속에 대조와 대구법이 사용되어 아름다운 예술적 표현을 만들어낸다.

> 내가 사람의 방언과 천사의 말을 할지라도
> 사랑이 없으면
> 소리 나는 구리와
> 울리는 꽹과리가 되고
> 내가 예언하는 능력이 있어
> 모든 비밀과 모든 지식을 알고
> 또 산을 옮길 만한 모든 믿음이 있을지라도
> 사랑이 없으면
> 내가 아무 것도 아니요

내가 내게 있는 모든 것으로 구제하고
또 내 몸을 불사르게 내줄지라도
사랑이 없으면
내게 아무 유익이 없느니라. (고린도전서 13장 1-3절)

사랑이 어떤 개념인지를 구체적으로 열거하는 이어지는 부분에서도 사랑의 특징들이 대구와 대조, 반복의 기법을 통해 시적으로 묘사되어 글의 예술성을 창조한다.

사랑은 오래 참고
사랑은 온유하며
시기하지 아니하며
사랑은 자랑하지 아니하며
교만하지 아니하며
무례히 행하지 아니하며
자기의 유익을 구하지 아니하며
성내지 아니하며
악한 것을 생각하지 아니하며
불의를 기뻐하지 아니하며
진리와 함께 기뻐하고
모든 것을 참으며
모든 것을 믿으며
모든 것을 바라며
모든 것을 견디느니라. (고린도전서 13장 5-7절)

위의 구절은 사랑의 행위를 긍정, 부정, 또다시 긍정의 표현을 교차시키면서 대조법과 대구를 통해 생동감 있고 감동적으로 표현하고 있어서 독자의 눈길을 자극한다. 사랑의 의미를 강조하는 다음 부분에서도 사랑의 영원성과 예언, 방언, 지식의 무상성을 대조하여 의미를 강화한다. 이뿐만 아니라 어린 시절의 미숙함과 장성한 사람이 되었을 때의 성숙함, 부분적인 것과 온전한 것, 그때와 이때 등, 대조와 반복이 문장 전체의 표현을 지배한다.

그런데 서신서의 뛰어난 문체는 바울의 글에서만 발견되는 것은 아니다. 야고보가 쓴 서신도 문체가 수려하여 뛰어난 문학성을 보여준다. 야고보서 3장 6-12절은 문학적인 아름다움을 보여주는 대표적인 글이다.

> 혀는 곧 불이요 불의의 세계라
> 혀는 우리 지체 중에서 온 몸을 더럽히고 삶의 수레바퀴를 불사르나니
> 그 사르는 것이 지옥 불에서 나느니라
> 여러 종류의 짐승과 새와 벌레와 바다의 생물은
> 다 사람이 길들일 수 있고 길들여 왔거니와
> 혀는 능히 길들일 사람이 없나니 쉬지 아니하는 악이요
> 죽이는 독이 가득한 것이라
> 이것으로 우리가 주 아버지를 찬송하고
> 또 이것으로 하나님의 형상대로 지음을 받은 사람을 저주하나니
> 한 입에서 찬송과 저주가 나오는 도다
> 내 형제들아 이것이 마땅하지 아니하니라
> 샘이 한 구멍으로 어찌 단 물과 쓴 물을 내겠느냐
> 내 형제들아 어찌 무화과나무가 감람 열매를,
> 포도나무가 무화과를 맺겠느냐
> 이와 같이 짠 물이 단 물을 내지 못하느니라

위 인용문은 인간의 혀를 모든 것을 태워버리는 불에 비유하여 언어 사

용의 중요성을 일깨우는 매우 문학적인 표현의 글이다. 저자 야고보는 여기에서 풍부한 은유, 유추에 의한 논거, 대조와 수사적 질문 등, 다양한 문학적인 수사법들을 동원하여 혀를 길들이지 못할 때 끼치게 되는 피해들을 묘사함으로써[335] 잘못된 언어가 가지는 파괴력과 폐해를 인상적으로 제시한다.

다섯째, 서신서에는 수사학적인 논증의 방법이나 문학에서와 같은 어조가 사용되고, 핵심적인 주제를 중심으로 통일성 있게 글의 내용이 전개되어 예술성을 돋보이게 한다.

신약의 첫 서신서인 로마서는 바울이 로마의 교회에 보낸 교훈과 권면의 편지로 기독교 역사에서 가장 영향력이 있는 책[336]으로 유명하다. 바울은 이 서신에서 로마에 있는 유대인 그리스도인들과 이방인 그리스도인들 사이의 긴장과 갈등의 문제를 다룬다. 그들은 할례, 안식일 준수, 음식 관련 율례의 문제들을 놓고 서로 충돌했는데 바울은 이의 해결책과 권면을 편지에 쓰고 있다. 이 글은 처음부터 끝까지 논증의 방식으로 전개되는데 바울이 사용한 이런 논증 방법을 대화 논법(원어로는 디아트리베〔diatribe〕)라 부르며 고대 수사학의 한 형태를 모방한 것이다.[337] 이것은 스승이 제자들에게 가상의 대화를 통해 어떤 철학적 진리를 가르치고자 할 때 사용한 방법으로 질문과 내용의 형식으로 되어있다.[338]

로마서에는 이런 대화 논법의 형태가 광범위하게 사용되어 글의 의미를 강조하고 문학성을 고양한다. 이 서신서의 곳곳에 가상의 대화자가 등장하여 마치 실제 대화를 하듯 생동감 있게 자기 생각을 상대방에게 전달한다. 일례로, 로마서 2장 1–5절을 보면 남을 판단하는 일, 즉 이방인을 죄인으로 판단하는 것은 심판을 받을 잘못된 일임을 마치 눈앞에 있는 사람에게 직접 말하

---

335 리런드 라이켄, 『문학에서 본 성경』 유성덕 역 (서울: 크리스챤 다이제스트, 1998), 354.
336 고든 D. 피와 더글러스 스튜어트, 『책별로 성경을 어떻게 읽을 것인가』 김진선 옮김. (서울: 성서유니온선교회, 2003), 399.
337 위 책, 400.
338 위 책, 400–401.

는 것처럼 생생하게 표현한다.

> 그러므로 남을 판단하는 사람아, 누구를 막론하고 네가 핑계하지 못할 것은 남을 판단하는 것으로 네가 너를 정죄함이니 판단하는 네가 같은 일을 행함이니라. 이런 일을 행하는 자에게 하나님의 심판이 진리대로 되는 줄 우리가 아노라. 이런 일을 행하는 자를 판단하고도 같은 일을 행하는 사람아, 네가 하나님의 심판을 피할 줄로 생각하느냐 혹 네가 하나님의 인자하심이 너를 인도하여 회개하게 하심을 알지 못하여 그의 인자하심과 용납하심과 길이 참으심이 풍성함을 멸시하느냐 다만 네 고집과 회개하지 아니한 마음을 따라 진노의 날 곧 하나님의 의로우신 심판이 나타나는 그 날에 임할 진노를 네게 쌓는도다.

이런 방법을 사용한 논증은 로마서에서 크게 네 단계로 진행되고 있으며(1단계:1장 16절-4장 25절, 2단계:5장 12절-8장 30절, 3단계:9장 1절-11장 32절, 4단계:12장 1절-15장 12절), 결론에서 바울은 유대인들과 이방인들 모두가 그리스도 예수를 본받아 뜻을 같이하고 한 마음과 한 목소리로 하나님 아버지께 영광을 돌리도록 하는 것이 논증의 목적임을 밝힌다.

> 이제 인내와 위로의 하나님이 너희로 그리스도 예수를 본받아 서로 뜻이 같게 하여 주사 한 마음과 한 입으로 하나님 곧 우리 주 예수 그리스도의 아버지께 영광을 돌리게 하려 하노라. (15장 5-6절)

이처럼 로마서에는 대화의 논법을 통한 논증의 형식이 사용되어 다른 서신서보다 설득력 있게 논리적으로 내용이 전개된다.

하지만 바울의 서신서 중에서 서신의 전형적인 특징을 가장 잘 보여주는 것은 에베소서다. 이 서신서는 바울이 감옥에 갇혀있을 때 쓴 대표적인 옥중서신으로 수신자가 불확실하다. 공적인 어조를 짙게 띄고 있는 것으로 보아 아마도 아시아 지방의 많은 교회에 보낸 회람용 서신이었을 가능성이 크다.

이 서신서의 첫 번째 특징은 교회라는 핵심적인 주제를 중심으로 편지의 구성이 매우 긴밀하게 통일되어 있다는 것이다. 이를 구심점으로 바울은 일련의 관련된 주제들, 즉 교회의 기원(1장 15–23절), 교회에 대한 그리스도의 구원(2장 1–10절), 교회의 통일과 일치(2장 11–22절), 교회의 소명과 목적(3장 1–21절)을 차례대로 이야기한다. 그리고 이런 교리적인 문제들을 개진한 다음 실제적인 권면으로 교회 구성원들 사이의 화합(4장 1–16절), 신자들의 도덕적 기준(4장 17절–5장 20절), 기독교 가정의 규칙(5장 21절–6장 9절)을 언급한다.[339] 바울은 하나님의 능력이 그리스도 안에 역사하신 것에 대한 신앙고백을 통하여 교회의 머리 되신 그리스도를 찬양하고, 그리스도와 그의 몸 된 교회의 관계에 초점을 맞추어 이방인과 유대인이 하나가 될 것을 가르친다. 그는 긍정과 격려의 어조를 사용하여 자신의 주장을 효과적으로 전달한다. 그는 하나님이 베푸는 구원의 비밀을 설명하면서 이방인이 그리스도 안에서 유대인과 함께 부르심을 받았다는 사실을 매우 강한 긍정과 격려의 어조로 설파하여 자신의 주장을 설득력 있게 전달한다.

> 모든 성도 중에 지극히 작은 자보다 더 작은 나에게 이 은혜를 주신 것은 측량할 수 없는 그리스도의 풍성함을 이방인에게 전하게 하시고 영원부터 만물을 창조하신 하나님 속에 감추어졌던 비밀의 경륜이 어떠한 것을 드러내게 하려 하심이라. 이는 이제 교회로 말미암아 하늘에 있는 통치자들과 권세들에게 하나님의 각종 지혜를 알게 하려 하심이니 곧 영원부터 우리 주 그리스도 예수 안에서 예정하신 뜻대로 하신 것이라. 우리가 그 안에서 그를 믿음으로 말미암아 담대함과 확신을 가지고 하나님께 나아감을 얻느니라. 그러므로 너희에게 구하노니 너희를 위한 나의 여러 환난에 대하여 낙심하지 말라 이는 너희의 영광이니라. (에베소서 3장 8–13절)

이와 함께, 에베소서에는 특유의 전형적인 만연체 문장들이 사용되어 바

339 Leland Ryken, *The Literature of the Bible* (Grand Rapids: Zondervan Publishing House, 1980), 318.

울의 문학적 재능을 느끼게 해준다. 예를 들어, 1장 15-23절의 중보기도에서 바울은 자신이 말하려는 의미를 바로 밝히지 않고 길게 끌고 가면서 점진적으로 드러나게 하는 유보적인 문장들을 많이 사용하여 문학적인 효과를 거두고 있다.[340]

> 이로 말미암아 주 예수 안에서 너희 믿음과 모든 성도를 향한 사랑을 나도 듣고 내가 기도할 때에 기억하며 너희로 말미암아 감사하기를 그치지 아니하고 우리 주 예수 그리스도의 하나님, 영광의 아버지께서 지혜와 계시의 영을 너희에게 주사 하나님을 알게 하시고 너희 마음의 눈을 밝히사 그의 부르심의 소망이 무엇이며 성도 안에서 그 기업의 영광의 풍성함이 무엇이며 그의 힘의 위력으로 역사하심을 따라 믿는 우리에게 베푸신 능력의 지극히 크심이 어떠한 것을 너희로 알게 하시기를 구하노라. 그의 능력이 그리스도 안에서 역사하사 죽은 자들 가운데서 다시 살리시고 하늘에서 자기의 오른편에 앉히사 모든 통치와 권세와 능력과 주권과 이 세상뿐 아니라 오는 세상에 일컫는 모든 이름 위에 뛰어나게 하시고 또 만물을 그의 발 아래에 복종하게 하시고 그를 만물 위에 교회의 머리로 삼으셨느니라. 교회는 그의 몸이니 만물 안에서 만물을 충만하게 하시는 이의 충만함이니라.

바울은 위 인용문에서 관계절과 평행절을 연속시켜 문장이 단절되지 않고 이어지게 하며 의미를 지연시키는 만연체로 글을 쓰고 있다. 또한, 영광, 지혜, 빛, 소망, 능력, 충만 등 회상의 언어와 이미지를 채택하고, “주 예수”, “우리 주 예수 그리스도의 하나님”, “영광의 아버지”, “만물 안에서 만물을 충만하게 하시는 이”라는 여러 가지 장엄한 호칭들을 사용하여 딱딱할 수 있는 기도문에 문학적인 생기를 불어넣는다. 게다가, 부활과 승천 등 예수의 구속적인 삶에 일어난 사건들의 인유(allusion)를 사용하여 예수가 만물을 복종시키고 교회의 머리가 되신다는 것을 재기발랄하게 표현한다. 그리고, 다른

340 조신권, 『성서과 문학』 (서울: 명문당, 1989), 243-344.

서신들에서도 교훈적인 어조를 멋있게 사용하고 문학적인 기교가 뛰어난 표현을 구사하여 문학가로서의 재능을 유감없이 발휘한다.

9

성경의 계시문학

계시문학(Apocalyptic Literature)은 모호하고 괴상하며 난해한 상징주의를 사용하여 세상의 멸망과 같은 궁극적인 운명을 예고하고 묘사하는 문학을 일컫는 말이다.[341] 특히, 미래에 일어날 사건들을 계시하는 데 관심이 있다. 이 계시문학은 상징적으로 묘사된 비밀스럽고 환상적인 요소들, 그리고 초자연적이며 기상천외한 시나리오와 동물들, 천사들, 별들, 그리고 숫자들을 즐겨 사용하는 경향이 있다.[342] 그리고, 마지막 종말에 있을 선과 악 사이의 투쟁과 최후의 심판, 죽음, 부활, 메시아 왕국의 도래 등의 사건을 주로 다룬다.

요한계시록

문학작품은 크게 두 가지 범주로 나누어진다. 하나는 존재하는 실재를 모방하거나 재현한 사실주의에 속하는 작품이 있고, 또 다른 하나는 경험한 실재를 모방하지 않고 다른 대리적 실재를 창조하거나 상상하여 비실제적인 세계를 묘사하는 환상주의에 속하는 작품이 있다. 요한계시록은 후자에 속하며 이 글을 읽을 때 독자는 낯선 세상에 들어온 것 같은 기분을 느낀다. 여기에는 시간상으로 현재인지, 과거인지, 미래인지 알 수 없는 여러 가지 사건들이 전개되고 수많은 상징적인 표현들이 등장한다. 그리고 이 땅에 속한 일이

341 C. Hugh Holman, *A Handbook to Literature*, 4th Ed. (Indianapolis: Bobbs-Merrill Educational Publishing, 1980), 30.

342 이명섭, 『세계문학비평용어사전』, (서울: 을유문화사, 1985), 25.

아닌, 보이지 않는 영적인 세계에서 벌어지는 사건들로 가득 차 있다. 이 때문에 구약의 예언서가 난해한 것처럼 요한계시록도 이에 못지않게 난해하다.

계시문학은 어원인 "아포칼립시스"(apocalypsis)라는 헬라어가 암시하듯, 앞으로 도래하게 될 일들을 계시하는 글, 즉 한 시대의 종말과 새로운 시대의 탄생을 예고하는 내용을 가진 글을 말한다. 성경에서 이런 특징을 지닌 것으로 구약의 다니엘서와 신약의 요한계시록이 있으며 후자가 대표적이다. 문학에서 말하는 계시문학의 특징은 다음과 같다.

> 계시문학은 선과 악으로 분명하게 나누어진다는 의미에서 이중적이다. 계시문학은 미래의 사건들 특히 종말의 사건들에 주로 관심을 가지기 때문에 또한 종말론적이다. 여기에서 기본적으로 제시하는 것은 시간적으로나 또는 초자연적인 세계라는 점에서 우리자신과 다른 멀리 떨어진 환상적인 비전의 세계다.
>
> Apocalyptic works are dualistic in the sense that they divide the world decisively into good and evil. Apocalyptic writing is also eschatological, being primarily concerned with future events, especially those at the end of history. The basic unit of presentation is the ecstatic vision of a world remote from our own, either in time or in the sense of being a supernatural world.[343]

위 인용문에서 알 수 있듯, 계시문학은 계시신앙(apocalypticism) 즉, 종말론적인 세계관이 그 특징이다. 그래서 계시문학은 말세, 즉 역사의 마지막에 하나님을 비롯한 천사들과 사탄을 비롯한 악마들 사이의 갈등과 전쟁을 묘사하며, 선한 천사들의 행동과 악한 악마들의 행동이 각각 진행되면서 서로 충돌하는 이중적 구조를 가진다. 그런데 이 양자들 사이의 갈등은 매우 광범위한 우주적인 차원에서 진행되며 믿는 자들을 구원하기 위한 하나님의 개

343 Leland Ryken, *Words of Delight: A Literary Introduction to the Bible* (Grand Rapids: Baker Book House, 1992), 480.

입과 이로 인해 상황이 급변하는 모습을 그리고 있어 플롯의 긴장이 고조된다. 특징적으로 여기에는 죽은 자의 부활과 마지막 심판도 포함된다.

이러한 계시문학은 대 억압과 박해의 시대에 출현하기 때문에 "악한 세력들을 물리치실 하나님의 최후 승리에 대한 확신"이라는 주제를 다루는 것이 일반적이다. 그뿐만 아니라 계시문학에는 거의 언제나 재앙들이 마치 그림을 그리듯 생생하고 무시무시하게 묘사되며, 이 재앙들이 세상을 멸망시키고 박해의 시대를 끝나게 한다. 요한계시록도 이러한 내용을 가진 전형적인 계시문학이다. 다만 계시문학은 익명이나 위명으로 기록되는 것이 일반적이나 요한계시록은 처음부터 저자의 이름을 밝히고 있고, 대부분의 일반 계시문학은 역사적인 배경을 애매하게 숨기지만, 요한계시록은 처음부터 일곱 교회의 상황을 역사적으로 설명하고 있어 차이점이 있다. 특히, 요한계시록은 일반 계시문학의 특징과 함께 다음과 같은 성경의 핵심적인 사상들을 강조한다.

첫째, 요한계시록은 성경의 메시아 사상을 강조한다. 이 세상을 구원하기 위한 메시아의 출현과 사역에 강조점이 집중된다.

둘째, 일반 계시문학보다 동물들의 상징과 수비학(mumerology)이 많이 등장한다.

셋째, 큰 재앙이 찾아와 기존의 가치 체계를 붕괴하고 비참한 종말을 예견하는 최후 심판의 모습을 보인다.

넷째, 어떤 상황에서도 하나님은 신뢰할 수 있는 존재로서 결국 택한 자들의 눈물을 씻기시고 구원하신다는 하나님 주권 사상을 강조한다.

다섯째, 인간이 최후의 심판을 면하고 궁극적인 구원을 얻기 위해서는 사랑을 베풀고 인내와 믿음을 지켜야 한다는 윤리적, 종교적 가르침을 담고 있다.

여섯째, 마지막 심판 후 새 하늘과 새 땅이 도래하고 평화가 회복될 것이라는 새 시대 사상을 결론으로 말한다.

구조

요한계시록은 얼핏 보면 매우 난잡하고 복잡하며 신비한 이야기들이 비논리적으로 나열된 것처럼 보이나 잘 살펴보면 여러 가지 사건들이 의미 있게 배열되어 있음을 알 수 있다. 이 글은 하나의 통일성 있는 서술 구조를 가진다고 할 수는 없지만 크게 네 개로 구분되는 이야기로 구성되어 있다.

1-3장	프롤로그, 요한의 비전, 일곱 교회들에 대한 메시지
4-16장	봉인, 나팔, 그리고 대접 심판들
17장 1절-21장 8절	땅에서의 악의 패배
21장 9절-22장 21절	새 예루살렘, 에필로그 [344]

1장에서는 요한계시록의 저자가 밧모섬에 유배된 요한이라는 것과 이 글의 내용이 종말에 이루어질 일들에 대한 그리스도의 계시라는 것, 그리고 수신자가 소아시아 일곱 교회임을 밝힌다. 2장과 3장에서는 에베소교회를 비롯한 일곱 교회에 보내는 편지의 내용을 사실적으로 기록하고 있다.

그러나 4장부터는 환상적인 내용이 서술된다. 하늘의 문이 열리고 나팔 소리가 들리며, 하늘 보좌에 앉으신 하나님, 24 보좌와 흰옷을 입은 장로들, 일곱 등불, 그리고 네 생물의 찬양이 묘사된다. 계속해서 일곱 인으로 봉인된 책과 어린 양이 출현하고 어린 양이 인을 뗄 때마다 재앙들과 새로운 진기한 광경들이 펼쳐진다. 다시 말해, 해산하는 여인과 붉은 용의 출현, 바다에서 올라오는 머리가 일곱이고 뿔이 열개인 짐승, 일곱 천사와 일곱 재앙, 바벨론의 멸망, 승리의 찬양, 하얀 말을 탄 그리스도와 용과 짐승들 간의 싸움, 사로잡힌 용과 뱀, 새 하늘과 새 땅, 새 예루살렘 등 환상적인 장면들이 연속적으로 나타난다. 저자는 이런 일련의 환상적인 사건들을 통해 사탄과 악의 세력을 물리치고 하나님이 구원받은 모든 백성에게 새 하늘과 새 땅을 주실 것이

344 Stephen L. Cook, *The Apocalyptic Literature* (Nashville: Abingdon Press, 2003), 193.

라는 언약의 성취를 강조하며, 이를 위해 예수 그리스도가 구세주로 곧 재림할 것이라는 상상적인 비전을 펼쳐 보인다.

이처럼 요한계시록은 네 가지로 구분되는 이야기 속에서 복잡한 사건들이 파노라마처럼 전개되는 모습을 보인다. 그러나 학자들은 요한계시록이 대조와 7이라는 숫자를 중심으로 일정한 구조를 가진 글이라고 평가한다.

❶ 대조의 구조

이 작품은 선과 악 사이의 영적 싸움이라는 기본적인 투쟁을 중심으로 서로 다른 인물들과 사건들이 서로 충돌하는 대조의 구조로 되어있다. 사탄에 대한 하나님과 그리스도의 충돌, 짐승을 따르는 자들과 성도들의 충돌, 타락한 바빌론과 순결한 신부 그리스도의 충돌, 용과 어린 양의 충돌, 삼위일체를 악마적으로 패러디하는 것과 거룩한 삼위일체를 찬양하는 것의 충돌, 용의 사자들과 미가엘 천사들의 충돌 등 다양한 모습들이 대조를 이룬다. 또한, 하나님의 도시인 새 예루살렘과 악의 도시인 바빌론이 대조되고, 새 예루살렘의 건설과 바빌론의 멸망이 대조되는 등 건물과 사건들의 대비도 눈에 띈다. 신자들이 획득하는 구원의 영원성과 세상 끝 날에 있을 다양한 재난들의 일시성 같은 시간적인 대조 또한 찾아볼 수 있다. 이처럼 요한계시록은 광범위한 대조의 구조 속에 인물들, 사건들, 그리고 장면들을 제시하여 글의 내용을 생동감 있게 표현함으로써 독자에게 깊은 인상을 남긴다.

❷ 7이라는 숫자의 구조

두 번째로 요한계시록은 7이라는 숫자가 반복되는 구조를 갖는다. 일곱 교회, 일곱 봉인, 일곱 나팔, 일곱 재난, 일곱 대접, 일곱 심판, 일곱 소리 등 7이라는 숫자가 계속해서 나타난다. 언뜻 보면, 여기에는 매우 복잡한 사건들이 무질서하게 나열된 것처럼 보이나 프롤로그와 에필로그를 제외한 모든 사건이 여섯 가지의 7중의 단위들로 구성되어 이야기에 통일성을 부여한다.

1) 프롤로그 (1장)

2) 일곱 교회에 보내는 편지 (2-4장)

3) 일곱 개의 인 (5장-8장 1절)

4) 일곱 나팔 (8장 2절- 11장)

5) 일곱 가지 위대한 표적 (12-14장)

6) 일곱 개의 진노의 대접 (15-17장 21절)

7) 최후의 심판과 일곱 개의 결정적 사건들 (17-22장 5절)

8) 에필로그 (22장 6-21절)[345]

상징주의

요한계시록의 문학적인 특성 중 가장 중요한 것은 이 책이 처음부터 끝까지 상징주의 기법을 사용하고 있다는 것이다. 여기에서 저자 요한은 인물들과 사건들을 사실적으로 묘사하는 대신 대부분 상징을 사용하여 간접적으로 묘사한다. 그러니까 계시문학으로서 요한계시록의 가장 주목할 만한 특징은 상징주의라 할 수 있다.

우선 다양한 색깔들이 상징으로 사용된다. 예를 들어, 흰색은 공의와 순수, 또는 승리를 의미하는 것으로 그리스도(1장 14절), 하나님의 성도들(3장 8절, 4장 4절), 하늘의 군대(19장 14절), 하나님의 심판 보좌(20장 11절)가 전부 흰색이다. 붉은색은 피를 나타내는 것으로 파괴와 죽음, 또는 전쟁과 악을 상징한다. 사탄을 지칭하는 용의 생김새(12장 3절), 바빌론의 타락한 여자와 짐승(17장 3–4절) 등이 붉은색으로 묘사된다. 황금색은 큰 가치를 상징하고, 청황색은 죽음을 의미하며, 검은색은 재앙과 땅의 기근을 의미한다.

345 Leland Ryken, *The Literature of the Bible* (Grand Rapids: Zondervan Publishing House, 1980), 336–337.

요한계시록에 나오는 숫자들 또한 의미 있는 상징이다. 1은 하나님을 상징하고(1장 8절), 2는 인간의 수를 나타낸다. 3은 삼위일체를 의미하며, 4는 동서남북을 가리키는 땅의 숫자다(4장 6절, 5장 8절). 6은 사탄의 수이고(13장 8절) 7은 하나님의 수이자 완전수이며 10은 세속적인 완전수를 의미한다(12장 3절, 13장 1절, 17장 3절).[346] 특히, 천상의 존재들을 숫자 7을 사용하여 상징적으로 표현한다. 일곱 교회, 일곱 천사, 일곱 영들, 일곱 나팔 심판, 일곱 봉인, 일곱 대접의 심판, 그리고 어린 양의 일곱 개의 눈 등, 상징적인 숫자 7이 요한계시록 전체를 통해 반복적으로 사용된다. 4 또한 중요한 숫자다. 네 마리 말들의 환상, 지구의 네 모퉁이, 그리고 정사각형 모양을 한 하늘의 도시 등에서 예를 찾아볼 수 있다. 이 외에도 12지파나 인침을 받은 자의 숫자 144000(12×12×1000)에서 볼 수 있듯이 12라는 숫자도 상징적인 의미가 크다.

이뿐 아니라 동물들도 중요한 상징으로 사용되는데 용은 사탄, 독수리는 심판자, 사자와 양은 그리스도를 상징한다(5장 5-6절). 자연환경 또한 상징적인 의미가 있다. 바람은 생명을, 지진은 재앙을, 그리고 구름은 하나님의 영광을 나타낸다.[347] 그러나 계시록에 이처럼 다양한 상징적인 여러 가지 사물들과 사건들이 표현된다고 해서 실제로 일어나는 역사적인 사건들을 기술하고 있지 않다는 것은 아니다. 중요한 것은 "그 사건들이 역사적인 사건들인가?"가 아니라 저자(사도 요한)가 역사를 어떻게 기술하고 있는가?"라는 점이다.[348]

이 책에 나오는 이미지들 또한 일차적으로는 감각적이고 육체적인 차원의 상상력을 자극하지만, 이것들의 실제적인 기능은 미래와 초월적인 현실에 대한 상징의 역할을 한다. 다시 말해, 이 책은 실제로 존재하는 인물이나 실제로 발생하는 사건의 상징으로 이미지들을 사용한다.[349] 요한계시록 6

346 주해홍, 『90일 성경 일독 통 큰 통독』 (서울: 두란노, 2016), 541.
347 위 책, 542.
348 리런드 라이켄, 『문학에서 본 성경』 유성덕 역 (서울: 크리스챤 다이제스트, 1998), 366.
349 리런드 라이켄 외, 『성경 이미지 사전』 홍성희 외 다수 역. (서울: 기독교문서선교회, 2008), 1130.

장 1–8절에 나오는 네 마리 말들의 환상 이미지는 예수께서 예언하신 "민족이 민족을 나라가 나라를 대적하여 일어나겠고 처처에 기근과 지진이 있으리니"(마태복음 24장 7절)라는 말씀에 대한 상징으로 볼 수 있다. 요한계시록 12장 1–6절에 제시되는 해를 옷 입은 여자의 이미지를 묘사한 부분은 의미심장한 상징적 의미를 시사하는 명장면이다.

> 하늘에 큰 이적이 보이니 해를 옷 입은 한 여자가 있는데 그 발 아래에는 달이 있고 그 머리에는 열두 별의 관을 썼더라 이 여자가 아이를 배어 해산하게 되매 아파서 애를 쓰며 부르짖더라. 하늘에 또 다른 이적이 보이니 보라 한 큰 붉은 용이 있어 머리가 일곱이요 뿔이 열이라 그 여러 머리에 일곱 왕관이 있는데 그 꼬리가 하늘의 별 삼분의 일을 끌어다가 땅에 던지더라. 용이 해산하려는 여자 앞에서 그가 해산하면 그 아이를 삼키고자 하더니 여자가 아들을 낳으니 이는 장차 철장으로 만국을 다스릴 남자라 그 아이를 하나님 앞과 그 보좌 앞으로 올려가더라. 그 여자가 광야로 도망하매 거기서 천이백육십 일 동안 그를 양육하기 위하여 하나님께서 예비하신 곳이 있더라.

이 장면은 한 여자의 아들이 붉은 용의 파괴적인 책략으로부터 피하는 모습을 묘사하는데, 여기에서 여인의 아이는 온 인류를 구원하고 다스리게 될 메시아를 상징하고 붉은 용은 사탄을 상징한다. 다시 말하면, 이 장면은 그리스도의 성육신과 그를 파괴하려는 사탄의 시도가 실패하고 결국에는 그리스도가 승리하게 될 것이라는 사실을 상징적으로 보여준다.

일곱 교회에 보낸 편지에도 상징적인 이미지들이 많이 나타난다. "회개하라 그리하지 아니하면 내가 네게 속히 가서 내 입의 검으로 그들과 싸우리라"(2장 16절), "사데에 그 옷을 더럽히지 아니한 자 몇 명이 네게 있어 흰옷을 입고 나와 함께 다니리니"(3장 4절), "이기는 자는 내 하나님 성전에 기둥이 되게 하리니"(3장 12절), "미지근하여 뜨겁지도 아니하고 차지도 아니하니"(3장 16절), "내가 문밖에 서서 두드리노니"(3장 20절) 같은 구절들은 모두 상징적인 이미지를 사용하여 의미를 도출하고 있다. 따라서 이런 구절들은 문자적으로가 아닌 상징적으로 해석하여 의미를 파악해야 한다. 그러나 저자 요한이 직접 상징의 의미를 설명하는 사례도 있다. "네가 본 것은 내 오른손의 일곱 별의 비밀과 또 일곱 금 촛대라 일곱 별은 일곱 교회의 사자요 일곱 촛대는 일곱 교회니라"(1장 20절)라든지, "큰 용이 내쫓기니 옛 뱀 곧 마귀라고도 하고 사탄이라고도 하며 온 천하를 꾀는 자라"(12장 9절) 같은 구절들이 이에 해당한다.

또한, 요한계시록은 선과 악이 우주적으로 투쟁을 하고 이런 상황에서 그리스도가 출현하여 궁극적인 승리를 하며, 새 하늘과 새 땅이 도래할 것을 보여주는데, 이를 실제적인 사건으로 묘사하지는 않는다. 그 대신 범상치 않은 여자가 아이를 낳고, 엄청난 크기의 붉은 용이 이 아이를 헤치려 하고, 두 그룹의 천사들 사이에 전쟁이 있고, 용이 여자의 자손을 공격하지만 결국은 용이 패배하게 되는 것 같은 상징적인 사건들로 표현한다. 그런데 여기에 사용되는 일련의 상징들은 일반 문학과 다르게 의도를 감추기 위한 것이 아니라 독자들이 의미를 쉽게 파악하도록 주제를 보여주기 위해 사용된다. 상징에는 일반적인 의미뿐 아니라 또 다른 부가적인 의미가 있어서 상징이 많이 사용된 글은 혼란스러울 수 있다. 그러나 상징은 요한계시록처럼 일반 현상을 초월하는 영적 현실을 묘사하는 작품에는 적절한 신비감을 부여해 주기 때문에 매우 유용하다. 요한계시록에 상징이 많이 사용된 이유는 이 때문이다.

계시문학으로서 요한계시록

문학적인 관점에서 요한계시록은 성경의 책들 가운데서 가장 완벽한 문학작품으로 평가받고 있다.[350] 이 책은 계시문학의 양식과 심상으로 기록된

350 Leland Ryken, *The Literature of the Bible* (Grand Rapids: Zondervan Publishing House, 1980), 335.

기독교적 계시의 내용을 담고 있는 편지 형식으로 되어있으며 하나님 백성들의 고난과 구원, 로마제국에 대한 하나님의 진노를 환상으로 다루고 있다.

계시문학은 B.C. 200년에서 A.D. 200년 사이 유대인들과 크리스천들에게 잘 알려졌던 문학 장르다. 계시문학의 뿌리는 구약성경의 예언 문학 특히 에스겔, 다니엘, 스가랴, 이사야에서 찾을 수 있고 그런 까닭으로 예언 문학처럼 계시문학의 주된 관심사는 임박한 심판과 구원이다.[351] 여기에는 다섯 가지의 주된 모티프들이 나타나는데 (1) 종말의 임박성, (2) 종말의 파멸성, (3) 영적인 투쟁, (4) 우주의 변화, (5) 구원의 새 시대에 대한 하나님의 준비가 그것이다.[352] 요한계시록은 이런 모티프들을 바탕으로 로마제국에서 황제 숭배에 참여할 것을 거부하여 박해를 받던 크리스천들을 위로하고 격려하기 위해 요한이 밧모섬에서 본 환상을 기록한 전형적인 계시문학이다.

❶ 종말의 임박성

요한계시록은 바로 그 첫 시작에서 "반드시 속히 일어날 일들을"(1장 1절) 기록한다고 밝히고 있는데 이로 보아 종말이 가깝다는 사실을 강조하기 위해 이 글을 쓴 것임이 틀림없다. 그런데 심판과 구원의 때가 가까워졌다는 종말 임박 사상은 이 책뿐 아니라 신약성경의 여러 곳에서 강조되는 중요한 모티프다. 마태복음 24장 43절, 누가복음 12장 39절, 데살로니가전서 5장 2절 등 여러 곳에서 밤중에 찾아오는 도적의 이미지를 사용하여 종말의 임박성을 강조한다. 요한계시록 3장 3절의 "내가 도둑 같이 이르리니"라는 구절과 16장 15절의 "보라 내가 도둑 같이 오리니"라는 표현에서도 이와 같은 도적의 이미지가 사용되어 종말의 임박성이 강조된다. 이 책의 마지막 장에서 그리스도가 하는 마지막 계시의 말씀도 "내가 진실로 속히 오리라"(22장 20절)는 것이다. 이처럼 요한계시록의 시작과 끝이 종말이 임박해있다는 모티

351 리런드 라이켄, 『문학으로 성경을 어떻게 읽을 것인가?』 곽철호 역. (서울: 은성, 1996), 299.
352 리런드 라이켄 외, 『성경 이미지 사전』 홍성희 외 다수 역. (서울: 기독교문서선교회, 2008), 514.

프로 기록되어 있다. 저자 요한은 기독교와 신자들을 박해하는 자들과 신앙을 저버린 자들을 위한 심판과 이런 가운데서도 믿음을 지킨 신실한 자들을 위한 새로운 세계의 보상이 준비되었으며, 이런 일이 일어날 종말이 임박함을 일깨우고 있다.

❷ 종말의 파멸성

계시문학은 종말에 있을 마지막 심판과 이에 선행하는 여러 가지 큰 재앙들을 그리는데 이러한 것들에는 기근, 지진, 전쟁, 역병, 하늘의 징조들이 포함된다. 요한계시록에도 종말에 나타날 실로 거대하고 다양한 형태의 재앙과 재난들이 묘사된다. 6장 12-17절을 보면 여섯째 인을 떼자 큰 지진이 나며 해가 검어지고 달은 피 같이 되며 하늘의 별들이 땅에 떨어져 진노의 큰 날이 찾아온다. 8장에서는 일곱 나팔을 불자 땅에 우박, 불, 피가 쏟아지고, 바다가 피로 변하고 바다와 땅 위의 물에서 재앙이 일어난다. 해와 달과 별들, 그리고 낮과 밤도 삼 분의 일이 빛을 잃는다. 또한, 7장 14절에서 명시되듯이 엄청난 환난의 시간이 지구를 뒤덮는다. 강과 바다가 점진적으로 오염되고 초목이 감소하며 기온이 점점 뜨거워지는 등 일련의 파멸의 패턴들이 제시된다.

❸ 영적인 투쟁

계시문학에 나타나는 가장 중요한 사건은 선과 악 사이의 투쟁이다. 요한계시록에서도 선과 악 사이의 죽음에 이르는 투쟁이 여러 곳에서 전개된다. 이 책 전체를 통해 가장 두드러지게 나타나는 것이 전쟁의 이미지다. 먼저, 하늘에 전쟁이 있으니 미가엘과 그의 사자들이 용과 더불어 싸우는 전쟁(12장 7절)이다. 이 외에도, 뿔이 열이요, 머리가 일곱인 바다에서 나온 한 짐승 즉, 사탄과 성도들 사이의 전쟁도 있고(13장 1-10절), 짐승과 땅의 임금들과 그들의 군대들이 모여 그 말 탄 자(그리스도)와 그의 군대와 더불어 싸우는 전쟁의 장면(19장 19절)도 있다. 사탄의 군사들이 지면에 널리 퍼져 성도들의 진영을 둘러싸는 장면도 나온다(20장 9절). 이처럼 요한계시록에서는 선과 악 사이의 여러 전투가 묘사되어 독자들을 긴장시키기도 하지만 결국 악의 세력들은 마지막에 완벽하게 파멸되어[353] 정의가 실현되고 박해받는 신자들에게 소망을 준다. 선과 악 사이의 영적인 투쟁은 "진노의 포도즙 틀"(14장 19절)이라는 이미지가 암시하듯 결국에는 악을 징벌하는 결과를 가져온다. 그러니까 이 영적인 투쟁을 통해 계시문학의 가장 중요한 주제인 악이 패배하고 선이 승리할 것이라는 사실이 천명된다.

❹ 우주의 변화

계시문학이 독자들에게 선사하는 매력은 만물이 타락한 역사 속에서도 그 종국에 이르러서는 이전과는 정반대의 새로운 축복의 세계가 도래할 것이라는 희망의 메시지를 전하고 있다는 사실에서 찾을 수 있다. 요한계시록에도 타락한 역사의 끝에 그것과 정반대의 새로운 하늘과 새로운 땅의 비전이 제시되어 반전을 이룬다. 그런데 이 반전에는 악의 패배와 선의 승리라는 두 가지 측면이 있다.[354] 창세기 1장에 나오는 창조의 이야기를 뒤집는 새로운 창조의 세계가 묘사되는데 21장의 내용이 그것이다. 저자는 "또 내가 새 하늘과 새 땅을 보니 처음 하늘과 처음 땅이 없어졌고 바다도 다시 있지 않더라"(1절)라는 말로 시작하여, "모든 눈물을 그 눈에서 닦아 주시니 다시는 사망이 없고 애통하는 것이나 곡하는 것이나 아픈 것이 다시 있지 아니하리니 처음 것들이 다 지나갔음이러라"(4절)는 표현을 통해 우주의 변화를 말한다. 고통과 슬픔과 박해가 이제 사라지고 새로운 세계가 도래했다는 것이다.

---

353 위 책, 514.
354 위 책, 514.

❺ 구원의 새 시대에 대한 하나님의 준비

계시문학은 환상의 세계를 제시하는 문학으로 어두움과 파멸과 음산한 분위기가 작품 전체를 뒤덮지만 이런 염세적인 어조만 있는 것은 아니다. 세상의 종말과 심판 등 비극적인 비전이 작품을 주도하기는 하나 선의 최후 승리에 대한 낙관적인 비전 또한 지향한다. 물론 요한계시록에 계시되는 환상은 타락한 현세가 회복될 것이라는 희망을 그 속에 포함하지 않기 때문에 암울한 분위기를 연출하지만, 이에 그치지 않고 인간이 소망하는 새로운 새 시대의 질서가 도래할 것이라는 비전 또한 제시한다. 즉, 하나님이 창세기 1장의 천지창조와는 다른 미래의 새 시대를 준비하고 계신다는 것이다.

요한계시록에서 제시되는 하나님이 준비한 새로운 세계는 수정같이 맑은 생명수의 강이 하나님과 및 어린 양의 보좌로부터 흘러 나와 길 가운데로 흐르며, 강 좌우에 생명 나무가 있어 열두 가지 열매를 맺는 낙원이다(22장 1–2절). 다시 저주가 없고 하나님과 그 어린 양의 보좌 앞에서 그의 종들이 세세토록 왕 노릇 하며(22장 3–5절) 축복을 누리는 새 예루살렘을 말한다.

이 책에서 요한이 환상으로 보는 세계는 두 부분으로 나뉘는데 현재 시대의 마지막에 일어나는 지구 위의 우주적 사건들을 보여주는 세계가 그 하나요, 두 번째 세계는 다가올 새로운 미래의 세계다. 이 두 번째 세계는 미래의 영원한 축복의 시간이 보장되는 세계로 악의 세력이 마지막으로 활개를 치다가 제압되고 궁극적인 심판이 내려지면서 시작된다.[355] 그러나 이러한 축복의 새 시대는 쉽게 도래하지 않는다. 악이 패배한 후 하늘로부터 기쁨의 소리가 들리지만, 곧이어 또 다른 악이 다른 모습으로 재등장하여 독자를 섬뜩하게 만든다. 그리스도가 다스리는 1000년 동안의 지상의 통치 기간에도 악이 다시 한번 자신의 세력을 펴기 위해 몸을 도사리고 있는 모습을 보인다. 이처럼 악에 대한 선의 승리는 쉽지 않다. 그러나 전능하신 하나님은 이런 모

355 John B. Gabel & Charles B. Wheeler. *The Bible as Literature: An Introduction.* (New York: Oxford University Press, 1986), 139.

든 어려운 상황들을 정리하고 결국 결정적인 구원의 역사를 행하신다. 하나님은 사탄과 악한 무리들의 마지막 발악을 잠재우고 환난 가운데서도 구원의 시대를 준비하신다.

요한계시록의 주제와 가치

성경에서 가장 유명한 계시문학인 요한계시록은 "예수 그리스도의 계시라 이는 하나님이 그에게 주사"(1장 1절)라는 구절로부터 이야기가 시작된다. 예수 그리스도가 계시를 요한에게 전달했고 요한이 이것을 독자들에게 전달하는 이야기라는 것이다. 전도 활동 때문에 밧모섬에 유배된 요한은 아시아에 있는 일곱 교회에 자신이 받은 계시를 편지로 전한다. 그는 일곱 교회에 그들의 영적인 상태에 대한 일련의 메시지를 전한 다음 자신이 받은 하늘의 환상을 설명한다. 그는 환상 가운데 천상의 세계로 이동하여 신을 향한 경배의 모습과 하늘, 땅 그리고 지하세계의 미래를 상징하는 일련의 장면을 목격했다고 말한다. 그는 천상이라는 유리한 위치에서 하늘에서 상영되는 영화를 보듯이[356] 그가 본 환상의 세계를 문학적으로 훌륭하게 묘사한다.

그가 묘사하는 요한계시록에는 보좌에 앉은 하나님이 등장하고, 메시아인 그리스도가 때로는 인간의 형상으로, 그리고 양이나 사자의 모습으로 상징화되어 있다. 천사장 미가엘은 물론 선한 천사들과 나쁜 천사들, 그리고 천상의 존재와 신화적 동물들도 등장한다. 무시무시한 말과 파괴적인 황충, 순교자의 영혼과 신의 보좌 앞에 모인 성인들, 그리고 심판을 위해 모여든 부활한 사람들과 같이 이 우주적인 드라마를 매력적으로 만드는 다양한 인물들이 묘사된다.

이런 각양각색의 흥미로운 인물들을 중심으로 요한은 질병, 죽음, 재앙 등 이상한 사건들이 일어나는 초현실적인 악몽 같은 세계를 우리에게 펼쳐 보인다. 그는 하나님의 마지막 심판을 세상에서 일어나는 모든 형태의 심

356 *Ibid.*, 138.

판과 구원에 대한 배경으로 설정하고 선과 악으로 이분되는 종말론적 세계를 환상이라는 렌즈를 통해 보여준다. 이 책은 성경 중에서 가장 원형적인 문학 작품으로 평가되는데[357] 그 이유는 일반문학은 물론 판타지 문학에서 볼 수 있는 다양한 이미지들을 탁월한 솜씨로 표현하기 때문이다. 여기에서 볼 수 있는 이미지는 죽음, 피, 어린 양, 짐승, 용, 어두움, 하늘, 땅, 바다, 해, 전쟁, 추수, 신부, 보좌, 보석, 흰색, 붉은색, 결혼, 금 등 무수히 많다. 또한, 이 책은 대조와 균형, 그리고 7이라는 숫자를 중심으로 통일성 있는 구조를 갖추고 있어 산만한 여러 사건에 질서를 부여한다.

이와 함께, 요한계시록에 나오는 여러 가지 상징들은 구약성경의 성취라는 측면에서 구약의 상징이나 이미지를 차용한 것이 많아 독자가 의미를 쉽게 파악할 수 있게 한다. 이 책에는 구약성경의 내용을 암시하거나 구약의 이미지를 반복하는 부분이 무려 250회가 넘는다. 모든 중요한 사건들이 거의 구약의 언어로 표현되어 있다고 해도 과언이 아니다.[358] 여기에서 보좌에 앉은 신은 다니엘서에서의 가장 존귀한 분(다니엘 7장 13절)이라는 호칭을 빌려 표현한 것이고, 죽임 당한 양은 이사야서에서 가져온 이미지다. 무시무시한 파괴적인 말은 스가랴의 예언에서, 그리고 모양이 전쟁을 위하여 준비한 말들 같은 사나운 메뚜기는 요엘의 예언에서 인유한 것이다. 그리고 1장 12-18절에 묘사되는 일곱 금 촛대 사이를 거니시는 인자, 즉 그리스도의 모습은 다니엘서 7장 9절, 10장 6절과 에스겔 43장 2절의 내용을 종합하여 특징 있게 표현한 것이다. 이처럼 요한계시록은 구약의 인유들(allusions)을 사용하여 문학성을 풍부하게 만들고 그 의미를 생동감 있게 전달한다.

이 책에 나타나는 심상들 또한 이 책의 가치를 돋보이게 한다. 성경의 어떤 책보다 이 책은 많은 심상으로 가득 차 있다. 프라이(Northrop Frye)가 이

357 리런드 라이켄, 『문학에서 본 성경』 유성덕 역 (서울: 크리스챤 다이제스트, 1998), 365.

358 고든 D. 피와 더글러스 스튜어트, 『책별로 성경을 어떻게 읽을 것인가』 김진선 옮김. (서울: 성서유니온선교회, 2003), 540.

요한계시록을 심지어 문학적인 원형들의 교본 즉, 우리가 그 원형들을 체계적이고 분명한 형태로서 발견할 수 있는 책이라고 부를 정도다.[359]

여기에는 판타지 소설에 등장하는 심상과 유사한 일곱 머리와 열 뿔을 가진 짐승과 태양의 옷을 입은 여인의 심상도 있고,[360] 일곱 교회를 가리키는 일곱 별과 일곱 교회를 나타내는 일곱 촛대의 심상도 나온다. 사탄을 의미하는 용과 바벨론을 나타내는 음녀의 어미도 눈을 끄는 심상들이다. 악한 제국을 상징하는 바다에서 올라오는 짐승과 하나님의 심판을 상징하는 지진 또한 심상으로서 중요한 역할을 한다. 그런데 여기에 나오는 심상들 대부분은 이미 오랫동안 문학적으로 또한 종교적으로 사용된 것이어서 그것들의 다중적인 의미를 독자들은 잘 알고 있다. 그래서 이 책을 읽는 독자는 심상의 의미를 어렵지 않게 파악할 수 있다.

요한계시록은 A.D. 90–96년경에 기록된 것으로 세상 끝 날에 일어날 사건들과 그리스도가 사탄과의 전쟁에서 승리하고 어린양으로 다시 오셔서 이 세상을 심판하고 완전한 하나님의 나라를 세우실 것을 주제로 하고 있다. 즉, 요한계시록은 하나님이 온 우주를 지배하고 다스리며, 심판하는 주권을 가진 엄위한 존재임을 주제로 다룬다. 모든 악을 패배시키고 심판하는 존재도 하나님이시고 믿는 자들을 영광스럽게 구원하시는 존재도 하나님이다. 이 현세의 역사와 시간, 그리고 미래에 도래할 역사와 시간의 주관자도 하나님이다. 그의 섭리 속에서 그의 뜻에 따라 모든 세상의 역사가 진행된다는 변치 않는 진리를 요한계시록은 강조한다.

한편, 계시문학으로서 요한계시록은 당시 로마제국의 박해 아래에 있던 성도들에게 큰 위안과 소망을 주었다. 고통을 겪는 그들에게 악한 자에게는 심판과 징벌이 준비되어 있고 믿음을 지키는 자에게는 미래의 새 하늘과 새

359 리런드 라이켄, 외, 『성경 이미지 사전』 홍성희 외 다수 역. (서울: 기독교문서선교회, 2008), 1128에서 재인용

360 고든 D. 피와 더글러스 스튜어트, 『책별로 성경을 어떻게 읽을 것인가』 김진선 옮김. (서울: 성서유니온선교회, 2003), 541.

땅의 보상이 준비되었음을 보여주었기 때문이다. 저자 요한은 어려움에 처해 있는 사람들을 위로하고, 하나님을 신뢰하는 것만이 소망임을 확신시킬 목적으로 이 책을 기록한 것으로 알려져 있다.

요한계시록이 성경에서 차지하는 중요성은 이 책이 창세기에서 시작된 성경 이야기의 마지막을 장식하면서 절정(climax)을 이룬다는 점이다. 즉, 창세기에서 시작된 성경의 전체적인 진행은 요한계시록을 목적지로 삼고 있다. 성경의 플롯(plot)에 있어 시작(the beginning)이 창세기이고 중간(the middle)이 타락한 인간의 여정이라면 결말(the end)이 요한계시록이다. 다시 말해, 성경 전체의 문학적인 구조를 희극의 U자 형태라고 생각할 때 번영에서 시작하여 비극으로 진행되었다가 마지막에 다시 행복하게 되는 결말을 요한계시록이 다루고 있다.[361]

창세기에서 사탄은 뱀으로 위장하고 하와에게 접근하여 선악과를 따먹게 유혹함으로써 인간을 타락시켰지만, 요한계시록에서 마침내 불바다에 던져지고 그곳에서 영원한 고통을 받게 된다. 그뿐만 아니라 인류 역사에 존재했던 모든 사람은 살아 있든지 또는 죽었든지 간에 마지막 심판을 받는다. 심판에서 저주받은 자들은 불바다에 던져지지만 축복받은 자들은 새 하늘과 새 땅에 있는 새 예루살렘에서 영원한 생명을 누리게 된다. 거기서 신과 직접 대면하며 축복의 삶을 영위한다.

요한계시록은 요한에게 보여준 계시의 말씀을 인봉하면 안 된다는 것(22장 10절)과 이 예언의 말씀을 가감하지 말라는 경고(22장 18-19절)가 마지막에 주어진다. 즉, 이 계시의 예언은 곧 가감 없이 그대로 성취될 것임을 암시한다. 그리고 이 예언을 실행하기 위해 인류의 구원자인 그리스도가 속히 오실 것이라는 약속의 말씀(22장 20절)을 끝으로 천지창조로부터 시작된 성경의 장엄한 드라마는 대단원의 막을 내린다.

361 리런드 라이켄, 『문학에서 본 성경』 유성덕 역 (서울: 크리스챤 다이제스트, 1998), 369.

제 6 장

문학적 성경 이해의 가치와 의의

성경의 저자들은 성경을 문학작품으로 쓰지 않았다. 성경은 허구도 아니고 상상력의 산물도 아니며 단순한 인간의 경험을 기록해 놓은 책도 아니다. 성경은 영적 존재인 하나님의 계시를 기록한 진리의 말씀이며 하나님의 감동으로 만들어졌다. 하나님이 아담을 흙으로 형체를 빚고 '그 코에 생기를 불어넣어'(breathed into his nostrils the breath of life, Genesis 2:7 ESV) 창조하셨듯이 성경도 하나님의 영감에 의해, 즉 영어로는 '하나님의 호흡으로 만든 것'(All Scripture is breathed out by God, 2 Timothy 3:16 ESV)이다. 이런 사실과 40명의 인간 저자가 1600년 동안 성경을 기록했으나 신구약 성경의 내용에 모순이 없다는 사실은 성경의 원저자가 하나님임을 분명하게 보여준다. 이것은 성경에 하나님의 계시와 인간의 생각이 섞여 있다든지, 아니면 하나님이 인간 저자들을 도와 성경이 쓰인 것이 아니라 성경은 오직 하나님의 말씀이라는 뜻이다.

그러나 하나님은 성경의 저자들을 기계적으로 사용하지 않으시고 인격적으로 사용하셨다. 이 말은 하나님께서 인간 저자들이 하나님의 계시를 정확하게 전달하는 단어들과 생각, 표현들을 골라낼 수 있도록 그들의 인격을 감동했다는 뜻이다.[362] 그러니까, 하나님의 영감(inspiration)이 성경의 내용뿐 아니라 형식에도 작용했다는 것이다. 그 결과 성경은 다양한 문학적인 표현들과 형식들을 사용하고 저자들의 다양한 성품들이 나타나며 문학작품은 아니지만 풍성한 문학성을 가진 최대한 문학적인 글이 되었다. 따라서 성경의 내용만을 중시하여 신학적으로만 해석하는 것은 성경이 가진 신적 계시의 형식적(문학적) 측면을 무시하는 오류를 범하는 것일 수 있다. 성경의 내용과 형식은 결코 분리될 수 없음을 인식하고 신학적인 해석과 문학적인 해석의 균형을 맞출 필

362 백승철. 『실제적인 문학의 정서와 성경』 (서울: 도서출판 영문, 2010), 42.

요가 있다. 이를 위해 상대적으로 소홀했던, 인간의 언어와 소통 방법이 성경 콘텐츠의 의미를 어떻게 효과적으로 전달하는가에 초점을 둔 문학적인 성경 해석에 더 많은 관심을 가져야 한다. 그렇다면 구체적으로 문학적으로 성경을 읽고 이해함으로써 얻을 수 있는 유익과 가치는 어떤 것일까?

첫째, 성경을 문학적으로 읽는 것은 성경이라는 문학적인 글이 제공하는 예술성을 체험하는 유익이 있다. 다시 말해, 성경의 문학적인 아름다움과 심미적인 측면을 즐기게 된다.[363] 신학적인 입장에서 성경의 창조 이야기나 요한계시록을 읽을 때 독자는 성경을 난해하고 기괴한 책으로 생각하기 쉽지만, 문학적으로 읽으면 글의 즐거움과 아름다움을 느끼게 된다. 딱딱한 교리나 추상적인 신학을 말하고 있는 경전이 아니라 나에게 친밀하게 속삭이는 문학으로 체험할 수 있다.

둘째, 성경의 세계가 제공하는 다양한 경험에 참여하게 된다. 정보를 제공하는 실용적인 글과 다르게 문학은 경험의 세계로 독자를 초대한다. 성경을 문학으로 읽는 것은 성경이 제공하는 신학적인 사상이나 정보를 얻는 것이 아닌 살아 있는 경험의 세계 속으로 독자가 직접 들어가는 것을 의미한다. 이것은 성경의 내용을 자신의 현재의 삶에 밀접하게 연관시켜서 이해하게 해준다.[364] 따라서 이러한 독서의 경험은 생생하고 활기가 넘치며 역동적이다.

셋째, 성경이 전달하고자 하는 추상적이고 신비한 내용의 의미를 올바르고 구체적으로 이해하는 데 도움을 준다. 성경은 초월적인 하나님의 세계를 비초월적인 인간의 언어로 기록하고 있다. 다시 말해, 성경은 하나님이 인간 세계에 자신을 계시하기 위해 실제적인 사람들을 통해 인간의 상황과 경험의 범위 안에서 인간의 언어와 소통 방법을 사용하여 기록한 책이다.[365] 이런 이유로 성경에는 비유적인 표현을 비롯하여 다양한 문학적인 표현법과 양식들

363 이달 · 천사무엘, 『성서 문학의 세계』 (대전: 한남대학교출판부, 2005), 7.

364 위 책, 8.

365 고든 D 피와 · 더글라스 스튜어트, 『성경을 어떻게 읽을 것인가』 개정3판, 오강만 · 박대영 역. (서울: 성서유니온, 2014), 24.

이 사용된다. 본 적도 없고 만질 수도 없는 영적인 세계를 인간에게 알려주기 위해서는 인간 경험의 세계에 빗대어 표현하는 문학적인 표현법이 그 어떤 것보다 효과적이기 때문이다. 따라서 성경을 문학적으로 이해하는 것은 초월적인 존재인 하나님의 섭리와 계시를 이해하는 데 그 무엇보다 도움이 된다.

넷째, 성경을 문학적으로 읽고 이해하는 것은 성경을 지식적으로만 이해하는 것이 아닌 정서적, 의지적으로 이해하게 함으로써 독자에게 강한 호소력과 감동을 선사한다. 성경이 문학적 형식을 취하고 있다는 것은 문학의 본질적 기능인 전인적인 호소력을 가진다는 것을 의미한다. 따라서 문학적인 성경 이해는 독자의 지성뿐만 아니라 정서와 의지에 호소함으로써 삶의 변화를 유도하는 힘을 가진다.

다섯째, 성경을 문학적으로 이해한다고 해서 성경의 허구성을 인정하거나 역사성을 부정하는 것이 아니다. 오히려 이것은 성경의 핵심적인 특성을 체험하는 것을 말한다. 성경의 주제는 신, 인간, 자연, 삶, 죽음, 운명 같은 근원적인 문제지만 그것을 다루는 방법은 특이하다. 성경은 이런 근본적인 문제들을 결코 추상적이거나 논리적인 방법으로 다루는 것이 아닌 보다 구체적이며 생동감 넘치는 문학적 언어와 양식으로 다루고 있다. 특히, 성경이 인간을 다룰 때는 인간의 위대함과 비천함을 가리지 않고 있는 그대로의 모습을 영원의 빛에 비쳐 사실적으로 조명하며, 동시에 인간의 특성 가운데서 불변하는 실체를 포착하여 생생하게 제시한다.[366] 따라서 성경을 문학적으로 읽으면 성경이 응시하는 대상인 바로 이런 불변하는 인간상을 경험하고 느끼게 된다. 성경은 이처럼 인간의 근원적인 정서에 충실하고 그것에 호소하며 그것을 움직이는 힘이 있다. 퀸시(De Quincey)가 성경을 이른바 "힘의 문학"(The Literature of Power)[367]이라고 주장한 것도 이 때문이다. 이런 점에서 성경의 문학성과 가치는 특별하고 독특하다.

---

366 조신권, 『성서문학의 이해』, 서울: 연세대학교 출판부, 1992), 531.

여섯째, 성경이 문학의 언어로, 그리고 문학적 형식을 빌려 쓰였다 하더라도 성경은 일반문학과는 다르다. 성경은 허구가 아니고 믿음의 증언이기 때문에 그것이 비록 문학적 기법을 사용하고 문학적 형식을 취하고 있다고 해도 그것들은 하나님의 계시를 드러내기 위한 수단으로 사용될 뿐이다. 따라서 성경을 문학적으로 읽고 연구할 때 신앙적인 내용과 그 내용을 표현하는 문학적 양식 사이에서 균형감각을 잃지 말아야 성경의 내용과 형식이 빚어내는 심오하고 감동적인 세계를 제대로 음미할 수 있다.

마지막으로, 무엇보다 중요한 것은 성경은 내용뿐만 아니라 표현법과 표현 양식마저도 하나님의 감동으로 된 것이기 때문에 성경을 올바르게 이해하기 위해서 성령의 감동이 필요하다는 것이다. 일반 문학작품을 읽을 때 글의 의미를 어떻게 찾고 해석할 것인지는 독자의 주관에 달려 있다. 그러나 하나님의 계시의 말씀인 성경을 읽을 때는 원저자인 하나님이 지혜의 영을 주셔야 말씀 속에 숨겨진 하나님의 깊은 뜻을 깨달아 알 수 있다. 이것이 바로 성경과 일반 문학작품 해석의 근본적인 차이점이다. 따라서 신학적으로 성경을 연구하는 신학자들 뿐 아니라 문학적으로 성경을 연구하는 연구자들도 하나님의 도우심을 구하는 자세가 필요하다. 보수적인 일부 학자들은 성경의 문학적 형식과 표현법들을 무시하는 경향이 있지만, 성경에 나타나는 문학적인 표현법이나 문학적인 형식은 성령의 감동으로 기록된 거룩한 하나님의 말씀을 효과적으로 전달하는 신적 계시의 수단으로 사용되고 있다는 점에서 특별한 가치와 의의를 지닌다.

367 조신권, 『성경의 문학적 탐구』 (서울: 아가페문화사, 2008), 64에서 재인용. 19세기 영국 비평가인 드 퀸시는 문학을 "지식의 문학"과 "힘의 문학" 두 종류로 분류하고 전자는 사람을 가르치는 문학이며 후자는 사람을 움직이게 하는 문학이라 하였다. 특히, 힘의 문학에서의 힘을 진리에 대한 깊은 공감으로 생각했으며 성경이 이런 힘을 가진다고 보았다.

참고문헌

고든 D. 피와 더글라스 스튜어트. 『성경을 어떻게 읽을 것인가』. 개정3판. 오강만 · 박대영 역. 서울: 성서유니온, 2014.

『책별로 성경을 어떻게 읽을 것인가』. 김진선 옮김. 서울: 성서유니온선교회, 2006.

개역개정예스성경 편찬위원회. 『개역개정 예스 주석 성경』. 서울: 아가페출판사, 2008.

게오르크 포오르. 『구약성서 개론』. (상). 방석종 역. 서울: 성광문화사, 1985.

권성수. 『성경해석학』. 서울: 대한기독교서회, 1991.

김병선. 『성경도 문학이다』. 서울: 쿰란 출판사, 2006.

김상훈. 『해석 매뉴얼: 성경해석법의 이론과 실제』. 서울: 그리심, 2003.

김성곤. 『탈구조주의의 문학적 의의와 전망, 탈구조주의의 이해–데리다, 푸코, 사이드의 문학이론』. 서울: 민음사, 1988.

김승옥. 『서양문학의 흐름: 서양문학사상사 시론』. 서울: 고려대학교 출판부, 2015.

김욱동. 『문학이란 무엇인가』. 서울: 문예출판사, 1996.

김지찬. 『언어의 직공이 되라』. 서울: 생명의 말씀사, 1996.

김해연. 『구약 시가서 연구』. 서울: 도서출판 솔로몬, 1996.

다니엘 · 이방 부르캥 마르그라. 『성경 읽는 재미: 설화분석입문』. 염철호 역. 서울: 바오로딸, 2014.

데이비드 R. 오르도 · 로버트 B. 쿠트. 『새로운 눈으로 보는 성서』. 강우식 역. 서울: 바오로딸, 1995.

데이빗 돌시. 『구약의 문학적 구조』. 류근상 역. 서울: 크리스찬출판사, 2011.

로버트 M 그랜트. 『성서해석의 역사』. 이상훈 역. 서울: 대한기독교서회, 1994.

리런드 라이켄. 『기독교와 문학』. 권영권 역. 서울: 크리스챤 다이제스트, 1991.

『문학으로 성경을 어떻게 읽을 것인가?』. 곽철호 역. 서울: 은성, 1996.

『문학에서 본 성경』. 유성덕 역. 서울: 크리스챤 다이제스트, 1998.

『상상의 승리: 기독교적 관점에서 본 문학』. 최종수 역. 서울: 성광문화사, 1982.

제임스 C. 윌호잇, 트렘퍼 롱맨 3세. 편저. 『성경이미지 사전』. 홍성희 외 다수 역. 서울: 기독교문서선교회, 2001.

필립 라이켄, 제임스 윌호이트, 『라이켄 성경 핸드북』. 이국진, 김장복 역. 서울: 아가페북스, 2016.

마셜 존슨. 『고대 문학의 렌즈로 보는 성경』. 차준희 옮김. 서울: 이레서원, 2020.

마크 알렌 포웰. 『서사 비평이란 무엇인가?』. 이종록 옮김 서울: 한국장로교출판사, 2012.

문덕수 외, 『현대의 문학이론과 비평』. 서울: 시문학사, 1991.

박종수. 『히브리 설화 연구: 한국인의 문화통전적 성서이해』. 서울: 글터, 1997.

박철우. 『구약성서의 구조와 신학』. 천안: 한국신학연구소, 1994.

박형용. 『성경해석의 원리』. 서울: 엠마오, 1994.

백승철. 『실제적인 문학의 정서와 성경』. 서울: 도서출판 영문, 2010.

서영환. 『신약의 문학적 구조』. 서울: 크리스챤 출판사, 2008.

선한용. 『시간과 영원: 성어거스틴에 있어서』. 서울: 대한기독교서회, 1998.

수잔 갤러거 · 로저 런던. 『신앙의 눈으로 본 문학』. 김승수 역. 서울: 한국기독학생회 출판부, 1999.

스티븐 스미스. 『본문이 이끄는 장르별 설교』. 김대혁, 임도균 옮김. 서울: 아가페, 2016.

스티븐 헤인스 · 스티븐 맥켄지. 『성서비평 방법론과 그 적용』. 김은규 · 김수남 역. 서울: 대한기독교서회, 1997.

신성종. 『예수의 비유와 이적』. 서울: 국민일보, 2005.

『문학으로서의 성서』. 서울: 문학나무, 2021.

T. S. 엘리엇 저, 『문예비평론』. 최종수 역 서울: 박영사, 1974.

오현택 · 김호경. 『성서 묵시문학 연구』. 서울: 크리스천 헤럴드, 1999.

옥한흠. 『나의 고통, 누구의 탓인가?』. 서울: 두란노, 1994.

유성덕. 『성경과 영문학』. 서울: 총신대학출판부, 1984.

이일환. 『알레고리와 아이러니 사이』. 서울: 한신문화사, 1999.

이관직. 『성경인물과 심리분석』. 서울: 목회상담연구소, 1999.

이달 · 천사무엘. 『성서 문학의 세계』. 대전: 한남대학교 출판부, 2005.

이명섭. 『세계문학비평용어사전』. 서울: 을유문화사, 1991.

이상섭. 『문학비평용어사전』. 서울: 민음사, 1988.

이안 더귀드. 『리딩지저스 3』. 서울: 웨스트민스터 프레스 코리아, 2022.

이형원. 『구약성서 비평학 입문』. 대전: 침례신학대학교 출판부, 1991.

윌프레드 L. 게린 외. 『문학비평의 이론과 실제』 4판. 최재서 역. 서울: 한신문화사, 2000.

장덕순. 『설화문학개설』. 서울: 반도출판사, 1994.

장일선. 『히브리설화의 문학적 이해』. 서울: 대한기독교출판사, 1995.

조셉 캠벨. 『신화의 힘』. 이윤기 역. 서울: 고려원, 1992.

조신권. 『명작속의 크리스천』. 서울: 아가페문화사, 2007.

『삶의 감추인 지혜 탐구: 욥기서 강해』. 서울: 평산문화사, 1996.

『성경의 문학적 탐구』. 서울: 아가페문화사, 2008.

『성경의 이해와 해석』. 서울: 아가페문화사, 2011.

『성서문학의 이해』. 서울: 연세대학교 출판부, 1992.

『성서와 문학』. 서울: 명문당, 1989.

『실낙원 : 불후의 서사시』. 서울: 아가페문화사, 2013.

『영문학과 종교적 상상력』. 서울: 도서출판 동인, 1994.

『예수와 그 주변 사람들의 이야기』. 서울: 아가페문화사, 2009.

『재미있고 신나는 성경이야기』. 서울: 아가페문화사, 2011.

『재미있고 신나는 성서의 세계』. 서울: 아가페문화사, 1999.

『존 밀턴의 문학과 사상: 서사시로 가는 길』. 서울: 도서출판 동인, 2002.

『하나님과의 사랑이야기』. 서울: 아가페 문화사, 2001.

『히브리 지혜문학의 이해』. 서울: 아가페문화사, 2010.

존 B. 게이블 외. 『문학으로의 성서』. 신우철 역. 서울: 이레서원, 2011.

주해홍. 『90일 성경 일독 통 큰 통독』. 서울: 두란노, 2016.차알즈 I 글리스버어그. 『문학과 종교』. 최종수 역. 서울: 성광문화사, 1981.

최재석. 『왜 그리스도인에게 문학적 소양이 필요한가?』. 서울: 대한기독교서회, 2006.

카일 키퍼. 『신약: 문학으로 읽는 신약성서』. 김학철, 이승호 옮김. 서울: 비아, 2018.

크레크 블롬버그. 『비유해석학』. 김지찬 역. 서울: 생명의 말씀사, 1996.

클라우스 베스터만. 『구약 · 신약 성서개설』. 방석종과 박창건 역. 서울: 종로서적, 1984.

키에르케고르. 『죽음에 이르는 병』. 박환덕 역. 서울: 휘문출판사, 1985.

토마스 롱. 『성서의 문학유형과 설교』. 박영미 역. 서울: 대한기독교서회, 1995.

트렘퍼 롱맨 3세. 『문학적 성경해석』. 유은식 역. 서울: 솔로몬말씀사, 2002.

『어떻게 시편을 읽을 것인가?』. 한화룡 역. 서울: 한국기독학생회출판부, 1989.

팟테. 『구조주의 성서해석이란 무엇인가?』. 이승식 역. 천안: 한국신학연구소, 1987.

하젤 불록, 『시편총론–문학 및 신학적 개론』. 류근상 역. 서울: 총신대학교 출판부, 1997.

『시가서 개론』. 임영섭 역. 서울: 도서출판 은성, 1999.

한국문학평론가협회. 『문학비평용어사전』. 서울: 국학자료원, 2006.

한성우. 『성경 속의 문학』. 대전: 오늘의문학사, 2014.

황철암. 『성경해석의 문학 비평적 접근』. 용인: 엠북스, 2016.

헤르베르트 하아크. 『하나님에 대한 욥의 물음』. 김윤주 역. 서울: 분도출판사, 1974.

헐버트 라키어. 『지혜의 위기』. 윤중석 옮김. 서울: 기독지혜사, 1993.

현경식 · 이성호. 『수사학적 성격해석의 이론과 실제』. 서울: 성서연구사, 2000.

현길언. 『문학과 성경』. 서울: 한양대학교 출판부, 2002.

Abrams, M. H. *A Glossary of Literary Terms*, 7th Ed. Orlando: Harcourt Brace, 1985.

Achtemeier, Paul J. Green, Joel B. and Tompson, Marianne Meye. *Introducing the New Testament: Its Literature and Theology.* Michgan: William B. Eerdmans, 2001.

Alter, Robert. *The World of Biblical Literature.* New York: Basic Books, 1991.

The Art of Biblical Narrative. New York: Basic Books, 1981.

& Frank Kermode Ed. *The Literary Guide to the Bible.* Cambridge: The Belknap Press, 1999.

Allen, Don Cameron. *The Harmonious Vision: Studies in Milton's Poetry.* Baltimore: Johns Hopkins University Press, 1964.

Amit, Yairah. *Reading Biblical Narratives: Literary Criticism and the Hebrew Bible.* Minneapolis: Fortress Press, 2001.

Arp, Thomas R. *Instructor's Manual to Accompany Perrines's Sound and Sense: Am Introduction to Poetry.* Fort Worth: Harcourt Brace College Publishers, 1997.

Auerbach, Erich. *Mimesis: The Representation of Reality in Western.* Trans. Willard R. Trask. Princeton: Princeton University Press, 1968.

Augustine. *The City of God. Trans.* Marcus Dodds. New York: The Modern Library, 1950.

Confessions. Trans. R. S. Pine–Coffin. Harmondsworth: Penguin Books, 1984.

Tractatus in Joannis Evagelium in The Basic Writings of Saint Augustine. 2vols. Edited with an Introduction and Notes by W. J. Oates. New York: Rnadom House, 1948.

Barzel, Hillel. "Moses: Tragedy and Sublimity" in *Literary Interpretations of Biblical Narratives.* Kenneth, R. R. & Louis, Gros. ed., Nashville: Parthenon Press, 1978.

Bede, *A History of the English Church and People.* Harmondsworth: Penguin Books, 1965.

Berlin, Adele. *Poetics and Interpretation of Biblical Narrative.* Sheffield: Almond, 1983.

Bewer, Julius A. *The Literature of the Old Testament.* New York: Columbia University Press, 1933.

Bowker, John. *Problems of Suffering in Religions of the World.* Cambridge: Cambridge University Press, 1970.

Cadoux, A. T. *The Parables of Jesus: Their Art and Use.* London: James Clarke and Company, 1930.

Carruthers, Jo, Mark Knight & Andrew Tate. Ed. *Literature and the Bible.* New York: Routledge, 2014.

Clifford, Richard J. *The Wisdom Literature.* Nashville: Abingdon Press, 1998.

Crain, Jeanaie C. *Reading the Bible as Literature: An Introduction.* Cambridge: Polity Press, 2010.

Crenshaw, James L. *Old Testament Wisdom: An Introduction.* Louisville: Westminster John Knox Press, 1998.

Crossan, John Dominic. *Cliffs of Fall: Paradox and Polyvalence in the Parables of Jesus.* New York: Seabury, 1980.

Cook, Stephen L. *The Apocalyptic Literature.* Nashville: Abingdon Press, 2003.

Dorsey, David A. *The Literary Structure of the Old Testament.* Grand Rapids: Baker Books, 1999.

Duke, Paul D. *Irony in the Fourth Gospel.* Atlanta: John Knox, 1985.

Eichenbaum, Boris. "The Theory of the Formal Method (trans. by) Lee T. Lemon and Marion J. Reis, *Russian Formalist Criticism.* Lincoln: University of Nebraska Press, 1965.

Eliot, T. S. "Tradition and the Individual Talent." *Literary Criticism: An Introductory Reader.* Ed. Lionel Trilling. New York: Holt, Rinehart and Winston, 1970.

Fee, Gordon D. & Stuart, Douglas. *How to Read the Bible for All Its Worth.* 2nd Ed. Grand Rapids: Zondervan, 1993.

How to Read the Bible Book by Book. Rapids: Zondervan, 2002.

Fischer, James A. *How to Read the Bible.* Englewood Cliffs, N.J.: Prentice–Hall, 1981.

Fishbane, Michael. *Biblical Text and Texture: A Literary Reading of Selected Texts.* Oxford: One World, 1998.

Fokkelman, J. P. *Reading Biblical Narrative: An Introductory Guide.* Louisville: Westminster John Knox Press, 1999.

Fowler, Alastair. *Kinds of Literature: An Introduction to the Theory of Genres.* Cambridge, Mass: Harvard University Press, 1982.

Frei, Hans. *The Eclipse of Biblical Narrative.* New Haven: Yale University Press, 1974.

Frye, Northrop. *Anatomy of Criticism.* Princeton: Princeton University Press, 1957.

The Great Code: The Bible and Literature. New York: Harcourt Brace Jovanovich Publishers, 1981.

The Return of Eden. Toronto: University of Toronto Press, 1965.

Gabel, John B. & Charles B. Wheeler. *The Bible as Literature: An Introduction.* New York: Oxford University Press, 1986.

Gottcent, John H. *The Bible: A Literary Study.* Boston: Twayne Publishers, 1986.

Habel, Norman. *Literary Criticism of the Old Testament: Guide to Biblical Scholarship.* Philadelphia: Fortress Press, 1971.

Henn, T. R. *The Bible as Literature.* New York: Oxford University Press, 1970.

Holman, C. Hugh. *A Handbook to Literature*, 4th Ed. Indianapolis: Bobbs–Merrill Educational Publishing, 1980.Houghton Walter & Stange G. Robert, Ed., *Victorian Poetry and Poetics.* Boston: Houghton Mifflin Company, 1968.

Jasper, David. *The Study of Literature and Religion: An Introduction.* Minneapolis: Fortress, 1989.

The New Testament and the Literary Imagination. Atlantic Highlands, Humanities Press, 1987.

and Prickett, Stephen. Ed. *The Bible and Literature: A Reader.* Melbourne: Blackwell, 1999.

Johnson, Marshall D. *Making Sense of the Bible: Literary Type as an Approach to Understanding.* Grand Rapids: William B. Eerdmans, 2002.

Johnson, W. S. Ed., *Selections from the Prose Works of Matthew Arnold.* Massachusetts: The Riverside Press, 1973.

Jones, Geraint V. *The Art and Truth of the Parables*. London: S.P.C.K., 1964.

Keegan, Terence J. *Interpreting the Bible: A Popular introduction to Biblical Hermeneutics*. Ner York: Paulist Press, 1985.

Kernan, Alvin. *The Plot of Satire*. New Haven: Yale University Press, 1965.

Kugel, James L. *The Idea of Biblical Poetry: Parallelism and Its History. New Haven*: Yale University Press, 1981.

Ladd, George Eldon. *The New Testament and Criticism*. Grand Rapids: William B. Eerdmans, 1967.

Lemon, Rebecca, Emma Mason, Jonathan Roberts & Christopher Rowland. Ed. *The Blackwell Companion to the Bible in English Literature*. West Sussex: Wiley–Blackwell, 2012.

Lewis, C. S. *A Preface to Paradise Lost*. London: Oxford University press, 1942.

Reflections on the Psalms. New York: Harcourt, 1958.

The Literary Impact of the Authorized Version. London: Oxford University Press, 1950.

Licht, Jacob. *Storytelling in the Bible. Jerusalem*: Magnes, 1978.

Longman, Tremper, III. *Literary Approaches to the Bible. Grand Rapids*: Zondervan, 1987.

Louis, Kenneth R. R, Gros, James S. Ackerman & Thayer S. Warshaw. Ed. *Literary Interpretations of Biblical Narratives*. Nashville: Parthenon Press, 1978.

McEvenue, Sean. *Interpretation and Bible*. Collegeville: The Liturgical Press, 1994.

McFague, Sallie. *Literature and the Christian Life*. New Haven: Yale University Press, 1996.

Mckenzie, Steven L. *How to Read the Bible-History, Prophecy, Literature*. Oxford: Oxford University Press, 2009.

Milward, Peter. *The Bible as Literature*. Tokyo: Kenkyusha, 1983.

Miscal, Peter D. *The Workings of Old Testament Narrative*. Philadelphia: Fortress, 1983.

Moor, Stephen D. *Literary Criticism and The Gospels: The theoretical Challenge*. New Haven: Yale University Press, 1989.

Moulton, R. G. *Bible as Literature*. New York: Thomas Y. Crowell & Co., 1896.

The Literary Study of The Bible. Boston: D. C. Heath & Co., Publishers, 1899.

Muilenburg, James. "From Criticism and Beyond," *Journal of Biblical Literature* 88 (1969)

Murphy, Roland E. *The Tree of Life: An Exploration of Biblical Wisdom Literature*. Grand Rapids: William B. Eerdmans Publishing Company, 1996.

Nicolson, Marjorie H. *John Milton: A Reader's Guide to His Poetry*. New York: Noonday Press, 1963.

Norton, David. *A History of the Bible as Literature: From 1700 to the Present Day*. Melbourne: Cambridge University Press, 1993.

Perkins, William. "Of Writing," as quoted in Lawrence A. Sasek, *The Literary Temper of the English Puritans*. Baton Rouge: Louisiana State University Press, 1961.

Perrine, Laurence. *Sound and Sense: An Introduction to Poetry*. 7th ed. New York: HBJ, 1987.

Petersen, David L. *The Prophetic Literature: An Introduction*. Louisville: Westminster John Knox Press, 2002.

Plato. *The Republic*, X, in Criticism: *The Major Texts, Ed.* Walter Jackson Bate. New York: Harcourt, Brace and World, 1952.

Powell, Mark Allan. *What is Narrative Criticism?: A New Approach to the Bible*. Minneapolis: Augsburg Fortress, 1990.

Prickett, Stephen. *Words and the Word: Language, Poetics, and Biblical Interpretation*. Cambridge: Cambridge University Press, 1986.

Propp, Vladimir. *Morphology of the Folk Tale*. Austin: University of Texas Press, 1968.

Ryken, Leland. *How to Read the Bible as literature*. Grand Rapids: Academia, 1984.

The Literature of the Bible. Michigan: Zondervan, 1974.

Realms of Gold: The Classics in Christian Perspective. Wheaton: Harold Shaw Publishers, 1991.

Words of Delight: A Literary Introduction to the Bible. Grand Rapids: Baker, 1992.

Triumphs of the Imagination: Literature in Christian Perspective. Downers Grove: InterVarsity Press, 1979.

Windows to the World: Literature in Christian Perspective. Dallas: World Publishing, 1990.

Literary Introductions to the Books of the Bible. Wheaton: Crossway, 2015.

A Complete Handbook of Literary Forms in the Bible. Wheaton: Crossway, 2014.

Ed. The New Testament in Literary Criticism. New York: Ungar, 1984.

& Tremper Longman III. Ed. *A Complete Literary Guide to the Bible*. Grand Rapids: Zondervan, 1993.

Santayana, George. *Interpretations of Poetry and Religion*. New York: Harper & Row, 1957.

Sarna, Nahum M. *Understanding Genesis: The World of the Bible in the Light of History*. New York: Schocken Books, 1966.

Seybold, Donald A. "Paradox and Symmetry in the Joseph Narrative." *Literary Interpretations of Biblical Narratives*. Ed. Kenneth R. R. Gros Louis & James S. Ackerman & Thayer S. Warshaw. Nashville: Parthenon Press, 1978.

Simon, Ulrich. "Samson and the Heroic." *Ways of Reading the Bible*. Ed. Michael Wadsworth. Sussex: The Harvester Press, 1981.

Smith, G. A. *Early Poetry of Israel*. New York: Prentice–Hall, 1988.

Stein, Roman. *An Introduction to the Parables of Jesus*. Philadelphia: The Westminster Press, 1981.

Stein, Robert H. *A Basic Guide to Interpreting the Bible*. Grand Rapids: Baker Books, 2003.

Straton, Hillyer Hawthorne. *A Guide to the Parables of Jesus.* Grand Rapids: William B. Eerdmans, 1959.

Stump, Eleonore. *Wandering in Darkness: Narrative and the Problem of Suffering.* Oxford: Clarendon Press, 2012.

Swanton, Michael. *English Literature before Chaucer.* London: Longman, 1987.

Tayler, Edward W. *Milton's Poetry: Its Development in Time.* Pittsburgh: Duquesne University Press, 1979.

Trawick, Buckner B. *The Bible as Literature: The Old Testament and the Apocrypha.* New York: Harper & Row, Publishers, 1970.

Trible, Phyllis. *Texts of Terror: Literary-Feminist Readings of Biblical Narratives.* Philadelphia: Fortress Press, 1984.

Tyndale, William. *Answer to Sir Thomas More.* as quoted in W. E. Campbell, Erasmus, Tyndale, and More. London: Eyre and Spottiswoode, 1949.

Walsh, Jerome T. *Style and Structure in Biblical Hebrew Narrative.* Colledeville: The Liturgical Press, 2001.

Wadsworth, Michael. Ed. *Ways of Reading the Bible.* Sussex: The Harvester Press, 1981.

Wegewood, C. V. *Seventeenth-century English Literature.* London: Norwood, 1978.

Weiss, Meir. *The Bible from Within: The Method of Total Interpretation.* Jerusalem: Magnes Press, 1984.

Wellek, Rene. *A History of Modern Criticism 1750-1950.* London: Jonathan Cape, 1965.

& Austin Warren, *Theory of Literature.* New York: Snova, 2019.

Williamson, G. I. *The Shorter Catechism,* Vol. 1. Philliphsburg: Pres by Terian and Reformed Publishing Co., 1970.

Wright, T. R. *Theology and Literature.* Oxford: Basil Blackwell, 1988.

찾아보기

A

ㄱ

ㅂ

ㅅ

ㅇ

ㅈ

ㅌ

ㅍ

ㅎ